LOCUS

LOCUS

LOCUS

LOCUS

mark

這個系列標記的是一些人、一些事件與活動。

mark 26 雙槍馬坤

Two -Gun Cohen

作者：賴維 (Daniel S, Levy)

譯者：杜默

責任編輯：陳郁馨

美術編輯：何萍萍

法律顧問：全理法律事務所董安丹律師

出版者：大塊文化出版股份有限公司

台北市105南京東路四段25號11樓

www.locuspublishing.com

讀者服務專線：0800-006689

TEL：(02) 87123898　FAX：(02) 87123897

郵撥帳號：18955675　戶名：大塊文化出版股份有限公司

總經銷：北城圖書有限公司　地址：台北縣三重市大智路139號

TEL：(02) 29818089 (代表號)　FAX：(02) 29883028　29813049

排版：天翼電腦排版印刷有限公司　製版：源耕印刷事業有限公司

初版一刷：2001年8月

定價：新台幣480元

Printed in Taiwan

Two-Gun Cohen

Daniel S. Levy⊙著
杜默⊙譯

目錄

前言 7
第一章 序幕 11
第二章 迫害猶太人 17
第三章 貧窮而自由的童年 39
第四章 感化研習所 57
第五章 新世界 67
第六章 每一分鐘都有一個蠢蛋誕生 85
第七章 我的中國朋友 97
第八章 客倌當心 117
第九章 加入一次大戰 141
第十章 戰後，前途黯淡 177

第十一章　孫逸仙　195
第十二章　群龍無首　231
第十三章　動亂的時空　257
第十四章　軍火買賣　275
第十五章　日本人來了　307
第十六章　拘留營裡　333
第十七章　遇見茱蒂絲　367
第十八章　迷思　401
第十九章　日薄西山　421
附錄　文獻與參考書目　461

前言

莫里斯・「雙槍馬坤」・柯恩是一個特異人物。這個兩百磅（約九十二公斤）的矮胖個兒猶太人，在中國上層社會中混得一席之地。他不會說幾句廣東話，從來沒搞懂廣東話裡的六聲，也寫不來中文字的複雜筆畫。而很多中國人聽不懂柯恩濃濃倫敦腔外帶西部加拿大式鼻音的英文。至於他的母語意第緒語和所學的些微希伯來語，無助於他在東方世界的發展。然而，在滿清王朝傾覆、現代中國建立、日本侵略中國和二次世界大戰的這些年間，柯恩這個生於波蘭的天生冒險家，當上了被近代中國尊爲國父的孫逸仙的保鏢，在中國軍隊裡爬到將軍職位。

關於柯恩的文字記載很多，但其中內容泰半有誤。這很可惜。因爲柯恩其人的一生故事遠比繞在他身上的迷思來得更爲多采多姿。會出現這些錯誤乃是因爲，柯恩從一九二〇年代開始就成爲新聞媒體關注的人物，任何有意寫出精彩報導的記者都會發現柯恩是個很好的報導對象。然而，新聞界往往把柯恩自己提供的故事加以改編，以致關於柯恩的文章報導幾乎都寫到了柯恩的成就，說他統領中國大軍，或說他一手控制中國財政。到了一九五〇年代初期，柯恩藉由回憶錄的出版，自己更進一步擴大了這個關於他本人的迷思。他在加拿大蒙特婁的家裡回溯自己一生故事，敍述中多所加油添醋，人名混淆、事件的日期錯誤。從旁一同建立起這個回憶錄的人，還包括查爾思・德雷吉（Charles Drage）等人。柯恩的回憶錄分別以《雙槍馬坤》（*Two-Gun Cohen*）與《雙槍馬坤將軍的生平及其時代》（*The Life and Times of General Two-Gun Cohen*）的書名出版。

我跟多數人一樣，是從德雷吉所寫的那一本回憶錄而認識了柯恩此人的。該書把柯恩描繪成近代中國史上一位舉足輕重的大人物，鮮少犯錯。我被柯恩表面上神祕的一生挑起興味，卻也大惑不解於書中諸多內容。該書有數不清的敍事謬誤，並且缺乏歷史學方面的重心。讀者不太能從該書中認識到柯恩的歷史位置，也看不出書中所述的人事背後有什麼推動力，或是有什麼人力所無法控制的力量，而且讀者看不到近代中國的建立究竟經歷了哪些奮鬥。

不過，我還是要感謝柯恩花時間寫了那本回憶錄。由於他書中缺少大事年代順序，我於是想要尋找線索，弄清楚此人一生的腳蹤。不過，待我決定了要寫柯恩的傳記，我發現我根本必須把德雷吉那一本回憶錄完全拋開。我得要從原始的和二手的資料著手，把柯恩放在一個歷史點上，重新描繪柯恩的一生。我用德雷吉那本書做了筆記，然後，我非常小心地取用柯恩自述的任何一句話。

我在研究柯恩生平的過程中，寫了一千五百多封信，打了數不清次數的電話，並且追蹤到百逾位認識柯恩的人，與他們訪談。我也聯繫了文獻資料館、圖書館和相關公司，常常在各式各樣的文獻中看到柯恩的名字，從外交領事單位的記錄和回憶，到監獄日誌和各式私人信函。對此我很驚訝。在過程中，我收集到了堆成山的文件和記述；從中，我整理出我所理解的柯恩的一生。當我需要從德雷吉一書摘取文字時，我只取用我認為可靠的部分。而在研究期間，我覺得有必要循著柯恩的腳蹤走一趟；於是，在週末、假期，以及由國家藝術獎助基金新聞研究計畫贊助讓我待在西北大學（Northwestern University）新聞學院的一整年，我偕同內人走過了柯恩所到過的地方：這包括了在倫敦東端舊日的猶太聚居區蹓達、造訪加拿大薩克其萬省與卑詩省的幾個大小城鎮和一座今已被棄置的監獄、穿梭於廣東和上海的深街小巷，並且到香港島上一處曾是日本居留營的地方一探究竟。

在沒有直接證據的情況下，我始終願意用開放的態度來接受柯恩的說法——我想，他在口述自己的經歷時只是把事情搞錯了，因此我常常會原諒他沒有把事件前因後果給講清楚。儘管心知那本德雷吉回憶錄的內容多處失真，但我不曾逕自指責就是柯恩揑造內容。一直到一九九四年年尾，我才開始認眞思索該回憶錄的重大情節究竟眞假如何。那年某個冬日，我坐在西北大學圖書館裡的長桌前，讀著一段講孫逸仙一九一一年跨美之旅的情節，這時，我突然遇到一個近乎親見耶穌復活顯現的經歷：我不太確定我有沒有完全記住細節，但是我知道，一道光束透過閱讀室的窗子突然掃過我全身：我把孫逸仙這趟美國之行的行程跟柯恩自稱的隨侍在側擺在一起來看，覺得事情不對勁。於是我查了柯恩被捕入獄的記錄，這才發現：孫逸仙來到加拿大的時候，柯恩正在亞伯特王子監獄服刑。

事情不可能是像柯恩所說的，他就在這時候遇到了孫。事實上，柯恩一直到一九二二年才與孫見到面。接下來，隨著我逐一把柯恩自述的人事物與愈堆愈高的歷史文獻兩相對照，我心中其他的懷疑很快就得以落實。

以下這本書，就是我爲修正柯恩的自述所作的努力，並且，試著說出柯恩的獨特人生故事。

一九九七年一月六日於紐約市

第一章　序幕

廣東，一九二七年十二月

莫里斯・柯恩站在珠江南岸，手裡拿著望遠鏡，望見對岸共軍正蹂躪著他的第二個家鄉。自從在香港聽到共產黨在廣州暴動的消息之後，他幾乎未曾闔眼。現在他結實的臉上滿是鬍鬚。他需要洗個澡，身上那套輕薄的白色西裝也該換了。而西裝下鼓起的，正是他最信賴的兩把史密斯暨威森手槍（Smith & Wesson）。柯恩最近才擔下了新成立的中國中央銀行警衛長一職。國民黨內鮮少有西方人能和他一樣升爲高階將領。接到暴亂的消息之後，柯恩急忙趕回香港察看存放公帑的保險庫。但是共軍四處燒殺擄掠，使得他無法回到辦公室。他只能眼睜睜看著烈焰噴出樓房的窗戶。「共產黨佔據了廣州市，長久以來的恐怖升到了最高點，」柯恩描述著當時的無政府狀態說：「他們殺人放火，城裡有十分之一的地方陷入火海。」

四十歲的柯恩曾是孫逸仙的貼身護衛。現在，他在第五軍軍長李福林的邸宅內等候・，李福林則與國民黨黨員在廣州對岸的河南島集會商討反撲行動。柯恩在李宅內想找點事做，腦中一直出現火燒廣州的景象。他憶起了小時候猶太人在波蘭受迫害的情形，以及家人說過的猶太人被天主教鄰居欺壓的故事。這時候，河對岸的共黨是極盡破壞之能事。美國領事哈斯敦（Jay C. Huston）寫到他所目睹的情景：「一名女廣播員高呼，只要加入共產黨就可以領到一枝槍和二十塊錢。她還說加入紅軍的人可以任意搶劫，而且將來吃穿都不用愁。」

共黨希望藉廣州暴動來收復年初的失土。四月，蔣介石領導的軍隊與令人聞之喪膽的青幫聯手在上海殺了大批共黨份子。到了秋天，共產黨在幾個中原省分發起一連串暴動，但都告失敗。不過他們並不灰心，他們在蘇聯領導史達林的指導下，決定把火力集中到廣東省及其省會廣州。他們策劃攻佔軍事和警察總部，並發給工人武器。如此一來農民就可殘殺地主，侵佔土地；工廠工人殺害工業家，奪取生產工具。收藏在國庫的戰利品將歸還給人民。控制廣東省之後，共產黨希望共產革命火焰能向外蔓延，最後席捲整個中國。

共產黨人預先囤積手槍、步槍、手榴彈。不料消息走漏，警察和武裝車隨即上街臨檢路人，起出了藏匿的武器，還發現了紅軍。共產黨於是決定加速奪取政權。一九二七年十二月十一日清晨三點三十分，共產革命份子攻佔了許多目標中的基地，但未能佔領彈藥庫和重要軍事指揮中心。而由於計劃過於草率，農人沒有集體起義。加入革命行列的民衆武器不足，也缺乏組織。不過紅軍揮舞著鐵棒和短刀，還是傷了不少百姓，破壞了許多民房。不少人趁火打劫，搶走椅子、電風扇和家用器具。

不久，數萬國民黨軍隊及中國海軍和外國海軍開始反擊。砲艇從海上向紅軍發射砲彈，以掩護士兵上岸。柯恩搭上船，與士兵一起靠岸。柯恩回溯登陸的情形：「我們大舉反攻。這群共產黨人受到徹底的教導，打到最後一個人倒下才罷手。」

逃命的紅軍沿路掃射機關槍和丟炸彈。他們在反撲的國軍面前逐步撤退，一邊打家劫舍，焚燒了一千多間民房，沿途還殺害了死守家園的老婦。柯恩所搭的船要靠岸的時候，狙擊兵從窗戶向他們射擊。這時，十名短髮、戴著有舌帽的年輕女子從附近的小巷跑出來，沿著堤岸站立，對準柯恩的船連連開槍。和柯恩在一起的士兵，剛開始被這些女子的裝束嚇了一跳，不敢開火反擊；猶豫不決一會兒之後，他們還是拿出了武器把對方擊倒。最後中彈的一名婦女在倒地之前還不斷開槍射擊。

柯恩提起他五尺八寸的健壯身軀，跨過地上滿是鮮血的屍體，朝銀行而去。銀行樓房還在著火。他和其他士兵組成救火隊來滅火。火撲滅後，柯恩巡視了殘破的現場，然後向蘇聯大使館前進。城裡落荒而逃的紅軍全扯掉了臂膀和脖子上的紅布條，以免被看穿身分。然而老天不肯幫忙。「在紅軍暴動的那兩三天，天氣相當暖和，」哈斯敦寫到：「無產階級企圖在短時間累積掠奪來的財物，各個汗流浹背，脖子上都留下了紅色的印子。紅軍行動潰敗後四處可見丟棄的紅徽章。可是因爲天氣的關係，他們脖子上都留下了紅漬。當士兵、刑警和機槍兵在城裡挨家挨戶搜查可疑人物時，屋中若有人脖子上有紅漬，不僅這人立刻被處決，屋裡其他許多人也難逃一死。」

柯恩稍早透過望遠鏡看到的共黨暴行，跟接下來國軍的洩恨行爲比起來也不算什麼。士兵們逮捕了約一千名與共黨來往的組織的成員，把他們趕進一家大戲院。接著把這些囚犯分成五十人一組拖出來射殺。「這場仗主要是處決人犯，從那天一早開始，一連好幾天。」廣州基督學院的歷史教師鄂爾・史威雪（Earl Swisher）寫道：「赤色佔領之後的白色恐怖更是駭人。處處可見殺人的景象。水溝裡堆放著死人，同時國民黨貼出告示，指控共產黨犯下殺人放火、打家劫舍等禽獸不如的罪行……大家不僅主張把他們處死，還要求把他們碎屍萬段。光這樣還不能補償他們的罪行，因此，必須斬草除根。」

警察屠殺人民，群衆則在旁歡呼。一名老店主沿街走著，劈開被處決的共產黨人的頭顱。他的商店已化爲灰燼，家人僅剩無幾，幾乎全部遇害。他用手抓起還溫熱的腦漿，再咒罵幾句，把它甩到地上。遍佈在河裡的屍體使河水停止了流動。「火燒味和屍臭味瀰漫，景象令人望之作嘔。」美國領事館副領事菲德瑞・辛克（Federick W. Hinke）寫道：「行人得在死人堆中小心走，繞過一灘一攤的血，避開頭上垂掛的電線，慢慢跨過散落的磚塊，再經過正在裝載死人的卡車。警察指揮著膽大冷靜的人將處死的屍體丟上卡車。卡車裡有些『身體』還顫動著。」

蘇聯領事館估計會遭到攻擊，於是預先把一捆捆信件和政治文宣丟進燃燒的火爐中。國民黨士兵抵此，發現了藏匿的武器和彈藥。他們把若干領事館人員壓出去斬首。張發奎將軍指示柯恩進入使館。柯恩請英國海軍少校傅瑞（Cyril M. Faure）和一名資深法國海軍軍官協助他檢查整棟建築。館中一片混亂。傅瑞指出，士兵們翻箱倒櫃，「似乎想敲開所有的保險箱並把文件通通丟到地上。」柯恩的搜查隊把整棟樓仔細查了一遍，發現了地圖和無線電發報機。他們把紙張和地圖收攏，放上卡車，再一箱一箱送進柯恩在維多利亞旅館內的房間。

柯恩同時發電報給香港警察單位，請他們安排局裡一名俄羅斯籍中尉前來翻譯這些文件。由於文件太多了，根本整理不完，因此過了午夜，柯恩又跑到附近找朋友歐嘉・費希耶（Olga Ferrier）。柯恩用力敲門，吵醒了費希耶全家，包括她先生及五個月大的兒子亞瑟麥可。

柯恩請到了俄羅斯裔的費希耶來幫忙。美國領事也找到一名會說俄語的人加入。幾個小時過去，一群翻譯員喝著費希耶用俄國炭燒茶壺所泡的茶，啜著白蘭地，發現了鑿鑿罪證。「我找到了許多可以排除我們疑慮的文件，足以證明政變是由他們發起的，」柯恩在不久後這樣寫到。他們甚至發現了一份蘇維埃間諜名單和一份在印尼發起暴動的計劃書。

英國少校傅瑞的報告則指出：「總之，共產黨組織農村革命，企圖利用消除國軍戒心和武裝農人等手段來奪取政權，這是不爭的事實。大地圖和祕密發報裝置被發現，這顯示蘇聯領事館很可能是革命的指揮總部。」

在共產黨和國民黨對抗的時期，數千人喪生。廣州市過了幾個星期才恢復平靜，河面上漂浮的浮腫屍體也流向南海。

一待事態平靜，柯恩決定到香港好好兒渡個假。他帶著費希耶一家人，爲他們安排旅程以回報費希耶。他把他們一家安置在香港半島酒店最高級的套房，不斷給他們送香檳，並爲他們舉辦柯恩自謙是「一、兩場」的宴會。

莫里斯・柯恩的社交宴總是絢爛繽紛，一如他這位矮胖鬥士的一生。他活在二十世紀初的中國烽火之中，周旋於俄國、日本軍事外交勢力及共產黨、外籍傭兵之間。生於波蘭猶太人受迫害的煉獄時期，他早識戰火滋味，練就了一身應戰工夫。

第二章 迫害猶太人

東歐，一八八〇年代

俄國沙皇亞力山大二世（Alexander II）遇刺後幾個星期，東正教的復活節前夕，在伊利莎瓦鎮（Ylizavetgrad）裡的天主教徒聚在街上或商店裡，高喊要「打倒策德人」（譯按：「策德人」"Zhyd"是俄文裡面對於猶太人的稱呼，有蔑意）。警察和一小支軍隊因此被調派到這裡維護治安。伊利莎瓦鎮有四萬人口，是俄國南方刻森省（Kherson）的重要貿易港。城裡的猶太人平安度過了踰越節（Passover，猶太人爲紀念逃離埃及的節日）的頭幾天。但恐怖的日子在一八八一年四月十五日開始。一些蓄意製造紛端的人把沙皇的死怪罪於猶太人，故意派個醉鬼到猶太人的酒吧去找麻煩；一等店主把這個鬧事的醉鬼趕出去，群衆就開始叫喊：「策德人打我們的人！」

街上湧出了暴動的群衆攻擊猶太人，並破壞他們的住家和商店。「這場暴動……在猶太人拿起左輪手槍從窗戶反擊之後愈演愈烈。」猶太人嚇得整夜躲在房間和地窖裡，街上酒醉的鄰人則持棍棒歐打男人、強暴女人。

警察和軍隊驅逐了群衆，但到了十六日清晨，迫害猶太人的亂象蔓延到全鎮。「店員、沙龍和旅館侍者、工匠、司機、僕人、政府雇工、休假的士兵——全部加入了行列，」一份俄國報告如此報導：「整個鎮的景象驚人：街頭飄滿羽毛，從住家扔出的殘破傢具擋住了路；民房門窗破損；激動的暴民從四面八方叫喊、吹口哨，大肆破壞，而且是橫行無阻。鎮上的非猶太鎮民對眼前情況全然無動於衷。」

由於軍隊沒有動靜，暴民們很高興，認爲這是對他們暴行的默許。「傍晚時分，鄰近村落的農民唯恐錯過了打劫猶太人的機會，紛紛湧進城裡，使情況更爲混亂。」農民們發了瘋似的加入「混戰，侵入猶太人的家，破壞傢具，損毀物品或偷東西」。到了晚上八點，冷風吹進滿目瘡痍的鎮上，雨水使得暴民的激情冷卻下來。他們已經掠奪了許多財物。不久，軍隊抵達，到翌日早晨，城裡恢復了平靜。遺憾的是已經有一名猶太人死亡，兩百人受傷，一座猶太教堂及半數以上的猶太住家成了斷垣殘壁。

其實沙皇亞力山大的死跟猶太人並沒有關係。他是在三月被一名叫希尼威基（Hriniewicki）的波蘭學生刺殺的。希尼威基加入了一個革命組織：「人民意願黨」（Narodnaia Volia），他在聖彼得堡一條無人的街上朝亞力山大丟了一枚炸彈，使他一命嗚呼。當局得知有一名叫潔希・賀夫曼（Jessie Helfmann）的猶太女裁縫師也是該黨成員，指稱她是暗殺事件的主謀。賀夫曼其實只是個小人物，負責爲同志看守一處祕密會所，並幫忙送口信。只因爲她是猶太人，所以成了代罪羔羊。

民衆見猶太人好欺負，因此愈來愈放肆，迫害事件不斷發生。到了四月十七日，本地農民群集至伊利莎瓦鎮周圍的猶太屯墾區；儘管也有天主教徒想保護他們的猶太鄰居，但其他人看警方和軍隊沒有動作因而大肆劫掠。同時有風聲傳說新加冕的亞力山大三世發出敕令，呼籲子民懲罰那些殺了他父親的猶太人。像這類的謊言四處散播。俄國媒體不斷拿賀夫曼轟動一時的刺客身分作文章，肆意誹謗猶太人，並捏造說有人策劃要迫害猶太人。反猶太組織的鼓動和各懷鬼胎的煽動者煽風點火，無產無業的遊民抓住難得的機會掠奪財物，並藉機發洩對無意義的人生的無奈和挫折感。

俄國社會從上至下幾乎所有階層都以某種方式參與了這次暴動。對高層政府官員而言，迫害猶太人正是個便利的方法，可讓農民排解經濟不景氣所帶來的壓力。基輔總督詹敦（Alexander Romanovich Drenteln）說動了民衆，說新沙皇渴望見到鮮血。貴族、郊區中產階級、勞工領袖和知識份子四處宣傳反猶太思想，到各城鎮走動，商議著要各地同時發起暴動。工人下班回到家，口沫橫飛說著所目睹的搶劫和所耳聞的打劫計劃。流動農工和工人組成了「赤腳軍隊」，掀起農村的暴動熱潮。革命組織甚至希望，假如沙皇派兵保衛猶太人，必定會因而激怒廣大群衆而加速獨裁君主制的滅亡。

猶太小鎮拉札諾夫

猶太人勢力薄弱、外表又易於辨認。他們的穿著異於一般人，講的是意第緒語（Yiddish），群住在猶太聚落（Shtetl）裡。猶太聚落最早由波蘭和立陶宛的貴族建立，他們找猶太人來工作和居住，後來漸漸演變成猶太村鎮。從猶太聚落的外貌幾乎看不出財富的跡象，沿著泥路兩旁是茅草屋，通常沒有上漆，偶見一、兩處刷上了白粉、用土灶保暖的房間。

拉札諾夫（Radzanow）就是這樣的一個猶太聚落。拉札諾夫位於華沙（Warsaw）東北五十五英里的半島上，莫拉夫卡河（Mlawka River）與芙可拉河（Wkra River）在此處交會。小鎮四周是茂密的森林及片片沼澤。在夏季，鎮上處處百花盛開，春天雪溶時，河水會漲起，漫過橋樑和泥土路，並淹沒田園。在十五世紀開闢拉札諾夫的地方貴族，允許鎮民每星期開一次市場，每年則有兩次大型市集。到十六世紀，拉札諾夫發展爲毛料加工中心，並有許多織布工廠。一七六〇年代，鎮上已有五百八十六名天主教居民和五名猶太人；到了一八八〇年代，這個繁榮的小鎮已有一千兩百五十八人與一〇六棟房舍，這時，猶太人約佔全鎮人口的五分之二。鎮上有一間教堂、一所學校、市政府、一座風車和兩間鐵舖。

小鎮生活不易，但好歹猶太人不必忍受貴族所住的城裡對他們施加的苛則和限制。拉札諾夫的猶太人在自己的教堂裡祈禱，男孩可以研讀聖經和猶太法典。到十九世紀早期，鎮上已儼然是個有組織的猶太社區了。大部分猶太人都住在市中心的長方形市場附近，生活貧困。男人把作物運到鄰近市鎮換回製成品，再賣給其他非猶太人及猶太農民，女人和小孩則擺攤子買賣蔬菜、牛隻、鹽等家用品。有些人生產油和麵粉。還有一些人則生活隱密，以從普魯士（Prussia）邊境走私貨物爲生。

約瑟夫・來伯・米亞眞（Josef Leib Miaczyn）是拉札諾夫鎭上的車匠。他的家族是從鄰近的小村米亞眞韋奇（Miaczyn Weiki）和米亞眞馬利（Miaczyn Maly）搬來的。這兩個地方的人口都很少，有鈣礦、放牧的牛隻、大片的沼澤，以及貧瘠的農田。約瑟夫・米亞眞矮小粗壯，寬寬的臉上蓄著鬍鬚，鼻樑堅挺有力，眼睛小但眼神銳利。他有三個兄弟，妻子珊朶・里波胥茲（Sheindel Lipshitz）本住在拜貞鎭（Biezun），是芙可拉河西岸一個有兩千五百人口的地方。拜貞小鎭出了許多猶太教教士和科學家，它和拉札諾夫一樣，最早是由地方貴族授權在十四世紀成爲交易中心。十九世紀前半葉，拜貞鎭上開了一家織布工廠，不久又有了製革廠、玻璃工廠、啤酒廠，也蓋了水車、風車，另外有二十五家商店和餐廳開張。拜貞的漁夫從芙可拉河捕魚，在華沙可以賣很好的價錢。第一批猶太移民以做生意和開店舖爲生，建了社區中心和墓園。大部分居民的工作是裁縫師、製帽師或鞋匠，在每週市場與季節性市集上賣貨。一八七〇年代他們蓋了小工廠和一座鋸木廠。幾年之後建了磚砌的猶太教堂。

珊朶有兩兄弟和兩姊妹。妹妹瑪卡（Malka）嫁給了米亞眞的兄弟柴立克（Zelig）。米亞眞兄弟和他們的猶太鄰居一樣謹守猶太傳統和教規。珊朶嫁給約瑟夫後，也遵循傳統，戴上猶太婦女的假髮以表示樸素的美德。夫妻倆生了一個女兒叫玫瑰（Rose），不久，在一八八七年八月三日——猶太曆的五六四七年十一月十三日，珊朶生了個兒子，命名為亞伯拉罕（Abraham），後來取「莫里斯」（Morris）為名。

除了米亞貞一家人和鄰居每天的辛苦生活之外，這個地方似乎也頗受征服者和惡棍的注意。十五世紀東普魯士十字軍曾擄掠過拜貞，而一六五〇年代，瑞士國王卡爾十世（Karl X）經過這一帶，摧毀了拜貞和拉札諾夫。卡爾十世欲征服波蘭的企圖最後沒有得逞。而在一七七二年，俄國、奧國和普魯士開始瓜分軍力薄弱的波蘭，其後二十年，波蘭被這三國割據。拉札諾、拜貞和米亞貞都落入普魯士手中，一直到一八〇七年，由拿破崙宣佈為法國領土。拿破崙帝國式微後，一八一五年的維也納會議著手劃分歐洲新國界。俄國取得了原先已被劃分而包含拉札諾夫在內的部分，俄皇順理成章成了這塊土地的世襲統治者。

這塊土地對俄國人當然極具價值，但土地上頭有著他們最不想要的東西——幾十萬名像約瑟夫・米亞貞一樣刻苦耐勞、篤信猶太教的猶太人。長久以來，俄國一直處心積慮要除掉所有猶太人在封建帝俄裡的足跡。十八世紀初，女皇安娜・伊凡諾夫納（Czarina Anna Ivanovna）驅逐猶太人之後，帝俄境內的猶太人所剩無幾。一七三〇年代末，一個叫巴魯何・來伯夫（Baruch Leibov）的猶太人打算在斯維何維其鎮（Sverovich）建造猶太教集會所，並說服了一名退休的資本家皈依猶太教。結果帝俄官員將他倆逮捕，押解到聖彼得堡公開燒死示衆。一七四二年，女皇伊利莎白・佩卓夫納（Elizabeth Petrovna）勒令：「所有猶太人……帶著家產立即離開我帝國境內……除非他們願意改信天主教，否則此後不准以任何原因或目的再進我帝國……」在一七五三年之前的十年間，俄國共驅逐了三萬五千名猶太人。

俄國人普遍認爲猶太人競爭能力強，會耍些聰明手段來欺騙愚昧又沒有戒心的鄉下人。因此政府下令把猶太人隔離管束，把他們遷到人口稀疏的西部，讓猶太人充當俄國與敵國之間的緩衝。長期下來，這片管制區慢慢擴大爲三十八萬六千一百立方英里的土地，北從波羅的海向東南延伸至黑海，並漸漸被稱爲屯墾區。到了十九世紀最後的二十年間，屯墾區內百分之九十四的居民是猶太人：從一八〇二年開始，一百六十萬的猶太人即以百分之一百五十的成長率增加到四百萬人，成長速度差不多是俄國人口成長率的兩倍。一八八〇年代聖多納托王子（Prince Demidoff San Donato）調查這塊人口過剩的土地時指出，每一平方英里上住著一千五百八十四人。猶太人在像拉札諾夫這樣的村鎮所佔人口比例相當得高，這對八千四百萬俄國人形成莫大的威脅。

對猶太人而言，俄國的重重限制使得他們難以謀生。法律禁止猶太人擁有農場，因此，住在小鎮上的猶太工匠、裁縫師、鞋匠、麵包師、屠夫、雜貨商和鈕扣匠工作辛勤，卻賺不了幾個錢。至於不做生意的猶太人就開客棧和商店，出租房間，收農租，買穀物，賣蔬果和貨物。政府官員指控猶太人占農民的便宜，酒賣得太貴，又放高利貸。俄國人對猶太人的看法就像是後來的沙皇尼可拉斯一世（Nicolas I）在一八一六年視察這些西部省分後寫下的感想：「這些農業省份的禍根是策德人（即猶太人）。貴族以下就屬他們地產最多。而他們的商業手段搾乾了倒霉的白俄人……他們是高利貸老手，讓政府筋疲力竭。」

那時的猶太人被認爲是有錢人，但他們根本不能和同爲猶太人的銀行世家羅斯柴爾德家族(Rothschilds) 相提並論。大部分猶太人和米亞貞一樣，比較像是電影《屋頂上的提琴手》中的主角那種人；而有四成的猶太人很窮。長期的不景氣、激烈的競爭，加上裁縫師、店員和鞋匠的惡性降價，使得生活悲慘。亞力山大二世於一八六一年解放農奴之後，更使得猶太人的情況雪上加霜。農奴重獲自由，成群湧入城鎮尋找本就不多的工作機會。猶太家庭在郊外的陋屋和城裡的貧民窟中共住。有些地方一家子人一天只吃一條魚、一磅麵包和幾棵洋蔥。十九世紀中葉，猶太人的死亡率是其他民族的兩倍。

來自沙皇的壓迫

在迫害時期之前，像米亞貞一樣的平凡猶太人雖然與非猶太的鄰居沒有什麼往來，卻還受人尊重。不過俄國民衆一般視他們爲外人、生人、不承認主耶穌的外國人、非俄國人。還有什麼更好的理由可以用來醜化和排擠他們呢？天主教中有關猶太人的謠言和迷信多不勝數。幾百年來，天主教徒不斷指控猶太人犯下顚倒的罪行，例如引起瘟疫、在井裡下毒、竊取聖餅或在聖餅上撒尿、在「邪惡」的儀式中飲用天主教兒童的血。天主教徒騷擾、追逐、毀謗、甚至殺害猶太人。而當權者給予猶太人的保障又不足。

說猶太人酷嗜天主教徒鮮血的迷信甚囂塵上，止也止不住。歷任沙皇無所不用其極地壓制猶太人，要他們放棄猶太教，其中以尼可拉斯一世最爲堅持到底。他禁止猶太人雇用天主教徒當僕人；禁止在天主教勢力範圍內興建猶太會所；並開始禁讀猶太書進而焚毀猶太書。尼可拉斯登基不久即發佈勒令，實施二十五年強制徵召猶太青年入伍的制度。而徵召計畫由猶太官員負責執行。他們雇用「抓手」在街上強行捕捉人民和無業遊民，甚至把他們從床上揪起來；他們誘騙文盲簽字，連八歲、五歲的兒童都帶去給徵召官，謊稱這些小傢伙看起來雖小，其實年紀並不小。他們銷毀免入伍令，強行拉走免予入伍者；如果哪個有錢人賄賂，則欣然收下，饒了他們的小孩。爲了免役，男孩們剁下自己的手腳。父母把兒子藏在樹林裡，攻擊地方領導和抓手，甚至攻擊招募代表，目的就是不讓他們找到小孩。

萬一兒子被軍隊帶走，猶太父母傷心欲裂，開始爲他唸誦服喪禱告辭。俄國軍方把猶太男孩擠上運送牲畜的車輛載走，一路上安排他們住在非猶太人的家裡，只以俄語與他們交談，最後把他們運到荒涼的西伯利亞，準備讓他們在那裡服役數十載。士兵們毆打不肯受洗的人，餵他們抹了鹽、不符合猶太戒律的食物，而且不讓他們喝水。長途旅行加上士兵的折磨，半數兒童在路上已魂歸西天。許多男孩默默接受了不幸的命運。有的人則不肯屈服。一群即將在沙皇尼可拉斯面前被迫接受天主教的孩童，決定寧死也不願背棄自己的宗教，最後可能是投水自盡了。

繼任尼可拉斯的亞力山大解放農奴之後，猶太人期望著上面能把對他們的限制也放寬。亞力山大廢止了強制徵兵制，放鬆了強迫改信天主教的政策，允許猶太人搬出猶太區和上學。然而，復活節前夕伊莉沙維鎮的暴動使一切希望化爲泡影。動亂平息不到兩個星期，基輔（Kiev）

市內謠傳軍隊將資助民衆起來暴動，結果爆發了另一次迫害事件。天主教徒拿出宗教畫像掛在窗上，並在門上漆上紅十字，簡直就是照聖經上的描述來哀求暴民放過他們。

一名目睹暴動的人回憶：

十二點鐘……空中突然迴響起狂野的叫聲、口哨聲、冷笑、叫囂和笑聲。……暴民開始搗毀猶太人的房子，門窗四處飛散。他們闖入了猶太人的家和商店，隨手抓起東西就丟到街上。空中飛散著羽毛。窗户的破碎聲、絕望的哭喊和另一邊的譏笑喊叫，形成了不折不扣的暴動場景。沒多久，暴徒開始進攻猶太教堂。猶太教會所裝上了堅固的鐵條、門鎖和百葉窗，但瞬間就被摧毀殆盡。看到會所內的猶太教律書卷被撕成殘片，可以想見暴民有多憤怒。街上很快就佈滿暴民的戰利品。地上是破碎的碗盤、家具和器物。

男人成群結隊，三十人到一百人不等，持著斧頭、槌子和棒棍，開始破壞。《倫敦圖畫報》（*The Illustrated London News*）報導：「暴動中有大批群衆在看熱鬧，分辨不出誰是暴民誰是觀衆。民衆成群結隊在大街上漫步。不時有口哨聲響起，不一會兒，暴民紛紛從群衆中冒出，組成隊伍，進攻民房……屋裡居民無一倖免。暴民打開倉庫，把一袋袋麵粉傾倒到街上；茶店也被闖入，茶櫃裡的茶被倒入水溝；珠寶店被破門而入，歹徒一把抓起金錶和其他珠寶丟向群衆。」

暴民把一件又一件搶來的衣物往身上穿，不能穿的就用偷來的馬車載走。他們燒毀了約一千家猶太住家和商店，把哭泣的猶太男女從著火的門丟出去。二十名少女和婦人遭到強暴，還有人被殺害。四月和五月，暴民攻擊了五十多個鄉村和小聚落。他們割掉猶太老人家的鬍子、折磨婦女、把拒絕比劃十字架動作的男孩殺死。許多城鎮的警方都禁止猶太人採取防禦動作。在柏迪車夫（Berdychev），猶太居民必須賄賂警察長才能拿起棒棍，抵禦一群乘火車而來的蠢蠢欲動暴民。

第一波的迫害行動在七月平靜下來。但是在夏季的幾個月，敏斯克（Minsk）、巴布路斯克（Bobruisk）、維特斯克（Vitebsk）和平斯克（Pinsk）四個城市的大批猶太區都遭祝融之災，化爲廢墟。接著，聖誕節期間華沙爆發了亂事。聖十字教堂在舉行禮拜的當中，一個想引起混亂而前來竊取民衆錢包的人突然大叫：「失火了！」參加禮拜聚會的信徒們驚嚇得跌跌撞撞、互相踐踏朝門口逃去。事後有二十九人的屍體被放置在教堂外的地上。民衆謠傳，這股驚慌是兩名猶太小偷造成的。尖銳的口哨聲響起，小偷們開始把民衆組織起來。暴民們攻擊路過的猶太人，搶劫猶太商店，但是避開了猶太人口稠密的地區，怕猶太人會群起反抗。一名退休的俄國上校甚至拿著一份猶太商店名單，準備一一破壞。總督亞爾柏丁斯基（Albediski）也下令禁止人民組織民兵自保。

天主教總主教呼籲暴民停止暴行。神父高舉十字架，懇求民衆不要破壞聖誕節期的神聖氣氛。本地讀書人籲請民衆返家。到了第三天有關當局才終於介入，逮捕了三千名暴動者，攻擊事件總算停止。到此，猶太教堂和一千五百間猶太住家及商店遭破壞，且有二十四名猶太人受傷。

到年終，遭到迫害的猶太村鎮逾兩百。亞力山大三世繼位後致力於平息暴動，並立即取消其父的解放改革。而當局除了以一貫作風責怪受害人咎由自取，也「保護」暴民免於被受害者尋仇。一八八一年八月，內政部長伊格那特夫伯爵（Count Nikolai P. Ignatev）公佈了一份備忘錄，指稱是猶太人自己惹禍上身，導致迫害發生。

一八八二年三月三日，亞力山大更進一步認可了「猶太人臨時條例」，禁止猶太人在市鎮外或都市市郊定居或置產，並把猶太人往都市集中。政府並派專員密切觀察猶太人。亞力山大禁止猶太人在聖經的安息日或其他宗教節日工作，而農民甚至可以叫猶太鄰居搬家。五月三十日，托斯托伊伯爵（Count Dmitrii Tolstoy）接管該地，立即鎮壓浮動的人心，並發傳單要民衆停止所有迫害行動。審判隨即展開。部分暴民被定罪，發配到偏遠的寒冷地區充軍。

俄國人儘管迫害猶太人，但不希望他們離開。托斯托伊擔心迫害行動會引發猶太人外移，因此在一八八二年六月二十五日再發出傳單，宣佈將會懲罰所有鼓勵猶太人移民的人。猶太的地方領導人物也擔心大遷徙會使得改革俄國封建制度的努力付諸流水。然而，猶太人還是四處尋找逃命的去處。有些人提出要到加拿大建立農耕屯墾區，有人想搬到巴勒斯坦。許多人最後跟隨了十年前數萬美國移民的腳步，前往美國。

前往自由和機會的土地

在拉札諾夫和拜眞這樣的小鎭，像約瑟夫・米亞眞這樣的猶太人是從報紙和親友寄來的信件上知道了美國和英國。他們在村裡和市集上互相傳閱信件，信上寫著有關美麗街道和豐盛收穫的事，使得民衆更加嚮往那片充滿自由和機會的土地。儘管托斯托伊努力挽留，移居的誘惑卻是愈來愈擋不住。俄國猶太報紙刊出美國特派員捎回來的電訊。汽船公司在歐洲報紙上刊登廣告，並派遣推銷員向猶太人鼓吹說有許多工作等著他們。一八八五年拉扎諾夫鎭上發生一起火災，燒毀了木蓋的猶太會所，這更加強了鎭民外移的念頭。當米亞眞收到美國一位友人的來信表示願意幫助他在新世界落地生根時，他決定加入往西遷徙的人潮。他決定獨自前往美國，等找到了工作後再把妻兒接來。

猶太人遭迫害的消息早就傳到了英國和美國，造成不小的震驚。美國國會要求總統葛爾菲德（James Garfield）寫信給沙皇，請沙皇保護猶太人。而在英國，名流如坎特伯里總主教、紅衣主教曼寧、倫敦主教，以及詩人布朗寧（Robert Browning）都聲援猶太人。猶太世家如羅特西爾德家族和銀行家兼地方領袖賀曼・藍道（Herman Landau）積極奔走，爲猶太人募款。倫敦市長在他的公館召開了集會，結果與會者聯名簽署了一封信，簽名者不乏知名人士，例如詩人阿爾諾（Matthew Arnold）和進化論學者達爾文（Charles Darwin）。

在迫害風潮之初，英格蘭有六萬猶太居民，其中三分之二住在倫敦。隨著移民人潮逐漸湧入，英國人原本對國內猶太人的同情態度，轉變成懼怕人他們大批遷入。英國人開始送報告到俄國，指出猶太人到了英國後剃掉了鬍鬚，過起放蕩的生活。在歐德沙（Odessa）的英國總領事散佈著可怕的消息，說是英國移民過多和失業情形嚴重。英格蘭的猶太教總拉比（Rabbi，猶太教的教士或法律專家）納森·阿德勒（Nathan Adler）和派駐歐洲的同僚聯絡，通知他們如果猶太同胞湧入會有危險；他說，許多人「因無法謀生而茫然」。更糟的是，猶太人「在貧窮與過度工作方面違背神的旨意者，或不遵守猶太安息日和節慶者，並非少見。有些猶太人在天主教傳教士的誘惑下，放棄了原有的宗教……許多人把倫敦街頭的卵石當作寶石，以為倫敦遍地黃金，沒有任何苦難……」

儘管恐怖的故事令人心驚膽顫，但一封信裡幾句有關自由的字句，就足夠給予猶太人無限的希望。有人的親戚寄來船票，有人則變賣僅有的薄產來湊足旅費。移民潮有增無減，一八八一年四月底，基輔的鐵路公司為了應付快速增加的旅客，竟添了十到十二個車廂。而在一八八二年夏天，超過一萬兩千的難民湧向布羅地（Brody）的街道和猶太會所，三、四十人擠一個房間。

俄國社會不關愛猶太人，但也不輕易放他們出境；為了申請一張免費的「合法證書」，必須大筆賄賂市長或地方治安官。這張證書必須由當地警察局長背書（當然，這也要錢），以此證明此人存在。接下來，移民還要付錢給國稅局買到護照，再把所有文件遞送給省長。如果運氣好，兩、三個月後文件回到警察局長手中，又要再花一筆錢才能拿回文件。申請人若獲准離境，就要把握在三星期內悄悄離開。

許多人後來發現，直接靠走私販和嚮導的幫助偷越邊境可能還便宜些。從拉札諾夫出境的話，通常是乘火車或馬車到邊界，然後再搭火車到德國的布萊梅（Bremen）或漢堡，或是荷蘭的鹿特丹，然後搭船到倫敦。到了英格蘭，移民再跋涉到西岸，然後坐大統艙的船到傳說中的美洲新大陸。這條路線上人潮洶湧，而大部分人都能如願到達目的地。沿途，客棧老闆、鐵路工人和賣票員每每趁火打劫，甚至賣給他們假船票，假稱可到紐約，其實只能到倫敦。

搭往倫敦的旅客通常待遇悽慘。就像約瑟夫・米亞眞和其他無數的旅客，在甲板下擠著，待了四十到六十小時，睡在破布上，吃的是魚乾。《晚間新聞暨郵報》(*Evening News and Post*)的一位特派記者喬裝成移民，從漢堡搭船到倫敦，他報導說：

> 我爬上甲板時天色已黑，同行的外國人幾乎都用大手帕或帆布袋把隨身物件收拾好，預備要在這兒待兩夜。我在黑暗的角落坐下，靜靜審視四周。甲板上大部分的地方都放了大箱子，用帆布覆蓋著；堆得最高的約有八到十尺高。在箱子上和狹窄的通道，移民們或站或坐，空洞的笑聲和喧鬧聲打破傍晚的寂靜……幾無例外的，大家身上都沾滿塵土，發出臭味……我想，該起身找個地方睡覺了……我往兩個統艙中較大的那一個走。走到通道口時，從下方陰暗的地方傳出的惡臭難以忍受；到了下面，外加衆移民身上的熱氣，氣味更糟。而艙內呈現的景象才更令人作嘔：這塊空間不及船身的寬度，也沒那麼長，中央掛著一盞

油燈，透著微弱而閃爍的燈光。船艙兩邊各立起了兩個平台，上下並排，中間有兩尺半寬，平台上分隔成幾個區域，最寬的有兩尺；有些則沒有劃分，就在這裡，男女、兒童穿著稀少的衣服躺在板子上，有的睡這個方向，有的頭朝另一個方向。年輕男子與未婚女子並躺，打情罵俏，做著猥褻動作，而小孩在一旁從頭到尾看得一清二楚。地板上大部分地方都擺了箱子，佔不到地方睡覺的男女則盡可能找個舒服的地方靠著箱子休息。

來到倫敦

當船沿著泰晤士河接近倫敦時，米亞眞和男女老少聚集在甲板上，看著經過的坎特郡（Kent）和艾賽克郡（Essex）風景。有些人坐在裝了棉被、床單、衣物和家族禮服的籃子上；有人緊緊抓著用鮮豔圍巾包起來的重要家當。所有人都頻頻搔抓著幾天沒洗的身體。到了倫敦，船在河中央抛下錨。米亞眞搭上了上岸的小船；水手在小船上纏著乘客，索取比原定的三分錢更多的船費。港口的英國官員草草爲米亞眞做了健康檢查，並查看他是否有足夠盤纏，以免變成社會遊民。

米亞眞又餓又累，試圖伸展雙脚，並望向群衆和隱約浮現的港口倉庫。港口上只有幾個人向他微笑表示歡迎。眼前所見，令米亞眞震驚。「一些親友在岸上等著滿載移民的小船靠岸。然而，在俯瞰登陸平台的小酒店附近徘徊的民衆，乃是在碼頭晃蕩的社會底層和專做移民生意的

『跑腿』。」社會學家碧雅翠・帕特（Beatrice Potter）如此描述：「『跑腿』通常是猶太人，他們是倫敦東端最被唾棄的社會寄生蟲。隨著小船一一靠岸，這些跑腿的人向前推擠，伸手抓住旅客的包裹或籃子，向想到美國的人推銷假船票，看到手中握有親戚在倫敦東區白教堂（White-chapel）地址條的人，或是完全無依無靠的人，『跑腿』則向他們保證可當嚮導並提供免費住宿……一時間情況混亂：『跑腿』和旅人互相喊話，碼頭上閒蕩的人嘶啞嘲笑著這批窮外國人的怪異穿著和夾雜口音的破碎語句，水手粗聲咒罵著付不起登陸費的旅客。」

移民的境遇每況愈下。地痞流氓開始引誘新移民，允諾給他們可靠的地方過夜，而且會幫他們找到工作。英格蘭金融家藍道寫：

> 他們於是把移民帶到所謂的旅舍，一人帶路，另一人則提起移民的行李或用手推車把行李運走。負責搬運行李的人和跑腿是同夥，不一會兒就向這可憐的外鄉人要脅索取離譜的服務費，通常旅客會抗議，這時對方就還以拳頭。旅舍的老闆和老闆娘敦促旅客快向門房登記，還假裝爲了彌補對方的損失而給對方一點便宜；儘管旅客在碼頭時已付了款，他們還是又多要了五先令。旅客的行李被留在屋內，而當他們問到爲何不帶他們到指定的地址去時，老闆說他要去的地方根本不在倫敦，而是在鄉下；如果要帶他去，另外要付五英鎊。他們直勸這些旅客喝點飲料在屋中稍事休息。很多人落入陷阱，甚至被誘騙把貴重金錢物品交給老闆看管，結果當然是有去無回。當老闆和同謀向客人說要幫他買到鄉下的火車票

而騙到錢以後，就把受害人帶到利物浦街的車站，把他送上到塔騰漢（Tottenham）或其他站的火車。

至於那些決定留在倫敦的人，旅舍老闆則允諾會照顧他們。老闆向每一位移民收取每晚二到五先令的住宿費，而讓他們睡骯髒的臥舖。每天早上移民就上街晃蕩，想找份工作。晚上又回到小旅社休息，準備明天繼續找事。情況如此持續下去，直到移民把錢用光。老闆於是借他一點錢，把他的行李當作抵押，現在這移民成了不幸又窮困的人。

約瑟夫和其他幾千個人一樣，從沒想過要久留倫敦。他早就下定決心要加入前往美國新大陸的移民潮，所以他連住在倫敦的姑媽和叔父的地址都沒帶在身上。他離開碼頭時已沒有盤纏，也沒有地方睡覺。受敬重的倫敦盎格魯-猶太裔人士，嘗試要幫助像米亞眞一樣落入困境的人，於是設立了熱湯廚房、鞋靴資助協會之類的救援機構。在這些慈善義舉中，以西蒙·柯恩（Simon Cohen）的作爲最有先見之明：這位仁慈虔誠的麵包師傅創立了「可憐猶太人臨時收容所」（Poor Jews' Temporary Shelter），提供一棟安全的房子和臨時旅社給需要的人。

這處收容所距離泰晤士河的幾個上岸碼頭並不遠，到後來每年幫助一千到四千名的移民。米亞眞是受益人之一。收容所的工作人員中有一名說德語的，他到每一艘小艇去看有沒有人需要幫助，而收容所也在各碼頭和船上張貼意第緒語的告示，警告旅人要提防過度友善的搬運工。工作人員也歡迎非猶太人，但來者甚少。收容所內有相當多的大房間，像是宿舍的通舖，有布籬和瓷磚牆，以及放行李的棚架。這裡只提供兩星期的住宿，旅客要在這段期間適應倫敦的環境，找到新住處及新工作。收容所也動員住客貢獻一點勞力，做點砍柴和其他一般勞務。另外，他們可以參加下午和晚上的宗教儀式，聽演講和上基本英文課。

米亞眞在一八八〇年代末期來到倫敦，收容所的工作人員爲他註冊，詢問他的職業及身上盤纏；收容所的醫師爲他做健康檢查，接著工作人員把他和其他客人帶去洗俄國蒸汽浴，把全身上下徹底洗透。他們同時把他的衣服放進消毒室。米亞眞吃了有生以來第一頓的救濟餐，爲自己的慘狀流下了淚。他很快找到了姑母和叔父，向他們求助。他叔父開了一家縫級廠，米亞眞讓叔父知道他也會用車衣機。叔父要他留在倫敦，給他工作做，並讓他接來珊朵、玫瑰和莫里斯。等一切安定，米亞眞發現這塊新土地上的人不太會讀他的姓氏。因爲他的祖宗是神職階級，在猶太語唸成科漢斯（Kohens），因此他把姓改爲發音比較簡單的柯恩（Cohen）。就此，他打消了前往美國的念頭。

便宜的縫級廠工人

約瑟夫·柯恩所進的裁縫這一行，在英國可說是猶太人獨佔的行業。剛開始，猶太人做的是二手衣的成衣買賣；十九世紀的倫敦街頭經常聽到猶太人以悲哀的聲調沿街喊著收破衣。狄更斯（Charles Dickens）就曾這麼寫道：

就在我下筆之際，空中迴盪著的、沿著我住的街道飄下去的、輕輕從窗子進入、柔柔聽入我耳中的，是那熟悉而令人歡喜的叫聲。這聲音我聽很久了，希望以後也一直能聽到。在我出生前幾年倫敦就有這叫賣聲，等我死後幾年，它還是會在這兒。它從不變化，聲量和響亮的旋律未曾稍減。隨著世事變遷，世上的人生了又死，每個人都必須穿衣。而隨著人衰老，衣服也跟著舊。因此我們總有舊衣可賣。所以，將來的許多年，在許多的街道上，透進許多的窗戶，都會聽到空氣中迴旋著這古老熟悉的叫買聲——『舊—衣！』……背著袋子喊著：『舊—衣！』似乎是是所有猶太人註定要碰上的、如同新人或學徒一般的命運。

收舊衣的人，到大街小巷收集襯衫、衣裳、男用大禮服和各種零碎衣物，以便在舊衣市場販賣。十八世紀中，勝家牌（Singer）縫紉機問世，許多猶太人在自己原來的國家受過裁縫訓練，很快適應了初萌的成衣業。等到約瑟夫・柯恩在他叔父的縫紉廠工作的時候，幾乎三分之一抵達英格蘭的移民都加入了這個行列。

工人階級和在外國殖民地做生意的人，對於這些小工廠所生產的便宜、不合身的衣服很有興趣。不同的縫紉廠負責每件衣服不同的局部，裁縫工人各做不同的零工，有人開扣洞，有人縫上領子或做疏縫。社會學家帕特寫過有關倫敦東端貧民區製作的衣服：「那件外套穿在人身上，像是把亞麻布掛在曬衣繩上一樣，任由穿衣者的動作和風吹的擺佈。顯然，懂得穿著又負擔得起的紳士階級，可不會聽命於猶太成衣商。在手工製衣方面，英國的裁縫師是無人能比的，但在批發成衣方面，他們無法和猶太包商競爭。」

由於移民不斷湧入，成衣業永遠有大批便宜的勞工可以雇用。剛加入這個過度飽和的勞力市場的人，一開始每星期可以賺兩、三先令。有時候他們的酬勞只有食物——發霉的麵包、難喝的咖啡、鹹魚乾或醃小黃瓜——加上地板上一小塊睡覺的地方。不做裁縫的人就製作鞋子、家具和雪茄。柯恩的叔父開的縫紉廠規模很小，只是季節性地雇用一些男女工。不到兩個月工人就可以熟練這個職務，而一年後每星期賺的工資可從低微的七十五分錢增加爲兩英鎊半。女人的工資比男人低。如果省吃儉用，還活得下來，也許有一天可以開一家自己的工廠。

縫紉工每天在擁擠而黑暗的房間裡工作十二到十八小時，地下室和儲藏室的一張張桌子上，堆放著待處理的布料。室內只有稀微的自然光。貝福德（Bedford）的主教指出：「我親眼見過這些可憐人工作到半夜兩點。然後在早上七點，同一批人又在同一個房間工作。而安息日時，從拉下的百葉窗可以看出他們還在工作。」

工人必須自己攜帶工具。每天早上，英格蘭、愛爾蘭和猶太女孩帶著香菸盒或巧克力盒來上工，盒裡裝著工作所需要的棉線、撚線、花邊、針、頂針和剪刀。通常是早上八點開工，有時候更早。燙衣工點燃煤氣噴嘴，準備熨斗。隨著工作展開，煤氣火焰和焦炭火使房間愈來愈熱，空氣中充滿棉絮、灰塵和砂礫。工人們在走道上的長凳找個狹窄的位子坐下，嘰嘰喋喋聊著閒話，跟燙衣工打情罵俏，唱著音樂廳最新的曲調，或小聲說著開膛手傑克（Jack the Ripper）最新犯下的謀殺案，背景則是機器旋轉的單調聲響。

如果中午能休息，有些人就到街上和其他縫紉廠的縫紉機工、燙衣工、縫紉師打混。有人則從桌下拉出籃子，在烏黑的報紙上攤開麵包和奶油、冷香腸或鹹魚。晚上，他們腰痠背疼回到家，手指因揑針而刺痛。這群人面色蒼白，看起來病奄奄的。許多人後來得了肺結核、貧血、肋膜炎或支氣管炎。女人流產、脊椎彎曲，並且靜脈曲張，還因腫瘤和溼疹而病苦。

約瑟夫・柯恩學會了在這個世界裡辛勞工作。他接來了妻子和兒女。他不見得脫離了從小以來的貧窮，但在倫敦他不必再受沙皇和波蘭鄰居的壓迫及暴力欺侮。在英國，他祈禱家人能過平安的生活。在倫敦東端，他相信他和珊朵能好好兒把人生的價值觀和信念傳給女兒玫瑰和兒子莫里斯。

第三章 貧窮而自由的童年

倫敦，一八九〇年代

莫里斯・亞伯拉罕・柯恩童年過著困苦的生活，但有堅定的信仰作爲倚靠。一八九〇年早期，柯恩一家人搬進了倫敦東端聖喬治區（St. George's）的安伯斯頓街（Umberston Street）六十八號。六十八號的房子有八個房間，跟倫敦東端鬧區的其他房子一樣低矮而污黑，共住了二十六個人。莫里斯在這條街上長大。這裡的婦女們會在二、三樓倚著石砌窗台，俯瞰街上肉店、蠟燭店、糕餅店、牛奶店、奶油工廠、麵包店、菸草店和雜貨店的來往顧客。

聖喬治區堪稱倫敦最擁擠、也最貧困的地區，每一英畝住著兩百五十二人，百分之五十四點五的居民是貧民。這塊赭紅土的地帶，在藍或黑色的磚牆上方，簡陋的屋簷上楣只有簡單的裝飾，區內的公共建築是倫敦全市裡最少的。而這裡的出生率和死亡率是倫敦最高的。都市社會學家查爾思・布思（Charles Booth）曾客觀描述聖喬治區爲「赤貧地區，居民奇異」。確實，這裡的生活苦不堪言。許多婦女和七歲兒童爲了賺那不足果腹的幾分錢而做縫布袋的苦工。與莫里斯在同一條街上長大的拳王泰德「小子」路意斯（Ted "Kid" Lewis）回憶：「我小的時候很窮，經常一天只喝一杯水和吃一片撒了幾粒糖的麵包。」

貧窮，加上開膛手傑克的造訪，使得這個地區更加惡名遠播。一八八八年九月三十日，傑克在伯納街出沒，距離安伯斯敦街只有四條街遠。他擄走了四十五歲的伊莉莎白．史柴德，一個綽號叫「長腿莉莎」的妓女；根據倫敦《泰晤士報》的報導：「在靠近廣場入口的陰暗處，他（傑克）把她扔到地上，把她的喉嚨狠狠撕裂。」

南邊不遠處是聖凱瑟琳碼頭，碼頭上沿著泰晤士河畔有一長排的倉庫，傳出焦油的味道。衣衫狼狽的移民就是從這裡踏上英國國土。這個潮溼的地方住著裝卸工、船上服務生和碼頭工人等流動人口，另外還有妓女。妓女們穿著誘人的猩紅或鮮藍絲絨上衣，吸引北歐、印度、非洲、中國水手上門來；事後，再搖擺著身軀向他們要「服務費」。報紙上有關這個碼頭的新聞都是些不好的報導，例如中國賭徒和吸鴉片的人。即使是塑造了不朽小說人物福爾摩斯的亞瑟．柯南．道爾（Arthur Conan Doyle），在他的《歪嘴人》（*The Man with Twisted Lips*）一書中都如此描述：「（福爾摩斯）調查一個洞窟，發現了一間低矮狹長的房間，瀰漫著濃重的鴉片味，室內放著層層的木頭臥鋪，像是移民船上甲板下的水手艙……在這片黑暗中，可看到一圈圈閃爍的火光，忽明忽滅，原來是塗在煙管的碗裡的鴉片在燃燒。」

安伯斯敦街向東走兩條街是卡農街（Cannon Street），住著猶太裁縫師、靴匠、工人、香菸工和碼頭僱員。這裡的房子都有兩房，每一個房間住一個家庭。安伯斯敦街往西，則住著波蘭裁縫師及靴匠和雪茄工；往北，商業路（Commercial Road）上交通繁忙，馬車、運煤車和電車風塵僕僕來往於街上。過了商業路就是布思所說的「赤貧區」，住了更多的猶太裁縫師和雪茄工人、毛皮衣製作工、鞣皮工、靴匠、小販和零工。

迷宮似的倫敦東區

一八八〇年代末期，倫敦東端共有九十萬八千九百五十九居民。大部分的猶太人都和同胞一起住在離上岸碼頭不遠的白教堂區和聖喬治區。隨著猶太人漸多，再慢慢擴展到史地普尼（Stepney）、哩端（Mile End）、貝斯諾格林（Bethnal Green）和史皮托非爾（Spitalfield）。一八七〇年代，爲了建造鐵路設備、倉庫、辦公室和翻新街道，拆掉了大片的房舍，房租因此大幅上漲。房東不願花錢維修房屋，老舊的猶太房舍因此引來批評，說敬畏上帝的天主教徒可不敢住猶太人的陋屋。貧民窟的地主年年抬高房租，並向房客索取高額押金。付不起房租的房客立刻被踢到大街上。出身東端的罪犯亞瑟·哈定（Arthur Harding）回顧童年時說到：「付房租是大家最擔心的事。其他的事都不重要。因爲找房子實在太難了。」

雜亂的曬衣繩上掛著清洗後的衣物，隨風飄揚，放眼看去，似乎把彎曲小巷、陰暗庭院和廉價公寓編織成了一張網。此處的房屋有石柱和起伏的屋簷，閣樓窗戶和煙囪此起彼落。往日曾是精緻的住家，但今天成了難以生存之地。安伯斯敦街西邊的阿爾蓋特區，是男人和獵犬趕羊到屠宰屋的必經之路，街上到處是垃圾和血淋淋的動物內臟。小販和商人把驢子、小馬和牛隻養在後巷棚子裡。一八九〇年代，這裡的三百九十三個居民不論老婦還是黝黑的男人，都在街上僅有的一家小酒店喝酒吃飯。他們坐在酒吧凳上，在模仿得維妙維肖的仿波特金吊燈下取暖。女人穿著骯髒的圍裙，頭髮凌亂，在街旁彎身抱著嬰兒餵奶。衣衫襤褸的幼童隨著手風琴的旋律與藍鼻子的猴子跳著舞。

作家筆下的倫敦東端陰森可怖，房舍狹小擁擠，點著微弱的煤油燈，空氣中充滿臭魚和爛蔬菜的味道。公寓裡放滿了殘破的家具，桌椅由粗木和磚塊拼湊而成，床則用破布和稻草堆成；全家人擠在一間臥房裡。乾淨的水必須向商人買或到街上的水塔去取。許多房屋都有裂縫，牆壁發霉而廁所污穢，水槽下沒有防臭氣閥。窗戶上塞著破布以擋風。安德魯・孟斯（Andrew Mearn）一八八三年研究倫敦的赤貧戶指出，潮溼的院子裡蚊蟲滋生，「脚下就是地下污水和垃圾，散發出惡臭。」

爲了多賺點現金好過活，許多人別無選擇只能在家工作。他們爲皮草廠做粗工，「空氣中佈滿著從兔皮、老鼠皮、狗皮等動物皮上扯下來的雜毛微粒……混合著黏膠和火柴盒味，外加其他噁心氣味」，住在裡頭的人聞之欲嘔。一名衛生檢查員發現一棟房屋裡住了一對夫妻、三個小孩和四頭豬。而「在另一個房間，一名傳教士發現一個患天花的男人，他妻子剛生下第八胎，小孩子髒兮兮、半赤裸的四處亂跑。這裡有七個人一起住在地下的廚房，房裡有一具小孩的死屍。」

迷宮似的倫敦東區，有竊賊、扒手和從車廂裡順手牽羊的馬車夫，有賭博使詐的騙徒、賭棍和僞造商人，還有乞丐。同時，這裡也是黑暗和暴力的世界。警政署長溫斯利（Frederick P. Wensley）回憶：「在我新接管的地區，大部分居民都認爲可以喝酒鬧事，毆打警察是天經地義的事。我們經常被打得鼻青臉腫，有時還不只如此。幫派份子成群出沒，橫行街頭，向怕事的店家勒索保護費。暴力搶劫是常有的事。狹窄昏暗而如迷宮般的巷道，使得強盜在打昏行人搶走手錶和錢財之後得以輕鬆逃逸。」

猶太人也參與各種犯罪活動。他們偷竊、行騙、私自釀酒。有些人航行到歐洲，誘騙年輕無知的女孩說，英格蘭有許多工作機會和年輕單身漢等著她們。等女孩們上了船，就把她們運到印度或阿根廷的白人奴隸市場上賣掉。有時候東端也會爆發嚴重的刑案，像是懷孕的女房東安吉爾（Miriam Angel）被房客利普斯基（Israel Lipski）下藥毒死。這樁案子在當時很轟動，許多人認爲利普斯基是無辜的，甚至有幾千人聯名請求政府釋放他。連當時的英女皇維多利亞都對這位波蘭拐杖工的悲慘故事感興趣。但利普斯基在上絞刑台的前一天認罪。一八八七年八月二十二日早晨，群衆聚集在新門監獄外，等待行刑完畢的那一刻歡呼。

由於居民多屬貧民，東端也成了工會活動的溫床。一八八七年十一月十三日，罷工工人在特拉法卡爾廣場（Trafalgar Square）與警方發生衝突。最後暴民被警方制止，但已有三名工會代表喪生，七十五人鋃鐺入獄。這場警民衝突日後被稱爲「血腥星期日」（Bloody Sunday）。不過也有示威成功的。一八八八年六月，「布萊恩梅」(Bryant and May) 公司的火柴女工走上街頭，抗議微薄的八到九先令週薪；她們實際賺的工錢比這個數字還低，因爲公司會挑小毛病扣她們工資。這群婦女向國會請願，穿著破舊的工作衣遊行通過倫敦西端。此舉令該公司非常難堪，因此僅在兩週內就和工人們和解。從一八八九年的八月二十九日到十月三日，約瑟夫・柯恩的同行也走上街頭試試運氣。一萬名的裁縫工進行罷工，要求一天只工作十二小時，吃飯時間可以外出，工資比照工會標準，以及不帶工作回家。他們獲得其他工會的支持，印製傳單，分別用英文和意第緒語發表宣言，並每天搭電車到維多利亞公園示威。最後勞資雙方終於達成協議。但事後工人仍無法執行協議內容，因爲堅持合約條件的人通常很快就被炒魷魚。

小莫里斯的第一個世界

原以爲已經逃離反猶太浪潮的猶太人仍要面對衝擊。倫敦的猶太人儘管不曾嚐到如東歐猶太人所受的欺凌，但他們搶走工作機會，引起了天主教和基督徒的反感和怨懟。愛爾蘭的天主教徒尤其把猶太人視爲競爭對手。阿諾・懷特（Arnold White）曾在《泰晤士報》上寫到：「外國貧民取代了英國勞工，把和我們流著同樣血液的男女老少逼入絕境。」懷特在一八九二年出版的《大英國協的貧苦外國人》（*The Destitute Alien in the Great Britain*）一書中更進一步誹謗猶太人。這位社會改革學者、也是英國最倡導反猶太作風的懷特寫到：「猶太人的異國長相、習性和語言，加上驚人的生產力和頑固個性，以及賺錢的天生本領，使得和他們同住的窮人面臨沈重的壓力……這些外國人似乎帶著社會傳染病，使得被迫和他們住在一起的我國人民生活大爲惡化……他們像風吹種子般的在英國落地生根，而他們的美德製造了不少邪惡。」

當開膛手在幽暗的後巷嗜血的同時，謠傳有個穿著皮圍裙的男人其實才是兇手。警察捉到一個叫雅可·派卓（Jacob Pizer）的波蘭裔猶太人，並在他家發現各式長刀。這位製靴工人證明這些刀子都是他的製靴工具後即被釋放，但街坊間又流傳說純正的英國人是不會犯下這種卑鄙的勾當的；又說猶太人最喜歡殺人儀式和變態的虐待，猶太法典鼓吹殺死凡是和猶太男人上過床的天主教婦女，還說有一名發了瘋的猶太屠夫每天工作到深夜。

儘管倫敦東端的環境污穢又受外界排擠，但這個地區似乎充滿活力，猶太人在相較之下稍微親切一些的英國社會及政治氣候下，移植他們的傳統文化並加以維護。他們創立了意第緒語報紙和話劇社，參加夜校，也打板球。在這裡，約瑟夫·柯恩等猶太人可以自由自在加入猶太教會並研讀法典。在猶太安息日，約瑟夫就修剪鬍子，穿著最好的衣服外出。兒子莫里斯陪著父親上猶太會所，他回憶說：「在安息日，男人背任何東西都是一種罪過。所以我都走在父親身旁，背著裡面裝了他披巾的絲絨袋；當他遇到朋友而用低沈的聲音說『沙冷』（Shalom，希伯來文的嗨），我感到好驕傲。」

婦女在安息日在窗邊點起蠟燭，全家上蒸汽澡堂，穿上燙好的衣服，把鞋擦亮，唱讚美詩，喝酒並大快朵頤吃雞吃魚喝湯和燉棗子。星期六夜晚，他們沿著大街漫步。在普瑞安街上，居民扮成聖經《以斯帖記》中他們最喜愛的角色，沿街一家一家串門子聊天。在踰越節展開之前，他們在路邊燃起營火，把發酵的麵包燒掉，以淨化住家，預備過節慶祝古早猶太人解脫埃及人的奴役。

這是莫里斯的第一個世界，貧窮然而自由。他從波蘭來的時候還在襁褓中，所以記憶裡的第一個家就是在倫敦的安伯斯敦街上。他和住在隔壁的尤奇・克來恩（Yutke Klein）是死黨，兩人成天在聽得見聖瑪莉樂柏教堂（St. Mary-le-Bow）鐘聲的舊市區範圍內遊蕩。像他們這樣的東端少年喜歡惡作劇，不聽母親們威脅利誘，還是往外跑，到市集去看人。莫里斯記得最清楚的是經常因爲沒有乖乖待在家裡而被嚴厲的父親懲罰。但他父親的每一拳只更加深他追求獨立的意念；挨打的隔天他又偷溜出去，結果是被修理得更慘。

有創業精神的小朋友

外頭那麼寬廣，有好多東西可以看，爲什麼要待在狹小的公寓裡呢？市集裡好熱鬧，莫里斯和尤奇跟著流動的街頭戲院四處走。莫里斯說：「哈西德教徒（Hasidim，十八世紀興起於波蘭的猶太教派，堅持虔修及神祕主義教義）穿著寬鬆的黑外套向猶太高校生搭訕；還看得到波蘭仔、立陶宛仔和俄國、荷蘭、西班牙的猶太人。」機械師和燙衣工穿著新西裝昂首闊步，跟窈窕的猶太女傭打情罵俏。各行小販在襯裙巷（Petticoat Lane）、溫特沃斯街（Wentworth St.）、華特尼街（Watney St.）和克莉絲普街（Chrisp St.）上打棍仗爭地皮，好販賣自己的鉛筆、鳥籠、樂器、羊頭、蕾絲、玩具、藥、捕鼠器或書。有些攤位點著煤油燈、燃燒燈和蠟燭，擺到半夜才休息。空氣中飄著濃重的炸魚味、洋蔥味、咖啡豆味、油脂味和不太新鮮的碎肉味。從倫敦各區來的民衆湧進來，細細挑選手推車裡堆得高高的外套和衣裳。裝著鯡魚的木桶底部滲出了鹽水。雨棚下掛著餐具和廚具。面色蒼白而披著有穗飾披肩的婦女頭髮緊緊挽成髻，在成堆的白鮭、鱈魚、燻鯡魚和鯖魚堆前和小販討價還價。年輕女孩兜售鮮花。男人暗中賣黃色書刊，街頭頑童和流浪兒向大人討東西。空中飛人和賣藝者在街上表演。另外，付點小錢就可以看一眼望向月亮的望遠鏡。

莫里斯愛吃東西。他是個肥胖的小男孩，有著一張寬臉和兩手粗指。布帽子底下壓著他深咖啡色的鬈髮。對他而言，假如口袋裡沒有零用錢買餡餅、烤洋芋和零食，人生可就太艱苦了。不過莫里斯是鬼靈精，馬上就學會怎麼賺外快。哈定回想他童年時的賺錢本領：「那時候裝橘子的箱子很好賣。一分本錢也不用，他們通通送給你都來不及。」小孩子們把箱子捆在一起，拖到一家一家門口去叫買：「賣薪柴唷！」一捆箱子可以賣到半分錢，有時候更多。莫里斯和尤奇五歲的時候決定加入燃料事業。莫里斯偷走母親的切肉刀，兩個小男生一路走到比靈斯蓋特魚市場，把裝魚的板條箱劈成一條條木塊。當年那個新手小偷後來回憶說：「箱子笨重又難搬，沾滿了魚鱗和黏液，油膩膩的。不過我們最後還是把箱子搬到角落安靜的地方，劈成一段段木材。然後裝上推車，沿街叫賣著：薪柴唷！薪柴！卻就是不去我們家的那條街。」兩個男孩費了這麼大工夫，可以賺個一毛二。

孩童們經常從運貨車偷走煤炭，或是隨手從手推車上摸走奶油、雞蛋和乳酪，或是搶走女洗衣工的衣服、從手推車中提走行李，連婦女頭髮上的髮梳都是他們下手的對象。膽子大的，可以把大人頭上的假髮拎走。哈定說：「能拿什麼就拿什麼。有什麼東西他們就賣給鄰居。一盒鞋油大概是兩分錢，他們可以賣半分錢。他們也偷水果，反正只要是能吃的都好……掛在靴子店外的鞋，切斷鞋帶就很容易偷走……只要伸手可得的，他們都用紙包起來帶回家，任何值錢的東西……」

賺零用錢的方法可多了。在倫敦東端常可見到裝玻璃的工人，他們走遍大街小巷，背後拖著大大的窗玻璃和工具，仔細察看哪些住家的窗玻璃破了要修。莫里斯有著一對人見人愛的褐綠色眼睛，看起來可能滿像個有創業精神的小朋友——因爲一名玻璃工就雇了他和尤奇去丟石頭砸玻璃。兩個小孩先丟銅板決定這次是由誰來當英雄，等到石頭擊中目標，兩個小孩就趕快躲到街角去。接著玻璃工會裝作不經意走過，手裡搖著鈴唱起「修理破窗六分錢」。如此，每修一扇破窗，兩個男孩可得半分錢。

他們的生活自由而充滿冒險，有零錢花又有得吃。但不久莫里斯和尤奇最害怕的事情發生了：上幼稚園。莫里斯和尤奇跟其他小朋友一樣，進了這家創立於一八四一年的猶太幼兒學校（Jew's Infant School），開始接受同化於英國社會的教育。莫里斯一八九六年上學，開學第一天，那時候力氣還比他大的姊姊緊緊抓住他的手，拖著他走過八條街，到了巴克街和普勞廣場交叉口，離樂曼街不遠的新校舍。新校舍有雙重斜面的屋頂（mansard roof），共耗資七千磅。老師用當時創新的福祿培爾教學法（Froebelian）來教學，他們從遊戲中學習學字母、縫紉、禮節和規矩。但是在有十二尺高天花板的教室裡所上的課和在遊戲場裡所玩的遊戲，以及有制度的上課時間，對於莫里斯這個習慣在街頭撒野的小孩完全不管用。莫里斯說：「我到了那裡，他們拍拍我的頭，給我針線，叫我把兩片布縫在一起。這麼娘娘腔的事情做起來眞可怕。」到了第三天，兩個小孩受夠了，從學校後門溜出去，又回到街上玩石頭去了。

可是，怎麼面對爸媽呢？兩個小逃學生怕回家挨打，躲到蔬菜倉庫去過了寒冷的一個晚上。可惜接下來莫里斯犯了一個大錯。隔天早上他應該等父親上工後再上街玩，可是他沒有，結果撞見了他父親約瑟夫；約瑟夫找他那任性的兒子找了一整晚。結果莫里斯立刻挨了一頓打。從專出秀才的小鎭出生的小孩，最好是搞淸楚受教育的好處和苦處。如果他不想比搶劫猶太村的愚蠢民衆有出息的話，最好就乖乖受罰。處罰過後，玫瑰又握緊弟弟的手，帶著這個屁股還隱隱作痛而心生悔意的頑童回學校去了。此後，莫里斯乖乖上學，可見他確實是被狠狠揍了一頓。

最好的猶太小學

猶太幼兒學校乃是爲位在西北邊貝爾巷的知名猶太公學（Jew's Free School）預作準備；猶太幼兒學校四分之三的學生畢業後就進了這所小學。玫瑰在一八九六年開始上小學，莫里斯在一八九七年二月四日第一次到學校，七十一間燈光明亮的教室大樓令他印象深刻，升起敬畏之心。入學名額競爭得厲害，學校招收學生的那天，必須出動警察來管制擠滿街上的小學生和家長。根據當時一份自一八五三年開始的官方學校調查，這所學校是小學中最好的。

摩西斯．安吉爾（Moses Angel）帶領這個學校已有五十載。他是個嚴格的老師，戴著金屬框邊的眼鏡，嘴上蓄著修剪整齊的小鬍子。安吉爾認爲兒童不只是要受教育，同時避免因其無知而受到基督教傳教團體以食物、煤炭、衣服加以引誘，並且還要把他們塑造成英國紳士淑女。安吉爾每天早上八點半就到校，親手爲學校所有時鐘上發條；他禁止集體處罰，並親自訓練學校所有的老師們。全校教職人員把學校弄得溫馨暖和，每個壁爐都升起火，天天打掃教室，並在四周噴灑消毒劑。

到了一八九〇年中期，該校已有三千五百多名學生，各有不同背景。莫里斯是百分之三十九的外國裔學生中的一名。由於大部分青少男女都是在十三、十四歲開始工作，因此必須趕快學習。莫里斯穿著燈心絨制服和羅斯柴爾德先生（Rothschild）贈送的鞋子上學，星期一到星期五從九點到四點，星期天只有半天課。每天早上，校長安吉爾和學校教職員會給他免費的新鮮麵包和熱牛奶當早餐。莫里斯在小桌子上讀書。三十五名領有執照的教師和二十五名女家庭教師負責教導莫里斯和其他學童所有科目，從英文、希伯來文、物理、畫畫到做櫥子和上漆。玫瑰和其他女孩學了烤麵包和縫紉等家庭女紅。下課時間，莫里斯和玫瑰則在石砌中庭玩抓人的遊戲和做柔軟體操。

上了學後，莫里斯要走比上幼稚園時更多的路。他先沿著商業路向西走一段路，到了白教堂高地街再向左拐，然後到美麗巷再向北走。如果不這麼走，也可以走捷徑。不過不管走哪條路，都是充滿危險的。因爲一路上都有準備找碴的基督教男孩，他們管猶太學校的學生叫「髒猶太」，「油光仔」和「殺基督徒的」。路意斯回憶道：「早晨上學途中，我的死黨克里和其他鄰近的猶太男孩都會在街角，等我帶領大家衝過基督教男孩的陣線。我把皮帶繞在手上，然後我們成群結隊，預備抵禦攻擊。如果有人眞的揮起手臂，我們就會把他們打得落花流水，讓他們回去躲在父母身邊。」

公學的出席率大約在百分之九十六。有些家長跟約瑟夫及珊朵一樣，想讓子女多接受社會和宗教訓練，就再送他們去上晚間課。約瑟夫每天給莫里斯一分錢當成上課的獎勵。但莫里斯早就是學校裡百分之四的逃學學生當中的一份子，結果證明約瑟夫對的投資失敗。東端有太多沒有教育意義的誘惑吸引著莫里斯。

他跟隨著愛樂者大排長龍的隊伍，等著看白教堂街音樂廳上的表演。羨慕那些衣著光鮮、身上首飾閃閃發光的年輕人，並嘲笑爲討了幾分錢而耍戲的街頭頑童和流浪兒。哈定說：「絲坦德戲院的隊伍可以從諾敦幅爾門一直延伸到大東街。大東街有個小拐彎角，民衆在那兒排隊買戲院頂樓座位的票。小孩子通常在那兒表演空中把戲。不管是翻筋斗、跳馬背、青蛙跳；只要是能吸引人的都要出來。」莫里斯用父親給的零用錢和自己以各種方法賺的錢，買了頂樓最便宜的票，觀賞瑪麗·洛伊和小堤屈之類的表演。

底層生活的趣味

東端最受歡迎的戲院要屬皇家戲院館（Royal Pavilion Theatre），它被暱稱爲「東邊的特魯里街」（譯按：特魯里街是倫敦西區的一條街，以劇場集中而著名）。劇場主人自稱這是「人民的劇院，爲百萬人而建」。莫里斯經過陶瓦拱門、希臘多立克式壁柱，踱步走下長長的通道，到達一個典型的民衆活動場所，有堂皇的觀衆席，前面是特別座、包廂，還有一整片的環型座位。坐在雕有飛躍小愛神的天花板下和閃亮的瓦斯燈照射的座椅裡，莫里斯驚嘆於英國通俗劇、意第緒滑稽劇、聖誕節童話劇、莎士比亞作品和西區的明星。觀衆吐痰，抽菸，打架，罵粗話，向不喜歡的藝人丟石頭，或丟銅板上台表示對表演的讚賞。成群的小孩對著演員嘖嘖咂嘴，顯然是在要脅如果不給錢就要妨礙表演。演員若付了錢，他們就會給他響亮的掌聲。而當演員在台上使出令人眼花撩亂的渾身解數時，台下的觀衆則是大快朵頤吃著自己帶來或在大廳買的蛋糕、蘋果、橘子、雞、魚、熱豆子、花生米、啤酒和烈酒，弄得滿地是垃圾。

莫里斯喜歡流連的另一個地方，是史特普尼格林對面哩端路（Mile End Road）的帕拉岡綜藝劇場（Paragon Theatre of Varieties）。一八八五年五月二十一日開幕的這家劇場，頗爲富麗堂皇，觀衆席寬五十尺，縱深一百尺，圓頂天蓬高六十尺，紅絨幃帘處處，淺藍和乳白色的牆壁外嵌金緣，出入口作東方造型，窗櫺扶欄皆爲大理石，有一間暖房和十二間包廂。莫里斯坐在寬敞的樓廂裡，觀看兼容並蓄得幾欲令人神經分裂的娛樂節目。「若論保守，沒人比得上進音樂廳的人，是以節目必須包羅萬而又不脫古風，笑譚須集中在醉漢、懼內老公和丈母娘這類陳腐話題上，」一八九五年十二月五日的《回聲》（*Echo*）雜誌寫道：「情感表達須明確而具舞台效果，短劇必須善惡分明，主角英勇絕倫，反派極惡窮凶，女主角則是其蠢無比。而且，至少得有一則明顯的愛國主義橋段。爲了投合白教堂區愛美女子的天性，還得投入一對或一雙窈窕女郎大唱情歌小調，穿起繡裙翩翩起舞，短劇、體操、舞蹈和不能免俗的滑稽歌曲，加上具實呈現小販和他『情婦』，便是東街音樂廳節目大要和帕拉岡娛樂的梗概。」

若是音樂廳太溫文爾雅，莫里斯還可以去看渾號「猴仔隊」的不良少年騷擾行人，諸如故意把人踢出人行道、把油煙抹在少女的臉上或背上。不然，他還可以去光顧巡迴戲班，看看頗受歡迎的畸人和音樂秀。戲班老闆必備的本事爲能言善道，以炫麗的海報和小樂隊吸引觀衆來到權充戲場的空店、空馬廄或空倉庫。莫里斯花上一、兩便士，跟兩、三百人湊合坐在板凳上，在香菸繚繞、瓦斯燈搖曳的屋裡，大吹口哨、吃女人豆腐，享受臨時舞台上一個小時囂鬧的表演、粗俗歌曲、喜劇、魔燈秀和莎士比亞劇。在這裡，他們看到英國社會眞正的邊緣人，如避世者、殘疾者和用脚趾演奏小提琴的無臂人或「雙頭女」之類的馬路秀畸人。

一八八四年十二月，腓德烈．崔維斯（Frederick Treves）就是在離安柏斯頓街不遠一家荒棄的果菜店，付了湯姆．諾曼（Tom Norman）一先令，偷瞧「象人」約瑟夫．莫瑞克（Joseph Carey Merrick）。「店內空蕩，塵灰滿布，」崔維斯寫道：「外面油漆廣告板遮住了光線，一室幽暗，遠端角落用根繩子加上幾個圓環垂著紅色簾布或桌布隔開。店內陰冷潮濕……這位弓著背的人，閉鎖在這微藍瓦斯燈火熒熒的空店裡，所具現的正是孤寂。這情形宛如洞中孤囚，又似等待鬼火中驚人示現的巫師。」

這種地方使得上流社會大驚失色，維多利亞女王爲了反制它們的不良影響，在一八八七年五月四日推出「歡喜年」活動，「人民宮」（People's Palace）開幕，希望把文明之光帶到黑暗的東端。人民宮成爲本區第一個提昇知識和物質的中心。儘管文學俱樂部、劍術教室、游泳、藝術展、風琴演奏、花展和辯論應有盡有，但是仍抵不過本區誘人的場所。

兩者沒得比。東邊的興味深入底層升斗小民。歐德蓋特（Aldgate Pump）和休瑞迪奇（Shoreditch）以東，有「拳擊搖籃」之稱，喧嘩的群衆在劇場、俱樂部和商店觀看拳擊比賽；拳賽主辦人在白教堂路和哩端路設置拳擊亭，拳迷花兩便士就可看一場。有時候，大夯頭的女拳師撂倒所有挑戰者。劇場定期推出錦標賽和周六午後賽，拳迷蜂湧而至，或觀賽或下注，老闆則警告拳師，不見血就會丟了差事，是以連觀衆也興奮若狂，推拉互毆屢見不鮮。

莫里斯喜歡拳賽和亂哄哄的場面。康寧鎭出身的輕丙級無敵拳手湯瑪斯・帕瑪（Thomas Palmer），是他心目中的英雄。帕瑪身高五呎三（約一六〇公分），體重一百一十五磅（約五十二公斤），跟莫里斯一樣不是大夯頭，但自一八九三年在倫敦出道以來，便以出拳精狠和輕巧的步伐風靡一時，很快就贏得許多拳迷和「拳擊精靈」的封號，群衆紛紛湧到科芬特花園看他縱橫全場。一八九〇年代中期，帕瑪把「新東倫敦劇場」（New East London Theatre）改成拳擊場。

一八九六年，在他的偶像經過十四回合激戰而擊敗了比利・普利瑪（Billy Plimmer），取得英國輕丙級拳王榮銜之後，莫里斯也展開了拳擊生涯。莫里斯其實不是理想的拳手人選。他身裁矮胖又有個大腦袋，體重九十二磅（約四十二公斤）剛好是入選邊緣，難怪會有「胖子摩以沙」的綽號。不過，他的結棍和膽色卻是混混的兩大特質，正可派上用場。他不在街頭遊蕩的時候，就流連於皇家戲院館。看戲的人因細故大打出手，在這裡是稀鬆平常的事，有天晚上，莫里斯就因爲搶座位而跟一個比他大比他高的男孩子扭打。「我腿快，而且當時我拳法就不錯，又喜歡打架。」別的客人都回頭觀看熱鬧，有位頭戴黑絲帽的男子打賭，莫里斯十招便可撂倒對手。莫里斯一擺平對手，那位賭徒兼業餘小偷便問這位小拳手，要不要上台一試身手。

夢想終於成眞。隔周周末，莫里斯在人民館（People's Arcade）一間香菸瀰漫、擠了兩百名黃牛和賭徒拳擊場，以「柯克尼・柯恩」（Cockney Cohen）之名揮舞著拳頭登台，跟又稱伊濟・芬克的「巴特林・莫菲」對搏。賽後，莫里斯正在擦鼻血的時候，那位戴黑絲帽的支持者拿了兩先令，給這位年方九歲的勝利者。「那是我賺的最大一筆錢，」這位初露鋒芒的職業拳手說道。他在人民館出賽六次，每看到海報上自己的名字總是笑逐顏開，但第一次打斷鼻樑也就在這期間。此外，他也在賭風盛行鐵匠鋪出賽，除了父親待在安柏斯頓街家裡的安息日之外，他可說是天天出場。

有了錢反而助長他的不良行爲。莫里斯鬧進警察局之後，不打拳，改爲一個叫「戈諾夫哈利」（Harry the Gonof）的人做一點他戲稱爲比較「高尙」的賺錢行當。在東區，「戈諾夫」一詞乃是猶太教徒和基督徒小偷的通稱，而「戈諾夫哈利」就是這麼一位歹人。他在襯裙巷經營一個小攤子，專賣錢包，利用貪小便宜的心理來吸引顧客。爲引起顧客的好奇心，他會告訴圍觀的人說，他在一只錢包裡擺了一先令，哪位客人「幸運」的話只消付六便士，就可以連錢包帶錢走人，其實他只虛幌一招，把錢藏在手掌悄悄放進自己口袋。「爲勾起興趣和吸引顧客，偶爾會眞的把一先令放進錢包，然後對我點頭表示這次是玩眞的，」莫里斯說道：「這是暗示我快步上前，搶先一步買下這只錢包。然後，我把錢包舉得高高的，倒出錢，撈住後放進口袋裡走開，當晚再把錢包連錢送回去。每回都能拿到兩便士賞錢。」

莫里斯很快就晉昇到更有賺頭的扒竊之術，成爲狄更斯在《孤雛淚》(*Oliver Twist*)中的「巧手道奇」(Artful Dodger) 一般，變成「穿起布呂歇爾半統靴，身高頂多四呎六，穿著派頭，昂視闊步的小紳士」(譯按：布呂歇爾爲普魯士陸軍元帥，在滑鐵盧之役中擊敗拿破崙居功厥偉)。他有一票死黨。扒手通常都是小孩子，幹活地點大半是火車站和隨處可見的市集，萬一被警察逮到就依小賣小，謊報姓名和年齡，不然就是假哭，鬧得警官手足無措，只好放了他們。「有些年紀較長的人對自己的行當相當自豪，」哈定回憶自己早年的生涯道：「女人最好下手。她們不用手提包，但以前在裙子後面有口袋，很容易就神不知鬼不覺剪掉。是誰發明這種口袋不得而知，但準是箇中好手無疑。錢包通常擺在胸前口袋裡，比較難下手，飛剪（抓住錶鏈一扯）則得隨時準備開溜。男女扒手的門道完全不同。白教堂街一帶的猶太男童都是扒竊好手，但只對婦女下手。」兒童是特別好下手的標的。「小肥羊，也就是帶著幾便士甚至幾先令替母親跑腿的小孩子，」狄更斯筆下的費根（Fagin）指出：「他們總是把錢抓在手裡，只要把錢搶過來，然後把他們推倒，就當是小孩子自己跌倒受傷，若無其事地慢慢走開就行。哈！哈！哈！」

誰作興上猶太學校學裁縫和求學？莫里斯學的是詐術，而且他的教育是水到渠成。他不像《孤雛淚》的主角奧利佛，倒是和費根的積極修業若合符節。這種學習經驗貫穿他一生。

第四章 感化研習所

梅福特，一九〇〇至一九〇五

一八九八年九月十六日，星期五傍晚，一位「身高還不及被告席」的猶太男孩，被揪進「泰晤士違警法庭」（Thames Police Court），罪名是趁交通尖峰時刻在歐德蓋特火車站扒竊羅拉·布瑞格（Laura Briggs）的錢包。「我相信這孩子是慣竊，而且，我很難過指出，猶太男童竊盜案件之多，實令人神傷，」法官約翰·狄金森（John Dickinson）論及這位跟莫里斯稍有不同的九歲罪犯時說道：「遺憾的是，沒有職業訓練學校可以收留這些孩子，而我又不得不釋放他們。他們的父母，乃至他們自己都很清楚，他們精得不能再精……他年紀太小，不能送感化院……我數度建言應重視此一嚴重事態，依舊毫無寸進。我得把這孩子押到勞役所一星期，期滿只好放了他。」

猶太社會本來就對外界的負面觀感和自身名聲極爲敏感，狄金森又是倫敦少數宅心仁厚的法官之一，是以他的訓誡尤其令猶太人心生警惕。猶太社會已在十九紀建立各種服務計畫、收養家庭和學徒工作，好把類似這位九歲扒手和莫里斯這樣的壞胚，引進安全的更生之所；但由於移民湧入，猶太人口膨脹，這些人便成了猶太社會的一大難堪。猶太社會內部已逐漸體認到，更制度化的協助實有迫切需要。

當時，十二歲以下的兒童初犯者可以發配到職業訓練學校，十四歲以下的少年可視同教育問題案件處理，感化院所接納的則是惡性比較重大的不良少年。爲了替這些孩子找個適當的地方，「猶太代表委員會」(Jewish Board of Deputies) 在一八八九年跟位於劉易士罕 (Lewisham) 區的「東倫敦職業訓練學校」訂約，每名兒童由委員會支付校方五十鎊作爲住宿及淨食（指依猶太規矩烹調的清淨食物）之用，另外，由於這些猶太男孩安息日不工作，每周再貼補一先令。一八九三年，委員會徵召進步主義理論家兼猶太公學的副校長以色列・艾利斯 (Israel Ellis)，指派他爲猶太舍監。艾利斯負責監督和教導，但這批新受監人時時向他申訴，教職員和同學常以反猶太言詞嘲諷和攻擊他們。這雖是不足爲奇，卻不免引起艾利斯和猶太社會的擔心，唯恐這些孩子安全不保，又怕這些易受外界影響的孩子沒有心理防備，受到改宗團體左右。

一八九八年，委員會和校方中止協議，艾利斯帶著這批學生到梅福特郡的郡立學校。同時，羅斯柴爾德、戴維斯 (Felix Davis)、戴維森 (Louis Davidson) 等英裔猶太領袖，集資一萬四千英鎊，其中，羅斯柴爾德個人就出資五千英鎊，著手創設一間猶太學校，並禮聘建築師索羅門 (Lewis Solomon) 規劃及興建「海斯職業訓練學校」(Hayes Industrial School)。

艾利斯校長的體貼與嚴格

海斯職業訓練學校建校的時機可謂機緣湊巧，至少對莫里斯而言是如此。一九〇〇年四月三十日，服務市警局十一年的資深警官艾伯．史賓斯利（Albert Spenceley）逮到莫里斯扒竊，這使得莫里斯放浪不羈的生活戛然而止。當時莫里斯已十二歲，卻誆稱只有十歲，正好符合狄金森那句「精得不能再精」名言。

他的同道，亦即狄更斯筆下的「巧手道奇」，也是因爲扒竊一只常見的銀製鼻煙盒被捕。史賓斯利把莫里斯送到泰晤士違警法庭，法蘭克．宓德法官（Frank Mead）判他暫押勞役所；五月九日，警方再把他押回這間以石灰和磚造的二層樓莊嚴法庭。宓德可不像狄金森這麼寬大爲懷，草草判他押送梅福特（Mayford）感化五年。

不慣拘束的莫里斯到了梅福特，當局把他列爲「遲鈍」，所受的懲罰比跟著父親時更嚴厲，受到「數次訓斥，兩番鞭笞」。一九〇一年二月，海斯職業學校終於啓用，校長艾利斯帶著莫里斯和其他二十六名少年動身前往新家。在獻禮堂，十五名少年換上藍色新制服，戴上繡有「H.I.S.」金字的圓筒無邊帽，衆人一起朗誦祈禱文之後，由學校理事長戴維森把門楣聖卷——盛於盒內的羊皮書卷——置於正門側柱，然後轉到教室，由艾利斯領讀《齊家銘》，衆生則朗讀聖經舊約《詩篇》一一九篇：「行爲完全，遵行耶和華律法的，這人便爲有福；遵守他的法度一心尋求他的，這人便爲有福。」接著，戴維森提醒學生，他們「年事正輕，前途大好，而既是猶太人」，應以光耀猶太社會爲職志。

莫里斯是這所新學校學生名單上的第八位，還有四年觀護期。不久，從倫敦和各地方轉來不少人，到了第一年年底，學生已增爲四十四人。這些人絕大部分跟莫里斯一樣，都是犯了罪才來這裡，只有極少數是純粹「爲了擺脫父母管束」。

對於像莫里斯這樣，一直與整家人擠在百呎見方的棚舍裡的孩子而言，這個占地十二英畝、一萬六千平方呎的紅磚校區不啻皇宮。睡慣了草蓆和舊衣服堆的他們，現在每人一張鐵床，床邊各有一個籃子放置衣服和個人家當，大可以安心入睡。學生們在寬敞的餐廳吃飯，在一樓大教室上課，在體育館遊戲，在圖書館看書。

艾利斯是個既體貼但又嚴格的教育家，學生作息都有嚴格規定。莫里斯六點半起床，在新建的浴室盥洗、著裝，然後跟同學一起，雙膝和雙手裹著抹布，分成十二排，跪在宿舍松脂地板上，聽著艾利斯的擦地板號令：「預備，開始！左、右，左、右，左、右；上、下，上、下，上、下。」擦完宿舍地板，穿過餐廳到別的房間再擦。「他們把地板擦得光可鑑人，在地板吃飯都無妨。」一九三七年接任校長的哈利・柯恩（Harry Cohen）說道。

艾利斯、當舍監的艾利斯夫人、二名老師、一名園丁、木工講師、裁縫女老師、體育教練、廚子、醫師和牙醫，這些人讓學生忙得團團轉。學生早上禱告，上歷史、算術、英語、希伯來語、地理、書法、代數，還有歌唱——由艾利斯鋼琴伴奏，透過正規軍事訓練和運動學習端正儀容和團隊精神。艾利斯特別注重莎士比亞研讀，莫里斯每天都花幾個小時讀《李察三世》和

《亨利八世》。他挺喜歡戲劇，在白教堂區時也看過幾齣，雖然出身倫敦東端的他在「喝」（"h"）與「哥」（"g"）的發音上特別吃力，這不打緊，因爲艾利斯盯得嚴。

老師判斷學生的性向，分別指導學生修習細工木工、金屬加工和裁縫，以便日後從事適當的生意。學生幫忙洗衣、縫補甚至縫製自己的衣服。在課堂外，莫里斯還幫忙照料十英畝胡蘿蔔、包心菜和馬鈴薯田，管理一座養雞場和李子園。所收成的作物除供學校伙食外，學生們還穿起工作服，把裝滿菜蔬的籃子和紙箱搬上手推車，載運新鮮菜蔬推到市場，賣給一般店家和批發商，單是一九〇五年就掙了一百六十英鎊。淨食則是從東端送來。這些伙食比他們以前所吃的更有營養，已經長到四呎五又四分之一吋（一三五公分）的莫里斯，本來就很結棍，現在又添了些重量。

教職員鼓勵學生寫信回家，而且每周發零用錢，供他們在觀看足球比賽和到倫敦及馬爾蓋特（Margate）時花用。表現好就有獎勵，學生透過「積點獎賞制度」，每星期約莫可以掙到兩便士。校區周圍不設門限，按理說學生很容易逃走，但這種情形很少發生；夜裡，有位老師睡在宿舍尾端監視。一九〇五年三月，莫里斯溜出去，職員立刻按下電鈴，驚動當地警察。

若有人闖進店家偷食物而沒人承認，艾利斯會命所有學生立正站在院子裡，他自己則站在樓上窗口觀察，一直到這夥人崩潰認罪爲止。校方很早就建立起堪稱革命性的同儕審判制度，每年由學生選出一名法官和書記官，自行處理許多紛爭。審理過程完全由學生自理，只有在罪行需處以體罰或有學生提出上訴時，校長艾利斯才會介入。

若有人違規，艾利斯絕不寬貸，絕不規避應施的懲罰，例如罰以學習《仲夏夜之夢》之類的劇本中的一大段，或不准參加體育活動，而這兩種正是莫里斯最怕的。有些行爲，例如逃跑，則可能取消月底的回家探親。一九〇二年六月，莫里斯捲入一宗竊盜；一九〇三年十一月，陪審團判定他偷竊糖和馬鈴薯；一九〇四年，他因偷竊食物而連續三個月名列「行爲不良」名單。這些行爲的處罰是：用一根長四十二吋（約一百零五公分）的藤條抽六下掌心。犯規比較重大的則處以禁閉，或用一條切成細條狀的三呎長皮帶鞭笞。處鞭笞時，學生被帶到體育館，由兩名老師把他按在鞍馬上，由艾利斯親自鞭打學生屁股。無法管束的學生則移送感化院，甚或監獄。

要做男子漢

海斯院童都是流浪兒出身，個個精力充沛，大部分都喜歡運動，尤其是板球和足球，雖然稱不上最佳運動員，可是連莫里斯也贏過瓶狀棒投擲比賽。一九〇四年，本校在內政部「南區學校聯盟」的板球、足球和綜合運動比賽上排名第二；一九〇五年則在板球比賽上擊敗所有感化院和職業學校，且由於本校的努力，使得南區擊敗北區聯隊。

海斯很快就成爲模範學校，政府督察員的定期報告中迭有好評。一九〇四年四月二十六日，皇家督學詹姆士・李吉（James G. Legge）蒞臨，對這五十六位學生做年度考察時說道：「隨處可見的進步精神，日後成功可期。」他指出，學生的考試成績很好，歌唱、心算和地理的表現極佳，冬天參加夜校上課，在細工木實習和體能訓練上表現出色；更重要的是，除了一位院童兩次逃回家，以及一般的「欺騙和類似的幼稚不端行爲」外，該年並未出現動大違規情事。

在年度考察時，院童常朗誦莎士比亞作品。有一年，輪到莫里斯這一班朗讀《李察三世》；輪到莫里斯出場時，他走上講台，朗讀了兩行就把書闔起來，一字不漏的背完整段，使督察員嘖嘖稱奇。處罰和默記，果然功不唐捐。

李吉視察後兩個月，李奧波德・羅斯柴爾德（Leopold de Rothfchild）主持年度頒獎典禮，狄金森法官也過來看看孩子們的進展。一隊海斯院童身著白衣在操場表演體操，然後由三名院童上台演出莎士比亞《亨利八世》中的一幕，其中，飾演伍爾西主教的院童「展現出演藝的才華」。

李奧波德・羅斯柴爾德致詞時，特別向狄金森說道：「幸得地方上的羅斯柴爾德先生、戴維森諸先生，以及法庭數語提醒，始有本校之成立；我相信我這麼說應是允當的。但更令人欣慰的是，原先痛斥猶太兒童無法無天的法官，已在若干場合中指出，猶太兒童受到良好照顧與關懷，乃至表示本校足堪與國內類似學校相提並論，甚至有過之而無不及。」莫里斯等學生心不在焉地鼓掌，但聽到羅斯柴爾德敦促艾利斯放學生一天假，還說他要請學生吃一頓時，衆生立刻歡聲雷動，接著便是「婉轉動聽的歌唱」和體操表演。

一九〇五年，莫里斯結業時，學校生徒總數是五十五人。當天是以在操場操演揭開序幕，狄金森回來鼓勵學生「要做男子漢，行爲端正」，告訴他們要以身爲猶太人爲榮，尊重傳統，胸懷理想，「即便只是清掃人行道，也應以全世界清掃得最好的人行道自詡。人生大部分掌握在自己手中，只要有恒心，全力以赴，即令是最卑微的人，也可以贏得最高榮譽。」

不需要的人

莫里斯既已結業，現在的問題便是怎麼安排他的出路，好讓他贏得「最高榮譽」。有些結業生回家；有些投身陸軍或海軍；也有人去找工作。很多現在就在學習犁田整地的學生，則送到加拿大和澳洲西部。莫里斯臨離校前，校方派人到安柏斯頓街的柯恩家，莫里斯的父母討論如何處理他們的放蕩兒子。兩夫婦除了女兒玫瑰之外，又有了兩男三女，儘管食指浩繁，但少了莫里斯確是平靜多了，是以兩夫妻唯恐他會故態復萌，都不是很希望他回家。校方商量說把他送到國外，並保證會派人照料，萬一莫里斯丟了差事、窮困潦倒或惹出事端，監護人會把他送回來；父親約瑟夫則提到，他在西北領地（Northwest Territory）——此後不久建省，稱薩克其萬省（Saskatchewan）——的瓦佩拉（Wapella）有位朋友，隸屬當地一個成立已二十年的猶太農耕社區，願代他安插工作。莫里斯的出國許可獲准。

英國習慣把窮人、無家可歸者或孤兒打發到國外。要讓國家擺脫「不需要的人」，此種舉措不失爲有效的權宜之策，於是乎囚人送往澳洲，就連殖民時期美國的移民也有許多是以立契爲傭的方式抵美，以幫傭數年來償抵旅費。十九世紀末葉，英國把加拿大看做是打發一干膽大妄爲及極端人士的絕佳地方。這是一個虔敬男女把蠻荒之野變爲肥沃之地的國度，也是浮浪者抛開不良習性、在新世界美好大地和新鮮空氣中自我救贖的國度。

男孩往往分派到田裡工作，女孩則送到小鎮當女傭。不過，儘管海斯學校的主事者對柯恩家再三保證，但通常沒有人會去查證，到底是誰接納了這些小孩子當工人、女傭或學徒。不管男童女童，都是到了離家數千哩外的火車站才見到新主人。有報導說，有些都市裡的孩子沒有充分保暖的內衣和鞋子，到了嚴寒的加拿大有人少了手指脚趾，甚至一條腿。儘管如此，在一八六八到一九二五年間，英國仍然送了約八萬名兒童到加拿大，平均每年一千到兩千人。送往加拿大的兒童，大部分是由湯馬士・巴納多醫生（Thomas Barnardo）的慈善組織安排，因為，在好心的巴納多醫生心目中，加拿大乃是「物產豐饒，美麗花園似的國度」。

海斯是新成立的小學校，海外管道不廣，幸好有「救世軍」和巴納多醫生之類的團體協助，安排莫里斯橫渡大西洋與加拿大的船隻和鐵路交通。一旦校方敲定了行程，莫里斯只能打點行囊，把衣物收進木箱裡。他分到了五枚金鎊，跟家人和安柏斯頓街道別之後，便由巴納多團體接走，趕去搭乘幾年前約瑟夫和珊朵想搭的那艘船。

莫里斯由西航向未知的東方的這趟漫漫行程，於焉開始。

第五章 新世界

加拿大，薩克其萬省，一九〇五至一九〇六

「從史特普尼啓程的時間，因此安排在八點，在出發前的一個多小時，來自各收養之家的男童……便『裝上』了公共馬車、四輪馬車等交通工具，以便穿行倫敦。」巴納多組織的亞弗烈・歐文（Alfred B. Owen）寫道。那個一九〇五年倫敦的夏日早晨，歐文領著柯恩等一千男童即將前往加拿大，原本燠熱異常卻陡然大雨傾盆，把一群人淋成落湯雞。巴納多的兒童車隊魚貫穿過倫敦街頭時，前導馬車上的樂隊一路演奏，雨中行人莫不駐足傾聽。到了火車站，一千男童女童登上前往利物浦的火車，衆人打點行李時雨勢未歇，火車啓動西行，天色放晴。

到了利物浦，莫里斯・柯恩接受檢疫後安排到三等艙，跟其他幼童同房，夜裡機房隆隆聲清晰可聞。身體粗壯，有一顆圓圓腦袋的柯恩，每天早上六點起床，漱洗後換上藍色嗶嘰夾克和短褲，跟別的兒童一起早點名，然後爭先恐後排隊吃早餐。「海面洶湧時，隊伍往往沒完沒了，

本不到兩百名的男童好像突然人數倍增。」一位曾隨船橫大西洋的巴納多組織護士寫道。一坐上長木桌，白衣服務人員便端出豐盛食物，讓孩子們大快朵頤。星期天餐點最爲豐盛。工作人員花上幾個小時準備，而在晨禱、晚禱與唱讚美詩之間，則安排種種遊戲和訓練。星期天人人都得淨身。「當天早上需特別漱洗，人人都得換上乾淨衣服和雪亮靴子，全員到教堂集合。」那位護士寫道。

工作人員對這批受監護人所知不多，所以，出了大西洋這幾天，他們會和孩子們面談，了解他們喜歡做什麼樣的工作，在加拿大是否有親朋好友可以投靠。船隻行經大西洋冰山時，別的乘客漸漸得知船上有許多「不幸」的兒童，有些頭等艙的男女乘客便爲男童安排湯匙端蛋、壘球和獨輪手推車比賽，女童則比賽跳繩。

悠悠四百哩草原

出發一個星期後，船隻沿聖羅倫斯河航行：「每天晚禱過後，我們會跟每一小組長談，充分說明我們爲他們所做的安排，以及他們將來可能如何。」歐文寫道。第二天，工作人員一大早就叫醒他們，叫他們準備登岸魁北克。男童女童開始漱洗，飽餐一頓之後，服務人員把裝著孩子們簡單行李的木箱抬上甲板，分發每人一本聖經，然後叫每個孩子都換上新衣服。

這一年，共有一千三百名巴納多兒童，以及十八萬九千名移民湧進加拿大，身高五呎三（一六〇公分），體重一百一十一磅（五十點五公斤）的莫里斯·柯恩，通過了移民所的官員審理後，醫生檢查沙眼，然後在他的登岸卡上蓋個戳記。通關後，柯恩心不在焉地坐在角落的長板凳上，待其他的孩童都出來後，巴納多督導員讓孩子們排成一列縱隊，領著他們前去搭乘「加拿大太平洋鐵路公司」的火車。

晌午時分，一行人坐上一列六十七呎長的細長列車超經濟車廂，往西行之後，大部分的兒童在安大略下車，剩下的繼續往溫尼伯。柯恩有位海斯的同學要前往西北領地的蒙哥馬利，還可以跟他一路作陪。七十二名兒童擠一間車廂，兩人合坐一張木椅，每張木椅在椅角處以鉸鏈鏈在一起，到了夜裡，柯恩就和同組的夥伴把兩張椅子併攏，拼成一張硬板床，正好擠兩個人睡，其他兒童則擠在頭頂的臥舖，沒有隔間，毫無隱私。

懸吊系統不良的火車軋軋西行，前往一千兩百哩外的溫尼伯。柯恩跟同伴一路上以聊天、看書、睡覺、瀏覽窗外飛掠而過的景觀，以及吃著巴納多組織提供的麵包、醃肉、乳酪和煮蛋打發時間。「悠悠四百哩間，只有岩石、一望無際的松林。偶爾可見粼粼水光、夜色和風，地表之上幾乎不見人跡。」英國詩人魯波・布魯克（Rupert Brooke），如此描述柯恩從亞瑟港一路到溫尼伯時看到的景象。這趟橫越加拿大之旅費時數天，對柯恩而言，車行隆隆，離開他所摯愛的倫敦愈來愈遠，前途茫茫，正是一趟充滿焦慮的行程。

到了溫尼伯，巴納多組織駐加拿大西部的督導長艾德蒙・史楚瑟（Edmund A. Struthers），到加拿大太平洋鐵路公司車站會晤柯恩和那位海斯同學等人。這壯麗的車站有著圓頂天花板、長木凳、綠柱和黑色嵌壁，乃是本市的新地標。史楚瑟領著他們出了車站，來到位於太平洋大道的巴納多分發中心。柯恩等人在那兒過了幾個焦慮難耐的夜之後，不出一個星期便依應募巴納多報紙廣告的農場主人及房主的所在，分道揚鑣各奔前程。

柯恩的行程已由海斯學校安排妥當，他被安排好要前往薩克其萬省。火車陸陸續續駛過無數小鎮，諸如伯根、高崖、卡伯里、維登等。這一年，共有兩萬八千七百二十八名移民，不遠千里前往薩省各農莊、城鎮、舖設鐵路和伐木工寮，他不過是其中之一而已。「每個村落——失禮，應該說『城鎮』——看來毫無二致，」布魯克寫道：「稍有不同的是，人口從一百人到近兩千人不等，有些建築物的年代可上溯到十九世紀，少部分則充其量只能算是帳篷……這些小鎮在路過的人看來並沒有家的舒適感……平地陡然出現小鎮，顯然純出於偶然，那不舒適之感，跟在草皮上或人行道上這類硬幫幫的地面上打地舖相若，徒然讓人無奈，感覺到自己只是附屬在地表上而已。」

進了幅員二十五萬兩千平方哩的薩克其萬省，天地悠悠，柯恩想必有自覺渺小的無奈之感。即將在九月從西北領地分立建省的薩克其萬，面積是不列顛群島（包括大不列顛島、愛爾蘭和周圍五百餘小島）的兩倍，人口卻只是後者的零頭；每平方哩人口還不到十人，這數字跟每英畝擠了兩百五十人的倫敦東端安柏斯頓街聖喬治路段，完全無法相提並論。此外，薩省也少了他老家的悶熱、舖設的街道，以及倫敦歷代君主、建築包工者和產業家所雕琢與樹立的磚造和石造建築。柯恩的目的地位在庫雅佩拉河（Qu'Apella River）之南，草原、峭壁、白揚樹林、加拿大楊木和楓樹遍覆，古冰河移動、亙古地殼運動鑿出河谷、巉岩和平原，地形起伏不定；從這些地殼構造的冰鋒所流出的水和冰湖，猶如排水溝般劃過地表，堆起大量的土壤和岩石，排水不良的淺湖和泥沼則使得地表好像長滿了痘瘡。

印第安人與水牛之地

柯恩的新家，原是阿西尼波恩族（Assiniboine）、黑脚族（Blackfoot）、血族（Blood）、克里族（Cree）等印第安人狩獵水牛之地，白人起初是爲了找尋皮草而來，到了十九世紀，西部移民才赫然發覺，在覆滿草木和雛菊的冰河堆積物上居然可以長出商品農作物。一八六七年，英屬北美洲殖民地聯邦（Confederetion of the British North American）成立後，新政府爲鞏固疆域和防範美國人入侵，開始奬勵拓墾。一八七〇年，政府取得了原由查理二世賜予哈得遜灣岸公司（Hudson's Bay Company），足足有一個國家大小的「魯波特地」（Rupert's Land），重新命名爲「西北領地」；同年，曼尼托巴（Manitoba）成立；翌年，政府勸誘英屬哥倫比亞加入聯邦。

政府鑑於曼尼托巴、西北領地和阿西尼波亞（Assiniboia）有恁大可耕地，便在一八七二年仿效鄰國美國的做法，制定「自治地法案」（Dominion Lands Act），由測量隊把土地劃成棋盤狀，以六平方哩爲一個鎭區（township），每個鎭區再劃成三十六個一平方哩，亦即六百四十畝的區段，宅主（homesteader，譯按：宅主一詞，係仿自美國國會在一八六二年所制定的宅地法案，凡連續耕作政府公有地五年的農戶，只需繳納證件費，即可取得一百六十畝公有地的所有權）以十美元即可取得其中四分之一，亦即一百六十畝小區段，經過稍許時日再取得毗鄰的小區段。

像這樣的宅主跟柯恩同車，在他們從張貼在官廳或鐵路局的圖面上所選定的土地附近下車，再走上幾天甚至幾星期，找到測量員以鐵棒所標示的新家地點。到了地頭之後，他們或搭起帳篷，或住在篷車裡，或是搭起簡陋木屋。有些人備有購自商店木屋組件。若是附近沒有樹木，他們可能就會掘地爲壕，或學挪威裔美國移民那樣割下草皮，堆在V字形的楔柱上。安頓好之後，宅主只需每年在這這塊地產上住六個月，幾年後就可開始整地耕作。「提出土地所有權申請後，可能的話在夏天找個差事，在天寒地凍前再搭起草皮屋，渡過很難、甚或根本找不到工作的寒冬。」在柯恩抵達之後一年也在薩省落戶定居的華特·魏金斯（Walter Wiggins）寫道：「春天一到，食物、爐灶和自家以木夾板所做的家具花光了積蓄，然後得再找工作……若是一切順利，身體頑健，如此折騰也許可以撐個三年，屆時就可申請『一百六十畝陽光普照土地』的專利權或所有權。」

很多人準備不足，撐不過立宅爲主的艱難時日，以及幾無異於聖經所言之災禍的漫漫嚴冬、霜、雹、蚱蜢、雪暴等。薩省的氣候跟千篇一律的西伯利亞中部氣候並無太大差異。生長季節既短又熱，夏季裡泥沼和小溪乾涸，井水往往受到汙染，燎原野火燒去作物和家園。抑有進者，不肖土地經紀人廣告中所說的全世界「最佳的」農地，每一畝產量竟是不過五十到一百蒲式耳（bushel，編按：蒲式耳爲測量穀物的體積單位，約合三十六公升）。十九世紀時，拓墾進展緩慢，到了一八八一年，大草原上不過十一萬八千人而已。由於長年乾旱、穀物價格偏低和以爲美國土地更佳的觀念使然，約莫有一半的宅主放棄土地。「二十哩打水，三十哩找柴，」有位年輕人在離開農舍時，在大門上釘了張牌子寫道：「我要離開陽光普照的亞伯大，永不再回來。」

約翰・麥克唐納（John A. Macdonald）總理所領導的政府為鼓勵西部拓墾，在一八八一年跟加拿大太平洋鐵路公司定下建設連接兩岸鐵路的契約，大手筆付給該公司兩千五百萬美元，外加兩萬五千畝土地。「鐵軌」貫通之後，宅主開始湧到。羅伯・尼柯森（Robert Nicholson）與幼弟威廉開始從安大略西進，以布蘭登、曼尼托巴為根據地，一八八二年前後，威廉取得阿西尼波亞區東南白木鎮（Whitewood）周圍一大片黑壤沃土和林地，兄弟倆於是購置建材和足可撐到來春的食糧，往鎮南一處山巒起伏、白揚搖曳的地區，建了一間三房的木屋。羅伯接來妻子瑪格麗特和幼女柯拉，一八八三年又在白木鎮東南八哩半、瓦拉西南九哩處的銀柳區（Silver-wood District）附近，發現一處銀柳遍佈的地皮，便在該處建立家園；一八八六年，瑪格麗特產下一女，即是日後的露碧・威拉曼納（Ruby Willamena）。

別的宅主也馱著農耕設備前來白木區，搭起帳篷，在亂石群中清理出一塊地，以牛和犁開始犁田，趕著牲口經過鎮上泥路，在零下四十度氣溫和積雪十呎的寒冬來臨之前，資本便已耗盡，待春冰解凍時再回來播種麥子。他們以自家菜園生產的作物和貯藏在樹根下的馬鈴薯，以及原野上設陷阱或打獵所得的山雞、野兔和野鹿維生，至於咖啡則以麥茶或草茶代替。

冒險西進者，生活甚是孤寂。農舍散居各地，所謂住家不過是狹窄、侷促、孤伶伶的工寮罷了。冬天時擺在桌上的水都會結凍。男人下田以牛馬犁田整地、劈柴、叉稻束、搬運作物和清理倉庫；婦人家則幫男人洗衣作飯、餵牲口、栽種和照顧菜園、製作奶油、提水、縫衣補衣，若是丈夫得找工作掙錢，爲人妻者還得代他挑起責任。鄰居守望相助，彼此照應作物、噓寒問暖、幫忙搭建倉庫，遇有生產、病痛和喪葬事故，更是相互扶持。由於聚落通常都不大，是以不同的宗派往往共用一個教堂。到了星期天，人人漱洗一新，參加禮拜感謝主恩，或彼此寒暄，然後就是「串門子」。

「我所謂的素質」

一八九一年時，加拿大大草原上只定居了兩萬五千人。到一八九〇年代，加拿大經濟終於有起色，是以儘管美國還有許多土地唾手可得，但一般的觀感已經不同，而在歷史學家菲德烈・透納（Frederick Jackson Turner）於一八九三年倡言「美國拓荒」時代行將結束後尤其如此。宅主北進，因爲當地所產穀物收益高、新的犁具和收穀機使得播種和收成更有效率，各城鎮紛紛使用可以垂直裝卸穀物的揚穀機，使得搬運穀物到市集更爲簡便。

政府念茲在茲要移民實邊，以農民占滿大草原。「我所謂的素質……我想，身穿羊皮外衣、土生土長、先祖代代爲農、有個健壯的妻子和五、六名子女的壯碩老農，就是很好的素質。」內政部長克里福・席福頓（Clifford Sifton）在世紀交接之際寫道。力讚大地之美的宣傳冊子流入美國和歐洲，新聞記者獲邀巡訪西部，不斷的宣傳攻勢，引起德國人、北歐人、烏克蘭人、奧地利人迴響，紛紛大批渡洋而來。

職是之故，政府找上了逃離俄羅斯屠殺的猶太人，應是極其自然的事。一八八二年一月二十五日，倫敦加拿大事務長官亞歷山德・賈爾特（Alexander Tilloch Galt）爵士，找上羅斯柴爾德商談安排猶太人到加拿大事宜。「俄羅斯迫害猶太人事故，促使我致函羅斯柴爾德，表明我願與他商討遷移猶太農民至加拿大事宜。」他在給麥克唐納總理的信中說道。二月三日，賈爾特前往市長官邸參加由倫敦市長召集的會議，討論俄羅斯情勢，並獲提名出任「俄猶委員會」（Russo-Jewish Committee）委員，對猶太人拓墾加大的前景更是興致沖沖，因為「據我所知，這群俄裔猶太人都是優秀階級，名為農夫，其實大多長於商貿」。

當時定居加拿大的猶太人寥寥可數。猶太人大部分都跟約瑟夫・柯恩原先的打算一樣，橫渡大西洋只是為了前往美國；有些人來到了加拿大，全是因為倫敦的賑濟機關跟蒙特婁的關係比較密切的緣故。一八八〇年代初，曼尼托巴不過三十三戶猶太人家，到了一八八二年五月，倫敦市府官邸開始送俄裔猶太人到溫尼伯落戶為農，人數陡然大增，之後的幾個月內就有數百人抵達，且大部決定待城鎮裡。

賈爾特的代理人湯普森（W.A. Thompson）終於為二十四戶有意耕作的人家，在西北領地木索明（Moosomin）地區鐵道接駁處的西南方二十五哩外找到一塊地。倫敦市府基金（Mansion House Fund）貸款一萬五千美元，給這些新農戶購置必備的牲口、家畜和裝備。一八八四年五月十二日，他們往西行，並把他們這塊地稱做「新耶路撒冷」，開始建立家園，破土播種，孜孜矻矻建了一座猶太教會堂和一間希伯來學校。然而，情況畢竟還是嚴酷的。穀物歉收，居民陸續放棄土地。一八八六年十二月，猶太教士因久困暴風雪而鋸掉了兩條腿；一八八九年九月，一把無名火燒掉了幾百噸的乾草。到頭來，這個猶太社區只得放棄新耶路撒冷。

大規模的猶太移民計畫成效不彰，但還是有猶太人陸續前來。一八八一到一九〇一年間，加拿大境內的猶太人由兩千四百四十三人增加到一萬六千四百零一人。當年協助創立「猶太貧民臨時收容所」(Poor Jews' Temporary Shelter) 的藍道，把加拿大視爲猶太人建立蓬勃社會的理想之地。一八八六年九月，他資助一位叫赫普納 (John Heppner) 的俄裔猶太人，派他跟另外幾人前往木索明東南十五哩、白木鎭東方十八哩處的瓦佩拉 (Wapella)。當地人不喜與猶太人爲鄰，於是上書渥太華內政部長，力陳「除非立即採取措施，否則對這些猶太人極爲不利」。他們的威脅動搖不了赫普納等人；往後十年間之初，又有大約二十八戶猶太人家抵達此間，其中包括那位日後製酒業鉅子薩姆爾・布朗夫曼 (Samuel Bronfman)。

裁縫師、鞋匠和小販陸續前來，所形成的這個小社區體會到，耕作幾畝大麥、小麥、燕麥和蔬菜是何等艱苦的工作，只得捉山雞、在派普斯東溪捉點魚糊口，有些人則堆著木柴進城叫賣，一車掙個一塊錢，或者以一蒲式耳二十五分的工錢代人搬運穀糧。「沒有人抽稅，也沒有路，」墾民索羅門・雅柯卜森 (Soloman Jacobson) 回憶道：「倒是有很多野狼和熊，令人不勝其擾。」這些人家住的是披草皮爲屋、挖土爲穴、鑿山爲穴，較爲安定之後，這才砍伐白楊木架起木屋，再以泥土、獸糞和乾草混合，用腳踩成泥板，塡補壁間縫隙，屋頂則蓋上茅草或草皮，再種上青草以防雨沖刷脫落。

自己的小房間

一九〇五年，莫里斯・柯恩在那新建的斜脊屋車站下車時，瓦佩拉已有大約五十戶猶太人家。標著「M・A・柯恩，瓦佩拉」的行李木箱從火車上吊下，他縱目四顧，但見這村落人煙稀疏、泥土路、建築物皆爲木頭和石頭所造，附近有一間穀倉、一家旅館和一間打鐵店。這就是他的放逐之地。在這異國，脈動由氣候和風來決定，而不是他所熟悉的手推車和小販，他不免有悵然若失之感。

父親的朋友來接柯恩，帶他回農莊，但他並不是要留在那裡。「儘管他跟我父親說會照顧我，但他自己一直沒有雇用我的打算。」柯恩後來回憶說道。大概是託了當地的商人兼郵政局長而且是代表本區的議員吉里斯（Archibald Beaton Gillis）的幫忙，把柯恩轉介給羅伯・尼柯森。農夫尼柯森過來看這位最新雇用的幫手。柯恩是個粗壯短小的小伙子，由於體重過人而使得臉部線條柔和，鼻樑顯然因拳賽受傷多次而重整過，睡眼惺忪，一副若有所思的神情，可能使得周圍的人突然注意到他。尼柯森試了一下他的膂力，發覺在他巨軀下的力氣也不小。已經十八歲的柯恩，只有種菜的經驗，此外不知稼穡爲何物，但他很有自信地告訴尼柯森：「我會學。」他被選上，坐上了尼柯森的馬車。

尼柯森家的門窗皆紅緣白框、西洋杉爲屋頂，是縱目所及唯一一處住家，座落在小丘上，旁邊有一排楓樹，路旁一株沙栗樹拔地而起，高逾兩百尺。屋裡有四個房間，客廳擺了一架鋼琴和若干烏沈沈的家具，壁爐連著兩管煙囪，牆間麥桿賦予建築特殊隔熱效果。離住家不遠處有幾座倉庫，還有一個幫浦，西南面有一片大泥沼，乃是農莊內十幾處泥沼之一，也是牲口喝水的地方。「一到了他的農莊立刻就明白，我在這裡會很開心，」柯恩說道：「屋裡窗明几淨，明朗舒適，而且是我這輩子頭一遭擁有自己的小房間。」

尼柯森開始告訴柯恩工作內容。「他是個誠實、光明磊落、仁厚的人，更是個好丈夫、好父親、好老闆。」柯恩說道。他這位雇主留著好似美國內戰北軍的鬍子，神色嚴肅，童山濯濯，到田裡工作時總是戴著寬邊帽遮擋豔陽。他妻子瑪格麗特則是身形窈窕的婦人，戴著銀邊眼鏡，身穿維多利亞式蕾絲領衣服，領著柯恩參觀屋裡。柯恩每天早上五點起床，開始生火、擠十頭牛奶、洗刷馬匹和豬仔、劈柴，太陽出來後就跟尼柯森和農莊裡的牛仔巴比・克拉克（Bobby Clark）一起下田。「我一年掙一百五十塊，外帶膳宿。」他立刻寫信回海斯學校給校長艾利斯：「我現在忙著秋耘，每天工作十二小時。我花了三十塊錢買了一件皮草外套準備過冬。瓦佩拉北邊有個猶太屯墾區。過幾年我每天可以掙三塊錢。」

農莊四周的水溝旁長滿一種叫杓蘭的黃花，未犁整的地段上可見野玫瑰和雛菊。一下田，柯恩所能聽到的，就是從北邊和西邊起伏山巒吹來的風聲，而白雲悠悠飄過穹蒼。本區下大雨機會不多，但地下水豐沛，引來成群野雁、山雞和松雞，在芳草萋萋、水仙處處的泥沼四周覓食紅醋栗、草莓、懸勾子、醋栗和常粘在鞋上的榿葉唐棣；羚羊、野狼、黑熊、鼬鼠和雪兎出沒，褐色蝙蝠、黃羽啄木鳥、斜紋鷹和紅頭美洲鷹齊飛；在滯流不通的泥沼和水塘裡，蚊蚋孳生，乃至得到「加拿大蜂鳥」的渾號。

到了星期天，柯恩便套起馬車，送尼柯森太太和女兒柯拉與露碧到附近學校參加美以美教派（譯按：Methodist，舊譯美以美，今稱爲衛理公會）的禮拜；馬車沿著白楊樹林而行，所經之處塵土飛揚。賀奇牧師和哈里遜牧師則騎馬從白木鎮趕來帶領信衆禮拜。會衆在羅伯和威廉·尼柯森兄弟於一八九四年以白色隔板所建的小教堂內祈禱時，柯恩就遠遠站在後頭，欣賞由柯拉彈風琴、露碧等會衆吟唱的基督教讚美詩。禮拜後，尼柯森一家可能會去拜訪鄰居。「那年頭，到了星期天街坊鄰居都會出來做禮拜，一起唱讚美詩。」尼柯森的孫子道格拉斯·卡林（Douglas Calling）回憶道。偶爾也會有牧師做家庭訪問。

柯恩的父母、乃至猶太幼兒院、猶太公學和海斯職校的師長，長年灌輸猶太認同的意識已根深柢固，因此他對自己的宗教相當自在，也很樂意跟來訪的牧師聊聖經，但他絕非一絲不苟的猶太人。他在倫敦時就常蹺掉希伯來文課，到街頭光顧非猶太淨食的飲食攤。「食物是意外的新發現，」他提到尼柯森太太跟女兒所作的菜時說道：「家裡和學校的食物固然很營養而量也很充分，但我從來沒吃過那麼多想吃的東西、那麼多美味可口的東西……由於正統猶太教育使然，起初我避忌火腿和蛋，但我一看這火腿總會端上桌便開始動搖，嚐過之後，所有的良心不安就全都抛到腦後，便跟吃別的菜肴一樣大快朵頤起來。」不到五個月光景，他那套巴納多藍色服裝就穿不下，有一天尼柯森帶他進城，買了一套八塊五的新衣服。

手頭沒事做的時候，他很容易、也很樂意被牛仔克拉克吸引。克拉克浪跡北美大陸多年，習得一身擲骰子、玩紙牌和耍槍的絕技，正想找個弟子傾囊相授，能找到柯恩這個已在倫敦跟「戈諾夫」哈利偷師學得一身祕技的學生，夫復何求？

克拉克教柯恩怎麼擲骰子、投入水中查看是否使假，並向這位熱心學習的小夥子解釋說，希望在他年紀稍長時有助於自保，然後再教他怎麼擲出想要的點數。「假設你要擲的是七點，拿起骰子時，以三點和七點向上，」柯恩說道：「然後裝做搖動，實際上是緊緊扣在手裡，利用袖釦撞擊外衣釦子發出聲響作幌子，扭腕擲在桌面上，骰子就只會打轉而不致翻動。」

至於牌技，克拉克指導柯恩如何利用紙牌，先教他怎麼抽牌、怎麼發第二手牌，甚至更高桿的「偷天換日」，也就是把洗過的牌整副掉包。「我手掌大，手指靈巧，而且本來就喜歡業餘魔術，所以我算是個聰明學生，而我愈是精他就教得愈起勁。」柯恩很快就晉昇到「捕光捉影」階段，學習如何把對手安置在可以從鏡子看到牌的位置。不僅如此，克拉克還教他怎麼穿衣服才利於窺牌，甚至教他怎麼把小鏡片嵌進圖章戒指、袖環乃至玉米穗煙斗上，以便在發牌時偷窺對方的牌。

不過，玩牌和擲骰子畢竟只是兒戲，接下來才是眞正學習自衛：用槍。柯恩以所掙不多的錢到白木鎭去買彈匣，克拉克再教他如何保管清理、如何塡彈上膛，以及如何開槍使得後座力最小。柯恩口袋裡揣著散彈，到田裡立起空罐和別的物體練習打靶，不久就進步到打飛靶。克拉克一直告誡他的金科玉律是：「以其人之道，還治其人之身，但要先下手爲強！」

八月五日收割小麥

薩克其萬省夜長而晝短，特別是在冬日；柯恩做完了雜役、吃過了飯，閒來無事就待在自己房裡練搖骰子、洗牌、發牌和對叉洗牌。他把牌拗起，一再重複練習，熟悉紙牌對半弓起的觸感。柯恩到加拿大後的第一個冬天還算相當溫和，一月出太陽的日子不少，約莫有一半的日子溫度達到華氏四十一度（約攝氏五度），入夜後降到零下三十三度（約攝氏零下三十度）；二月有小雪，傍晚溫度達到零下三十七度，但只要不起風，這氣候還算可以忍受。一旦颳起風，則是細雪透膚生寒。「若是在這種日子穿了布質衣服出門，碰巧颳起風，那麼細雪便如寒冰直透肌膚。」在柯恩抵此後不久也來薩省拓墾的愛德華．韋斯特（Edward West）寫道。白天，雪地反射光射令人有目如盲，若是雪暴來襲，能見度更糟，必須在主屋和倉庫之間拉起繩子攀緣而行才不致迷路。

野狼從北方下來覓食，山狗也在溪谷山澗間潛行，準備伺機叼走雞仔。柯恩、尼柯森和克拉克，除了把牲口關起，此外別無他法。柯恩照料欄舍內的牲口，修理農莊四周的籬笆，還得到溪谷、樺木林和楊樹叢去撿柴，劈柴儲備以便過冬。

三月入春，鳥兒和地鼠開始出現；四月薰風吹來，黑壤沃土終於解凍，融雪匯入泥沼。一九〇四年四月，尼柯森開始播種，五月便露出嫩芽。一九〇六年雨量相當豐沛——二十吋，六月尤其陰雨連綿，一入七月乾季，熱風吹拂，且常有雷陣雨；七月中旬開始晒秣草。

農人常在小麥成熟前收割。作物成熟時期，尼柯森定期到田裡，挽起幾株低垂的麥桿，在雙手間搓揉，待麥粒光滑面現出琥珀色或黃色。「有時小麥在一夜間就成熟，除非工人在現場待命，否則很可能失去最佳作物，」收割工人羅伯・葉茲（Robert Yates）說：「有時，農人遲了一天，而當晚暴雨一來，吹偃了纍纍麥實的麥桿，前功盡棄。這地方可說是禍福相倚，因爲，一場暴雨可能毀了張三過熟的麥子，而李四晚播種以致成長較慢的麥子卻因而生長加速。」

薩克其萬省許多地區都是在八月五日開始收割。一九〇六年，豐收可期——全省穀物產量超過前一年的四千六百九十四萬七千四百六十四蒲式耳。播種的事，尼柯森、柯恩和克拉克可以自己來，收割卻是最少得有八個人。於是，尼柯森到白木鎭加雇人手幫忙收割。

收割工人大部分是利用收割季火車優待票，從東部和美國而來，而一九〇六年那年的平均每日工資是二點二七美元。尼柯森挑定了人手，立刻讓他們天未亮就上工。收割小麥時，尼柯森端坐在四匹馬拖拉的收穀機上，揮鞭策馬爬上起伏的山巒，下坡時又得勒緊轠繩，以免馬匹走散。柯恩跟收割工人一起尾隨在後，收割機滾軸劃過麥壟，麥桿捆成一束束後再落下。由於他們收割得早，未熟的穀須先堆穀——桿端朝下收齊堆好——暫做保存，一則免得受潮濕地氣損害，再則讓它「發汗」或晾乾，以便打穀。

八月天氣晴和，草木和收割工人同樣燠熱難當。柯恩邊走邊收集麥束，還得留意「纏脚」的麥束，亦即割下的麥桿相連不易掰開的麥束，因此不太容易跟上收割機的速度。日上三竿之後，原本被露水霑濕的手套變乾後龜裂，暑熱反射，柯恩等人乾脆脫下工作服和上衣，只穿內衣幹活兒。「早上七點出門時，殘株上的露水打濕了鞋子，跟泥土和砂礫混在一起，令人舉步維艱，」韋金斯寫道：「彎腰低頭，拎起兩捆麥束，清理殘株，如此周而復始；每天在炙陽下十個小時，渾身毛孔冒汗，流進眼睛，口乾舌躁，一舔唇總是舔了一嘴的泥；在一百六十畝的田裡兜一圈，才能喝一回裝在陶罐裡的溫水。不管怎麼熱，袖釦最好扣緊，不然胳臂可受不了麥桿撥弄……我知道莊稼是苦差事，但堆穀堪稱其中之最，相形之下，堆穀之後『收穀』可就輕鬆了，難怪會有詩歌讚頌。」遇雨天和星期六停工的日子，男人就進城小喝幾杯、聊天、抽菸。星期天放假，也許去打打野雁、做禮拜、沿著山徑散步，或觀賞剛成立的「白木棒球社」比賽。

收割工人三餐豐盛；尼柯森家的女人準備了派餅、麵包和肉。每天除早餐和午餐之外，十點還有三明治和飲茶時間；下午四點，尼柯森太太、柯拉和露碧還會送糕點或派餅到田裡。

九月初，麥子晾乾之後，就得準備脫穀。尼柯森跟鄰居一樣，請了一位在省內巡迴打工的專家，一大早就開始工作，用馬拖著車子沿堆穀而行，工人則把一捆捆麥束叉上車。堆滿一車之後再送到磨坊，柯恩隨車幫忙；到了磨坊，再把麥束叉進脫穀機的蒸氣驅動的分離器裡。

麥粒裝滿一箱之後，尼柯森和柯恩把箱子抬到附近的巴洛倉庫，跟鄰居一起排隊等候自治地的磅秤員過磅，然後領取現金報酬。今年，薩克其萬省穀物收成量六千三百零五萬兩千兩百一十蒲式耳，果然是大豐收；其中，單是白木區就收成了三百四十四萬四千六百二十二蒲式耳的小麥、一百七十七萬九千八百二十六蒲式耳燕麥、十四萬兩千五百蒲式耳大麥、兩千六百三十四蒲式耳亞麻，以及一千一百九十二蒲式耳斯佩耳特種小麥。

收割期行將結束，約瑟夫·柯恩那位朋友過來探望莫里斯·柯恩。在人工奇缺的薩省，好工人是一大資產，而柯恩已證明他可不是不良少年，卻更是個得力的好幫手。因此，約瑟夫這位朋友現在倒是希望把他要回來，不理會他正幫鄰居工作，開出了來年兩百五十美元工資的價碼。柯恩在尼柯森家過得很愜意，但這仁兄拿他是父親朋友的關係動之以情，使得柯恩除了跟著走之外別無選擇。他收拾行囊，回到瓦佩拉附近農場，但沒待多久就走人。他只待了幾天就離開，「原因之一是，他那兒純是莊稼活兒，沒有牧場，而我是牛仔，不是種田郎。此外，他那兒的伙食很髒，比豬吃的好不了多少，再說，我的房間也跟豬舍無異。他答應改善，但我可不耐等……我行囊也沒收拾，留下衣物，只穿著一身工作服就步行十二哩回到瓦佩拉。」

第六章 「每一分鐘都有一個蠶蛋誕生」

從瓦佩拉到溫尼伯，一九〇六至一九〇九

柯恩口袋裡揣了七塊半美金來到瓦佩拉，找家旅館住下，思量下一步該怎麼走。旅館膳宿費每天要一元，收割期又行將結束，他得儘快找個工作。在旅館內的酒站裡，他碰到一位老客人告訴他，過了曼尼托巴就有工作機會。因此，囊中剩下的六塊半花光之後，他就跟這位新朋友搭乘往東行的貨車車廂，到了維登再往鎮東走一哩路，來到地鼠溪（Gopher Creek）旁的維登磚廠（Virden Brick Company）。維登的經理韋恩萊特（C.W. Wainwright）打量柯恩幾眼，就以一天一塊錢的工錢用了他。

維登磚廠規模不大，但所製造的乳白色磚塊盛名遠播，傳到薩克其萬省西邊的城市勒吉那（Regina）。「那兒有經理辦公室和住家，還有幾間較小的工人房和馬廄。」一位早期的製磚工人回憶道。柯恩跟同事擠通舖，每天早上八點哨聲一響開始上工。馬匹鬆動並拉起坑內的磚土之

後，柯恩等工人先把磚土攤在平地晾乾，然後把土塊塞進調土機裡，旋轉扇葉把磚土混合好後，加水，以調勻其柔軟性。磚模師傅每天只做幾千塊磚，每塊磚外露的一面都以鐵戳戳上「維登」字樣。灌模之後，外場師傅把磚模堆上手推車，推到院子，再由工人把水份未乾的磚塊擺在板架上，加上山形罩子風乾幾個星期。

充分風乾後，推車師傅把磚胚推到通風口向上的長形磚窯。柯恩在堆磚胚時，需注意每塊長方形磚胚之間的空間，以便熱氣和空氣流通。點起柴火後，溫度漸漸昇高。約莫過了一個星期，待磚窯冷卻後開窯，柯恩則依窯燒結果一一分類，標定品等。這過程周而復始，工作十分累人，柯恩做了幾個月之後，每天調薪五毛錢，但是天氣轉冷，不久磚廠就暫時關閉。這時，他已經攢了四十塊美金，於是決定再浪跡天涯。

一九〇六年末至翌年的冬天，是本區有史以來最酷寒的冬季。雪暴肆虐大草原，羊隻和牲口幾無倖免，有些地區的松雞數量銳減百分之九十。柯恩於是回頭再到薩克其萬省，搭火車到麋顎鎮（Moose Jaw），這個西部新興都市為了擺脫水牛骨出口要地的名聲，酒吧、妓院和賭館有如雨後春筍般勃興。

跟著馬戲團走

七月初，「諾里斯羅威大馬戲團」（Greater Norris & Rowe Circus）的先頭宣傳隊浩浩蕩蕩進城，為馬戲團進城預作準備。他們貼起海報、掛起布招、在商家窗口貼告示、散發免費宣傳印刷品、安排上演公地和供水，以及全團工作人員和動物的伙食。

幾天後，二十幾部車開進城，在大街上展開精心設計、聲勢浩大的宣傳活動：光鮮亮麗的古羅馬戰車、精雕細琢的獸籠、彩繪炫麗的活人畫車、一架蒸氣風琴、一部消防車、近七十匹謝特蘭小馬。列位有請！人人賞光！柯恩頓時響應，朝馬戲場而去，請教華特・夏農（Walter Shannon）跟他的助手威廉・布雷德福（William Bradford），是否可在他們的雜技團裡幹活兒。這時身高五呎八（一七二公分），渾身洋溢著自信而年方十九的柯恩，正是雜耍的料子。他們訓練他當個吆喝拉客的。雜技團的蓬子彩繪著各種圖案，布招飛舞，上頭繪的全是些奇人，諸如身上蓋著蠕動長蟲的「蛇女」、侏儒立在手掌上等等，而柯恩就站在篷子前面，以連珠炮似的快語吸引客人入內觀賞二十五磅（十一公斤半）、身高三十一吋（七十九公分），號稱「當世最緲小的諸星」的麥特（Major Mite）。篷內奇觀應有盡有，只需少許入場費便可一覽無遺。看看蒙古王子怎麼跳烏龜舞，不然，見識一下千里眼道斯（W.P. Doss）如何？侏儒可不止麥特喲，只要買張票，舉世聞名的諾瑪公主便在眼前；不僅如此，還有音樂家兼幻術大師柯爾（King Cole）、柯爾夫人耍蛇、神槍手，野性未馴的馴獅表演更是不可錯過。這光景跟倫敦的廉價戲班相若，對柯恩而言想必是得其所哉。

本地人進了馬戲場，看過了籠中獸，擠過了柯恩的雜技篷子，來到一百六十呎高的大篷，觀賞分兩個場子演出、令人目不暇接的「馬戲冠軍百大名人秀」。諾理斯羅威大馬戲團旗下有二十二位著名的騎師、十八位空中特技好手、十位藝高膽大的馴馬師、十一位翻觔斗高手、二十三位逗趣的小丑、十位特技名家、一團日本馬戲、一批會表演的大象，以及震耳欲聾的羅馬戰車比賽。除此之外，還有莉塔小姐（Mlle. Rita）跟她的獅子、豹子、老虎、美洲獅和土狼，在衆星雲集中，美女瑪莉塔（Pretty Edna Mareta）乃是「全世界唯一可在無鞍快馬上翻觔斗的女性」。鎮民花了七毛五到一塊錢進場，當然不會錯過好戲。「主篷的表演甚佳，」鎮上的《時代報》指出：「人人莫不盡興而歸。」

這一類的戲團一路東行，在印地安頭（Indian Head）、木索明、德羅雷恩（Deloraine）這些地方巡迴表演，柯恩也技藝精進，開始修習研究所級的騙術課程。跟雜技團同事傳授的舌燦蓮花之術相較，戈諾夫哈利和紙牌和骰子手法只算是初級課程而已。在諾里斯羅威大馬戲團這裡，美國馬戲團團長巴南（P.T. Barnum）的名言「每一分鐘都有一個蠢蛋誕生」說得非常傳神。柯恩的同事不僅教他怎麼先發制人，更傳授他如何以心理優勢來折服心懷不善的對手，也就是一般大衆。馬戲班的心態是「我們對他們」，像糜顎鎮這一類的城鎮，常常嘲弄馬戲班居無定所的生活，多的是「老手」和「鄉巴佬」，像柯恩這樣的「團員」、「同道」，得隨時準備跟鎮民對陣。而柯恩的工作之一，就包括騙這些「肥羊」和「蠢蛋」，在這群藝人和靠耍嘴皮子的團體裡，這種欺騙行爲不但受到鼓舞，甚至贏得尊敬。柯恩從同事們不拘小節、詭計多端、哄騙訛詐的作爲中，邊看邊學，不多時便盡得箇中奧妙。

既是招攬拉客，柯恩非得說謊不可。對雜技做虛僞的陳述乃是最神聖的作爲，而說大話則是理所當然的事，譬如讓伊利諾州伊文斯頓出身的人換上異國服裝，介紹說是婆羅州叢林來的，又以小孩子冒充侏儒，或是鞋底加高墊裝成高人。拉客的人，必須對觀眾編出落魄貴族如何淪落到巡迴馬戲團的故事。誠如「林氏兄弟暨巴南與巴利」(Ringling Brothers, Barnum & Bailey)雜技團經理英哥爾（Clyde Ingalls）所說的：「除了著名的三腿人、暹羅連體人這類奇人異士之外，竅門就在你如何創造出怪人，譬如拿個長相奇特的人來說，強調他的奇突，再加油添醋一番，就是一大叫座節目。」

柯恩這些人利用種種方法來增加刺激，並「大發利市」。譬如，觀眾聚攏到門口時，串通好的幾個拉客者就衝向買票隊伍，希望別人也學他的樣，不然就是在隊伍裡推擠，以便於柯恩少找錢，或伺機向「城裡人」施展小手。進得場後，觀眾是站在台邊觀看。蒙古王子跳他的舞，本地人目瞪口呆看著諾瑪公主和侏儒麥特。這是快節奏的表演，必須清場，讓出空間以便下一批蠢蛋進場。賭博是極有賺頭的雜技副業。馬戲班的人要以灌鉛骰子、做記號的紙牌、作弊的輪盤再次詐騙本地人時，克拉克的調教便派上用場。「我常站在人群裡，在冷場時開始擲骰子，這個勾當撈得更多，」柯恩說道：「沒多久，我手上又闊了。」

到溫尼伯碰運氣

柯恩隨團巡迴各地，每隔幾天就拔營，擠在封閉的空間裡，有水塘就洗澡，去去身上的蝨子，只過了三個星期他就膩了。七月三十一日，諾里斯羅威大馬戲團來到溫尼伯，柯恩決定在這有「北方芝加哥」之稱的地方碰碰運氣。他一出了加拿大太平洋鐵路車站，就有旅館拉客的拎起他的旅行袋，領著他沿著站前圍籬草坪拐個彎，到附近的楓葉旅館（Maple Leaf Hotel）。他租了間房住下。溫尼伯是個熱鬧的大地方。「在我看來跟倫敦很像。」柯恩說道。此地其實不太像倫敦，但已是個大都會，跟他以前走過的種植單一作物的城鎮大異其趣。溫尼伯所經手的穀物量迥非世界其他城市所能比擬。楓葉旅館所在的大街，寬一百六十呎，電車所經之處，希臘式、羅馬式建築的銀行和塔樓林立。

楓葉旅館是一幢兩層樓的純樸建築，前不久才由俄裔猶太人奈森・羅森布拉特（Nathan Rosenblat）買下，乃是溫尼伯北區旅館街六十家旅館之一，專門安頓一些來此工作打算日後接老婆、家人或好友過來的單身漢。本市成長快速，絕大部分要歸功於移民。東歐猶太人、烏克蘭人、斯拉夫人、德國人、北歐人和波蘭人，把溫尼伯的人口忽的推到十一萬一千七百二十九人，使得北區成爲衆人口中略帶輕蔑意味的「外國區」和「新耶路撒冷」。製粉廠和鋸木廠、鐵舖、馬車和貨車製造店、農具供應店、水泥公司充斥本區，街上車水馬龍，數百貨運和客運列車隆隆駛過。

此地住家跟柯恩所成長的安柏斯頓街沒有太大差異，一大票人擠在小屋子或宿舍裡。「所有的房子都很小，」一九〇四年從俄羅斯抵達此間的雅各・傅雷曼（Jacob Freeman）說：「牆上往往黑烏烏一片，爬滿蟑螂和臭蟲。」衛生設備少得可憐。全區盡是市民的馬廄和牛欄，臭氣薰人。只有少數建築有自來水，倒是一九〇八年時全市就有六千三百三十九座戶外廁所。「我們家有廁所沒浴室，每到星期六晚上，家母就用洗衣服的大鍋，燒一大鍋熱水，」從烏克蘭前來溫尼伯的謝比・赫西菲爾德（Sheppy Hershfield）回憶道：「我們洗澡的熱水就是這麼來的。」

整條街的店家外掛滿毛衣長外套。處處響著極不搭軋的波蘭話、意地緒話、烏克蘭話和俄羅斯話，跟陣陣菜香混成一氣。清道夫推著車子沿路撿衣服和破爛。「大街是最多釆多姿的一條街，」赫西菲爾德寫道：「醉漢……整條街都是……每家旅館都自設大酒廊，各有特色和個性……來自世界各地的移民湧出加拿大太平洋鐵路車站，碰到收割季節，幾千名法裔加拿大人從站前人行道湧進大街……衣物站都是猶太人所經營，因此大發利市……每條街都有假珠寶店和一、兩家酒館。」

到了收割季節，車站候車室裡擠滿了從安大略、魁比克、沿海三省（指加拿大東南部臨大西洋的新斯科細亞、新伯倫瑞克和愛德華王子島）和美國前來的人，打算到白木鎮之類的地方賺上一票，這使得楓葉旅館附近洋溢著馬戲般的氣氛。春秋二季來到溫尼伯的人，都會到掛著布招的職業介紹所，看看徵人廣告：「急徵百人」、「禮聘廚師一名」、「需二名馬車夫」。

這批流動男性人口在不工作或在找工作的日子，往往流連於各旅館的撞球房跟「免費進場接待室」，暫時擺脫侷促的旅寓房間，享受寬敞的空間，玩吃角子老虎、射靶，不然就是到後房找個妓女溫存，而撞球高手、酒鬼、騙子和扒手充斥。在此同時，基督教慈善組織「救世軍」（Salvation Army）的女志工則忙著拯救這些樂意或不樂意獲救的人。長老會和美以美教派的社會改革者稱東區爲「人慾橫流」和「非基督徒行爲」的所多瑪，行經蛾摩拉的人，千萬注意！（譯按：所多瑪和蛾摩拉皆爲皆爲聖經舊約中所提到的罪惡之城。）誠如《商旅》（*Commercial*

Travel）在一九〇七年所提出的警告：「乃可斷言，溫尼伯車站附近若干旅館利用『迷魂藥』等窮凶極惡手段，令人失神昏迷，以洗劫財物……」

從賣假戒指起家

有一天，柯恩流連酒吧和撞球間，一出來就有人從店裡出來搭訕，問他要不要進店瞧瞧出血大拍賣。「當時我已有相當醉意，進得店裡就買了許多自己用不著的東西，」他說：「包括一枚金戒指，內緣有『十四克拉』的戳記，我心想必然是純金，於是花了一塊五買下。」不過，戴上後手指居然發青，柯恩便覺得不對勁，他心想，可能不是眞金。這時柯恩沒有工作，手頭上有錢馬上花的故態依舊，不多時就囊中金盡。他在酒吧裡碰到一位「蠢蛋」，以兩塊錢把那枚戒指脫手，不免向酒保羅伯．哈里斯（Robert Harris）跟一位楓葉旅館的房客大加吹噓，這一轉手就賺了五毛錢。哈里斯笑著向他解釋，到拉札魯斯（Lazarus）和班哲明．李維（Benjamin Levi）所經營的店裡走一趟，一毛五就能買到這種「十四克拉」戒指，要多少有多少。

柯恩聞言立刻跑過去抓了十二枚戒指，改行做起珠寶商的行當。這次可不像在倫敦時那樣扒錢包幹活，也不像在雜技團拉客耍嘴皮，而是進出各酒吧，對著那些已經醉醺醺的客人訴說他如何時運不濟，亟需現金；他黯然向留心傾聽的老好人指出，他身無長物，唯一有點價值的東西就是一枚戒指。他一口倫敦東區腔調近來已被加拿大人平板語調沖淡，說將起來，確實蕩氣迴腸。這番表演比起他在海斯學校的莎劇演出，不遑多讓。「我從不說戒指是純金的，」他提到自己的絕招時說道：「只是讓他們檢查內緣的十四克拉戳記，然後開價兩、三塊美金，讓他們殺到一塊。這招屢試不爽。」

柯恩從賣假戒指起家，跨進賣「芝加哥特產」二十一鑽懷錶，不多時就賺進一大票。他同樣說著杜撰的悲慘故事，向湧進各移民工寮、旅館和寄宿之家的短期收割工人，說起他花了二十七塊五買下這懷錶，可憐生生的淺綠色眼睛蒙上一層薄霧，請對方行行好，給他十二塊半「糊口」。他斷裂過的鼻樑和手上臉上的疤痕，看起來的確是值得同情的樣子。這是正當的好工作，一天就能賺進二、三十塊。收入有了保障，他不工作的時候以玩撲克牌和賭骰子打發時間，進帳更多。他自稱沒有輸過大錢。

買賣做久了，柯恩決定找個固定的棲身處。他住在楓葉旅館時，所結識的班哲明・齊默曼（Benjamin Zimmerman），乃是作家夏洛姆・阿雷契姆（Shalom Aleichem）的表親，而阿雷契姆是透過倫敦市府基金會的安排，在一八八二年舉家移居至此。一八八七年，齊默曼的父親在大街六六九號，也就是楓葉旅館的隔壁開了家雜貨店，十年後過世，由他接手經營，並在一九〇三年又在隔壁蓋了間磚材和粗面石灰石的房子，開起當舖和珠寶店。店樓上有幾間桃心木和櫟木嵌板牆、壓模金屬板天蓬的房間，起先是出租當辦公室，幾年後開始接納一些單身漢和短期工人。柯恩既與齊默曼交好，於是便跟新朋友兼同事威廉・萬恩（William Vine）合租一間有暖氣設備的房間。

靠女人賺錢

溫尼伯的男女人口比例是六比五，男人既多，賣春問題自然日趨嚴重。穿著暴露的女子當街叫客，各自在門口向行人搭訕。一九〇七年時，警方登記有案的妓院老闆是七十一人，妓女一百零一人；到了一九〇八年，單是入獄的人數就有兩倍之多。儘管如此，在一千妓女心目中，「罪惡之城溫尼伯」仍為有賺頭的地方，自是趨之若鶩。柯恩和萬恩既是血氣方剛，對這城市又沒有太大歸屬感，當然樂得善用女人的服務。萬恩開了一家妓院，柯恩不賭博、不賣假珠寶的時候，就當起皮條客賺外快。

一九〇九年三月底，哥兒倆召了一位少女到房間，不料有人向警方告密。就在三月三十日乍暖微寒的這一天，查爾斯・諾克斯（Charles H. Knox）警官逮捕柯恩和萬恩，控告兩人明知該女未滿十六歲而以金錢買春。柯恩以亞瑟・柯恩之名遭扣押，警方搜出他口袋裡的戒指、骰子、懷錶、匕首鉛筆和菸斗後，把他跟室友關進拘留所等候發落。犯罪和累犯數目昇高，拘留所內人滿為患，罪名則從在火車站上班時喝酒、違反主日規定、毆人和傷害、經營鴉片館、拒付清理煙囪費等不一而足。「昨夜，總察總局的牢房擠進了不下七十人，收容量已達飽和，此外，有不少婦女在鐵窗後落得……」在柯恩拘押期間訪問過牢房的溫尼伯《自由新聞》記者如此報導：「有些人雖由朋友保釋，但從勤務室看到他們被打扁了臉而血流滿面來判斷，牢裡應該還有，而且有些可能……十七間男性牢房都擁擠不堪，有人夜裡就睡在水泥地板上，有人則如籠中獸，在鐵窗後來回踱步。」

市民團體在防堵像柯恩跟萬恩所從事的那類買賣上成效不一，社會改革派人士尤其關切像被這哥兒倆召進房的未成年少女，會因難抵誘惑而淪落進這樁不正當的買賣裡。一八九八年，加大政府所通過的《兒童保護法》就主張，「凡虐待、冷落、遺棄或暴露兒童，以及造成或導致兒童遭受虐待、冷落、遺棄與暴露者」應予嚴懲，但一直到一九〇九年，身裁肥胖、五十六歲的前任內政部長湯姆士・德利（Thomas Mayne Daly）法官出任加拿大少年法庭首席法官之後，這項法令才多少發揮一點作用。留著大鬍子的德利甚是同情這些少女，因此在嚴厲警告而後開釋了幾位嫖客後，決定找個人殺雞儆猴。很不幸，柯恩正好成爲他開刀的對象。柯恩和萬恩在德利面前力稱無罪，但德利判決得也快。「證據顯示，柯恩與萬恩犯行尤爲昭然若揭。」曼尼托巴《自由新聞》指出。四月七日下午，德利判處二人勞役半年。

法警銬起柯恩，立刻移送東區司法監獄。這座監獄位於馮恩街和約克街口，是幢棕灰色莊嚴建築，粗面石灰石爲牆，翅托係磚造，鐵門深鎖，在一八八三年啓用時，官方稱爲現代監獄。獄卒把柯恩關進一間六呎寬、十二呎長的牢房。在牢裡，他睡的是草蓆，連同近兩百名人犯一起，每晚五點到早上七、八點就寢，沒有書籍或報紙打發時間。不過，一般牢房比起地下室五間黑牢可好太多了；這四呎長八呎寬的個別牢房，通風不佳，警衛把人犯鏈在牆上，只給他們吃麵包、水和麥片粥。

關在一般牢房的女囚，大部是妓女、遊民和酒精中毒者；等候醫療檢查的精神失常者，也跟即將處以吊刑者一起關在這裡。有些幸運的人可以出去做築路工人，每天掙二毛五；運氣沒那麼好的，遇到好天氣時可以在監獄內的兩座操場運動。此外，三樓有一小塊公共活動區，柯恩也可以去舒展一下筋骨，不過，這個有半圓形玻璃和錫板天篷上繪有鳶尾草圖案的開放空間，就在獄官執行室內吊刑的隔壁。牢裡有浴缸，卻沒有隱私，通風設備也不佳，這對準備伙食的人而言尤其難耐，碰到大熱天，「對於倒楣得必須在那兒工作的人而言，想必是形同煉獄，」有位監獄研究者寫道：「爐灶是舊式的，有兩口燃燒室，跟小型火山爆發無異。」

柯恩在牢裡待了將近六個月，刑期還剩六天，便在六月六日那一天獲釋。儘管牢裡伙食不佳，他還是著實增加了四磅，變成一百七十九磅（八十一公斤），益見魁梧。他受夠了這個「北方芝加哥」，於是決定到薩克其萬省的薩克頓（Saskastoon）試試運氣。

第七章 我的中國朋友

薩克頓，一九〇九至一九一一

跟來到薩克頓的二十二歲的柯恩正好呈明顯對比的一群人，是一八八〇年初期來到這片藍格蘭馬草（grama grass）如浪般起伏，而柳樹和白楊處處之地的「拓殖禁酒協會」（Temperance Colonization Society）的美以美教派人士。這群人努力建立自己的社區，並以此地盛產的「榿葉唐棣栗子」（Saskatoon berry）命名，是「唯一尊崇禁酒理想」的地方。過不了多久，他們就建了一所學校、創設一家報紙，興建一座橫跨南薩克其萬河（South Saskatchewan River）滾滾濁流的橋樑，而不到兩年光景，從這裡運出的水牛骨便高遠二十萬頭。每年春天都會湧進一車車的宅主，蜂擁在各旅館和移民會館，栖栖惶惶地採買物資和馬匹。有些像一九〇三年從英格蘭來的一千五百名巴爾（Barr）拓墾團，只是利用此地作爲轉進西北領地的跳板。另外有些人——例如來自安大略京卡定（Kincardine）、三十一歲的約翰·傅古森（John Duncan Ferguson）——

原本跟巴爾拓墾團志同道合，會前來薩克頓，是為了逃避東部律師「網球、釣魚、美女，不太講究法律」的生活。

榮景吸引夢多的移民和柯恩這種人前來，地價也隨之升漲，一九〇五年六月賣九百元的土地，十七個月後竟漲到一萬六千元。一九〇六年，共有兩千三百一十七名宅主向當地的地政局登記，傅古森以自治領土地經紀人身分，忙著為宅主辦理登記和持有證明，法律服務業務蒸蒸日上，不久便網羅了菲特烈・麥克德密（Frederick Finlay MacDermid）為合夥人。麥克德密的弟弟約翰跟柯恩先後進城，這時，人口約為一萬二千人，而根據約翰・麥克德密的說法，城內有「十五到二十部汽車……馬車出租行的數量只多不少」。

不過，薩克頓並沒有像禁酒協會所希望的，發展成神聖的地方，倒是醇酒、賭博和賣春樣樣不缺，對柯恩而言卻是再適合不過了。他一進城就加入蓬勃一時的肖小行列，重操在倫敦第一次鬧上警察局的扒竊行當。各式騙術在薩克頓大行其道，從銀行職員把五千元中飽私囊，到高明騙子持英國銀行信用狀進城，貸得二千元後買下一家製造廠，大開香檳酒會，然後捲款潛逃。警方盡心維持地方治安，可惜逮捕的只是些不入流的罪犯，例如瑪咪・梅森（Mamie Mason），以賣酒罪名罰她五十美元，外加賣身罰四塊半。

一九〇九年九月底，警方開始監視由中國移民馬三（Mah Sam，譯音）所開設的賭坊；此人年紀五十二歲，來自華南地區的廣東省。警方注意到他在第二街開設那家店，整天有白人和華人進進出出，巡官喬治・唐納（George M. Donald）悄稍掩近，從窺視孔往裡瞧，看見裡面正在賭博。九月二十四日，晚上十一點，局長羅勃・唐寧（Robert E. Dunning）帶著手下，會同「西北皇家騎警」從前後門一起衝進去，發現有十名「天朝人士」（"Celestials"，謔稱中國人）圍坐，個個擺出一副無辜狀，佯裝不知三張桌子上擺滿骰子、骨牌、紙牌和中國銀元。警方把一夥人全部逮捕。案子移送到福雷・布朗（Fred M. Brown）法官手上時，這幾位華人宣稱只是玩玩聯誼骨牌，並沒有金錢交易，當然，紙牌是碰也沒碰。布朗不予採信。不過，當地華人領袖「滿洲馬克」（Mandarin Mark）出面說項，力陳他會「督促馬三一干人等，日後在經營上皤然改正」。他的保證正中布朗和警方下懷。馬三於是改口認罪，布朗罰他十元，外加執勤開銷，警方也表示，馬三若能比較規矩的經營，不要打擾到鄰居，他們也會很欣慰。「其間有若干情節可斟酌減刑，」薩克頓《鳳凰日報》指出：「主要論點之一是，這些人住在這裡，無妻無家，來點社交娛樂乃是天經地義的事。」

苦力與黃禍

馬三跟薩克頓上其他的中國人一樣，背井離鄉，拋妻別子，住在一個不了解他們、遑論歡迎他們的地方，他們跟早期的屯民一樣過著寂寥的生活。早在一八五〇、六〇年代，不少中國人在夫拉則河（Fraser River）跟卡里布（Caliboo）的淘金熱時期，從舊金山北航，前來加拿大西部，希望能在「金山」發筆大財。淘金本來不是糊口的行當，但對中國人而言，總比窩在十九世的中國三餐不繼好多了。那年頭，中國有四億三千萬人口，大多數土地掌握在極少數人手中；而且，以十九世紀初葉的廣東省而言，可耕地只占十分之一，平均每戶農家栽種稻米或菜蔬的面積還不到一英畝。

中國動盪，盜匪與賊兵橫行。積弱不振而腐敗的清朝，在一八三九至四二年間的鴉片戰爭裡受盡英國蹂躪和羞辱，又在南京條約下被迫開放廣州、廈門、福州、寧波和上海，供洋人進行貿易。在夫拉則河淘金熱時期，滿清政府正忙著對付太平天國起義；這是個草根性的革命，自稱耶穌爲「天兄」的洪秀全，帶著一干徒衆，試圖在地上建立上帝的天國。由於中國大多數人都對於在十七世紀時南侵，征服大明而建立大清王朝的滿人異族心懷不忿，是以洪秀全的社會及民族運動和反清的立場吸引了廣大群衆支持。到了一八六四年清軍討平太平天國時，已有數千萬中國人死於兵燹之劫。

十幾二十歲就背井離鄉逃到北美大陸的中國人，大半是廣東省的廣州人。一八六〇年代初葉，已有四千到七千名中國人住在現今的英屬哥倫比亞（British Columbia，又稱卑詩省）。這些人有很多都是單身前來，待事業有成再把親友接過來，有些則是以大公司或大投資富商的長工身分前來。礦工希望發大財，有些「金山」人甚至買下白人認爲已無利可圖的採礦權。「中國人大批前來，散居在巴爾一帶，」希爾斯主教（Bishop George Hills）在一八六一年提到亞洲礦工時寫道：「他們在已被歐洲人勘察過的礦區孜孜矻矻，一天能掙個一、二元便心滿意足，但往往能賺得更多。」

礦區附近的城鎮通常少見婦女，於是有些中國男人就做起廚子、幫人洗衣，開起澡堂、飯館和雜貨店。他們基於同胞之誼和自保之心而聚居，種種菜，匯錢回國給老婆和家人，夢想著有一天結束異鄉漂泊生涯，衣錦還鄉。可惜大部分人既沒發財，也無緣再見故土。有首中國歌謠就這麼勸誡：

有女莫嫁金山郎，
十年不著一年床。
床頂已結蛛絲網，
床邊已落滿塵霜。

一八六〇年代中葉，淘金熱漸冷，採礦權無人問津，中國人的人數陡降至一千七百零五人，而還留下來的這些人，不是繼續找金礦區，就是在煤礦區或罐頭工廠當傭人，有些則開起洗衣店、餐館、種菜、伐木、當鐵路工人或架設電報纜線。儘管他們善良可靠，但一般人對他們的看法就跟俄羅斯人看猶太人相若，被當作是危險人物。白人鄙視中國人，把他們看成是骯髒、目不識丁的外邦人，信奉的是異端宗教，道德墮落，散播痲瘋和天花。他們的穿著打扮跟言談都與人不同，又好賭，愛抽鴉片，有引誘白人婦女和破壞西方道德之虞。他們跟猶太人一樣，正是理想的代罪羔羊，辛勤工作反被視爲不公平競爭，是以儘管他們的人數始終沒有超過總人口的百分之〇・五，一般人仍認爲黃禍降臨加拿大。

一八八〇年代初期，縱貫鐵路計畫行將帶來新一波亞洲勞工潮，使得英屬哥倫比亞尤其驚駭莫名。當時全省只有三萬五千名白人，不敷鐵路工人之需，承包英屬哥倫比亞大部分路段的安卓・翁德東（Andrew Onderdonk），於是引進一萬多名中國人，並爲自己的業務決策辯護，謂「百分之九十九的中國人都很勤勉可靠」，力稱若是不找他們幫忙，則「延誤國家發展，許多產業將因而毀於一旦」。

白人堅持，一完工就把中國人趕走。就工作來說，中國工人每上工十二小時拿一塊錢，白人則約莫可以拿到一塊半到一塊七五。中國工人三十人一組，鑿山、挖地、把山坡夷爲平地，使鐵路貫穿若干堪稱全世界最艱難的地形，乃是極爲危險的工作，黑色火藥可能造成嚴重灼傷，若被爆炸碎石擊中，輕則殘廢，重則喪命。落石和崩土可能把人活埋。到了一八八五年十一月七日，在英屬哥倫比亞的克雷吉拉奇（Craigellachie）打下最後大釘，連接大西洋和太平洋的鐵路完工時，已有數百名中國人因意外、爆炸、風吹雨打、營養不良和壞血病等而受傷或死亡。

接著，英屬哥倫比亞景氣大蕭條，許多中國人沒了工作，又沒回國盤纏，因而活活餓死。無所適從的中國人應早作處置。「是以，我地方政府租幾艘船免費送他們回故國，不失爲善策，」一八八五年，木迪港（Port Moody）的《公報》（*Gazette*）沈吟道：「我們相信，如今既然找工作不易，有這種機會他們是求之不得，況且，國內的中國佬每一個人縱不把回國當成目的，也都抱著莫大期望。」

加拿大政府爲趕走這些中國人，也跟南邊的民主美國一樣，開始制定反華法案。英屬哥倫比亞褫奪中國人的公民權，該省在一八八四年制定的〈華人條例〉（Chinese Regulation Act）在前文裡開宗明義就說，中國人「惡習難改」，且「易沈溺於足以破壞社會安和與幸福的習慣」。聯邦政府對入境加拿大的中國人，原本是每人課以十元人頭稅，立刻漲爲十五元。

「白人就是討厭我們」

不過，中國人仍然絡繹不絕，在一八八九到一九〇〇年間，每年平均有大約兩千名中國移民入境。中國人利用新鐵路系統，向東前往卡加立、艾德蒙頓、薩克頓和糜顎鎮等平原城鎮，開洗衣店、餐館和雜貨店，不然就是到罐頭工廠當廚子或傭人。

「勞工騎士團」、「反華聯盟」、「全省聯合工會」和「反黃種人協會」之類的團體，莫不主張對中國人加以嚴格限制。「中國人一落戶定居，就應該視同傳染病或隔離病房處理，」卡加立（Calgary）的名律師傑姆士・蕭特（James Short）寫道：「他們宛如養兎場裡的兎子一般，通常只能住五個白人的地方，卻擠進了三十人……他們不知清潔衛生爲何物，無論到哪裡都不受人歡迎，只會爲自治體帶來麻煩。」

新舊世紀交替之際，聯邦政府把人口稅提高到一百元，幾年後又調爲五百元，移民潮於是暫輟。「我知道我們在加拿大不受人歡迎，」一位八旬老叟談到自己所遭受的待遇時，說道：「人人都討厭我們，但我們總得過活。況且，我們在中國還有一家子要養。我還記得白人每看到我們就會唱道：『淸、淸、淸、一毛五，洗我褲，五分跳支舞……』，白人就是討厭我們……」

中國人在都市邊緣的寄宿房子落腳，不然就是住在店舖後面或樓上，自擁住家的少之又少。

這些地區就成爲唐人街的濫觴。亞洲人和白人之間沒有社交關係。白人在中國餐館吃飯、把髒衣服丟給中國洗衣店、向中國菜農買青菜，但不願跟他們廝混，白人女子若嫁給中國人或日本人，立刻變成邊緣人。「白人出名的好客和街坊之誼，到他們那裡便戛然而止，」海瑟・紀利德（Heather Gilead）寫到當時的情況：「靠國內接濟而寓居此間的白人，縱使再懶惰，縱使再骯髒，起碼總會有一、二回受邀到正當家庭吃個聖誕晚餐，但住在這裡的中國人不下數百人，可能住了數十年，還沒見過白人基督徒的家裡是什麼光景。」

他們所經營的洗衣店，只是隔板造的小生意場，前面擺個檯子，檯後堆著一包包衣服，後房點著蠟燭或煤油燈，漿味和熱氣薰人。「洗衣店裡凡事都得靠雙手，」洗衣店老闆王超英（Chow Yin Wong，譯音）提到店裡分、蒸、燙和乾衣的情形：「我們有一台小軋平機，用來燙平襯衫，然後就得用手摺。熨斗放在小爐子上，只用來熨襯衫，全是靠手工的。我們把衣服掛在樓上晾乾，因爲爐子很熱，只消兩個小時，衣服就乾了。」老闆和工人晚上就睡在樓上的熨衣檯，或有倒地就睡。中國小吃店也賣西方食物，如炸肉餅、馬鈴薯泥、熱牛肉三明治、豬排、蘋果派、咖啡和米布丁。白人在這裡倒是有點社交，但往往是在食用之間糗糗老闆或催促老闆。

中國人過著提心吊膽，乃至時時遭人暴力相向的生活。一九〇七年聖誕夜，亞伯大（Alberta）的來斯橋（Lethbridge）南邊一座農場的經理哈利・史密斯（Harry Smith），跟六位朋友到中國人開的哥倫比亞餐館，點了菜之後便嚷著叫老闆快點上菜，老闆叫他出去，他卻哈哈大笑。這時，有個中國人上前揪住史密斯，另一位則從櫃檯後跑出來，用拔釘錘猛敲史密斯的腦袋跟他一位朋友的胳臂。後來謠言四起，說是中國人殺了史密斯，於是「有一票人衝進餐館，叫女待走開，直趨廚房和餐廳，開始見了東西就砸。」來斯橋的《先鋒報》報導：「中國佬慘遭毒打，但總算逃過一劫。不過幾分鐘光景，店裡一片狼藉，廚房地板上碗盤碎得滿地，桌椅搗毀，展示櫃翻倒，食物散落一地，慘不忍睹。」這一票約莫有五百人的暴民，接著氣勢洶洶走到對街，砸毀一家由中國人經營的亞伯大餐館的玻璃。工人躲在地窖裡。暴民接著攻擊方喬伊（Joe Fong）的餐館。騎警趕到後，只以酗酒鬧事和行為不端罪名逮捕四名白人。

於是，孤立無援的中國人便成立各類社會、文化和政治團體，例如「中國仁愛組織」（Chinese Benevolent Organization）就以協助貧病、排難解紛、跟非華人打交道為主。漸漸的，中國人也成立各式兄弟會、同鄉會和宗親會，除了從事跟仁愛會類似的濟助工作之外，也舉辦大型宴會、遊行和小型餐會和茶會。

北美地區的華人大多屬於以推翻滿清為職志的祕密結社草根組織「洪門」與「三合會」，最高堂口叫「致公堂」，但與傳說正好相反的是，北美地區大多數的祕密結社都不是逞強鬥狠的堂口，大不同於人人聞聲色變的黑幫火拼式的堂口械鬥、鴉片交易、包娼包賭。一般來說，堂衆比較著力於社會和經濟地位的提昇，可歸屬為職業團體成員。這些堂口幫忙國人籌錢創業、提供銀行服務、職業介紹、密運中國人到美國、安排法律協助等，加入堂口得經過入會手續、歃血為盟，立誓謹守道義，相互扶持，並允諾協助推翻滿清大業。

加拿大經濟蓬勃發展，唐人街也盛極一時，燕椽飛簷、格子窗和月形門的二、三層磚造樓房櫛比鱗次，庭院深深，巷弄縱橫，猶如迷宮一般，箇中充斥鴉片館、洗衣店、妓院和只款待男性的夜總會。餐館生意興隆，大小團體聚在一起呼盧喝雉。「商人……把賭博變成生意，」中國維新派人物梁啓超在一九〇三年寫道：「幾乎無店不賭，溫哥華小小的社區就有二十幾家賭館，十六、七家彩券行。」

惹麻煩的副業

賭博，是白人和中國人廝混的少數方式之一。「若說社區裡要舉行什麼奇怪的活動，大可『徵召』中國人，」紀利德寫道：「勒吉里亞的中國餐館後房，撲克牌戲常年不斷。我不知道賭博不合法，但可以肯定它是見不得人的。在中國人面前，很容易就流露出劣根性，不像在同等人面前行爲端莊，因爲中國人畢竟是外人，外人的評斷往往可以不予理會。一般城市若大到可以產生紅燈區，這區域往往就是唐人街的同義詞，這倒不是因爲中國人涉入賣春，而是有一大半的白人會把中國人歸入他們自己更見不得人的幻想和行爲中。」

跟一九〇九年逮捕馬三一樣，警方和新聞界對臨檢中國人的行動，可說是大張旗鼓，中國人也因此盡量隱密行藏。「賭坊不合法，因此通常是在店面後頭，而以販賣香菸、冰棒雪糕或水果爲幌子，」一九〇八年到加拿大的張雲和（Yun Ho Chang，譯音）說：「而且，老闆還得有門路，才能在警方臨檢前就知道風聲。」爲阻擋警方，中國人把窗戶覆霜，加上鐵條，鑿出窺視孔，甚至安裝繩索機關，用以開啓沈甸甸的厚門，拖延警察行動。

馬三雖被判經營賭坊罪證鑿，並受警告應即停止不法行爲，但他還是在設於西二十街的亞伯大餐館繼續這項有賺頭的副業。他識相地避人耳目，在餐館後頭維持著固定的牌戲，以免有人從店面前兩扇大玻璃窗窺探。馬三這間木造房子就在「愛德華國王旅館」（King Edward Hotel）和安德森（James Anderson）的彈子房對面，生意興隆，有些撲克賭局的注金相當龐大，白人賭客往往一晚上就可以贏個八、九百元。

柯恩沒多久工夫就得知亞伯大餐館的門路，很快就成爲這煙霧瀰漫、嘈雜髒亂賭坊裡的常客。他坐在牌桌上，捂著牌，目光巡逡，打量室中光景。在亞伯大賭坊，他用上了老友克拉克的技巧、在溫尼伯學到的新招數，以及向漢基（Hunky）學來的快手法。漢基是個面容嚴肅的同行，總是戴著藍色眼鏡，窺視作過記號紙牌背面的燐點。「我開始大賭，沒多久就跟一票三兩下就能把蠢人的錢榨光的老千混熟了。」柯恩說道。

在亞伯大中國流民社會近似手足義氣的氛圍中，柯恩覺得輕鬆自在。馬三有時甚至周轉他一筆錢，讓他在白天扒竊所得之外，夜裡能大把大把賭個盡興。他逐漸產生強烈的依戀之情，而這是他一九〇五年夏天離開安柏斯頓街老家以來所未曾有的。在這餐館後房裡，柯恩可以拋開父母、猶太公學和海斯職校苛求於他的行爲規範，自由自在過自己的生活。老馬和這些亞裔新弟兄，不強求柯恩恪遵守法社會和先人無形的方式；他可以率性而爲，賭博、飲酒、使壞、看不正經的女人、打搶。這裡太適合他了。雖然老馬只會說幾句破英語，也沒有矯情地刻意要跟柯恩套關係，但兩人同樣是離鄉背井，彼此意氣相投，很快就發展出親近的交情，大賭通宵之後，他就坐在亞伯大賭坊後頭，學點粗魯的廣東話，吃點道地的廣東菜，老馬娓娓說著古老中國的掌故，款待這位難得有雅量的白人。

那個叫做中國的世界

有天晚上，柯恩過來老馬這裡想打牌、吃點料理。一踱進店，就見一位粗壯而「頗爲兇悍的傢伙」，手插在口袋裡，神色不善，挨近櫃檯邊的老馬。這陌生人看了柯恩一眼，柯恩則看見老馬使勁兒想把鑽石戒指脫下來。柯恩撞見了搶劫。「我手無寸鐵，必須格外小心，」柯恩說道：「我欺近他身邊，使他棍子派不上用場，然後一拳搗在他下巴上。」「東區小子」柯恩撂倒對手，那混混趴在地上。柯恩沒收了這小賊好不容易到手的贓物，再把他踹出去。

十九世紀初期，北美的白人居然會幫助中國人——這是前所未聞的。老馬等一干人上前擁抱柯恩，把他視爲盟友，也更進一步把他引進到他們的幫會裡。

他們既拉柯恩入夥，老馬便對他講說中國的事情，以及像老馬這樣的廣東人何以會憎惡殘暴的滿洲北方人。滿洲人不但控制中國的土地，他們的統治更帶給中國羞辱，柯恩因此得知，二十世紀初期的中國革命時機已然成熟。一八九八年，光緒皇帝爲改善國勢，宣布中國自由化和西化計畫，但爲慈禧太后所阻，「百日維新」功敗垂成，光緒幽禁，維新要角如康有爲和梁啓超逃往國外。不過，他們的變革運動並沒有停止，康、梁和比較激進的孫逸仙，開始在北美吸收像老馬這樣的人，並募款以圖大事。一八九九年，康有爲前來加拿大，成立維新政黨「保皇會」，漸漸形成北美一百餘個分會。不過，這個維新政黨並沒有帶來變革，且因著一九〇八年慈禧殺害光緒，保皇的宗旨也隨之煙消雲散。

維新派人物紛紛敗亡，中國人便把勁節堅毅的孫逸仙視為足堪信賴的領袖。孫逸仙出生於太平天國敗亡前兩年，在香港習醫時便對太平天國領袖洪秀全心嚮往之，一八九〇年代初期創立興中會，並在香港和夏威夷糾集人馬，計畫在一八九五年十月二十六日起義，希望能一舉拿下廣州，號召天下景從。這次起事無功。事為兩廣總督察覺，孫逃往日本。他繼續宣揚革命，但接受者不多，一八九六年在美國各地演講也沒有獲得太大支持。他轉往英國，不意在十月十一日拜會大清駐倫敦公使館，竟成階下之囚。館員計畫把「妖言惑眾」的孫逸仙遣送回國處決，所幸吉人天相，新聞界得知他被囚後成為轟動一時的大事件，滿清在拘禁了十二天後便把他釋放。一九〇五年，孫中山聯合各反清團體，成立同盟會，致力宣揚民族、民主、民生主義，倡言推翻滿清、平均地權和社會革命。不多時，加州、柏克萊和芝加哥，乃至北美各地紛紛成立分會，而馬三也跟許多廣東人一樣，加入了同盟會。

老馬口中的孫中山、滿清和革命起義，在柯恩聽來想必是如眞似幻。「我坐在後房，一坐就是幾個小時，一邊喝著中國粥……一邊聽他談中國政局。萬萬沒想到，這麼一個沈靜、息事寧人、輕聲細語的老兄，居然會是革命黨，」柯恩說道：「他所說的我雖不是完全了解，卻已激起我的想像。我還年輕，喜歡刺激，而他所說的練兵、密謀和革命，再刺激不過了。我從父母的言談中深深了解貧窮和迫害是何等情狀，因此，我雖沒到過中國，卻可以猜想得到，那兒受迫害民衆的生活，必然比白人世界惡劣許多。」

柯恩被這些故事吸引，對中國苦難深表同情之餘，個人還有更爲迫切的財務問題要關心。

亞伯特王子監獄

不聽老馬細說掌故的時候，柯恩就跟著一票扒手同行，到街上去找肥羊，以便撈點外快，晚上好賭個痛快。柯恩的活動早落在警方眼中，一九一〇年八月十日，警官約翰・詹姆斯（John J. James）叫他滾出薩克頓。他沒走。爲什麼要走？他在這兒生活愜意，四天後又是薩克頓第二十四屆年度展覽會開幕日，像他幹這種行當的人，怎麼會錯過發橫財的大好機會——約莫有兩萬三千名荷包滿滿的人進城，可以任他予取予求。這些獃子進城來看「家畜大遊行」、下午的賽馬和新落成的機房大樓。這是個嘉年華似的活動，人潮洶湧，正是柯恩躍躂下手的理想狩獵場。

會場上，英國國旗在桿子上和線纜上迎風飄揚，紅、藍、白旗幡飛舞，幾乎蓋住了主看塔。觀衆在塔台上看得目不暇接。除了棒球比賽、牛羊和馬匹評比、鼓號樂隊遊行，在巴恩斯馬戲團大帳篷內，馴獸師凱利駕馭非洲獅和努比亞獅，海獅用鼻子平衡氣球和家具。外頭各式攤販上陳列著爐子、火引子和桃李等作物，有些攤子則提供觀者麵包和免費奉茶。到了夜裡，人行道上電燈亮起，柯恩信步而行，隨興之所至的施展妙手，錢包手到擒來。

展覽會期間店家不做生意，但有些活動不受影響，老馬那兒的賭博就照常營業。柯恩白天在展覽會上摸來的錢，以及老馬給他的賭本，在這極受歡迎的夜間娛樂上，確實是一項極好的投資。正因爲太受歡迎了，中國人和白人進進出出，共襄盛舉，亞伯大餐館成爲全鎮的話題，也引起警方無謂的注意。

展覽會結束後，柯恩回到街上。天祐肥羊。威尼斯出身的鐵路工人阿爾・陶德（Ire Toder）一看就是個好下手的標的。一九一〇年夏末，幾個人誆稱是便衣騎警，夥同把他哄到鎭外，說是以賭博罪名逮捕他。這些冒充的條子用火車和馬車一路把他帶到亞伯特王子監獄。陶德這才回到薩克頓。這麼一位獃子，要不下手也難。於是，在九月二日這一天，柯恩決定跟他「親近親近」。

柯恩瞧見陶德在第二街「全天候供應餐點，各式海鮮隨意」的威爾森小吃店吃東西，於是便過去跟他聊了起來，柯恩問他是否想找工作，陶德稱是；柯恩小聲說他父親在布蘭登鎭開了間馬車出租店，正缺人手。陶德坦承自己沒在馬車店工作過，但他願意一試。待他吃完飯後，這兩位新交便在鎭上散步，到了凱恩斯的乾貨店時停下，以便陶德添購馬車行工作所需的行頭。陶德找到一套一塊二毛五的衣服挺合身，便從黑皮夾裡掏錢。柯恩瞥見他身上起碼有五十元。出了凱恩斯乾貨店，兩人在國王旅館小飲幾杯，然後往新建的陸橋走去，行進間，柯恩一伸手，輕巧扒過陶德的錢包。

陶德原本毫不知情，但柯恩在兩人分手後等不及收錢入庫；陶德遠遠望去，就見他掏了一陣，隨手把錢包丟在街上。柯恩繼續走他的路，一面興奮有大筆進帳，一面琢磨怎麼花用這筆「血汗錢」。當晚六點，柯恩正在第二十一街的斐西・伍爾豪斯的珠寶店精挑細選時，陶德帶著詹姆斯警官走了進來。警官逮捕柯恩，在他身上搜出了一百元。柯恩堅稱這筆錢是馬三給他的，但詹姆斯太了解柯恩了，二話不說就把他關進牢裡。幾天後，唐寧局長交給柯恩一份供詞，他簽了名之後又心生一念：何必輕易認輸？

第六天，違警法庭開審，他聘請傅古森律師代爲辯護。他在庭上矢口否認陶德的指控。「不！」他在證人席上洪聲說道，他沒說他父親開馬車出租行。「我告訴他，我知道布蘭登鎭有家馬車行剛好有人辭職，需要找個人手。」他斷然否認扒竊陶德的錢包，反指陶德幫著他在陸橋附近騙一位陌生人。至於那份簽了字的供詞，柯恩說他是以爲只要還錢就可以走人，才會簽字。

旁聽席上的觀衆，聽見柯恩對傅古森的質問，完全以鏗鏘有力的兩個字作答。「你已聽到昨天原告的陳詞，」傅古森說道：「你有什麼話說？」

「胡扯。」

「原告陳詞並無第三者，你有什麼話說？」

「胡扯。」

「他還進一步說，他掉了錢包之後，看見你把錢包丟在路上。」

「胡扯。」

庭訊進行途中，警方考慮對柯恩的同夥發出逮捕狀。就在這時，有位叫史考特（Scott）的同行居然到了法庭，此人瞄了一眼，見苗頭不對拔腿就跑，往加拿大國家鐵路車站疾奔而去。

唐寧局長站起身來，柯恩益發激動，不管局長說什麼都大嚷：「騙子！」，一直到布朗法官揚言要把他送回牢裡才安靜下來。

這是一宗速審速決的案子，第二天，布朗法官便判處柯恩解送亞伯特王子監獄重勞役一年，還說沒判他十四年最高徒刑乃是「庭上法外開恩」。「柯恩聆判後在法庭大吵，不得不把他強押進牢裡。」《鳳凰日報》寫道。西北皇家騎警把他銬上手鐐脚鍊，直接押送北方八十哩外的亞伯特王子監獄。

警方接著盯上馬三。九月十四日，唐寧局長得知，當晚中國人和白人賭客將要大會串熱賭通宵，便展開臨檢行動。這次行動大有斬獲，詹姆斯等警官一舉逮捕了二十八名中國人、三名白人、一名黑人，還搜出了錢、鴉片和酒。「兩桌牌局，每桌賭金都超過一百元，」《鳳凰日報》報導：「還有賭骰子，此外，警方亦查獲並沒收了六套吸鴉片器具。賭窟之藏汙納垢出令人無法想像，遑論形諸筆墨。」警方逮人的消息傳開，各旅館和餐館老闆忙不迭跑來保釋中國廚子。警方勸被捕的白人和黑人離鎮，只有馬三不准保釋。這次傅古森還是出庭辯護，馬三也俯首認罪，但布朗法官不僅予以重責，還判處馬三押解亞伯特王子監獄獄重勞役半年，外加一百元罰款，若馬三不付這百元罰款，則再加半年徒刑。

亞伯特王子監獄座落在北薩克其萬河邊山丘上，是個有四十八間牢房的省區監獄，柯恩一到，獄方先把他剃個大光頭，以免他日後長頭蝨，再把他關進牢裡。柯恩的牢友包括伐木工、騎師、擦鞋者、馬車伕，以及因自殺未遂、行乞、強暴十三歲女童未遂、賣酒給印地安人、暴露、盜馬等各種罪名而鋃鐺入獄的幾個醫生。在亞伯特王子監獄，中國人和猶太人最被人瞧不起。馬三除了登記爲佛教徒之外別無選擇，柯恩則只好降格爲英國國教，每個星期天參加強制禮拜。

亞伯特監獄跟溫尼伯監獄一樣，人犯之間不許交談。儘管如此，牢裡並不是那麼太平，柯恩服刑期間就有二十幾個人送精神病院，有毒癮的人因爲脫癮效應苦不堪言。柯恩跟馬三每天早上穿起牛仔布工作服和法蘭絨上衣，到約莫有三七·五英畝大的監獄農場。獄方用香菸獎勵人犯工作，而柯恩在這兒的情況則跟在海斯學校相若，播種和收割燕麥供作監獄伙食及外賣。監獄後頭擺絞刑架的地方有個小菜園，柯恩等一干人犯就在這裡種馬鈴薯、胡蘿蔔和甘藍菜。被獄方認爲有逃獄之虞的人犯，加上了裝石礫的銅球腳鐐。除此之外，人犯還蓋了一間大馬廐、穀倉、工具房和刑具房。冬天，他們到附近樹林砍柴，到河裡鋸冰。女囚另立一區，由典獄長夫人監護，平日除以馬鈴薯、甜菜、麥片、蕪菁和豬肉做點料理之外，還得洗衣、縫補、舖床疊被、整理外衣、襯衫和罩衫。

十一月初，馬三上訴敗訴後，獄方把他轉到木索明的一般監獄，柯恩一個人百無聊賴，一大早就起來做雜務，不然就是到只有日間開放的監獄圖書館找書看。在亞伯大王子監獄，人犯可能長期關在禁閉牢裡，每天只給麵包和水。在柯恩服刑期間，共有十名人犯關進黑牢，四名不見天日。重罰是指抽皮鞭，至於惡性重大的人犯和強暴犯，一到監獄先抽九尾鞭以儆效尤。柯恩服刑期間，至少有三名囚犯分別因絞刑、心臟病和梅毒死亡。有一名人犯意圖逃亡，此人以小刀削掉固定鐵條的木窗窗櫺，再以肥皂填上，以便伺機越獄。獄卒發現他動了手腳之後，這位倒楣的人犯被判三個月苦役。

加入同盟會

一九一一年九月，柯恩穿著由女囚縫補過的衣服出獄，口袋裡只有兩塊錢和一張到薩克頓的車票。他一進城就跟老馬搭上線。這時，兩人既有一段患難交情，老馬便進一步灌輸有關孫逸仙的事。這是北美中國人奮進的時候。

正當柯恩在牢裡折騰時，孫逸仙已抵溫哥華，展開盛大的北美巡迴講演。一九九一年二月中旬，這位革命家對數名聽衆發表激烈的反清演說，致公堂會衆受他熱情感召，不僅大力捐輸，還派了一位名叫謝秋（Xie Qiu，譯音）的保鑣隨行保護。孫往東行，經英屬哥倫比亞，前往卡加立、溫尼伯、多倫多、蒙特婁和紐約；他提出革命必成的保證，使他所經之處贏得更多追隨者。這時，同盟會在全球各地的會衆，可能已有十萬人之多。

孫逸仙在北美募款之際，武漢市有一批跟孫逸仙和同盟會沒有瓜葛的低階少尉和士官計畫起義。一九一一年十月九日，他們所製的炸藥不慎爆炸，警方立時展開圍捕，革命黨人無奈，只得採取行動。他們很快控制了湖北省會武昌，而隨著各地響應，如孫逸仙之類的革命同盟組織，亦決定因勢利導。孫遂離開丹佛市（Denver，譯按：舊史皆作典華城）轉往歐洲，以中國革命首腦的身分出現。同時，清廷則指派大清最有能耐的將軍之一袁世凱爲督帥，全權敉平革命，但袁非僅沒有消滅異議人士，反而和革命黨人談判。十二月初，各地代表齊聚南京，共議建立臨時共和政府事宜。當時，角逐新政府總統的有兩人，代表們由於無法在總統人選上取得妥協，於是轉而推舉甫在十二月二十五日返回上海的孫逸仙。不過，這時共和同盟兀自岌岌可危，為取得袁世凱的支持，代表們同意，只要袁支持共和即授與總統之位。二月十二日，宣統皇帝遜位，孫逸仙亦辭去臨時大總統，由袁出任總統。

推翻滿清，民國肇建，加拿大各地華人大肆慶祝新政府成立。有天晚上，馬三帶領柯恩到卡加立的新唐人街，把他引介給其他民國傾向的中國人。

「那天晚上，我們來到後巷一家雜貨店。四下不見平常偶有的路人，但我注意到，門口和兩頭街角都有人把守。馬三帶我上樓；樓上守衛更多，而且這一票人全副武裝，連棍棒也不加隱藏……不多時，重門推開，我發現自己置身於一間最大的廳堂……堂內不下兩百名中國人，個個盛裝肅然端坐……全場劃一轉頭望著我。我站在那兒頗有礙眼之感，馬三向上稟報。我雖不懂廣東話……但看得出來他對我大為吹捧。他說完後即進行表決，最後正式問我是否願意入會。」

柯恩發下誓言。如今他已是同盟會正式盟員，也是會內極少數的白人盟員之一。「我走下簡陋的迴梯，出了這家不起眼的雜貨店……矢言為孫逸仙……及解放中國人民效命。」

第八章 客倌當心

艾德蒙頓，一九一一至一九一四

柯恩想必很中意卡加立這個地方，因爲，他決定在此定居。其實，本鎮廣開善門，生財有道，受此吸引的可不止他一人。牛仔快馬直奔大街，鴉片館和賭坊欣欣向榮，像自己開酒吧、老婆在樓上開妓院的強尼·黎德（Johnny Reed）這類可疑人物可也不少。一九一一年，有天晚上，警察局長湯馬士·梅基（Thomas Mackie）傻呼呼地率員臨檢黎德的雙面生意。不意梅基和一干警察一進去，卻撞見鎮長約翰·米契爾（John W. Mitchell）和兩名督察在座，忙不迭表示只是來作午夜建築物安全檢查。事後，梅基只有識相地辭職。

不過，好景畢竟不常，卡加立的守法民衆找了阿爾福德·庫迪（Alfred Cuddy）來當警察局長，此人曾任巡官，爲人嚴肅，既獲民意付託，便向罪惡宣戰，決心讓卡加立變成一個堂堂正正的城市。他提昇並加強警力，有組織的臨檢紅燈區，取締華人鴉片館、扒手和騙子，甚至雇用線民舉發像柯恩這種背景的人，一有線索，便由大刀闊斧的巡官大衛·李察森（David Richardson）領軍，直搗罪惡淵藪。

賭徒怎麼過正正當當的生活？柯恩跟他那一票詐胡的同行憬悟，卡加立不是久居之地。幸好，柯恩在浪跡各地時，結織了太平洋鐵路公司餐車服務員芬奇（Bert Finch），就在他沈吟下一步該怎麼走時，聽說芬奇在艾德蒙頓（Edmonton）搞房地產，做得有聲有色。此處不留人，自有留人處，於是，柯恩北行投奔芬奇去也。「他當上了全國地產公司（National Land Company）分公司經理，自擁辦公室，門口還有他的名牌，」柯恩說道：「他對我大表歡迎，我還沒跨出門就雇我當業務員。」

在北薩克其萬河畔，莫里斯·柯恩終於找到適合他的「天職」：在新興城市炒地皮。還有什麼比這更能發揮他扒手、戲團拉客和賭徒的綜合教育？在倫敦、麋顎鎮、薩克頓和卡加立等一流學校所學，終於可以派上用場。現在他可以合法地、恣意地從信人勿疑的鄉巴佬口袋裡掏出錢。柯恩在芬奇隔壁租了間公寓，兩人全力投入位於第一街七〇二號的公司。他先觀察芬奇怎麼跟顧客推銷。「我很仔細聽他怎麼說，很快就學會他那套台詞。」一旦柯恩摸透了推銷竅門，客倌可得當心了。

對於芬奇和柯恩這類的滑頭土地開發業者和仲介人而言，艾德蒙頓簡直是天賜的大禮。到一九一二年底，市內已有三十二位不動產仲介人、一百三十五位金融經紀人和三百三十六位不動產經紀人。艾德蒙頓的不動產辦公室一般都很簡陋，不過是一張折疊式書桌、一個木櫃和一塊黑板，上面羅列著「今日特案」，雖然有位仲介商在辦公室窗口擺了一隻猴子，藉以保證他經手的土地絕不是「耍猴子」，實則大部分爲誇大其詞，在報紙上大刊廣告，說什麼「立即搶購」、「機會千載難逢」和「熱賣中」等等。

隨著想發財的人蜂湧而來，艾德蒙頓也急速成長，可說是個發展中的城市，在第一次世界大戰前就已是牛隻買賣市場的要角，新產業、旅館、劇院和生意紛紛開張，電車和汽車沿街而行，學校和教堂一一興建，火車新闢路線開了進來，電燈和電力公司，以及一家自動電話系統管線均已舖設完成。由於移民人數過多，有些不得不暫時在學校或在谷邊搭起帳蓬安身。一九一二年，艾德蒙頓和鄰鎮史崔司科那（Strathcona）興起後，人口立時從三萬一千零六十四人跳到五萬三千六百一十一人，成長之速令人咋舌。建築工程隨處可見。「我還記得很清楚，早上上工時，新建築敲敲打打的聲音從四面八方傳來。」不動產經紀人約翰·尼德里耶（John Niddrie）回憶道。

加拿大各城市埋頭發展，西部也成爲加拿大、美國和英國投資人砸錢的熱門地點。一九〇〇到一九一六年間，大草原區的人口從四十二萬人增至一百七十萬人，成長了四倍，建立了六百多個人口超過六百人的新城鎮。一九一一年時，溫尼伯便預言該市人口十年內可達百萬人，一九〇七年剛成立「十萬期成會」（Hundred Thousand Club）的卡加立，也在不久之後改名爲「二十五萬期成會」。

不動產經紀人唯一要做的事

如此熱鬧滾滾，柯恩不可能會錯過，就像他在薩克頓和卡加立玩牌，或從溫尼伯及亞伯大王子監獄牢房望出去一樣。在艾德蒙頓市中心，一九〇〇年一塊地只賣一千元，到了一九一〇年已經叫價二十萬；一八九八年時，一塊一百四十五英畝的地皮賣一千四百五十元，到了一九一二年據說已賣到八十五萬；一塊一千二百英畝的分區出售荒地，三天內便銷售一空，營業員單是抽佣金就大撈一票。中午以一千八百元買的地，下午二點便以二千元脫手；投機客隨買隨賣、賺取價差，不消多久便腰纏萬貫。哈德遜海灣公司決定以抽籤方式，賣出在艾德蒙頓市中心持有的三千英畝土地時，抽籤的正式地點還沒宣布，就有一千二百二十八人排隊等候。「人潮從四面八方湧到，宛如蜂兒發現了開敞的蜂房一般，一到就坐著舊椅子、打釘子的小木桶、把水桶翻轉過來，或任何可以支撐他們尊臀的東西，死守著位置徹夜等候。」尼德里耶寫道。

不動產經紀人唯一要做的只有一件事，就是賣地拿錢。這時，柯恩戴起軟呢帽、粗壯的身軀穿起鬆垮垮的西裝，在街上拉客，邊走邊攤開地圖，鼓起如簧之舌大作買賣。「市內建築用地一次就能賺上二百五十塊，」他說：「我常常一天就能賣出四個分區，每星期總會有一、兩天所經手的買賣多達二十筆。」他兜攬客戶的手法益見精湛，就請芬奇讓他以分期付款方式出售分區土地。「我得特別注意的是，那些蠢蛋——我的意思是說買主——有沒有如數付款，否則我只抽到一半佣金。不過，這招挺管用，我平均每星期能賺到三百元。」即便這蠢蛋發現所買的土地不像廣告說的那麼好，拒付第二期款，柯恩也毫無損失。買者違約失去這塊地，柯恩可以再賣給在全國地產公司流連的鄉巴佬。

在艾德蒙頓，土地轉手的件數既多又快，仲介人有時只需花一塊錢取得買賣選擇權，再以一百元轉賣給買方。「地鯊」——「油嘴滑舌、昧著良心賣土地的寄生蟲」——逐錢味悠悠而行，隨時準備大開殺戒。「每間候客室門口，都有位瘦削、口沫橫飛、頰肉鬆垂、目光游移，以及一張不厚道的嘴的年輕人，不斷以刺耳的美國腔請你『入內一步，瞧瞧我們的企畫』。」英國詩人魯波．布魯克寫道。

很多地段位於郊區，但從掛在嵌板牆上的地圖來看，根本看不出是荒蕪之地。經紀人賣出的土地有時位在離最近排水道好幾哩遠的地方，既無道路，又無遮蔭之處。此外，他們還會以少報多，矇騙買主。「但實情往往是，」艾德蒙頓《日報》指出：「所謂美麗的郊區公園只是一片荒涼草原，舉目不見半間木屋，甚至小徑難通，遠離道路，跟城鎮邊緣隔著一大片曠野。」

仲介公司窗口掛著誘人但刻意誤導的圖畫，若有路人駐足觀看，就會有一個經紀人——串通好的假買客——邀路人一起去一瞧究竟，而仲介商會把車子開得飛快，藉以縮短城市和地皮間的距離。「若是可能的買主半信半疑，假買客就會跟經紀人同行。」《周末晚報》提到這招萬無一失的銷售技巧：「他跟準備投資的人坐在後座，公司代表則相陪，充當嚮導。車子到了現場後，假買客就扮起無私無偏的角色，說他走遍西部各大城市，沒見過能跟這塊地相提並論的。他一再表示，從公司出來的時候根本沒打算買，但最後還是選了兩、三塊地；有了這番示範，投資人便信以爲眞，認爲這筆買賣必定保險。」

有些不動產公司甚至在歐洲設立辦事處，把三流土地吹捧成黃金地段。全國地產公司總社設在卡加立，但在底特律、多倫多和溫尼伯都有辦事處，所賣的土地則遠及托菲爾德（Tofield）、阿大巴斯卡（Athabasca）、來達克（Leduc）、甘羅斯（Camrose）和亞伯大，在柯恩混過的薩克頓——這個「未來的西北大都會」——跟兩百六十餘家不動產公司競逐，同樣也生意興隆。全國地產公司在「大幹道太平洋鐵路」（Grand Trunk Pacific）車站預定地附近有很多筆土地推出，柯恩往往藉著探訪中國弟兄們的機會，爲公司帶來創紀錄的業績：「西部的中國人若要買不動產，一定會來跟我商量。」一九一二年，全加拿大最富有的中國人，就興沖沖買下柯恩建議的薩克頓二十四筆土地。

柯恩開始上班後不久，全國地產公司爲了應付增加的業務量，在第一街的八二七之二號開了一間辦事處，史丹利·薛帕德（Stanley Shepard）總裁親自從卡加立趕來主持，並在艾德蒙頓《首都報》上發布，由公司明星營業員「柯恩先生」負責這家新的分公司。柯恩是急遽竄昇的明日之星，他的營業座右銘是：「高、乾、平、好建築用地」，月薪二百元，外加每做成一筆買賣得一成二五的佣金。「我買了一個堅固的大保險箱來存放現金，還徵召了十名業務員，」他娓娓道來：「他們形形色色……有些是我所認識的浪蕩漢，我很擔心他們會利用爲我工作當藉口，規避遊手好閒的罪名，結果回去重操舊業。」柯恩對這些人的伎倆知之甚詳，事先訂下規矩，告訴手下的業務員，若想留下就得好好工作，「要是一天賣不出兩土地，我可不留人。」桌上的整筆、分區和農地銷售案一掃而空，柯恩一星期就進帳一千元，錢多得花不完，沒多久就攢了兩萬元，還以現金買了一枚鑽石戒指。

儘管不動產業務繁忙，他還是會抽時間從事夜間消遣活動：賭博。一九一二年五月三十一日，柯恩、莫力思・沙威（Morris Salway）、亞瑟・高奇（Arthur Gucci）、史班思・穆雷（Spence Murray）、約翰・錢諾唯（John Chenowith）等人，在卡隆賭館樓上玩撲克牌玩得不亦樂乎。警方監視卡隆賭館已經有一段時間，決定當晚去拜訪一下這家位於賈斯伯和納馬友人道的賭館。巡官約翰・賴特（John Wright）和詹姆士・甘寶，以及警官約翰・柏貝克（John Barbeck）、厄尼斯・西摩（Ernest Seymour）和李納・賴恩（Leonard Lang）前去扣門，門房誤把這幾個便衣警察當作又一票牌友迫不及待想上陣，便把大門打開。警察入內後打量一下大賭場的光景，「直到他們走近擺滿了賭金和紙牌的賭桌前，衆人才赫然發覺警察已登堂入室。」《每日公報》指出。麥爾斯（Myers）法官罰柯恩等賭客每人二十五元，卡隆則重罰一百元，並告訴他們「艾德蒙頓不需要他們」。

賭客嗤之以鼻。一個場子收了，總會有別的場子冒出來。一九一三年三月十五日，警方展開最大規模的逮捕行動，一舉查獲六十人——其中二十八人是中國人——在唐人街中心大玩明撲克（流行於二、三〇年代的撲克牌戲，先發面向上和向下各一張，再發面向上牌三次各一張，每次發牌後作拼賭，亦稱『沙蟹』）等各式賭博。「這是市警局值得紀念的一天，」《每日公報》報導說：「周末到周日二十四小時內逮捕這麼多人，堪稱空前。」

我的亞洲朋友

警方特別注意柯恩的亞洲朋友。一九○八到一九○九年間，約有一千五百名中國人抵加拿大，一九一○到一九一一年則有四千五百一十五名。到了一九一一年時，定居加拿大的中國人已有兩萬七千七百七十四人，其中一千七百八十七人住在亞伯大，而在艾德蒙頓的一百五十四人裡，只有四名女性。中國人聚居在第九十七街和一百零二街，大部分跟其他中國人一樣，靠當廚子、洗衣、在旅館工作和種菜維生，但新聞報導集中在中國人被捕事件和行爲不端，外加鴉片、痲瘋、天花和魔鬼崇拜等故事，助長讀者的偏見和恐懼。

中國人漸多，省方也開始加強限制。柯恩剛開始跟中國人交往的時候，薩省的中國人還不到一千人，但省方修改選舉法，剝奪中國人的選舉權；一九一二年，薩省禁止洗衣店、餐廳等等事業的華人老闆或經理雇用白人女性；一九一四年，安大略省立法當局起而傚尤。

柯恩來到艾德蒙頓之後，流連於茶樓酒肆，爲中國人斡旋說項。一九一二年八月，警方以賭博罪名逮捕他老友紀梅（May Gee，譯音），柯恩聯絡新聞界代爲辯護。

這時，同盟會改組爲國民黨（GMD），不久，英屬哥倫比亞、亞伯大和西部各大小華人社會均成立分會，稱「中國國民會」（Chinese National League），柯恩定期參加黨務會議，時時對各籌餉會捐贈五十到一百元。除此之外，柯恩更成爲情報交換中心，對中國事務著墨頗多的艾德蒙頓新聞界，不太了解這位出身倫敦東區、以賭博和炒地皮生意著稱的猶太人，但常請教他對中國事務的看法，稱「柯恩先生密切接觸此間中國人事務，對東方人的了解，在艾德蒙頓乃至加拿大西部地區，可謂無人能出其右」。有些甚至對他的出身背景編織出匪夷所思的故事，而其中絕大部分是出自柯恩本人的鼓動。有份報紙說他是：「極睿智的美洲人，久居中國，能操流利廣東話，乃是共濟會高級幹部……」

孫逸仙辭職，把民國大總統職位讓予袁世凱後，國事蜩螗。國民黨雖取得國民大會多數席次，但袁世凱乾綱獨斷，利用專制手段阻撓民族主義和民主制度，鞏固權位，打擊異己，甚至在一九一三年主謀暗殺國民黨主要發起人宋教仁。反對人士發動「二次革命」，事敗後，孫逸仙遁走日本，袁旋即宣布國民黨為非法政黨，解散國會，著手籌備帝制。

在中國事務上，柯恩除為孫逸仙宣傳之外，還有很多事讓他忙得不可開交。孫需訓練軍隊，派人至加拿大組織華僑，在溫哥華、薩克頓、來斯橋和維多利亞紛紛成立隊部，而在艾德蒙頓主其事的馬湘，乃是柯恩在國民會的朋友之一，出身廣東，父親馬浩修（Ma Houshu，譯音）即是溫哥華三合會領袖，馬祥協助召募五百名壯丁，施以思想教育和軍事訓練後派到中國，柯恩則在訓練上襄贊其事。「我在海斯職校所接受的雖只是基本軍事訓練，卻是頗為實用。我對怎麼帶兵也許所知不多，比起別人卻是勝過許多。」他自豪地說。

柯恩因為跟中國人時有往返，而見知於本市政治圈，甚至結識了自由黨的查爾斯・柯羅斯（Charles W. Cross），並在身為薩省首席察官的柯羅斯等多人推薦下，在一九一三年四月二十三日擔任移民管理局專員，協助中國人歸化事宜。

衣錦還鄉

一九一三年，全國地產公司要處分英屬哥倫比亞歐卡納根河谷（Okanagan Valley）大片土地，柯恩認爲這片果園地不失爲好投資，自己也買下幾筆。全國地產公司在布魯塞爾設有分公司，六月間，薛帕德找上柯恩，問他是否願到比利時招攬幾筆生意。「我不遑多想，腦海中唯有多年未見家人一念……而現在正是大好機會。」柯恩聯絡報社，宣布他即將動身前往英國，安排曼徹斯特新分公司，拓展最近在倫敦、巴黎、布魯塞爾及「歐陸各大中心」新辦事處的業務，接著便奔回位於第六街的新公寓，「第二天便收拾行囊，辦完交接後立即動身」。

柯恩返鄉之行跟一九〇五年出國時大不相同。當年他是不名譽地離開，身上穿的是募捐來的衣服，口袋裡只有五金鎊；如今，浪子衣錦還鄉，穿著光鮮，體重近二百磅，身懷一萬美元的信用狀。柯恩冒雨不告而突然回到安柏斯頓街，母親——如今已改爲較有英國味的名字，叫珍妮——一見他，頓時哭了起來。

一家人都爲柯恩脫胎換骨和功成名就而感到自豪。柯恩小時候身無長物，現在則是希望他所認識的人什麼都不缺，因此特別喜歡發禮物給小孩子。「他送我第一個洋娃娃，」他妹妹莎拉說：「小弟送我一輛脚踏車和玩偶。」約瑟夫把兒子帶出去炫耀一下，要他星期六一起到加農街路（Cannon Street Road）會堂禮拜，讀讀《摩西五書》。柯恩答應了。不過，他在加拿大期間既沒有時間，也沒有到猶太會堂，如今要禱告不免慌了手脚。此外，在家裡說的意地緒語或在海斯學校跟猶太學校所學的猶太話，在加拿大不太有機會派上用場，抑有進者，約瑟夫所參加的加農街會堂，是以唱詩班和學校著稱，一干吹毛求疵的人必然會特別注意這位從「新世界」來的訪客。「一想到這裡，我不免後悔答應得太快，我不懂祈禱文，也不會唸，眞不曉得該怎麼辦。」柯恩急中生智，趕忙找了一位表兄弟到史特朗宮飯店（Strand Palace Hotel），教他怎麼祈禱，然後在自己房間對著鏡子練習各種手勢和音調。星期六那天，他陪著一身長禮服和高禮帽的父親去做禮拜。「我站起身來，像在海斯上莎士比亞課的時候一樣，誇張地朗誦起來——他們看不慣，家父倒是喜出望外。」

柯恩跟老友重聚，重訪母校。艾利斯還在當校長，柯恩央請他答應讓他效法以前的羅斯柴爾德一般的贊助角色。以前的翹課學生，如今搖身一變成爲贊助人。這是柯恩一直豔羨的角色，現在他也帶著一票同學，到國王劇場消磨一個下午，之後又請他們喝茶和大吃一頓。衣錦還鄉的他，從以前的害群之馬變成全家守護天使。他不惜工本，把位於東區聖喬治街簡陋的家搬到特雷德加廣場，一處十九世紀喬治亞時代的繁華地帶，如今雖已略見式微，出現了幾家家庭工廠，畢竟比較明朗，房舍均爲磚造、石灰粉牆、鐵門，還有個中央公園、草坪，跟安柏斯頓街同類的鳥兒啁啾宛轉。柯恩家搬進位在公園東南角的七十四號，每一樓各有兩座壁爐，後院雖小卻也有幾棵綠樹。對柯恩家而言，這是相當大的改變，他父母喜不自勝。

柯恩繼續前往歐陸，一面跟美女鬼混，一面半哄半騙比利時人買幾塊果園地。

控告白人

他很快就回轉惴惴不安的艾德蒙頓。景氣雖仍看俏，卻已不太安定。加拿大經濟已出現疲軟跡象，信貸緊縮、利率高漲、不動產成長趨緩，業界知名的營業員群聚在柯恩常光顧的劉易士小館共商大計，希望藉由成立交易中心穩定不動產業。

一九一三年間，艾德蒙頓核發的建築許可僅爲前一年的三分之二。另一方面，移民持續湧進，使得就業更爲困難，收穫期結束和入冬鐵路工事停工時，幾百名工人湧到，艾德蒙頓的「遊民」人數大增，五月間，市府官員討論如何動員童子軍在空地植花栽木，以此掩飾建築工程遲滯的事實。市政府極力鼓舞人心，告訴市民緊縮未嘗不好，成長趨緩的現象很快就會過去。「況且，一、兩年前投機計畫因而大部分絕跡，最後只留下正派經營的好地段，這可說是極佳的轉捩點。」《每日公報》指出。

「全國地產公司」必須加緊促銷，因此，柯恩從英國回來後不久，便前往英屬哥倫比亞的芬尼（Ferne）礦區，瞧瞧是否能推銷幾筆位於薩省柯立治高原區（College heights）的土地。他在這有「加拿大芝加哥」之稱的新市，沿著電報電線桿羅列的街道而行，經過石造和磚造的新建築，八、九家旅館，以及容納了義大利人、波蘭人、俄羅斯人和當地妓院妓女如伯蘭琪・杜珀絲（Blanche Duboise）、拉露茜小姐（Mamie La Rush）等三教九流的寄宿公寓，直往華人區而去，開始向菜農和洗衣店老闆推銷。他告訴這些中國人，麋顎鎮這些土地可搶手得很，柯立治高原地段非買不可，日後鐵定價值暴漲。他連著在七月七日和八日這兩天，到黃良（Huang Liang，譯音）的洗衣站拜訪，說起他跟中國人的淵源，再三保證「電車直通」他所說的那塊地。柯恩說得煞有介事。收了洗衣店老闆五十元之後不久，轉到維多利亞街溫可旺（Kowong Wing，譯音）的店裡，又碰到黃良，以及朱寬（Zhu Kuan，譯音）和王來利（Wong Lally，譯音），不免再度鼓起如簧之舌。「柯恩極力向我推銷麋顎鎮柯立治高原的地段，」朱寬後來對警方回憶道：「他告訴我，柯立治高原距麋顎鎮只有一．七五哩路程，還說電車直通，正好穿過我那塊地。我聽這麼一說就付了六十二塊半給他，他開給我一張收據……我所以買下這塊地，是因爲他說他在摩顎鎮住過，我信以爲眞。」

儘管柯恩的淵源看來夾衣無縫，朱寬還是決定向芬尼商會打聽他新買的那塊地。商會打電報到麋顎鎮詢問，得到的答覆是，柯立治高原離車站三、四哩，「小麥田一望無際，舉目所見盡是農舍，往後二十年間沒有建自來水系統的可能」。好個弟兄義氣。朱寬立刻向警方告發，逮捕了柯恩。「我所以出此下策，是因爲我發覺這塊地不好……我覺得很痛心。」朱寬說。警方告發柯恩詐欺，法官卻以保釋結案。法院碰到白人對華人的案子，判決通常是對白人有利，儘管柯恩是對朱寬撒下漫天大謊，法官還是判個無罪開釋。

另闢生財之道

柯恩倉惶逃離芬尼，回到艾德蒙頓後，業務不振，他亟需另闢生財之道。他跟亞諾．亞伯拉姆（Arnold Abrams）、麥爾・夏皮洛（Myer Shapiro）、伯特・芬奇、伯思・華特（Percy Watt）這幾位朋友想出一招妙計。俱樂部許可證很難到手，何不開家社交俱樂部，再把執照賣給出價最高的人？這點子看來是輕而易舉。爲了要做這票生意，柯恩取得當地律師兼違警法庭代理法官喬治・梅西（George W. Massie）協助，由梅西草擬一份「東方俱樂部」章程，送到亞伯大省議會，結果在十月二十五日取得許可。柯恩跟這票朋友現在可以開俱樂部，還享有最高貸款一萬五千元，買地動工興建，但他們急著把許可證脫手。於是，在既沒有完成俱樂部的組織，也沒有申請賣酒執照的情況下，柯恩就開始放話：有意開設俱樂部者，只需三千元便可取得許可證和賣酒執照。

柯恩兜售執照的當兒，更麻煩的事兒正等著他。警方鑑於街頭遊民日衆，開始大力掃蕩騙子詐欺犯之流，每星期總會押著大約六名可疑人物到車站，並由隨行警官候著，確認這些人買了票上了火車。柯恩前科累累又屢施騙術，警方既已得知，當然也就把他列入「狠角色」的監視名單。十一月十五日，星期六晚上，柯恩在劉易士小館外頭流連時，馬開沃（W.B. McIvor）和柯隆寧（C.P. Kroning）兩位警官就在一旁盯著。他們實在盯得太緊了，柯恩很不高興。有一次，馬開沃甚至叫他走開。柯恩走上前去跟他們理論，他憤怒地上下揮著手，敢明了問他們何以來煩他，爲什麼要盯著他？馬開沃正待回答，柯恩就一拳朝他腦袋砸下，把他打得趴在地上，柯隆寧立刻上前揪住並逮捕柯恩。二十一日，法官判他襲警罪名確定，處以五十元罰款和支付訴訟費用。

幸好柯恩有一份還算正當的工作，警方才沒有把他送出城去。不過，老實掙錢過日子卻是越來越難了。榮景一過，「全國地產公司」也跟別的不動產公司一樣，很難把地皮推銷出去。商業用和住宅用建築放空，稅收銳減。拖欠市府稅款的情況日益嚴重。政府開始推動公共建設，安排失業者去鋪設及整平街道和人行道。

柯恩雖在農場和馬戲台待過，但靠體力勞動掙錢這檔子事吸引不了他。他仍然四處兜售他的俱樂部許可證。路易・克里斯汀森（Louis Christensen）和佟柏（I. Tunberg）聽說柯恩有許可證要賣，便到加斯伯街的女王旅館去找他，柯恩在這家旅館租了間有暖氣、電燈和浴室的房間，每天房錢一塊錢。克里斯汀森和佟伯約他在大廳見面，柯恩開價三千，他們說這價碼超出他們打算開設的「北歐俱樂部」預算，經一番交涉後殺到兩千五百元。一九一四年一月九日，他們到梅西的律師事務所付了五百元定金，言明尾款隨後付清。梅西告訴他們，檢察總長柯羅斯馬上批准這筆交易。一月中旬，梅西把東方俱樂部管理權和所有權轉移給兩人，克里斯汀森於是開出餘款支票給梅西，外加四百元買下梅西保證能弄到手的半年期賣酒執照。兩人接著便靜心等候柯羅斯批准執照讓渡。

執照買賣的消息流傳開來。二月二十三日，《每日公報》記者約瑟夫・柏吉斯（Joseph Burgees）到女王旅館找柯恩，自稱是「有錢的卡加立資本家」，有意買下他的執照。

「柯恩先生把公司設在女王旅館，次日傍照《公報》記者去拜訪時，他正在大廳裡，」柏吉斯寫到他們見面的情形：

「那位就是。」門房指著一位五短身裁，黝黑粗壯、正要出門散步的男子説道。柯恩先生是否可以撥冗幾分鐘略作商談？柯恩先生當然肯，他領著上了樓頂便往書桌走去。「有何見教？」他和顏悦色地問道，一面示意訪客坐下，自己也在書桌旁坐下。

「據我所知，你有俱樂部執照要出售。」一番寒暄過後，訪客説道。

柯恩先生定定地望著詢問者，隔了好一會兒才點點頭。「唔，這事兒有點曲折，我們還是擺明了説吧。卡加立有幾位資本家希望取得執照，在艾德蒙頓經營俱樂部，但鑑於最近各界反對俱樂部的聲浪，要取得新許可證已是相當不容易，你眞的願意處分現在擁有的證照利益？」

柯恩先生沈吟片刻，但見他眉頭深鎖，顯然是在琢磨究竟該怎麼處理和該怎麼回答。過了好一會兒，他説，「這兒有個問題，我並不認識你。恕我直言，我得先絕對確認你的身分，誠如你所知，這畢竟是件很棘手的事。」

「這個麼，」訪客答道：「我得跟主要投資人聯絡，才能透露他們的名字。他們雖希望取得俱樂部執照，但不希望因此被敲竹槓。你不妨開個價，我再轉告他們數目，他們若接受這個價，我自會説出他們的身分。不知這樣你可滿意？」

柯恩先生表示可行。「既然彼此有此諒解，我們倒是可以談談，」他説：「我握有一張已由省議會批准的俱樂部法人執照，有意出讓，而且已有意者前來洽談，我也收了對方的定金，不過，若是你這邊能談得攏，那邊倒是可以取消。」

「可是，」訪客不以爲然：「你既然收了定金，怎麼還跟能我談？」

「哦，那邊還沒有談得太深入，」柯恩先生忙不迭叫道：「我只是給對方口頭保證，但可以輕易取消。」

「你確定不會有法律糾紛？」

「不會，」推銷者回答道：「關於這一點，你可以放心。如果你決定要買的話，可以把錢送到律師事務所擺著，待執照確實轉移到你名下，事務所自會把款子交給我。這事一點也不難。」

「但我怎麼知道，你能給我什麼保證說你一定會把執照過户？」訪客再次表示異議：「這事兒可能有點麻煩，我可不願日後花錢去做法律談判，到頭來徒勞又毫無所得。」

「不必擔心，」柯恩先生答道：「我絕對保證一定會過户……只要柯羅斯先生在城裡，前一位也許早就成交了。我現在就只等他回來。」

「你打算多少錢轉手？」訪客問道。

「三千元，」柯恩先生說：「而且必須是現金。」

「一定會過户給你，」他再次説道：「這點請不必操心。」

柯恩送記者出來時再三叮嚀：「若是價碼合適，務請讓我知道。」

當天晚上八點，柏吉斯仍然以「卡加立資本家」的身分去找克里斯汀森。他在第一街上的歐汀咖啡店，坐在高脚椅上，正跟朋友在聊天。

克里斯汀森起初沒有要談的意思，但當柏吉斯提到柯恩的名字，「他立刻豎起耳朵，身體微微前傾，全神貫注」。柏吉斯說，他聽說克里斯汀森這筆生意還沒談成，柯恩也已向他開價三千元。克里斯汀斯立刻表示：「不可能，我已經付清了錢，如今開俱樂部已是萬事俱備。他沒告訴你我已經付清了錢嗎？」柏吉斯一副無辜狀，答稱聽說他只付了定金而已。克里斯汀森懊惱地反駁：「這筆交易已經談妥，現在只等過戶轉移而已。可惜柯羅斯先生不在，使得事情耽擱下來。這幾天我已經數度打電話到司法部打聽，他好像還沒回來。不過，還好他不會待在外頭永遠不來。」

柏吉斯繼續挖掘，前去找證照督察員愛德華·賈利森（Edward H. Garrison），賈利森否認，說他沒見過克里斯汀森，更沒聽過這筆交易。克里斯汀森按時打電話給梅西和柯羅斯，兩人一再保證隨時會過戶。隨時。

一樁不了了之的案子

艾德蒙頓百業蕭條，但有少數行業仍是景氣看俏——太俏了，地方官員看了不免覺得礙眼。中旬左右，警政署長曼維·布斯（Manville S. Booth）給阿福列·藍西（Alfred C. Lancey）下了張條子：「此爲命令，切莫等閒視之：第一街和加斯伯街的妓院娼館應即關閉。據我所知，這兩條街有二十四家妓院，若是貴屬下不知地點何在，把他們革職，找幾個照子亮一點的。」當晚，警方除臨檢兩家妓院外，還計畫掃蕩賭窟。

在此同時，柯恩仍然仗著靈巧手法，輕鬆裕如地抽出大滿貫和同花順。五月十七日早上，他跟幾百位牌友在第一街小賭。「賭馬的、餐廳老闆、旅館職員、賣黃牛票的、鐵路局員工、理髮的，以及艾德蒙頓各階層代表和地痞流氓齊聚一堂。」《每日公報》報導說。這家賭場由跟柯恩同時在一九一二年被捕的老友卡隆所經營，十四日開張營業。「擁擠的小房間裡擠進了將近兩百五十名賭客，像沙丁魚罐頭似的，在雷諾、金田和道森等城的金沙比現今的艾德蒙頓還要多的時候，那兒的正牌賭坊約莫也是如此光景。」《日報》報導說。屋內充滿嗆人的菸味，賭客爭先恐後擠到輪盤、法羅牌（Faro）、二十一點和骰子檯。「在其中一間房間裡，莊家低沈的聲音叫著數字、顏色，甚至單雙，小象牙球則落在他所選整的輪盤格子」《公報》報導：

> 轉到隔壁間，可以聽見骰子檯邊銀元叮噹響，有人尖聲喊著點數。再往第三間一瞧，可見正在進行的是法羅牌戲，緩緩抽動籌碼，沙沙作響，莊家咯咯地轉動預言紙牌落點的骰子。第四間，「二十一點王」聚集了一票同好，輸家滿臉頹喪，贏家的喜悅歡呼聲，爲這狂歡之夜憑添幾許生動氣象。
>
> 突然……有幾張生面孔悄悄走了進來。輪盤停下，小象牙球嘎嘎嘎從一格跳到另一格

之際，忽地有人伸手，抓起籌碼和賭金。

全場鴉雀無聲。衆賭客困若木雞，心知警方必然會「大事逮捕」。來的是柏貝克巡官、西摩警官和安魯（Robert Unruh）警官。有位賭客一動，衆人如響斯應，或跳窗，或用床單吊到窗外走脫。不過，大部分賭客都沒走遠。

警方倒是認得逮捕的幾人。柯恩是常客，當然少不了他。這一票人包括幾個以艾德蒙頓爲大本營的蒙大拿賭徒，每次被警方逮到，他們就都換個名字。奇怪的是，平常警方臨檢賭場和妓院時，習慣上是把一大票人帶上等在門口的警車，這次卻只把賭客扣在現場一個多小時，登記他們的名字——當然，大部分是化名——然後沒收了賭金，便留下賭博設備和道具走人。警察在二點三十分左右離開；三點鐘，賭場內又開始呼盧喝雉。

法院傳訊時很多人都沒有露面，柯恩因爲在艾德蒙頓的投資太大，於是便跟幾個人一起出庭應訊。根據《公報》報導，卡隆的律師亨利．麥其（Henry A. Mackie）「以多數人都是前來艾德蒙頓推銷賽馬並不是本地人的名目，請求法外開恩。因爲，他們所作所爲，乃是在別的地方准許的事，而且，他們小賭時很安靜，並沒有破壞安寧。此外，門戶洞開，人人都可以進出，可見他們並無隱瞞之意，也沒有騙人的意圖」。梅西法官不接受麥其的說詞。柯恩付了他這位朋友兼法官十元罰款，以及五十元訴訟費用，然後離開法院。

這次逮捕對賭博毫無影響。警方臨檢這家賭場，賭客便轉到別家，照樣「在沒有警方干擾下……大賭到夜半三更」，《日報》如此報導。布斯署長雖有心取締，妓女仍是公然拉客，有些報紙於是開始報導說，警方除收取妓院老闆的保護費之外，還以別的名目向妓女索取賄賂。《公報》以大標題指出：「淫風方炙，警方袖手」、「一千五百名不正經女子，全然無視風化法令；二百家銷魂窟生意鼎盛，未成年少女淪爲交易受害者。」

「月復一月，週復一週，」《公報》這篇文章指出：「本市夜不設防，門戶洞開，剛踏出監獄大門的大騙子，在此間經營賭場詐胡，生意興隆。明確證據顯示，妓院數量已然大增，據對此情況做過徹底調查的人士估計，這類高張豔幟的罪惡淵藪，在本市各區起碼有一百處。」兩、三百位「道德淪喪的人別無長處，只會靠這些可憐婦人女子維生……面對此種昭然若揭的情勢，警察局顯然無所作爲」。

記者在街頭梭巡，帶回了在十五分鐘裡被妓女拉客二十五次的報導。報上說，巡警雖有所見，但不理會「妓院娼館生意興隆，汽車來來往往，無數男女進進出出」，夜鶯「坐在娼館門前窗口附近公然拉客，有色人種女子在東區遊盪，專找酒醉男子下手」，抑有進者，正經艾德蒙頓市民一走錯「門」，便受盡騷擾無法脫身。這種失序情況對艾德蒙頓市是一大難堪，二十四日這一天，布斯署長下了一張措辭更嚴厲的條子，叫藍西局長辭職。藍西遵命走人。

警方不得不嚴格取締所有不法之徒。七月一日，柯隆寧和傅來恩警官（R. L. Fryant）逮捕柯恩，並以遊手好閒罪名，請這位知名賭徒和不受歡迎人物離開艾德蒙頓。這時，克里斯汀森也已等得不耐煩，控告柯恩蓄意詐欺，以出售俱樂部執照之名收取他金錢。警方再次逮捕柯恩，這次他由於籌措不到六千元鉅額保釋金而鋃鐺入獄。

本案初審前的公聽會時，柯恩的律師力陳，他並沒有答應給克里斯汀森賣酒執照。公聽會進行期間，漸漸添上幾許政治色彩。《每日公報》指梅西濫用法官響影力爲柯恩說項，《首都日報》則反駁說，梅西只是擔任柯恩的律師而已，公報的說詞顯然有構陷之嫌：「梅西先生是以柯恩代理人的身分，以正常方式代收後把錢交給柯恩，後來，梅西律師事務所職員收到克里斯汀森和柯恩所議定價錢的餘款，也依正常方式轉交給柯恩。」

這起由南區違警法庭喬治·唐恩（George F. Downes）法官主審的案子，每天登上報紙頭版。克里斯汀森賭咒說，梅西拖延三個月才把許可證交給他，而且，就他當初的了解，這兩千五百元價格裡就包括販酒執照在內，但在梅西另索四百元時他還是照付，因爲「他並不知情」。案子審理過程中，意外揭露記者柏吉斯在一九一二年時曾擔任警方的線民，提供證據供警方臨檢東區的妓女，不僅如此，他還以扣下證據爲由，向一位妓女勒索二十五元；因後面這樁罪名，他關了兩天。

至於梅西，他發誓只是擔任柯恩的律師，矢口否認曾跟克里斯汀森或佟柏說他已經取得或可以取得販酒執照。他只是表示會盡力爭取而已：「我告訴他，我不曉得他能不能拿到執照，但我會盡力而爲……柯恩先生是主事者，我只是擔任他的律師而已……我是後來才聽說，原先並不知道克里斯汀森付了錢給柯恩。此事並未與我磋商。據我所知，他是故意付這筆錢的。」

初審聽證時，唐恩法官判柯恩一千元保釋後還押，結果由柯恩的四位中國朋友和客戶代付這筆保釋金。「法官看到保釋人時，問道：『這些中國佬有一千元身價？』」《日報》報導說。「『我有七萬五千元身價，』」，其中一人說道，另一位說他約莫有一半身價，生活無虞，輪到彭原（Pon Yen，譯音）時，他說：『我在艾德蒙頓、卡加立、維多利、哥溫華、薩克頓都有地產，至於其他地方，我已記不得這麼多。』」

本案不了了之，一直沒有審判。

第九章　加入一次大戰

從卡加立到歐陸戰場，一九一四至一九一八

經濟持續衰微，加拿大人就業不易。「一九一四年進入另一個蕭條期，」多倫多的馬克・坦納（Mark Tanner）提到這段經濟蕭條期時說道：「當時我在車站工作，每天早上，大幹道鐵路公司和加拿大太平鐵路公司的貨運倉庫前大排長龍……人人都來找一天一元工錢的差事，把貨倉裡的貨物搬上貨運車廂和卡車。人潮與日俱增。」

柯恩前途黯淡。土地買賣停頓，「全國地產公司」陷入財務困境。因此，一九一四年六月二十八日，普林西普（Gavrilo Princip）在塞拉耶佛槍殺了費迪南大公夫妻之舉，對於柯恩和加拿大一千失業的人而言，時機是再好不過了。往後幾週，歐洲強權國家匆匆迎向第一次世界大戰。當英國向德意志宣戰的消息傳來艾德蒙頓，萬人空巷，各自揮舞著英國國旗和法國三色旗，樂隊演奏著「馬賽進行曲」和「不列顛治世」。艾德蒙頓《日報》報導：「法國人和俄羅斯人肩並

肩、手攜手，齊聲高唱國歌。」交通停頓，人人站在汽車和電車頂上觀看遊行行列，聆聽保證聖誕節之前必可得勝的演講，「沿途戶戶打開樓窗，女仕們在窗口鼓掌、揮舞手絹歡呼，愛國口號和歡呼傳到她們耳中時，有些人甚至陷入了歇斯底里……」

加拿大和不列顛國協其他會員國，都沒有應敵的準備，更不曉得初步行動之後，兩軍將會在從荷蘭到大西洋岸戰壕對峙四年之久。戰事初起時，加拿大役齡人口約爲一百五十萬人，但正規部隊只有陸軍三千一百一十名軍士和六百八十四匹馬，海軍三百人，是以民衆群起響應，使得國家領導人特別感到欣慰。英國出身者和失業者湧到徵兵處「盡本份」，有些人就像寇爾(John Kerr)兄弟一般，只在門上貼了張紙條：「戰爭不祥，但莊稼何爲？」便拋下亞伯大北部和平河區的家園從軍報國去也。

絕大多數人都是欣然從軍。「數千名失業者歡喜從軍，」多倫多的山姆·貝克曼(Sam Beckman)說：「他們有衣穿，有飯吃，有訓練營棲身，又可以自得其樂，生活總算有了點目標。」各大城市也給予從軍人士優渥福利，例如艾德蒙頓就優待軍人電車免費，從軍文職人員家屬半價，並對於付不起公共事業費用的軍屬提供補助。報紙社論和宗教界領袖倡言爲國而戰的必要性，「帝國兒女會」和「加拿大婦女會」之類的愛國團體，則發動募捐，爲軍人募集衣物。

沒有從軍的人被視爲不愛國的「逃兵」。女人家遞給穿著平民服飾的人白色羽毛，公開予以羞辱。「有了穿軍裝的人之後，出門可就相當惱人，一走上街，他們就會上前拍拍你肩膀，說『你爲什麼不從軍？』」來自多倫多區的馬丁·柯爾比(Martin Colby)說：「就算我告訴他們，我因得過猩紅熱而聽力不佳也不行……乖乖，他們簡直能逼得人生不如死。眞是折騰。」

既有的軍團不久便召募了數萬人。不到一年的光景，平民組成的新營部已經有七十一個，自動步槍連、砲兵連和自行車部隊等數十個；一九一五年之後，個人和團體都可以申請成立軍營，各地徵兵處如雨後春筍。亞伯大在戰爭初起時，就有四千人分屬各自願民兵團，到了一九一六年二月，艾德蒙頓更有三個不同的營部競相招兵買馬。

這些團體的訴求有很多是針對社會上的特殊族群，例如，有些作蘇格蘭高地人打扮，有些則專門召募美國人、義大利人、身高在五呎二（一五六公分）以下者，或滴酒不沾的人。組織「二一八海外部隊」（The 218th Overseas Battalion）的軍官則是特別青睞愛爾蘭人，自取「加拿大愛爾蘭衛隊」的綽號，在報上大登廣告：「加入他們，贏得光榮地位……你會置身在一群好伙伴中，因爲，典型的愛爾蘭人乃是履險如夷，笑對艱難，在爲人所不能爲中發揮所長。」這類訴求很有感染力。

二一八愛爾蘭部隊

一九一六年三月十日，有個從在美國水牛城街頭兜售報紙發跡，然後設立皮草交易站、申請開發石油，在亞伯大和平河地區發了財，外號就叫「和平河」的詹姆士·康沃爾（James Kennedy Cornwall）聞風而來。身高體壯的他立刻著手召募粗夯、歷經風霜的皮草獵獸人、伐木工人和北部出身的河平河人。到了四月間，康沃爾已官拜少校，不久更上層樓晉陞中校；七月六日，康沃爾指揮二一八部隊。

一九一六年，「全國地產公司」迫於景氣不佳，關閉了艾德蒙頓各辦事處，柯恩雖然自稱他當不動產仲介人每個月可以賺上六百元，實際上已經失業，大部分的收入都靠賭博而來。由於實在別無出路，也由於有必要做點愛國的事，以及對抗那些轟炸他倫敦老家附近的人，於是他也決定去「盡本分」，繼康沃爾之後參入愛爾蘭部隊。他不是勞動者出身，但一百八十七磅的粗壯身裁，加上腦袋上的幾道小疤，倒也符合康沃爾驃悍粗壯部隊的標準。二十七日，柯恩以代理中士的身分，加入一支由十四個國家移民組成的雜牌軍軍。二一八部隊人多語雜，營隊得找十六位通譯才能溝通。於是，能操克里語、契普旺語、多格里布語及數種愛斯基摩方言，並爲營內五十名印地安人翻譯的康沃爾，決定開辦英語班，以便手下都能了解他的命令。

愛爾蘭部隊裡，印地安人、俄羅斯人、猶太人和羅馬尼亞人等外國人偏多，不免招來惡意中傷，有些人甚至語多偏頗，稱這是一支紀律散漫的部隊。四月十四日，《公報》記者訪問位於第四街「加拿大聯合橡膠公司」用地內的營房，幫他們改善形象。這位記者指出，這六百八十五人是極優秀的團體，「營房內，士兵們的用具整整齊齊地排成一長排，井然有序……」裁縫店免費爲士兵量身定做制服，福利社販賣香菸、飲料及各類物品，還有一支銅管樂和鼓號樂隊。柯恩跟別的士官一起，每天參加講習，了解運用和濫用軍權及訓練的詳情。文章中指出，離開時「可見七、八個小隊接受不同階段的軍訓和講習。這小些小隊起先都是由豪邁的愛爾蘭新兵士官長柯恩調教，此人聲音洪亮，在鄰近街道車水馬龍聲中，仍可清晰聽見他的口令……」

不久，柯恩跟弟兄們帶著吉祥物，一隻從和平河帶來的黑熊「泰迪」，搬到「艾德蒙頓展覽」會場。「才到沒幾天，衛隊就習慣了新營區，」《公報》在月底的一篇報導中說：「軍官一陣忙亂……爲營部長官呈現出勁旅之家的面貌……一走進就見參謀室裡凡是有關營部業務、軍務和文書的資料，莫不井井有條」，柯恩和弟兄們分居六間寢室，「臥舖清潔乾爽，安排方式使得室通風既佳，空間又大。每張臥舖上整整齊齊堆著寢具和士兵的裝備，顯得整齊劃一」。柯恩跟別的士官操練士兵，數小時後，「官兵各有撞球檯，可以在撞球盡興一較長短」，不然就是基督教青年會（YMCA）休息及閱覽室，看看報章雜誌或書籍。

五月底，柯恩參加士官班講習，六月二十九日，他和二一八部隊萬名弟兄開拔到薩克里城（Sacree City）南邊的教練場，就在卡加立市郊，艾爾波河（Elbow River）北岸，是個木造建築所構成的臨時城鎮，已經有十幾個部隊在此紮營。二一八部隊選在一三七部隊和一一二部隊的對面搭起白色帳篷，帳篷間樹起石板牆，營房前方地面上擺著漆成白色的石頭，形成走道，入口處再以石頭精心砌出部隊編號。跟他們一起南行的泰迪熊，鏈在附近樹幹上。

軍士們早餐吃的是燕麥片、培根、馬鈴薯和咖啡，八點半全員在練兵場集合，全營兩百名軍官和士官點完名後，各自進行體育、刺槍、打靶和打旗號訓練。弟兄們每天扛出六、七百個「粉球」，亦即利用舊罐子、泥巴、黑色火藥和火藥棉製作的練習彈，是以營區東南方不時傳來隆隆爆炸聲。此外，每一營隊還得在一大片充作無人地的空地上作戰壕射擊，以及在一處倣效法國戰場的地方作衝鋒陷陣練習。十二點到下午兩點是午餐和午休時間，之後一直訓練到五點半，接著是漱洗或淋浴時間。晚餐到九點半「頭次熄燈號」期間，弟兄們可以做做運動，或是輕鬆坐在清涼夜風中天南地北閒聊；有些人也許會到附近山腰，在石頭上漆上自己部隊的番號；有些則到YMCA閱覽營，向收有上千本書籍的圖書館借本小說，不然就是到YMCA寫作營，免費利用那兒的文具和郵票。YMCA網羅全省各地的藝人，舉行音樂會、社交活動、宗教聚會、特技之夜、法語和德語研習班，提供點心，鼓勵弟兄們開立儲蓄帳戶。十點是「末次熄燈號」和「熄燈」時間，十點十五分以後，薩克里全區所能聽到的是，「哨兵巡邏的呼喝，以及值夜班的信號兵，在營地四周山腰上嘎嘎打著信號燈」。

戰爭初起時，卡加立警方得意洋洋宣布，市內犯罪率和遊民數降低，賭博的華人也銳減。六月間，卡加立《電訊新聞》(*News-Telegram*) 樂觀地指出，鑑於每週二上午的違警法庭已不見醉漢蹤跡，可見「在警方看來，酗酒已然成爲過去的違警問題」。警方希望，隨著七月一日制定的「亞伯大禁酒法」生效，可以進一步降低逮捕人數。加拿大跟南鄰美國一樣，有「基督徒禁酒婦女聯盟」、「自治領地徹底禁止酒品交易聯盟」等組織力倡「爲上帝、爲家和爲加拿大」而禁酒，積極推動禁止「魔鬼之酒」大業。他們確信，唯有透過禁酒，加拿大才能擺脫邪惡，改革社會，創造更虔敬的基督國度。費迪南大公夫婦遇刺後，禁酒派成功地把酒吧打爲國家敵人陰謀叛國的巢窟；他們宣稱，爲了保障軍人的健康並增加戰時生產力，加拿大必須禁酒，以此強行通過立法。不過，加拿大的情形也跟美國一樣，官方未能落實禁令，酒吧是關門了，私酒卻因此勃興；蒸餾酒流布，走私私酒者大發利市。在此同時，六月間原本心存希望的卡加立警方，到了七月，周遭住了一萬名口乾舌燥的士兵，手忙腳亂可想而知。庫迪局長唯一能做的是，盡可能設法應付問題，以及請求額外支援。

一場精彩的對話

柯恩的部隊開抵卡加立時，正碰到禁酒令生效。柯恩休假時或到薩克里城的「休閒彈子房」、「歡樂戲院」、「歡樂餐廳」、「薩克里射擊館」和「透納彈子房」，或是跟一干士官和士兵「行軍」八哩路，到卡加立市中心來點比較高尚的娛樂。「我跟姊姊凝神聽著一隊士兵接近的腳步聲，」作家傑克·畢奇（Jack Peach）提到戰時所見的寒傖部隊：「在燠熱的夏日晚上，他們會從西南方出現，經過我們的後巷往電車方向而去，瑪麗和我則提幾桶涼水，擺個長柄杓，放在後門，口乾舌燥的士兵頓時隊伍大亂，一會兒就喝得精光。我們稱這叫『奉茶軍人』，是一件極光榮而不願拱手讓人的差事，因為這些穿卡其制服的軍人太令欣賞了。」

每到星期六晚上，柯恩就會晃到卡加立，以他那每天一塊一的薪餉去喝點私酒、狂歡胡鬧，或欣賞卓別林的最新電影。他有時實在鬧得太兇了，不免又引起卡加立警方注意。七月十八日，他在「喬治國王」飯店的酒館自得其樂，約莫晚上十一點的時候，湯姆·透納（Tom Turner）和約瑟·卡魯瑟（Joseph Carruthers）兩位警官拿著逮捕狀，以口出穢言的罪名要逮捕他。柯恩面對警官大嚷大罵，質問他們意欲何為？為什麼老是纏著他？「柯恩激動若狂，把架子上的東西甩得滿地都是。」透納說，不僅如此，他還口出穢言，用上了他們未曾聽過的髒話。透納告訴柯恩，他有逮捕狀，但柯恩要看逮捕狀時，透納卻一口拒絕。柯恩兀自不死心，非要看不可。後來透納悻悻然拿出逮捕狀，柯恩看了一下，發現上面沒有法官簽字，便把逮捕狀撕掉，擲到透納臉上，然後舉起佩棍湊近透納臉孔，嚷著要戳爛他鼻子。這時，透納已不需要法官的逮捕狀，當場指控柯恩行爲不端和拒捕；他拾起撕爛的逮捕狀，在十一點五十五分就把柯恩拖到局裡扣押起來。後來，柯恩以二十五元保釋。

兩個星期後本案開審，柯恩的律師特威迪（Thomas M. Tweedie）力陳，警方在執行禁酒令上求功心切，不當地以柯恩和軍人爲標的，但這警官有所不知的是，柯恩在艾德蒙頓當過移民專員，可以一眼看出假文件，非一般士官可比。他起碼會看文件上有沒有法官簽字。特威迪要透納提出那份撕碎的逮捕狀時，透納再度支吾其詞，說他辦不到。特威迪於是指控透納捏造不實罪名，要脅他的當事人當警方的線民。

「你是否告訴柯恩，說你有個建議可以讓他賺點外快？」特威迪質問：「你是否告訴柯恩，說你掌握了他的前科紀錄，要他幫你找出幾家私酒店，否則就要向他的指揮官舉發，讓他丟了三條槓的差事？」

「沒有，」透納賭咒答稱他既沒有、也不會揑造罪名。「我絕對沒有。事實上，我從不曾動用線民辦案，庭上必然可以採信我的證詞。」

特威迪一聽，立刻阻止透納自稱無罪的聲明，翻開一本刑事案件檔案，問透納還記不記得雷克斯對馬梭（Rex vs. Marceau）的案子；在這宗案子裡，透納正是因爲揑造罪名，而遭貝克

(Nicholas D. Beck) 法官嚴厲申誡。

「若不是我到你事務所做免責權談話時提起，你絕不會想到這宗案子，」透納叫道。接著是柯恩出上台爲自己辯護，而根據《先鋒日報》說，這是一場「非常精彩的對話」。他自稱七月一日在喬治國王飯店時聽查理・貝爾說起，透納正在找他。

「因此我直接到局裡找透納，看看他找我有什麼事。我到局裡沒找到他，所以就把事情擱下，直到星期六晚上，我在飯店正要上電梯時，看見有人探頭進來，於是問電梯僮是什麼人。他告訴我，他是警官，叫透納。我立刻上前，要他給我個解釋。

「透納要我幫他在城裡找幾家『店』。」

「透納到底是怎麼跟你說的？」特威迪問道。

「唔，他說：『軍中生活還好吧？我想，當兵大概掙不了幾個錢。我倒是有個小小的建議，可以讓你賺筆外快。你只要舉發幾家賣私酒的地方就行，其餘的事我自然會辦。』我問他，他未免把我看得太卑鄙了吧，而且把想得出的髒話一股腦兒罵出來。他還告訴我，我若不依了他，他會向我的指揮官舉發我以前的記錄，讓我士官也當不成。在我回頭要找飯店職員談時，透納又極力矇混，叫我別不識相。我並沒有揚言要打人，但我承認確實是罵了他。我承認自己以前不是天使，但透納扯出我的舊帳，以此爲籌碼迫我做卑鄙的事（卻是不對的）。」

柯恩說，他可能眞的揮舞佩棍，但絕沒有眞要打人的意圖。

柯恩坦承自己犯過罪、行爲不端，也在亞伯特王子監獄待過一年，但在毆打艾德蒙頓警官這件事情上撒了謊，反而說艾德蒙頓的警察比他們卡加立的同僚好不了多少。「我落在他們卑鄙的技倆當中，當時的情形正如現在透納想構陷我一樣。當時我在艾德蒙頓一家俱樂部賭博被逮到，我也因爲他們跟透納一樣，要我幹同樣卑鄙的事，打爛了一名警察的鼻樑。這是實情。」

在柯恩的辯護庭上，有位叫史克拉格（A.W.C. Scragg）的保險經紀人出面作證，說他聽到柯恩在和透納爭執時，確實嚷道：「你未免把我看得太卑鄙了吧？」一個星期後，柯恩回到法庭，做《先鋒日報》所謂的「每週露面」。八月四日早上，市警局撤回告訴，違警法庭法官戴維森（Davidson）把柯恩當庭開釋。

軍人攻擊警察局

柯恩依然故我，逢到放假便盡情利用卡加立市所提供的娛樂。十月十一日這一天，「潘太吉劇院」預定推出演藝人員大會串，陣容包括「李歐-傑克森-梅」、「輪上奇技」、「韋伯與艾略特諧星」、普林羅斯跟他的「黑面七童」，以及著名的「蕾茜絲塔，不動如山！」等等節目。其中，蕾茜絲塔這個沒有人能移動分毫的嬌小女子，尤其叫座。有些人懷疑在她衣服下和舞台下暗藏磁鐵，才會沒人搬得動她。於是，蕾茜絲塔爲澄清謠言，也爲打廣告，便前往卡加立《先鋒日報》辦公室，由她的經紀人出面叫陣：「到機房去找最壯的漢子下來。」製板工人丹・麥法蘭

(Dan McFarlane) 上前揪住這位小女子，但即使是像他這樣每天搬動沈重鉛板壯漢，也動不了這只有九十八磅（四十四公斤）的女子。

報紙詳加報導。在柯恩看來，這跟他在倫敦所見頗爲相似，於是他也買了晚上八點開場秀的門票。然而，他註定無緣目睹。由於警方繼續逮捕酗酒士兵，就在開幕秀這天，警官透納和約翰·伯祿（John Burroughs）在一處空屋逮到五名士兵飲酒，均由戴維森法官判決違反禁酒令，各處五十元罰款，外加訴訟費用。這五人繳不起罰款，都被判監禁三十天。

柯恩跟薩克里的一干弟兄，本來就認定自己受到警方無謂騷擾，這樁判決更是過火。於是，在七點三十分，二一八和二一一等部隊便在火車店集結大批人馬，由柯恩這些士官整隊，分四路縱隊開往警察局而去，部署在第七街和兩側街道上。警方唯恐軍隊攻進四層樓的警察局，於是出來在門口圍成半圓形的警戒線。士兵直逼警方防線，衝著警察大叫大罵。透納識趣地留在局裡，士兵於是指名道姓地對他辱罵：「出來，透納！」「你爲什麼不從軍，透納？」

人行道上擠滿了百姓，有一批年輕女子大罵警方，指責他們「躲在地窖裡」。軍隊這方發表演講時，歡呼四起。有位班長呼籲民衆：「跟我們一起把這些人弄出來。這些是英勇的軍人，更是沒有犯過罪的好公民。他們甚至沒有被控酗酒。他們唯一的罪名是身上有酒味，這樣就把他們視同罪犯，判處三十天監禁。你們說這公道嗎？這些人自願爲你們而戰，有些甚至遠赴他國爲你們的親人而戰，難道他們活該受這種對待嗎？」

情況愈亂，柯恩愈是開心，叫得也愈兇。他大力鼓動唆使手下。柯恩在騷亂中大叫：「上啊，弟兄們！」警方緊張戒備的當兒，有人以石塊丟進窗內，局長庫迪慌忙安撫群衆，軍隊這一方則還以顏色：「你去死吧！」、「我們要被關的弟兄！」庫迪敞開嗓門解釋說，犯罪的士兵不在局內的牢裡。軍力派出六人小組，請求到局內和十六間牢房搜查，他也答應了。小組並沒有發現同袍。二二一部隊的士官坎貝爾（C.C. Campbell）於是打電話到「西北皇家騎警」營部，看看他們是否關在那邊，並向接電話的人說，他是在陸軍徵兵處打的電話。對方證實他們果然在那邊，外面頓時嘩然：「到騎警營部！」

暴動消息傳到薩克里，衆軍官匆匆趕進城，設法解散兵衆。憲兵司令喬治·瓊斯（George West Johns）中校央請衆人不要玷辱軍中同袍令譽，但聽者藐藐。約兩百名士兵軍舞著帽子和佩棍，邊吆喝邊唱歌，甚至吹起號角，在衆士官帶領下穿過第七街和第四街。行進途中，人愈聚愈多，尾隨在後的百姓和其他部隊的士兵鼓噪歡呼。到了騎警營部，瓊斯中校、二二一部隊的曼恩中尉和騎警，再次設法跟這些人講理，但只換來冷嘲熱諷。在這兒，指揮大局的是柯恩；他命手下行動。

「他們從四面八方湧來，」騎警隊巡官紐森（Newson）說：「放眼望去，只見營部和籬笆間擠滿了人潮……他們處於極亢奮狀態，顯然是鐵了心要救出我們所拘押的士兵……有一些人不斷叫嚷：『還我公道！』、『我們的同志在裡面，我們要解救他們！』他們拆了營部四周的圍籬和出入門扉衝了過來，有些以石頭和拆下的籬笆丟進窗櫺內。有位士兵叫道：『我們不要窗戶，我們要人！』」

「他們愈來愈惡劣，」士官長鄂文（T.H. Irvine）說：「他們拔下籬笆板，所到之處家具等等全被搗得稀爛，甚至連暖爐也拆下，根本拿他們沒辦法。破壞最大的都是些口操破英語的外國人。」他們大肆破壞之際，柯恩就站在街上指揮、吆喝和鼓舞手下，叫他們儘管出手。在柯恩等士官的命令下，他們破壞鋼琴、柯爾特左輪手槍、地毯、制服上衣和外套、馬刺、氈帽、椅子、小刀、凳子、文件、滅火器、庭園水管、留聲機、唱片、盆栽和花缽。他們下手毫不容情，搗毀的破爛便從已破的窗戶丟出去。他們大肆破壞的同時，一面叫著繫獄同志的名字，聚集在外頭的人則把破藤椅和塑膠水管拉到路邊放火燒。「比普魯士戰爭還慘烈！」一位大汗淋離的士兵拖著一張桌子到火堆，叫道。

警員賈曼（A. Gamman）聽說軍人攻擊騎警總部，立刻趕過來看看，一走近就聽槍聲響起；一等兵斐瑞利諾（Julio Peregrino）正待從營部的火警逃生口爬進去，忽地一槍射穿他左肩。兵士一看賈曼接近，便指是他射傷斐里利諾。「他們說要給我點顏色瞧瞧。」賈曼說：

六到八名士兵把我逼到街角，我聽到有人喊道：「是他開槍，是他開槍！」還幾個人隨聲附和，把我打倒在地；這時，我聽到有人大叫：「拿根棍子來，打死他！」我好不容易站起來……拔腿跑到西第三街街角，忽地有個士兵把我絆倒，然後幾名士兵一起壓上來，有人用棍子敲我腦袋，還有人搗我下顎，接著就亂棍猛敲我腦袋。有人把我扶起來，帶我到對街時，又有一人過來，猛踹我下體。到了對街，我倚著路邊的車子，開了車門進了後座；

兩、三位民衆擋開兵衆，這時，我聽見群衆另一端有人喊著說，不是我開的槍。

有些人從破壞行動中跑出來，徵求自願者幫忙搜集武器。於是，一票三到四十人的人馬帶著木棍、卡賓槍、一罐威士酒，往第八街而去，直奔艾希當五金店和馬丁運動用品店，大偷步槍、手槍和彈藥。在這裡，他們撞上了努特警官和一隊武裝警察。警方以警棍展開攻擊，擊潰士兵。

這時，厄尼斯・柯魯相克（Ernest A. Cruishack）准將和一干軍官已從薩克里趕到。他命令部隊回營，騎警則把造成這次騷動的五名繫獄士兵轉到來斯橋監獄。柯恩由努特警官逮捕後保釋。軍方列出一張暴動之夜沒有回營的名單，總計一百四十七名，這些人分屬十個部隊，其中第二一八部隊就有二十九人。各部隊軍官命令這些人列隊，由市警和騎警警官指認；士兵分組前進時，兀自辱罵騎警。柯恩一看見伍赫警佐和坎貝爾巡警便嗤之以鼻：「婊子養的，我跟你們還沒完！」一天下來，共有四名市警和兩名騎警指認柯恩積極參與亂鬥。結果，柯恩和八名士兵關進了禁閉室。

卡加立如釋重負

薩克里調查庭開審之際，華德巡官指認說，在暴動中看見柯恩的背影，聽見他的聲音。法官正盤問華德時，柯恩上前徵求法官准他問巡官幾個問題。法官准他所請。根據卡加立幾家報紙的報導，經過如下：

「你第一次聽到我的名字柯恩，是在什麼時候？」柯恩問華德：「你以前是否聽過我的名字？第一次聽見我的名字，跟這次暴動是否有關連？」

庭上阻止柯恩，指出「以前的事跟這次事故無關」。

「我正要指出跟本案的關連，」柯恩答道：「這跟本案有相當大的關係。」

庭上准他繼續質詢。

「你第一次聽見這次騷動中提到我的名字，是在什麼時候？」

「我沒說聽過你的名字，」華德說道：「我只說，我認得你的聲音，而你是在警局外集結人馬的人。」

「什麼原因——你憑什確信是我？」

「因爲你看起來像是在後面指揮的人，你的聲音聽起來也很耳熟。」

「不是剛才在外面聽見有人跟我打招呼『哈囉，柯恩』嗎？」

「不，我沒聽到。」

「你說他們是在什麼時候離開警局？」

「大概八點二十到三十分之間。」

「他們什麼時候到警局？」

「大概八點。」

「他們離開時是我在領頭……」

法官再次阻止柯恩：「不是你在主審，」他指出：「庭上會給你充分的機會就本案提出公允的問題。」

柯恩仍然想追問華德幾時聽他提到他的名字。「這時，」法庭速記員指出：「柯恩……對市警局大肆攻擊，庭上立加阻止，並警告他注意措詞方式。」

柯恩緊咬的不止是華德一人而已。十三日午後，他質問威廉・西蒙斯（William Symonds）警官。

「你知道我的名字？」

「沒錯。」

「你說你看到我——我的背影？」

「沒錯，我看到你在警局附近。」

「所謂騷動時，到底是什麼時候？」

「八、九點之間。」

「我在幹什麼？」

「我聽見你的聲音，也看到你的人。」

「我在做什麼？」

「跟別人一樣大叫『上啊，弟兄們』。」

其他證人也都指認說看見柯恩。伍赫一上證人席便指著柯恩叫道：「他好像是煽動的要角，不斷叫嚷『上啊，弟兄們』之類的話，但我不能說看見他接近警局大門。」他說，柯恩在「階梯上大嚷大叫」，坎貝爾則說「那個人是主要煽動者」，二一一部隊的曼恩中尉說他好像看到柯恩，一八七部隊的一等兵麥克道格也說：「他可說是領袖……是士兵裡的頭頭。」

柯恩在自己的供詞中矢口否認所有指控，杜撰了巧妙的不在場證明：「當晚我是到劇院，到第九街街角，到火車站正對面的藥店時就聽見號角響起，然後就有一票人列隊集合，我看了一眼就走開，進了喬治國王飯店……」

「你是否聽人談到什麼糾紛？」

「可想而知——我想他們是要去找一位叫湯姆．透納的人，修理他一頓。」

「何以見得？」

「因為他設計讓線民提供五名士兵一瓶威士忌，然後入人於罪——五個人喝一瓶威士忌，一個星期前，這位仁兄以酗酒罪名逮捕二一一部隊一位士兵時，我就聽說他還要再重施故技。結果，他被送上法庭，也定了罪，我還記得他被罰了十元。之後，這位湯姆．透納再次以持有禁酒罪名把他逮捕，害他又被罰了五十元。就我從街上所聽到的各種傳聞來看，這應該是這次爭端的原委。」

「你提到聽見號角聲，那時你人在何處？」

「在火車站正對面的中央街和第九街。」

「是誰吹的號？」

「不曉得，」柯恩答道：「我看見有一大票人在跑，但我只待了一秒鐘就走開，因爲我很清楚，要是我待在現場，肯定有人會陷害我。我跟這位湯姆・透納有過節，他以同樣的罪名逮捕過我，後來就絕口不提這回事。」

「你跟透納有過節。」

「是的。」

「號角響起後你去了哪裡？」

「我進了喬治國王飯店，但只待了不到一分鐘就轉到巴里瑟飯店，在那兒，我們二一八部隊的上校上前問我，是不是出了什麼事，我告訴他有大麻煩，他問我其中是否有二一八部隊的弟兄，我說沒看到。我只在那兒待了一秒鐘，告訴他我沒看見二一八部隊的弟兄。」

「你只待了一秒鐘，居然能告訴他……」

「我想你不該咬住我這一秒鐘，」柯恩頂回去：「別人有一、兩個小時的差距，你並沒有追究。」

「唔，根據你自己的陳述，你沒有時間確認那票人裡有些什麼人，但你向貴部隊上校的報告卻說，你們部隊的人不在裡面。」

「這個嘛，我是在他們整隊時看了一眼，我只看一眼，並沒有看到什麼人——事實上，我是不希望看到有隊上的弟兄。我不想待在現場，更不想捲入。我向上校報告後，上校也告訴我最好不要惹人注意。我剛好有張潘太吉劇場的入場劵，於是我就告訴他我要去看戲。我離開後蹓躂了一下，碰見柯雷格上校，跟他談了一會兒。」

「之後，你做什麼？」

「我大概又到喬治國王飯店，然後我可能到……」

「我要知道的是，你到底去了什麼地方——你總該有個去處。」

「不，我並沒有特別的去處，只是……」

「你一定到過什麼地方——你第一個進去的地方是哪裡？」

「唔，我下了電車後，就……」

「我是說你跟上校分手後到了哪裡？」

「我進了喬治國王飯店。」

「待了多久？」

「不太清楚，大概五到十分鐘吧。」

「接著你上哪兒去？」

「我去——那街名我不太熟，大概是第八街吧，就在過了巴里琵飯店的地方。我逛了幾分鐘，碰見一位在艾德蒙頓認識的女士，正跟她談話間，又碰見二一八部隊一名士官，便爲兩人引介。」

「這位士官叫什麼？」

「戴維士官。」

「我要知道你到過哪些地方，待了多久。你在街上待了多少時間？」

「整晚在街上的時間大概只有二十分鐘左右，後來我就到潘太吉劇場。」

「你是在開演前進場？」

「是的，還有一位總部的少校，他認得我，我倒是不認識他，不過，他是位醫生，就坐在我隔壁。」

「你一直待到終場？」

「是的。」

「你的座位號碼是？」

「第十排十一號。」

柯恩拿出票根當呈堂供證。

所有被控的士兵都跟他們這位士官看齊，設法證明自己根本不在暴動現場。有人說在理髮廳、圖書館、餐廳，一直到被警察逮捕，才知道有這麼回事。另一位說，他從八點到十點一直在攝影展會場，騷動之後經過現場，莫名其妙被逮捕。還有一位則堅稱，他在帝國飯店（Empire Hotel）跟幾位士官一起用餐。

人人都說，天色很暗，毫無所見。他們都不在現場。

二十七日，柯恩跟另外十幾位因暴動罪名接受戴維森法官傳訊。星期五早上開庭時，柯恩仍然自辯無罪。「二一八部隊的柯恩士官積極參與，是這些案件最有意思的一點，」《先鋒日報》報導說：「業經多人指認在暴動人群中的柯恩士官，如今正展開極艱難的交叉訊問。他步步爲營，顯示出他對法庭審理程序相當熟悉，他在提到檢方時，甚至用了『我博學的朋友』這種詞兒。不過，今天早上柯恩士官把大家嚇壞了，庫迪局長氣急敗壞，忙著拿嗅鹽提神，就連速記員也不禁屏息、趕忙查字典。柯恩士官交叉訊問西蒙斯警官。柯恩士官向庭上表示，他不想召證人，因爲別的證人分明都是騙子，個個都展現『堂皇的術語不正確性』。」

華德警官再上證人席時，柯恩便一口咬定他。卡加立《電訊新聞》指出：「柯恩士官以威嚴的口吻質問，證人席上的警官是否在數天前的薩克里公聽會上，證言認識他。他進一步質問證人，是否可以肯定地說，他在暴動現場認出質問人。

「華德警官答稱，他在薩克里的證詞與本庭大同小異，他那晚看見的那位士兵，背影和聲音都跟質問人柯恩士官相像。被告數度重複提問，警官的陳述則大同小異。」

檢方立刻發覺，若是證人都說只看見柯恩的背影，以及聲音聽來跟他很像，還不足以讓柯恩伏首認罪。戴維森法官鑑於證人陳述純屬間接證據，當庭開釋柯恩，但其他人可沒這麼幸運。戴維森判處被告十元至百元不等的罰款。

當天，柯恩跟二一八部隊回轉艾德蒙頓。卡加立市如釋重負。一九一七年一月，軍方把二一八部隊改編爲鐵道部隊，誠如督察長指出，「他們習於戶外勞動，應該很能適應建築工事」。二月八日，康沃爾發布命令，令二一八部隊所屬士官和兵員明晨九時到隊部報到，準備開拔歐洲。二一八部隊士兵興奮莫名，殺到市內十四家商店、餐廳和小吃店大鬧，權充出征前禮物，當晚他們回到營房時，第一〇一街碎玻璃遍地，但只有一等兵約翰・特倫修克（John Terentiuk）和約瑟・畢爾（Joseph Buiar）被控當街喧鬧，妨礙安寧，輕罰了事。次日午後，兩大車部隊開出車站，大批民眾歡呼送行。

轟炸中，淋病發作

柯恩跟二一八部隊東行至新斯科西亞的哈里法克斯（Halifax），在二月十六日登上「南地號」（Southland）。航行途中一路無事，亦不見敵軍潛水艇蹤影。二十七日晚上八點三十分，船隻開進英國埃薩克斯的普夫利（Purfleet）軍港後，二一八和二一一部隊合組成加拿大鐵道部隊第八營。柯恩指示軍隊出納員，從三月份起，每個月從薪餉中撥二十元寄回家。他常有休假，一放假就直接趕回特雷德加廣場探望家人。「這是我第一次返鄉。這次我官拜加拿大陸軍士官，十分自豪。」柯恩到處拜會親朋好友、跟父親在東區散步，甚至還到加農街會堂去做禮拜。此外，他也抽時間溜出特雷德加廣場，到東區找些老相好；四月六日這一天，柯恩就把部分薪餉花在這一位煙花女子身上。

他漫步於倫敦街頭，不免注意到家鄉情勢嚴峻。店名看起來有一點德文味道的舖子都會遭人丟石頭攻擊。基本物資不足，因此柯恩家也跟街坊鄰居一樣，盡量囤積，雞仔都小心關在後院裡。入夜後，特雷德加廣場和全市的路燈黯淡，家家戶戶拉上窗帘，讓德軍的齊伯林式轟炸機不易看清市容。一九一五年五月三十一日晚上，艾立・林納茲（Erich Linarz）上尉對倫敦展開第一次攻擊，在白教堂街、史特普尼街和特雷德加廣場一帶，投下一顆燃燒彈和炸彈。「倫敦一片火海，這番奇襲令我們甚感欣慰，」林納茲頗為自豪地提到這次七死三十五傷的攻擊：「探照燈和高射砲還來不及對準我們，我們已投下第一顆炸彈。」

其他炸彈紛紛從空中落下。一九一五年九月八日，四架飛船朝倫敦飛來。「我們大約在八千五百尺高空，投下前所未見的六六〇磅炸彈，」這次攻擊的副機師寫道：「雖然沒有命中預定標的，但可以看見一大片建築物和街道炸出大窟隆，碎片飛起來，幾乎要到我們飛船的高度。我們看得目瞪口呆的當兒，驀地有十幾盞探照燈照過來，把我們籠罩在光線中。在亮光中，我低頭一瞧，就見有黑幽幽的東西朝我們飛來。對方的高射砲彈飛來，離我們很近。

「我們把彈艙內剩下的炸藥一股腦朝火車站投下，鐵軌、枕木、車站和兩部巴士的碎片衝天飛起，再嘩啦啦落下，我們看在眼中甚是滿意。我們投下很多燃燒彈，底下街道火海處處，亮如白晝，因此我們看得很清楚。」

齊伯林式、哥德式轟炸機和飛船使得倫敦市驚恐莫名，為人父母者紛紛把子女送到城外親戚家。柯恩家除在後院蓋了間避難屋外，還常跟別的人家一起到地下鐵車站避難。轟炸尤其令約瑟夫・柯恩驚惶失措。「家父是很容易緊張的人，」柯恩的妹妹莎拉・李奇回憶道：「警報一響，德軍齊伯林轟炸機臨空時，他就跑到地鐵避難，我們也都跟著他跑。」

就在柯恩返家後不久，全家人到普利夫港來看他。班杰明・柯恩（Benjamin Cohen）對兄長的愛國情操特別感動，於是也決定從軍當個少年兵。第八營進行最後集訓，準備開往前線之際，軍部發下戰鬥裝備，並教導官兵如何應付毒氣攻擊。爲執行鐵道部隊任務，軍部發給第八營九輛四輪載貨馬車、八部福特牌貨車、十部摩托車、兩部陽光牌（Sunbeam）汽車、兩百六十頭騾子、十四馬、六十四輛馬車、四座野戰廚房、兩部水車和八輛脚踏車。

月底，部隊裡有人得了腮腺炎和痲疹，須作隔離治療，接著，柯恩也生了病。四月十三日，前一星期在倫敦風流所得到的淋病發作，使他初次感受到痛苦折騰。幸好，這種毛病在軍中習以爲常。「至於疾病問題，軍中進行定期檢查控制，」一等兵班・瓦格納（Ben Wagner）提到軍中提供的醫療時說：「一旦得了病，每天都得檢查……而且往往是公開的。可以這麼說，得到性病的人占全營約百分之五，但這些人立刻住院治療，不致有不良影響。」

柯恩因爲要接受治療，無法在四月十七日跟康沃爾和全營三十三名軍官、九百七十五名弟兄一起開往前線。此外，他也因此降級爲工兵。但最難堪的是，他得忍受長期而折騰人的盤尼西林治療。治療初期，醫生不許他下床，開出的伙食是牛奶和大麥湯之類的流體食物。醫生把導管和洗滌器插入他陰莖，每天以高錳酸鉀清洗尿道兩次。開始治療後不久，醫生就訓練他自行清理，腺體腫大時再幫他按摩，希望他不致發展成淋病性風濕炎。他輾轉各軍醫院接受治療，好不容易到了七月二十七日，醫生宣布他痊癒。

「我們在這裡做什麼?」

柯恩終於在九月八日到比利時跟同伴會合。他的部隊作戰地點在英國陣線北區，就在波普林赫、新英格來斯和普羅斯提附近，距離伊普雷斯不遠。柯恩抵達時，正是帕斯欽岱爾（Passchendaele）之役，又稱伊普雷斯第三次戰役開打後的一個月，此地從法蘭德斯平原微微隆起的小山丘，以前農人曾在這裡栽種蛇麻子、甜菜和玉米，如今則是泥巴田、林木四散和死亡之地；奇的是，夜鶯依然聲聲。這是一場僵持不下的戰爭，除了極少數挺進行動之外，敵人近在咫尺，軍隊長期處於驚恐狀態下。前線步兵生活在蜿蜒一哩寬、宛如迷宮般的戰壕裡。雙方寸土必爭。重砲撼動地面，石屋炸開，飄散空中，倉庫、果園和城鎮盡成廢墟。士兵陷在泥地裡，空氣中瀰漫著屍臭，氯氣攻擊時地面飄浮著黃灰色的濃煙，士兵慌忙戴上防毒面具，或用泡尿的手帕蒙住頭臉，以防毒氣滲入肺部和炙傷眼睛。

「初次上前線，我第一個驚恐的印象，是碰到踏板旁一小塊物事，」機槍軍團的少校韋德（George Wade）說道：

我經過時放眼一瞧，赫然看到一隻手抓著鐵軌——只見泥巴裡冒出一截沾滿泥巴的手腕和半截袖子，不見手的主人。再過去，每隔幾碼就有屍體，有些臉朝下趴在泥巴裡，有些從神情上看，顯然是拼盡餘力爬回鐵軌。有時可以看見地底汩汩冒出鮮血。舉目所見到處是死人——有個通信兵手上兀自抓著鳥籠，籠裡兩隻鴿子已然死掉，再過去一點，就在鐵軌邊上，躺著兩名擔架兵，擔架上是一死人……碰到死人只是鐵軌旁隆起一攤泥巴時，畢竟已經不成人樣，還不算太恐怖，最令人不忍目睹的是那些仰面死去的人，有些是眼睛不見了，有些嘴唇後翻，活像是骷髏，又好像是煞有趣味地瞅著你。幸好，很多死者的眼睛是闔上的。

在帕斯欽岱爾，德軍據守西面地勢較高，英軍緩緩在泥濘的平地向前挺進時，不免造成極大傷亡。邱吉爾稱帕斯欽岱爾之役爲「無謂浪擲英勇與生命」。由第八營所建設和維護的鐵路系統，運送著傷兵到野戰醫院、運水、彈藥和大砲、築路材料、據守戰壕內兵士的補給，以及大批軍士輾轉各地，依法蘭西思・麥克馬亨（Francis McMahn）中尉的說法，第八營「省卻了許多疲憊行軍」。由於敵人近在咫尺，鐵道部隊所使用的不是寬幅標準軌，而是用坦克狀的結實火車頭，以每小時十哩的速度在跟前線平行的輕軌上行駛，再以木軌支線連接各戰壕、砲陣、臨時堆積場和野戰急救站，有些暴露在敵軍視野下的路段，則改以較不顯眼的汽油曳引車、公路車、騾子和馬匹等運送彈藥等補給。

前線工事的確險象環生。有些路段必須一再整修。柯恩工作時必須穿越彈坑密布、倒鉤鐵絲網、廢棄戰壕的地面，在寒霧中以耙子、獨輪手推車、騾子馱拉的耙地機來整平路面和坑塹，並搭橋、舖碎石和建胸牆。地表由於缺乏礫質表土的緣故，泥土含水量甚高，必須從鄰近村鎮廢墟搬來碎磚塊，用作枕木下的地基，以防枕木下陷，若是找不到磚塊或石塊，就利用厚木板或鍍鋅鐵皮，若是連這也找不到，就只好湊合著用黏土。但是，他們再怎麼賣力，鐵軌和火車頭仍舊不免陷入泥淖中。

到了十月份，康沃爾手下弟兄已經築了一百五十哩長的鐵路。十月雨季，馬匹和推車陷入泥濘中，工作起來尤其吃力；柯恩和弟兄們把彈坑裡的水舀出來，再豎起涵洞，以便在泥巴地上舖設鐵軌。「在步兵通過後立刻舖設鐵軌，這工程極其艱難，特別是在惡劣天候下進行時，不是身歷其境的人無法體會箇中艱辛。」麥克馬亨寫道：

地面可說是一大片彈坑，而且多半充滿雨水，泥濘狀態難以形容……我們要舖設鐵軌的地面，原本就被炸得百孔千瘡，再加上連日豪雨，情況極為惡劣。數百頭死騾死馬四處棄置，敵軍的屍體、馬車、槍枝、彈藥和各種器材，都全埋或半埋在泥濘中。我還看見一輛坦克動彈不得……工事常因敵砲而停頓，衆人紛紛找尋掩蔽，等待德軍改變攻擊方向。往往一等就是好幾個小時。事實上，因為德軍往往持續定點攻擊好幾個星期，有時候整條路線都得放棄。

另外，由於德軍砲擊的方式有規則可尋，時間是每隔十二小時砲轟一次，習慣了之後就可以知道敵軍砲火什麼時候會來，會從什麼方向過來。但敵軍這一套用了幾天之後，會出奇不意改變戰術，因此你必須時時提高警覺。鐵路常被砲火炸壞，必須隨時整修；有時一天就得修上五十次，必須日夜開工。

有時，爲了不被敵軍發現，往往必須在夜裡或濃霧陰霾的白天進行，這時就得特別注意空中探照燈陡亮，別被異常閃光暴露方位，否則德軍一聽見或看見他們，必然是一陣大砲或機槍掃射。他們只好四散找尋掩蔽。「你得躺在地上，」第九營自行車部隊一等兵貝爾說：「地上有坑就把腦袋鑽進去。地上也許有彈坑，也許沒有，但你最好緊貼地面，否則敵軍一掃射起來是很恐怖的，簡直令人有此生已矣之感。子彈咻咻飛過身邊，你可以聽見破空之聲，若是砲彈的話，一片碎片就能把你割成兩半。」

前線部隊可以躲在浸水戰壕的沙包後面，在後方的加拿大鐵道部隊，住的是帳篷和很容易傾倒的木屋。儘管是在後方，還是得特別小心，以免被敵機發現。連波普林赫附近城鎮也遭受榴霰彈和毒氣彈攻擊。「晚上睡覺也大意不得，必須拉緊窗內以免透出燈光，」康沃爾寫道：「不然，德軍的老母雞就會到你屋頂上下蛋。」

到處是慘不忍睹的景象，誠如詩人威爾福・歐文（Wilfred Owen）在〈暴露〉（Exposure）一詩中所描寫的：

無情東風冷如刀，頭痛欲裂……
夜太靜，我們疍倦卻得保持清醒……
燃燒彈低垂，攪亂方位，不記要塞凸角……

靜夜攪人，哨兵吹哨，猜疑、緊張，
毫無異狀。
當心，我們聽見狂風猛吹電線，
猶如士在野薔薇間抽搐悲鳴。
北面砲火閃閃，隆隆之聲不絕，
隱約，宛如風聞另一場戰爭。
我們在這裡做什麼？

柯恩不得不前往風冷如刀的地方。第八營許多弟兄在工作中受傷或殉職。九月十七日，工兵紀曼左手被轟掉，就揷在他頭顱底部；十月十日，下士勞德在清除落在戰壕內的迫擊砲彈時，炸掉了左手兩根手指；十月二十一日，克里佛在交戰中喪生；十月二十七日，空中掃射射穿工兵柯羅米奇的肩膀，打斷他左臂。

十一月初，加拿大部隊終於抵達了只剩斷垣殘瓦的帕斯欽岱爾。不到五哩的路程，花了他們九十九天。六十個小時之後，輕軌鐵道送來了貯備物品，運走傷兵。

前線的生活

柯恩除了要跟德軍搏鬥，還得對付不斷來襲的蝨子。他用盡所有辦法想擺脫蝨子大軍，諸如抖抖襯衫、灑殺蟲劑、用蠟燭薰衣服的接縫等等。「牠們爬滿你全身，無處不在，你只有跟牠們一起長蝨子的份。」鐵道部隊的華利・羅斯（Wally Ross）說道。比蝨子更厲害的是，鼠輩橫行，到處啃食腐屍，衆人只得以木板或無煙火藥遮住老鼠洞，對付這些貪得無饜的嚙齒類動物。

軍方把波普林赫煉糖廠改成除蝨站，軍隊開拔到前線之前，可以在這裡及另外少數地方洗個澡。不過，設備極爲不足，士兵也許得等上幾個星期才能清洗一番。有時軍官會命人挖個大水坑，讓手下聊以清洗。

衆人閒暇時間不是聊天，就是拉拉小提琴和吹口琴。星期天時，第八營的棒球隊足球隊常跟別的鐵道部隊、美軍和蘇格蘭部隊比賽。第八營的棒球隊不弱，擊敗所有客隊，一直打到鐵道部隊準決賽，才敗在第六營手下。加拿大和美國的巡迴樂團偶爾也會來這裡表演。

柯恩攢了幾法郎時，就會到波普林赫或附近村莊「休息」，吃點東西以補充平日光吃醃牛肉、麵包、餅乾、茶和果醬這類固定口糧之不足；聽聽音樂，或觀賞一下月旦人物的時事諷刺劇；在眞正的床舖睡上一覺。他跟一干士兵擠滿了各餐館，唱歌，大吃蛋、洋芋片、甜點，大喝一瓶一法郎的白酒，或呷杯咖啡。「我們常到波普林赫的聯軍餐廳，」步槍旅第十二營的沃瑞爾（W. Worrell）回憶道：「那地方極受歡迎，因爲那裡有位演奏手風琴的瘦小男子，從軍隊各路人馬學會各式曲子，有些還相當悅耳。」

有些人並沒有好好利用休假時間，譬如柯恩就常留在營裡，奉陪一些興致勃勃的賭棍。打牌在軍中風行一時，軍官雖期期以爲不可，但士兵們只要一得空就拿出髒兮兮、已經起毛邊的紙牌，玩起撲克、橋牌或惠斯特牌（一種由四人分兩組對打的牌戲，是橋牌的濫觴）。不打牌的時候，士兵甚至拿蝨子賽跑來下注。

聖誕節時，康沃爾安排了大餐和鬥雞的餘興節目，盡量弄出點歡樂的氣氛。「士兵在鄉間大搜鬥雞」，以及其他能找到或弄到手的材料。搜來的雞就養在倉庫附近的雞籠裡，「讓牠們天天大眼瞪小眼，培養牠們的鬥志」。營部安排了賭局，並由韓利少校處理賭注和分紅，結果當然是「對提昇當地酒坊的收入大有助益」。康沃爾稱柯恩是「全營偷竊大行家」，可見柯恩必然是背回好幾袋的「贓物」。輕量級拳手出身的路易斯「小子」・史卡勒，六月間在梅西納（Messines）德軍地窖發現林白牌乳酪，這時也提供出來。其他人各自貢獻「高品質的肉品，平均每人分到一又四分之一磅（約五五〇公克）」。聖誕節這一天，他們大啖李子布丁、蘭姆酒蛋捲、花椰菜、烤馬鈴薯和碎肉餡加濃醬。

柯恩營裡的弟兄，有些住在攻占的德軍地窖裡過冬，找個棲身之所。「在若干最堅固的地窖內休息，因爲，我手下弟兄畢竟得在最前線生活。」康沃爾寫道：「有些印地安混血的弟兄，便發揮非洲叢林族的本能，就在我們攻占的叢林裡架起長屋、加上泥塑壁爐過冬……他們在木屋外架了十五層木頭，外加鐵軌，連砲彈也會彈開，而且，他們得其所哉，非常開心。我們有很多讀物，前線後方還有電影，地窖間有便道相通。」

華人在歐戰裡

戰爭期間，在法國、英國、埃及、巴勒斯坦、美索不達米亞和法屬殖民地做苦力的華人，共約十九萬人，他們跟印地安人、埃及人、斐濟人和因信仰而拒絕參戰者一起，舖設鐵道、建設道路、搬土、挖土築壘、伐木，在礦場、工廠和坦克工廠工作，維修大砲、修理卡車和摩托車。「他們力大無窮，」英國首相勞合・喬治（David Lloyd George）曾說：「中國人扛起一大塊木頭，或一大捆重三、四英擔（一英擔爲四十三・五六公斤）的波狀鐵皮，好像拎著幾塊石頭似的行若無事，是常見的景象！」

英軍轄下有一百九十個勞動班，在八月底時屬第八營管理的中國人起先有一百七十餘名。這些華人協助他們舖設從海德堡公園角，經普羅斯提林地（Ploegsteert Wood）到死馬角（Dead Horse Corner）之間的一大段鐵道。他們汲乾沼澤區，清除巨木、拓寬並加深大排水溝。聖誕節過後，有一隊華人協助第八營清除管線，一九一八年一月初，暴雨沖走鐵軌，約有一哩路段泡水，第八營和附屬的華人便進行強化橋梁和整建枕木的工事。一月五日，柯恩晉陞爲代理下士，約莫在這個時候，他開始跟中國人一起工作。「這些人跟我在加拿大認識的中國人不一樣。我在加國遇見的中國人（除了少數富商之外），是廚子、洗衣店老闆、小店舖老闆等等，不是有點手藝，就是做點小生意，多少有點家當。現在這些人則是一般苦力，目不識丁，沒有手藝在身，全然無知。不過，我知道該怎麼做，也知道怎麼針對他們的個人利害下手。中國人跟我們一樣不喜歡工作，但若能讓他明白工作有什麼好處，他會比任何人都賣力。」

軍方很快就得知，只要設定特別任務，中國人比誰都快完工。之後，很多中國人便分派到「件工」的工作，每完工一次就有一天假。「他們孜孜矻矻，下午四點一過就完工，」柯恩說道：「他們開心，工程師也開心。事實上，人人都開心。」

中國工人在藍色棉衫和長褲外，罩一件褐色長衫，而依克萊恩少尉的說法，很多中國人都是「在砲火聲中、敵機當頭之際工作，可說是在鬼門關上打轉」。德軍挺進時，他們往往陷在戰陣中，有個中國勞動班就有兩人因英勇過人，獲頒「英國傑出服務獎章」。中國人以十字鎬和圓鍬對抗德軍的場面整處可見。「在比卡地（Picardy）一次最慘烈的戰鬥中，有位英國軍官轄下的中國勞動班，困在突然挺進的敵軍陣中，且遭受敵軍毒氣攻擊，但這些苦力在大敵當強之際仍圍在他身旁，以簡陋的武器禦敵，一直到援軍趕到。」吉克里耶斯中尉寫道。單在法國加來（Calais）一地，就有兩千到三千名中國人死於敵軍轟炸。中國人辛勞，每天工作十小時掙一法郎，外加伙食、衣物、香菸，出征時另有二十元補貼，以及每個月十元匯回中國老家。軍中不鼓勵西方人和東西人建立袍澤情誼，因此中國工人另住一區，四十幾個人擠在一間木屋裡，閑暇時以賭博、拔河、打拳、打棒球和唱戲演戲打發時間。

柯恩是少數不介意跟中國人一起工作的人之一。同僚對待中國工人的方式尤其令他震驚莫名。「他們不曉得怎麼跟中國人交往，而且往往形諸於顏色，有些大發脾氣，有些作威作福，有些則是驚惶失措」。士官對待中國工人十分粗暴，他們不懂中國話，只管把手下中國工人稱作「清國奴」。「軍官之間甚至比賽誰責打『怠工者』的背、腿、脚脛、腦門所打斷的佩棍比較多，」克萊恩寫道。英國人嚷著「我們走！」(let's go) 時，有些中國人覺得特別刺耳，因爲這句話聽起來跟中國話的「狗」頗爲相近。結果自是事故頻生。「重要的話在雙方聽來都馬耳東風，誤解與日俱增，」吉克里耶斯寫道：「攻擊乃至暴動發生的頻率極爲驚人……」爲緩和日益緊張的情勢，聯軍在一九一八年引進基督教青年會，組織棋藝社、辦講習、放電影、組戲劇社、發行中文報紙，讓中國人覺得自己比較受到重視。

最莫名其妙的下顎痙攣

經歷卡加立和艾德蒙頓逞強鬥狠之後，第八營的紀律已沒有太大問題，唯一一次眞正的暴動發生在一九一八年年初，俄羅斯人得悉俄德停火，以及隨後雙方簽署布列斯特—李托夫斯克和約 (Treaty of Brest-Litovsk)，俄軍退出戰場之後拒絕工作。「布爾什維克主義是否已在第八營俄籍人員間生根不得而知，但可以確切地說，極少數拒絕勤務的俄籍人員，因抗命送交軍法懲處後，抗命情事便絕跡，」鐵道部隊參謀官宜安・麥肯濟 (Ian MacKenzie) 寫道。

二月間，可能是因淋病後遺症使然，柯恩下顎右關節發展成風濕炎，一用力就疼痛難當，使得他苦不堪言。他不久就喪失嘴巴局部功能，多說點話就腫脹起來，益發疼痛難當。醫生指出，稍有刺激便會引起抽搐，造成「下顎最莫名其妙的痙攣」。起先只是每隔一星期左右發作一次，每次持續兩、三天；不發作時，可以張嘴到五公分左右才會疼痛，發作起來則只能張到一公分半。咀嚼極不自在，只得靠剁碎鬆軟的食物糊口。天氣變化時對他影響尤其大。

三月初，柯恩放了兩星期的假，回轉英國。這時，他家人已在一九一七年九月德機空襲後搬到曼徹斯特親戚家。「一枚榴霰彈落在我家後院。我們有間夏日別墅，整片牆倒在地上，」柯恩的妹妹莉亞·庫柏（Leah Cooper）憶起特雷德加廣場屋後那間小屋損壞的情形：「是我們自己軍隊的高射砲彈……事後我們一直沒住那間屋子。」

三月中旬，柯恩回到部隊，正逢德軍展開大攻勢。一九一八年四月，德軍開始朝第八營挺進，營部不得不從史丁沃克到普羅斯提林地、威茲契特和梅西納到伊普雷斯之間的防線撤退。德軍勢如破竹，所到之處，電信系統和輕軌鐵道盡遭破壞。聯軍撤退的當兒，柯恩跟同伴們用一種類似犁具的工具，把鐵軌撬起後予以破壞，帶走基地的車床和研磨機，把榴彈砲搬上卡車。總計撤守前共拆下了一百八十九個輕軌蒸汽火車頭、一百三十六部曳引車的重要零件，把兩千輛馬車付之一炬。

軍隊撤退期間，到處搜刮糧食和物資。有一天，柯恩跟弟兄們經過一間廢棄的倉庫時，看見鐵道旁有間豬舍，裡面有三隻小豬仔，「大小正合烤乳豬，而我又已久不知肉味。」他說。柯恩停下火車，翻過籬笆，割斷豬仔喉嚨，還順手牽羊帶走屋內的留聲機和幾張唱盤。全員大快朵頤。

大快朵頤之餘，柯恩的下顎卻越發疼得厲害。他早該知道，不該貪吃嚼不爛的非淨食。六月中旬，他離開部隊前去治療。六月二十一日，他住進伯明罕的南區綜合醫院，之後又輾轉各醫院接受臉部按摩治療，到了八月，醫生把他嘴巴固定起來。「矯正下巴是件急不得的事，」柯恩說道：「我接受電療，腦袋綁著夾板以防我動嘴，還得吃他們所謂的流體食物。在我看來，根本不算是流體。」他上了一個月的夾板，連放短假時也不例外。好不容易卸下夾板時，他下巴顯然已好多了。

十月二十五日，他出院後被派到西福特（Seaford）基地。十一月十一日宣布停戰，戰爭結束，柯恩在十一月二十日便不假外出。「在我看來，我的從軍期是戰爭期間，槍聲一停，我的契約便滿期。」於是，他「動身到大城市，看看五光十色，我身上有點錢，還跟同伴借了點。我不假外出兩個星期，大吃大喝一頓。至於『流體食物』，我倒是整桶整桶的喝。」十二月一日，柯恩在狂歡近兩個星期之後回到基地，軍隊扣了他十二天的薪餉，三天後降級為工兵。十二月十七日，他再次不假外出三天，又被扣了八天薪餉。

他實在等不及想走人了。

第十章　戰後，前途黯淡

艾德蒙頓，一九一九至一九二二

一九一九年一月五日，桀驁不馴的工兵柯恩被調到威爾斯的金默公園（Kinmel Park）。這一帶有小軍營、軍官餐廳、劇場、電影院、救世軍和基督教青年會組織等二十來個處所，不是很自在的地方。士兵老是抱怨伙食不佳、木屋難以禦寒、薪餉滯發，而油料、毯子和沐浴設備都不足。最要緊的是，柯恩這些人只想回家。然而，要把兵員送回家卻是困難重重。這時節，加拿大只剩哈里法克斯和聖約翰（St. John）兩個港口沒有結冰。這些士兵在前線渡過漫漫風雪，根本聽不進港口冰封的理由，因此，小規模暴動、騷動和攻擊事故幾乎無日無之。

柯恩常搭著窄軌火車到附近的萊爾（Ryle）渡假和胡鬧。一月底，他因行爲不檢被關了四天禁閉，外帶扣五天薪餉。因此，二月一日部隊離開利物浦，搭上「卡馬尼亞號」（Carmania），柯恩簡直如釋重負。二月七日，柯恩一抵達加拿大便得意洋洋通知艾德蒙頓，他回來了。駐紮安大略時，柯恩「士官」拍封電報給他朋友克拉克（Joseph Clark）市長：「本人打贏了戰爭，正與衆家英雄榮歸。」克拉克市長把電報拿給艾德蒙頓《日報》看，而《日報》很快就登了一篇關於鐵道工兵部隊歸國的小報導和比平常花俏的內容：「當年，二一八愛爾蘭衛隊的莫里斯・亞伯拉罕・柯恩自稱精明過人，以英勇士官身分領軍出征，使得無數女仕為之芳心寸斷。開心吧，女仕們，士官歸來也。」

次週，全市慶祝英雄凱旋。「火車一進艾德蒙頓……旗幟翻風、樂聲悠揚。市長、鐵路公司代表和全市有頭有臉的人物，齊聚於鋪了紅地毯的台上歡迎我們……」柯恩說道。他和若干同袍參加了在「大戰退伍軍人協會」會堂舉行的接待會。午餐會後，柯恩在加斯伯街和第一〇一街的塞爾寇克旅館（Selkirk Hotel）租了間房：本旅館的每個房間皆有冷熱自來水和電話，一天只需一塊五毛錢。然後就到唐人街探望亞洲老友。「英雄凱旋的第一夜，唐人街大事慶祝，」《日報》報導這位中國之友返鄉的盛況：「莫里斯再次當起這些眼尾上吊、經營洗衣店、雜碎餐廳和小吃店的小個子們的朋友兼顧問。」

承平日子難以適應

大戰退伍軍人往往很難調適承平生活，很多人在征戰多年之後頓覺茫然失措。李察・米爾斯（Richard Mills）提到自己返鄉的感受：「我有魚兒離水之感，在軍中生活近四年……感覺怪怪的。」柯恩也有這種頓失所倚之感。三月十七日，陸軍以「健康不宜」為由讓他光榮退伍。

「歡樂過後，我跟許多人一樣，坐下來沈吟下一步該怎麼辦……戰爭多少打亂了我的步調，我得再爲自己找個新生計，但究竟有什麼新生計我卻是毫無頭緒。我檢查一下自己的家當，倒是多得出乎我想像之外。我銀行還有點存款，又有退伍金，還賣掉了那只以前頗爲自豪的四克拉鑽戒……所以，我決定再觀望一陣子。」

經濟依然不景氣，這四百二十元退休金和賣戒指所得，可說來得正是時候。熙來攘往的艾德蒙頓街道，原本是他拉著興沖沖的投資客走過蓬勃建築工地的地方，如今空地處處。「全國地產公司」已經關門，薛帕德兄弟轉到美國德州探勘石油。穀物歉收和小麥價格偏低，使得有些農民放棄農地。戰爭結束，軍火工廠無用武之地，數十萬名火藥工人失業。

柯恩最擅長的是賣地產，因此，他在一〇一街和一〇〇街之間的加里比耶大樓三樓開了一家辦事處，有三個寬敞的房間、寫字檯、電話、桌子、八張椅子和掛衣架。他在牆上貼起地圖和藍圖，在報紙上打廣告，重操舊業，親自接電話：「這裡是柯恩士官辦公室。」

有生意進來。農地、礦地，只要有人買他都賣，偶爾還跟本地的不動產交易商如湯馬士・戴斯（Thomas Dace）、法蘭克・威爾森（Frank Wilson）等人共同推案。「我賣農地頗有賺頭。」柯恩說道。土地買賣遲滯，但這位昔日馬戲團拉客好手兀自吹噓自己的成就，告訴別人「我幫好多家公司促銷」，說他組織「企業集團」，派人去申購北部林地。他有時會隨口說到，他的律師正跟銀行團洽商某外國開採權事宜。一九二〇年年底，「帝國石油公司」（Imperial Oil Ltd.）在西北領地麥肯濟河的紐曼堡（Fort Newman）發現石油，柯恩也做了些投資。「我派了兩個人到紐曼堡，」柯恩提到他的投資事業：「我跟北國的雷伊議員和多位仕紳名流在紐曼堡那邊弄了不少石油租契。」其實，前往北國的不下數千人，可不只他而已。例如飛行高手「黃蜂」梅伊（Wilfrid “Wop” May）——此人幸得另外一架飛機上的同伴擊落敵機，才免於成爲「紅色男爵」里希特霍芬(Manfred von Richthofen)手下第八十一位喪生者——就說動「帝國石油公司」，讓他飛有浮囊裝備的飛機運送補給。(譯按：里希特霍芬係第一次世界大戰期間德國飛行員，任空軍第一聯隊指揮官，創下一人擊落八十架敵機的記錄，綽號「紅色男爵」。)

柯恩的石油和開礦公司，充其量只是場面而已。「開這些公司是表示：我們投下了資本，」柯恩自己也敞明了說：「我斥資促銷，說是企業集團倒名副其實，但跟現今的股份公司不同。」這幾家公司縱有賺頭，頂多也是平平而已，但也不像艾德蒙頓的賀伯．派瑟蘭（Herbert B. Petheram）說的那麼糟：「他從海外回來之後，我沒見他幹過什麼好事。」

柯恩重操舊業，可是他需要的卻是他追求一輩子的東西：體面。他希望別人把他當回事，把他看做是有影響力的人，而在戰後的亞伯大，想要建立和保持人脈並提昇社會和經濟地位的良方之一，便是加入「大戰退伍軍人協會」。退伍軍人覺得，六十二萬八千四百二十六名（其中六萬零六百六十一人戰死沙場）從軍報國的加拿大人，除了戰時拿到薪餉之外，加拿大還虧欠他們。有些軍人尤其忿忿不平的是，他們在歐陸泥濘中跋涉，每天只拿一元一角，國內的人卻過著安穩和財源滾滾的生活。退伍軍人協會在一九一九年就有二十五萬會員，加上龐大的政治和經濟影響力，不僅積極展開訴願行動，向政府爭取退伍軍人福利、退伍金、遺孀和遺孤年金，還成立勞工局，促請政府提供軍人三百二十英畝土地，以及一萬五千元貸款。

重操舊業

艾德蒙頓雖是百業蕭條，偶爾也有輕鬆的時候。一九一九年九月，威爾斯王子翩然到訪，接受大學頒贈榮譽學位、走訪各軍醫院、在麥克唐納飯店接受午宴款待、參加野雁狩獵、在總督府接受晚宴款待，前往退伍軍人協會總會訪問時，柯恩也在場聽他演講。

此外，柯恩還用惡作劇來給自己打氣。有一則可能無稽可考的故事說他夜裡在小吃店專找單身外地客，玩仙人跳的把戲。柯恩跟一干同黨會問這外地人想不想找個伴兒，如果對方答想，他們就建議他去找獨守空閨待人陪的美人兒瑪麗。他們告訴這位仁兄，她老公是鐵路公司的人，離家在外地上班，而瑪麗最愛吃甜食，建議他帶盒巧克力去會佳人。這蠢蛋依言買了一盒巧克力，往柯恩和他朋友所告知的空屋而去，柯恩一干人則跑到對街，由一名同夥跑進屋內等候，柯恩則躲在廢物堆積場等著看好戲。外地人一敲門，大門便啞然而開，門後的人應聲大嚷：「趁我這老實人在外工作時糾纏我老婆的，原來是你這下流胚。你，先生，不配待在人類社會。」此人說罷便掏出手槍，放了一記空槍，使這驚惶失措的受害者奪門而逃，倉惶出城。柯恩一票人笑得打跌，撿起對方失落的巧克力吃將起來。

不捉弄人的時候，可以打牌消遣。本地人和芝加哥「牛臉比爾」、卡加立的丁伯利・史托雷（Timboli Storey）等知名賭徒，都被他辦事處的牌局和外賣美食吸引。賭局有口皆碑，自然也引起警方的注意。「我一直觀察，發覺這棟大樓早晚都有一大票人進進出出，入夜進場，早上三、四點才離開。」珀西．艾波比（Percy Appleby）警官說。柯恩不但毫不隱匿行藏，甚至告訴警方，他從來不鎖門，他們隨時可以上來瞧一瞧。警方去了幾次，但見屋內只有牆上貼著一張艾德蒙頓地圖，既沒有文件書類、也不見帳簿，全然看不出柯恩在經營不動產生意的證據，倒是有不少人在打牌，於是便把打牌衆人的名字登記下來。一九二〇年四月三日，威廉．紀藍（William J. Gillan）和亞奇博．康諾普（Archibald Connop）兩位警官順道來此一瞧。但見八個人在打明撲克，三個房間的辦公室總共擠了十七個人，「或隨處走動，或聊天，或散坐四處；他們在幹什麼，不言而喻。」紀藍說道。

警方經過半年的觀察，決定關閉這處賭窟。九月二十五日，大英帝國違警法庭的第一位女法官愛蜜莉．莫菲（Emily Murphy）發出搜索狀，當晚十一點十分，紀藍警官等一行人突然造訪柯恩辦公室。柯恩言而有信，前門果然洞開，進了屋內，警方發現七個人在一鋪了帆布的桌子旁玩撲克牌，角落一張桌子上擺著從附近沙斯塔飲食店外送的三明治等食物；邊間到處是撲克籌碼，還有兩個人擠在保險櫃檯面上打牌；另外有些人則在客廳來回走動。「我一接近，就見被告開始發牌、打牌。」紀藍說道。警方於是逮捕柯恩、卡隆、波蘭、羅柏．克拉克、喬奇朗（L. Cochran）、門羅（D. Munro）、凱利（W. Kelley）、謝里（W. Cherry）、布瑞斯特（S. Brest）、托夫蘭（D. Tofland）、寇西克（O. Kessick）、威利（W. Willie）和契斯霍姆（R. Chisholm）。警方正著手搜集證據時，柯恩突然開腔：「他們都是我的朋友，我有錢，想買回他們的籌碼。」

紀藍准許柯恩付現；但柯恩在發了八百一十七元五角之後，才發覺現金不夠，便向這些朋友保證日後定當如數奉還。沒收了莊家的綠色墨鏡、二十四副新牌和撲克籌碼後，紀藍開始盤問衆賭客。他問波蘭爲什麼會在這裡。波蘭簡短答道：「今天是星期六，反正沒事幹……而（我）又挺喜歡打牌。」喬奇朗說他「來先打橋牌，然後才打明撲克」。柯恩不樂意紀藍咄咄逼人，便告訴朋友們說，未和律師磋商以前可以不回答。

這起賭窟案件本來是幾天後就要審理，但柯恩在十月一日提出詹姆士・麥柯米克（James McCormick）醫生的證明，說他生了病，「數天後才能出門」，請求庭上暫緩執行。到了開庭日，柯恩承認有一些朋友在他辦公室打牌，但堅稱「無論從什麼角度來說，絕對沒有抽頭；絕對沒有以任何形式或方式從撲克牌戲抽一毛錢」。他說，有些人只是打惠斯特牌，「我那兒幾乎每晚都有人打打撲克、橋牌、惠斯特，或也來點拉米牌戲（譯按：拉米紙牌基本玩法是以先形成三、四張同點，或不少於三張的同花順者爲勝）。他們都是我朋友，我隨時歡迎；我沒有開口邀請，但我可能告訴過他們隨時可以來……大門隨時敞開……只要是在法律許可範圍內，若能隨時都可以玩兩手，何樂而不爲。」他告訴法官，他光明正大，絕無隱瞞。「我告訴紀藍警官：『你隨時可以上來看看。我喜歡跟朋友打打小牌，你隨時可以上來，用不著搜索狀』。」

朋友們異口同聲說，只是順道來打打小牌，柯恩絕沒有開賭場。契斯霍姆自稱是農夫，去過八、九次；警方逮人那晚，他正跟寇西克湊在保險櫃上打拉米紙牌。威利自稱在懷俄明和蒙大拿做石油生意賺了錢，每天都到柯恩那兒，安排點北國「石油務業」，但矢口否認自己是惡名昭彰的「牛臉比爾」。謝里自稱是農夫，認識柯恩將近十年了，他所以會到柯恩那兒，是因為他得跟克拉克談談土地和抵押貸款的事。凱利在英屬哥倫比亞開牧場，托夫蘭則是來自薩克其萬省的莊稼漢，兩人都已在柯恩那兒盤桓數天。

庭上一定覺得奇怪，何以有那麼多的農人拋下田莊和牲口大老遠跑來，盤桓如此之久。十月五日，警察法庭法官普林羅斯判定柯恩有罪，判處四個月勞役，發配到位於薩克其萬堡的省立監獄，其他人則處以二十元罰款，從輕發落。後來，柯恩自行切結擔保，在保釋申請書上自陳，他至少有一千元身家，在薩克其萬和摩顎鎮的土地起碼值五千元。他那位議員朋友兼合夥人雷伊也提出擔保。

柯恩的律師接著以沒有證據顯示柯恩經營賭場和設檯抽頭為由，設法為他平反罪名。十二月二十八日，辛德曼法官同意撤銷這宗賭博案。接著，柯恩向舒特局長遞交法院令狀，請求飭還警方所沒收的撲克籌碼和道具。

約莫在此同時，柯恩的弟弟班杰明也來此定居，在「艾德蒙頓製衣公司」當老闆的助理。

顛沛流離的海外華人

戰前戰後，柯恩在艾德蒙頓的中國朋友跟所有人一樣顛沛流離。加拿大政府雖未徵召中國人入伍，自願從軍者仍不在少數。加裔華人匯寄賑款回中國、購買公債，並參加「加拿大勝利債券」促銷遊行活動。戰爭期間，中國人的失業率高達百分之七十至八十，富人和慈善團體及致公堂等組織，大力濟貧扶困。在這段期間，來自中國的移民潮趨緩，有些華人團體甚至鼓勵國人回國。

對於孫逸仙的支持，在自治領地各地如火如荼展開，柯恩也一直積極參與「中國國民會」和本地政界活動。「中國的情勢依然惡劣，依然需要大加說明，因此，我一解甲歸來，他們就來請我到各分會巡迴演講。」柯恩身爲國民會的英文祕書，自當爲中國仗義執言。《口報》報導：「到了選舉時期，若有人想知道華人選票的流向，總會有人提供所需的情報；戰後，他們打探的對象便是莫里斯・柯恩。柯恩對本地中國人的利益了解最爲深入，也是中國國民會艾德蒙頓分會的會員，幾已被視爲自家人。柯恩擁有足可左右六、七百張選票的能力，而這些選票又都集中在東艾德蒙頓行政區，是以一到了選季便成爲不容忽視的人物。」柯恩習慣上是在他的老巢劉易士小館公告周知，出價最高者便可買到華人選票。至於柯恩是眞有此能耐，或只是洞悉華人打算投誰的票，是另一回事，反正「只要艾德蒙頓華人有求於未來政治人物，莫里斯・柯恩就會讓適當的對象知道，而華人這方面也等柯恩一句話，決定該投誰的票」。

爲協助孫逸仙及其支持衆，孫的加拿大友人爲他提供飛行員。華人籌資五萬元購置設備，柯恩也湊了點錢，於一九一九年五月，在薩克頓北郊開辦「建華航空學校」（Keng Wah Aviation）闢建機棚，訓練加拿大、美國和中國的學員。孫中山贊同此一事業，並在一九一九年年底送一幅墨寶祝賀開學。第一架飛機是中古的寇蒂斯・簡寧式（Curtiss Jenny）雙翼飛機，跟戰爭期間加拿大訓練飛行員的飛機同型，並禮聘英國皇家空軍的道格拉斯・佛雷瑟（Douglas Fraser）中尉擔任飛行課程教練。除此之外，六名學員還得學習航空力學和維修。不久，哈利・羅布（Harry Lobb）接手。在他和陸續幾位教官的訓練之下，學校偶爾會舉行飛行表演，例如一九二一年五月，他們便前往溫哥華，在中國國民黨大會上表演。

柯恩跟華人水乳交融，在艾德蒙頓的地位也水漲船高，當選爲「大戰退伍軍人協會」執行委員會的委員。一九一九年，艾德蒙頓分會打算搭建一座能跟日益重要的地位相符的新會館，柯恩那位搞不動產的朋友戴斯便找了一塊建地。一九二〇年四月中旬，造價十萬元，喬治亞造型的一層樓半新會館落成。這幢建築係以紅磚和石材所造，橡木和楓木地板和粉白牆，正與這些在大戰期間馳騁沙場的老兵相得益彰。會館內除圓形穹頂、黑色地板、掛著幾幅描繪戰爭場面的壁畫、可容納七百人的大會議廳之外，還有多間會議室；並有一間交誼廳，壁爐上擺飾各部隊的紋章；有一間圖書館、一間委員會辦事處、一間福利社。樓下有四個彈子檯、兩個桌球檯和兩張打牌用的大檯子，可以消磨時間；樓上則有一間宿舍，備有十二張床及淋浴設備，可供憩息過夜。

開幕之夜，從會館到麥克唐納大道張燈結綵，熱鬧非凡，會館本身更是金碧輝煌。在精心安排的啓用儀式中，前市長哈利・伊文斯（Harry Evans）把會館鑰匙交給柯林斯（H.L. Collins）會長，協會和「新聞派報僮」（Journal Newsboys）樂隊負責演奏。當副總督洛伯・布雷特（Robert Brett）走上台，樂隊高奏國歌，柯恩等衆人起身肅立。據總理查爾思・史都華（Charles Steward）等人指出，「從會議廳大門口到走廊上，擠滿了一千五百餘名退伍軍人，歡呼鼓掌，感謝亞伯大和艾德蒙頓鄉親慷慨提供他們這麼堂皇的會館」。

對許多退伍軍人而言，如此莊嚴的建築物落成啓用，不失爲暫拋經濟困頓的娛樂之地。協會陸續成立夜間舞蹈、音樂、足球和板球隊，會館逐漸成爲退伍軍人的活動中心。此外，艾德蒙頓市民也到這裡來捐贈衣物、外套、甚至舊軍服給失業潦倒的退伍軍人。協會本身則利用新會館活動，遊說政治人物和工商界人士協助退伍軍人就業。

儘管官方樂觀表示經濟有所進展，實際上仍不見起色。「艾德蒙頓園藝」、「空地協會」和「西北糕餅公司」推動整地和美化市容計畫，但到了一九二一年冬天戶外工作一停頓之後，情況反而惡化，單是退伍軍人協會就有會員四百人失業，市議會、退伍軍人協會、商工協會、福利委員會、紅十字會和省勞工局共商大計，安排食物和臨時棲身之所。退伍軍人協會甚至成立兩個委員會，處理日益嚴重的失業問題。

工作沒有著落之餘，失業白人很自然就把自己的困境怪到包括中國人在內的移民頭上。大戰之後，移民激增，一九一九年便有四千零六十六名中國人抵加。雖然到了一九二一年，加拿大全境的中國人不過三萬七千一百六十三名男性、二千四百二十四名女性，但加拿大社會的不滿之情隨著移民人數昇高，諸如「排亞會」（Asiatic Exclusion League）、「英屬哥倫比亞農民聯合會」、「殘障軍人協會」之類的團體大聲疾呼，應對亞洲移民加以限制。老兵布魯斯·柯爾（Bruce Cole）憶及一九二一年：「各類反種族組織蜂起，特別是針對英屬哥倫比亞的印度人、多倫多的希臘人，許多餐館被搗毀。復員軍人和盎格魯撒克遜裔民一般的態度是，他們找不到工作全是這些新族群湧入的緣故。英屬哥倫比亞就有個叫『排亞會』的組織。」

警察法庭法官愛蜜莉・莫菲之流的知名官員，也有助長反亞裔情緒之嫌。莫菲在一九二二年出版的《黑燭》（*The Black Candle*）一書中，提到中國人帶毒品進來所構成的危機，並預言此種威脅若不予戢止，則亞洲人和黑人必然會接收並毀了白人社會。一九一九年，英屬哥倫比亞省禁止白人婦女和少女進出中國人所擁有或經營的餐館，不久後，加拿大政府亦決定禁止勞動階級的中國人入境；一九二一年，華人喪失選舉權。亞伯大省的反亞裔言論不像英屬哥倫比亞那麼嚴重，但幅度和熱度也逐漸昇高；白人和華人商圈之間的關係尤其緊張，艾德蒙頓商工協會就主張，華人洗衣店若不依法在晚上六點鐘關門，則應予嚴懲。

一九二一年，「麥肯濟漁業公司」宣布，該公司在阿大巴斯卡湖（Lake Athabaska）以北的各工廠將雇用英屬哥倫比亞的華人來從事清洗和剝製鱒魚、白鮭和茴魚的工作。艾德蒙頓的工人抗議四起。「其實，白人根本不願做清理和剜魚這類不舒服的工作，」《早晨公報》（*Morning Bulletin*）報導：「印度人又好逸惡勞，對於辛苦的工作根本沒興趣，因此，就本事例來說，找無所不在的華人來遞補乃是不得已之舉。」一封申訴信函寄到當地報紙，寫給亞伯大省總理賀伯・格林菲爾德（Herbert H. Greenfield），呼籲他登高一呼，「出面堅決主張亞伯大省境內各漁業公司，不得淪爲日本人或中國人囊中物」。

想辦法善待亞裔人士

華人的形象有必要提昇，柯恩於是主動出面協助中國友人。他仍然致力於幫中國人宣傳和做公關，跟孫逸仙和中方官員也一直保持聯繫。一九二一至二二年間的冬天，加拿大國民黨總裁陳樹人（Chen Shuren，譯音）到艾德蒙頓訪問，柯恩帶他到處參觀，並引見喬治・麥克李歐（George B. Mcleod）中校、喬治・梅西（George Massie）和麥克羅林（A. McLaughlin）等贊助者跟他見面。一九二二年二月二十七日，市長大衛・杜根（David M. Duggan）夫婦、麥克李歐夫婦、馬克・萊特（Mark Wright）夫婦、愛莉絲・麥康納（Alice McConnell）和派崔克・費特（Patric Fitter）等人，參加中國人新春團拜，飽餐燕窩、雞鴨魚肉和中國乾果，欣賞國樂和京劇。

一九二二年六月，退伍軍人協會宣布，過去兩週內已安插兩百一十人工作，但仍有一百三十二人失業。在二十七日協會召開大會，籌謀如何解決失業問題。「會中論及此一議題時，協會知名人士如威爾森、梁恩、梅森、普爾、鄂文、霍金斯和柯恩，皆發表措詞嚴厲的演說。」誘過的對象——亞裔人——立即成爲主要話題。有位會員提出動議，請求排除不受歡迎的亞裔人士，獲得全場一致支持。有些退伍軍人認爲，同化亞洲各民族根本是不可能的，「緣於生活水平的差異，白種人無法在勞動市場上跟黃種人競爭，對這一階級的移民閉門不納，最爲符合加拿大利益。」《早晨公報》說，唯一的反對意見來自柯恩同志，他「反對此項動議，指出戰爭期間中國人是我們的盟友，若干在加拿大從軍打仗的日本人，如今也是本會會員。」柯恩說，如此苛待他們不啻是「極端的忘恩負義」。他人單勢孤，動議案還是表決通過。

儘管柯恩以前的軍中同袍反對華人，但他仍促請工商界公平對待亞裔人士，保障華人廚師跟白人同等待遇。有退伍軍人申訴，肉品包裝廠的好差事都被華人搶走，柯恩也會出面保護華人。其實，他和華人都很清楚，白人大多把工廠工作視為低下的勞力，於是便告訴華人辭職無妨，希望沒有退伍軍人會去頂替。華人惴惴不安地採納建議辭職之後，柯恩第二天就去拜訪肉品包裝廠的經理，告訴他華工辭職的原因。經理打電話到退伍軍人協會，告訴協會說現在廠裡有缺額。據說沒有一個人出面應徵。「我耐心等了四、五天，然後，肉品包裝廠的經理上門求助。」

本地報紙經常報導中國國內的鬥爭，柯恩跟華人一樣關心情勢的發展，甚至主動向新聞界發布消息。「根據國民黨英文祕書莫里斯・柯恩正式轉達艾德蒙頓華人社區的報告，距離中國內戰結束仍遙遙無期。柯恩擔任國民黨英文祕書近十年，跟孫逸仙關係密切素為人知，多年來一直是愛德蒙呑及加拿大華人事務的權威，而他剛接到……孫逸仙駐華府全權代表致加大全體華人的電報，說明華南戰事現況。」《公報》如此報導。

值得報導的事情不勝枚舉。袁世凱宣布重建帝國自立為君的計畫後，在一九一六年六月六日猝逝，黎元洪副總統接任總統，雖然堪堪恢復了國民政府的局面，局勢仍動盪不安，各省軍閥據地自雄，全國分崩離析。一九一七年八月，孫逸仙率領海軍赴粵，並邀各界軍頭、政治人物和議員齊聚廣州，成立國民軍政府。孫下野後先赴日本，再轉往上海。

孫逸仙隨後與華南軍閥陳炯明結盟。陳係革新派軍頭，一九〇九年即加入同盟會。孫寄望在廣東建立基地及國民政府，敦促陳出兵把占領軍驅出鄰省廣西。陳一舉得勝之後，孫於一九二〇年返回廣州，次年，孫再命陳炯明出兵拿下廣西。陳任廣東省長時極力推動現代化工作，拆除舊城牆、鋪設新馬路、廢賭館和鴉片館、創辦幾十所小學、改善衛生環境、雇用道路清潔工人，並在一九二一年二月十五日，請孫逸仙的兒子孫科擔任廣州市市長，進行改革。

陳炯明南面稱尊已經心滿意足，孫逸仙則有更遠大的理想。一九二一年四月，孫當選為臨時大總統，著手北伐統一全國大業，但陳炯明無意浪費自己的兵力和財力。陳既不支持北伐大業，孫便將陳解職。一九二二年五月，陳反撲，奪下廣州市，把孫的住所付之一炬。

東方，神祕的東方……

這時的柯恩也跟孫逸仙一樣，前途黯淡。話說一九二二年三月五日這天晚上，柯恩跟大約十五名賭友在一〇一街某家賭館呼盧喝雉，不意太過吵鬧，引起街坊鄰居向警方申訴，康士泰·舒特（Constable Shute）局長和雅各·蕭（Jacob J. Shaw）等數名警員上了巡邏車，直奔賭館前門。此地跟柯恩兼作賭館的辦事處不同，既不易接近，前後門又加了重重大鎖和鐵條，使得警方無法採取迅雷不及掩耳的行動。警方強行進入後，柯恩等人拔腿開溜，根據《公報》的報導，「眾人匆匆逃到地下室」，警方隨後進入，赫然發現有一條地道通向緊鄰的中國餐館。

這次柯恩同樣無罪開釋。但入夏後，他已覺得艾德蒙頓無可流連。他雖沒有明確的計畫，不過，從法國復員回來後就一直說要到中國，甚至早在一九二〇年就說必須到香港和中國一趟，因而申請了護照。因此，一聽本地一位黃姓富商提起想回廣州老家探親，柯恩便決定同行；就在忙著安排中國之行的時候，孫逸仙跟他聯絡，問他能否安排一位加拿大鐵道建築承包商，前去上海洽談興建粵漢鐵路中段二百五十二哩鐵道事宜。

孫逸仙認爲，鐵道乃是富強中國必要的一大工程。滿清垮台時，中國鐵路總長不過五千七百九十六哩，而在他辭卸臨時大總統職務後，袁世凱便任命他爲鐵道總長，全權籌募鐵路貸款和興建鐵路事宜。孫逸仙懷著遠大計畫就任新職，希望能動員兩百萬工人，十年內興建七萬五千哩鐵路。他預見以全國鐵路網連接各省，但因滿清遜位和袁世凱辭世後舉國動盪，進度甚爲緩慢，到了一九二〇年，中國鐵路總長不過六千八百五十六哩，粵漢鐵路則只完成三百八十九哩。

柯恩突然接到這份差事後奔走於途，忙著找承包商，最後來到溫哥華，經人引介，找上一家叫「北方建設暨約翰．史都華公司」，而經營這家新公司的史都華中將，正是柯恩隨鐵道部隊在法國時的老長官。「我所以找上門去，是因爲史都華將軍……戰時所負責的正是輕軌鐵路，而且他也認識我。我見到了公司總裁，他從一開始就興致勃勃。」柯恩和公司副總裁康明思（C.V. Cummins）會談進展順利，雙方同意由「北方建設公司」承包鐵路興建工程，柯恩則取得一筆可觀佣金。接著雙方再談到，由柯恩前往上海等候康明思，再一起去見孫逸仙，完成簽約手續。

打點行囊時，柯恩添購了幾套便服和禮服、鞋子和帽子，並在十一月五日換發護照。華人

柯恩家族在1890年代所舉行的一場婚禮。莫里斯是前方數來第一排，右邊算起的第二人。(維克多・庫柏私人收藏)

以色列・艾利斯校長與海斯學校的師生攝於1902年。(哈利・柯恩私人收藏)

意氣風發的小城房地產掮客，端立留影。(維克多・庫柏私人收藏)

柯恩大兵與同袍。(維克多·庫柏的私人收藏)

二一八海外部隊，又名艾德蒙頓愛爾蘭衛隊，在登船前往歐陸對抗德軍和到比利時築鐵路之前的留影。(艾德蒙頓市檔案資料)

班杰明・柯恩，時爲一次世界大戰後。(維克多・庫柏私人收藏)

1923年8月，哈利・艾柏特、蓋伊・柯威爾、亞瑟・王爾德等人，歷經數月的努力，終於完成了「羅莎夢號」。孫逸仙、柯恩及孫的一干隨扈在爲這架飛機命名之前留影。(丹山・艾柏特私人收藏)

1926年7月1日，柯恩等人在一場慶祝中國國民政府成立的活動中大合影留念。這是局部影像。(約瑟夫・李奇私人收藏)

廖仲愷、蔣介石、孫逸仙、宋慶齡等人(典禮台上由左至右)，在1924年6月的黃埔軍校創校典禮上合影。柯恩則從台下的人群裡面鑽出來。(約瑟夫・李奇私人收藏)

這張莎拉・李奇在護照上所用的照片，拍攝於她與柯恩出發前往歐陸的前夕。
(約瑟夫・李奇私人收藏)

柯恩的雙親總是殷殷期盼兒子返家小住。(維克多・庫柏私人收藏)

1944年6月18日，柯恩與茱蒂絲在蒙特婁的以馬內利教會所舉行結婚儀式。
(約瑟夫・李奇私人收藏)

柯恩將軍。(約瑟夫・李奇私人收藏)

茱蒂絲・柯恩。(維克多・庫柏私人收藏)

李斯利・柯恩。
(維克多・庫柏私人收藏)

柯恩當年在孫中山身邊的日子裡結識了不少人，後來他都想辦法與那些人保持連絡。這裡是他與孫的多年侍衛馬湘合影。(維克多・庫柏私人收藏)

柯恩到孫中山位於南京的陵寢前獻花致哀。(維克多・庫柏私人收藏)

柯恩來到台灣謁見蔣介石。(維克多・庫柏私人收藏)

柯恩與宋慶齡，時爲1950年代。(維克多・庫柏私人收藏)

中國代表團前往勞斯萊斯廠洽談購買英國機種與引擎事宜。柯恩與代表團團員合影。(維克多・庫柏私人收藏)

柯恩後來決定選擇親中立場，中國共產黨一開始給予了他特殊的待遇，讓他接近當權層峰。不過熱度維持不久。(維克多・庫柏私人收藏)

社區爲柯恩和黃姓商人大餞行，一干朋友則請柯恩帶信給家人。「唐人街興沖沖爲柯恩打點，讓他此行風風光光，稱頭地去見孫逸仙。莫里斯不能丟了艾德蒙頓中國朋友的臉。幾經磋商、匆匆訂做衣服、收妥許多轉托的信件，最後，在中國式的餞別晚宴才是正式道別和臨別贈言。」

柯恩收拾好行李和鐵路合同，退了旅館的房間兼賭場，然後與黃一同搭火車到溫哥華，登上加拿大鐵路公司附有舞廳和豪華車廂的「澳洲皇后號」新列車。此行跟十七年前離開英國時一樣，也是一場賭注，只不過這一次是他自己決定要走。

一九二二年十一月二十三日，船隻駛出溫哥華，柯恩望著移居之地加拿大漸漸消失在地平線外，心想，終於要前往當年馬三告訴他的神祕東方了。

第十一章　孫逸仙

上海・廣州，一九二二至一九二五

柯恩跟友人說過，一談妥「北方建設公司」的生意之後就回加拿大，但內心深處其實是希望留在中國爲孫逸仙效力。於是，他在打點行囊時，就做了心願可能得遂的打算：「我行李中帶著八把槍上路，到了上海時拎著沈重的槍械，不免頭重腳輕，要是被人一推，準會摔個四腳朝天。」十二月十二日，柯恩抵達上海，穿過沈悶、菸霧繚繞的碼頭，直奔租借區內的「雅斯特旅館」(Astor House Hotel)。他這落腳處選得好，因爲，雅斯特旅館的棕櫚園和法國廚師，正是上流社會遊憩賞玩之地，安德烈・馬勒侯 (André Malraux) 在《人的命運》(*Man's Fate*) 一書中所描寫的，法瑞爾在情婦房中釋放鸚鵡、白鸚和袋鼠的場景，正是此地。這家旅館定期舉行茶會和晚宴舞會，像是文森・席安 (Vicent Sheean) 之流的記者，一襲白絲衫，在大廳上呷著蘇格蘭威士忌、抽著埃及菸，放言議論中國的缺點。誠如一位老上海、旅館常客對約翰・鮑威爾（John Powell）記者所說的：「在雅斯特旅館大廳上小坐，張大眼睛仔細瞧，在中國沿海一帶出沒的騙子盡在其中。」

櫃檯把柯恩安置在三〇一號房，尋著迴梯而上，但見他這間挑高天篷附有壁爐的小房間裡，有一張圓桌、一張木椅和一張軟墊安樂椅，角落上有個大圓鏡梳妝檯，旁邊擺著木製衣櫃。柯恩取出衣物和武器之際，聽見船螺聲聲催，以及外泊渡橋（舊稱園街橋）下的舢板彼此挨擦間船老大爭論。「從街市……傳來車水馬龍聲、脚踏車和電車鈴聲，以及苦力始終如一的吆喝聲，」距柯恩約莫十年後下榻雅斯特旅館的朵拉・桑德斯・卡爾尼（Dora Sanders Carney）寫道：「我還聽見附近蘇州河上船家擺渡的吆喝聲。」

柯恩從掛著長條印花棉布的窗口望出去，但見對街是禁衛森嚴的俄羅斯領事館，再往南望去，蘇州河對岸是一座公園，遠處黃浦外灘（譯按，舊稱黃浦灘街）高樓連雲而立，大理石和白牆紅瓦大樓氣派非凡，乃是主宰上海商業西方各大公司所在之處。「外灘車水馬龍，人聲鼎沸。」卡爾尼提到蘇州河上衆帆駛入的黃浦江兩岸時寫道。汽車嗚嗚、電車叮叮、脚踏車鈴鈴之聲不絕於耳。上海租借區跟全中國所有的外國租借區一樣，乃是多年前外國列強向積弱不振的中國政府強取豪奪而來，由於是西方控制的治外法權地區，像柯恩這樣在此落脚和工作的西方人，便不受中國法律拘束。在這些戒備森嚴的治外之地裡，西方人受母國法律管轄，鄙夷東道主中國人，有外國軍隊駐節，兒童上的是歐洲風格的學校，各公司的商業行爲也不受拘束中國商人的法律管轄。

柯恩雖剛結束爲時三個星期的太平洋航程登岸，但是迫不及待想見到十餘年來聽過無數傳說的中國領導人，孫逸仙。他必須跟孫討論「北方建設公司」的合同問題，此外，他也急於謀個差事。但要親近孫逸仙，需有人引見。柯恩早已聽說，紐約州烏提卡（Utica）出身的記者喬治·索柯斯基（George Solkosky），現任職於孫所主持的英文《時事報》（*Gazette*），乃是最佳管道，於是便召了一部在旅館門前候客的黃包車，興沖沖坐上狹窄的座位上。車夫拖起沈重的客人，頗有節奏地疾步往索柯斯基寓所而去。

柯恩選對了人。索柯斯基因報導革命而遭布爾什維克黨人驅逐，在一九一八年便從俄羅斯前來中國，早已是各國記者打探消息和花絮的重要來源和門路。索柯斯基既是猶太人，又是拉比之子，很多在中國的西方人都把他看做是顛覆分子，如今，有一個出身倫敦東區的猶太人因急於了解眞正的中國而上門求見，豈不是得其所哉。因此，索柯斯基對柯恩大表歡迎，立刻安排他會見陳友仁——此人由律師轉任孫的祕書，說起英語口音特重。「我還記得那天也來找我，問我怎麼才能親近孫逸仙，」索羅斯基談到柯恩來訪的情形：「他來看我……問我可否安排他去見陳友仁。」一安排停當，柯恩立刻去拜會這位出生於千里達、尖牙利嘴的祕書。陳友仁雖然對這位西方強權「禍害」予以必要的接待——席安提到說，他「本能的敵視態度」，加上「了無欣悅、冷然而笑」——柯恩總算過面試，獲得所要的差事。

莫里哀街，上海

孫逸仙寓居法國租界的莫里哀街（Rue Molière）二十九號。此街位於英美租界的「國際公共租界」(International Settlement)南方：此租界區乃是知名的政治難民接受他們所譴責的西方法律保護的地方。孫是在幾個月前陳炯明叛變後從廣州來此。柯恩抵達，侍衛打量他幾眼，領他進入一間樸素的房子見孫逸仙。正在談話間，孫夫人宋慶齡走了進來。柯恩見到傳說中的宋氏三姊妹之一，不免有驚豔之感。「老實說，我看他的時間不多，因爲我們還沒開始談話，孫夫人就進來，之後我就只盯著她看，」柯恩說道：「第一次會面爲時不久。孫夫人是進來提醒他，下午有許多約會，孫於是告訴我暫回，明日再來討論合同事宜。」

柯恩回到雅斯特旅館，在酒吧間稍做勾留，小飲幾杯。柯恩說，乍到上海市，又累又無聊，頗有「獨在異鄉爲異客」之感。他出了旅館，穿過租界，往南走進中國城「狹窄、迂迴、髒亂的後街」。他繼續往前走，「聽見可怕的中國音樂——我到今天還是敬謝不敏——和嘩嘩麻將聲，忽地聽到一聲『噢嘿！』和沈重的吸呼聲，我忙不迭跳開，因爲，這是挑伕行進行列，而他們所挑的竹簍裡可能是一大罈子的油，也有可能是死人，不一而足。」柯恩在回憶錄裡這樣說。柯恩在城裡蹓躂幾個小時之後，已經覺得自己儘管是初到中國，「心裡卻已經有了個譜」。

第二天柯恩再到莫里哀街，孫審視鐵路合同。萬事俱備。兩個星期後，康明思的船靠岸，柯恩到碼頭去接他。孫和康明思簽了約。第二天，柯恩再到孫的寓所展開強力推銷。柯恩盡展推銷員所長，拿到了想要的差事，當上了他尊為中國和受壓迫中國人的領袖的侍衛。孫畀予他副官頭銜。柯恩心願得遂之後不久，改用洋涇濱似的名字「高亨」，後來偶爾也有人以比較有中國味兒的「馬坤」相稱。不過，由於孫的侍從大部分都會說英語，所以他這新的名號，以及在加拿大妓院學到的粗魯不文的廣東話，倒是少有機會派上用場。孫本人在檀香山和香港受教育，他那明豔動人的妻子和宋氏兄妹都在美國留學，很多屬下也都讀的是西方人在中國所辦的學校。

柯恩所以能如此水乳交融，當然還有別的原因。孫想必從把自身安危相託的這位粗野倫敦東區小子身上，看到自己年輕時的樣子。他跟柯恩一樣，並不是唯父母之命是從。孫的父親在他幼年就送他到檀香山讀書，一八八〇年代末葉返回國時，正是血氣方剛少年時，回到了澳門北方三十哩外的廣東省香山縣翠亨村老家，想必有格格不入之感。他炫耀西方知識，鄙視他眼中的偶像崇拜和迷信，毀壞兩尊神廟偶像，他父親也跟柯恩父親在一九〇五年時的做法一樣，無奈之下只得把放蕩不羈的兒子送走。

孫奉父命來到香港，就讀於英國國教所創辦的「拔萃書院」(Diocesan School)，數月後轉入「皇仁書院」(Queen's College)，並在父親過世後改信基督教。他在香港習醫期間，結識了反清團體三合會，認識到中國的式微和恥辱。孫自天津上書總督李鴻章，陳說天津醫療情況及政治改革大計未獲接見後，他的轉變和對清廷的憎惡益為堅固。他成為微不足道的革命者，多次密謀推翻滿清統治，雖稍有成就但終歸失敗，之後他也跟柯恩一樣，徹底改造自己的過去。孫使用假出生證明，以假證件和護照周遊各國，甚至在未與髮妻離婚的情況下，就和朋友兼三合會盟友宋耀如的女兒結婚。

此外，他也跟柯恩一樣，爲人甚是自負，把改變中國的許多功勞據爲己有，很少承認別人的成就和貢獻。不過，在此同時，孫懷抱的救國濟民理想卻是大公無私的，他相信自己跟心目中的英雄太平天國領導人洪秀全一樣，所從事的是創造新中國的神聖任務。這種烏托邦式的追求，跟柯恩的生活形態大異其趣，因此，柯恩這個混混何以會跟孫逸仙這理想家結合，不免顯得怪異。然而，儘管一九二〇年代的中國門戶洞開，西方人可以爲所欲爲，而且有無數的不正當事業可以發大財，但柯恩跟馬三和艾德蒙頓唐人街的遇合，確實已使得這個騙徒脫胎換骨，變成理想主義者。

這個受迫害的猶太裔子弟，在距動盪中國數千哩外的加拿大大草原時，就已對孫逸仙心嚮往之。「凡是接觸過孫逸仙博士，聽過他談話、受過他教誨的有血性的人，而不亟思追隨他從事革命大業的，我還沒見過。」柯恩提到這位中國農夫之子對他的影響：「孫逸仙博士常跟我說，他革命的目的是要使中國成爲受尊敬的國家，建立民有、民治、民享的政府，保障人人都有飯吃，勞動階級各自享受勞動的成果，兒童都能接受教育。這是何等遠大的理想！」

孫逸仙蓄著小鬍子，穿著打扮一絲不苟，對人有著催眠似的影響力，手下莫不竭誠追隨。他的人格魅力，維繫著分崩離析的黨，而他的學說則使各方景從，並不僅限於廣東省而已，更贏得廣大學生、知識份子和全國同胞愛戴，這使得孫逸仙成爲中國主要的道德力量。一九二三年時在京的英國公使隆納德・馬克禮爵士（Ronald Macleay）寫道：「事實極為明顯，孫逸仙是中國知名人士當中，唯一既不擁兵自重，又不是持續在位掌權而能出類拔萃的人……這顯然是完全得力於他人格力量的感召。」

緣於對孫的效忠，使得最年長的追隨者也對他以「先生」相稱，至於像柯恩這樣「肝腦塗地，死而後已」的人更不知凡幾。馬勒侯《征服者》（*Conquerors*）書中人物指出：「在一九二一、二二年間追隨孫逸仙者，或為飛黃騰達，或冒險犯難，都該稱之為冒險家，因為，他們在中國大時代場景軋上一脚。對這些人而言，革命熱情的作用，正如軍旅生涯對法國外籍兵團一般，可說是氣味相投——他們都是無法適應一般社會的人，對人生要求甚高，更希望為自己的人生增添些意義，而今，他們反其道而行，出世服務人群。」等於把孫逸仙的追隨者如柯恩等人的熱情，做了最佳的歸納。

賭徒兼憤世者柯恩前來上海為孫逸仙效力。他揣著一把手槍，立刻跟其他侍衛一起住進宅邸旁的車庫樓上。執勤時，他過濾前來拜訪「先生」的訪客。前來莫里哀街拜訪的人，往往可見孫先生一襲長袍，坐在教會式黑色家具和玻璃窗書櫃環繞的公務廳內，待賓客坐定，奉上中國菸草和捲菸紙、水果及一壺清茶。柯恩坐在外面前廳，槍不離身，以防有變。「我在門口見到一位極引人注目的人，叫莫里斯・柯恩，」鮑威爾回憶起拜訪孫先生時的光景說道：「柯恩總是坐在前廳長凳上，褲後口袋揣著一把大左輪，使得他後臀古怪地鬆垂。」訪客絡繹不絕，「孫先生的習慣是，不管什麼時候，有客來訪必予接見，絕不會因公務繁忙等等理由拒人千里。」

另一位侍衛畢璽（Bi Xi，譯音）提到往來不絕的訪客時說道。

日久月深下來，柯恩已經習慣例行工作，對不同的訪客已略有所知，不然就是在孫先生書房內傾聽時事議論。「每當通報有客到訪時（往往一天數十人），我就端詳來人的長相、穿著和態度，以便下次再見時能認得。」他說。這是悠閑自如的時候，白天在後院打打槌球，夜裡孫先生和夫人宋慶齡一起讀書聊天。宋是電影迷，偶爾會組織放映會。

柯恩對孫夫人驚爲天人，跟孫先生一樣對她關懷無微不至。宋很感激他的關心，很信任也很喜歡他。宋「猶帶稚氣的容態，風姿極爲動人……她威嚴天成，自然流露，名之爲雍容華貴誰曰不宜」，數年後，席安提到宋慶齡風靡全國的風韻時寫道：

> 同樣的氣質常見於歐洲王公貴族，尤其是年長的一輩，但他們的風韻純然是畢生訓練的成果，孫夫人的雍容華貴則不同，那是天生的品質，是由內形之於外，非由外鑠所致。此外，她的道德勇氣也不同凡俗，是以能履險如夷，處變不驚。她對孫逸仙這名字的忠誠和道義，使她得以承受無數試煉。威嚴、忠誠和道德勇氣等特質，賦予她個性中一種沈潛的力量，時時凌駕她形貌予人的柔弱嬌羞的印象，使她具有堅毅的英雄特質……報章新聞稱她『中國的聖女貞德』，並非泛泛溢美之詞，但你得認識她一段時間之後，才能體會到看似怯懦的纖纖弱質之下的精神力量。

不過，就孫逸仙而言，在上海這段時間卻是一大試煉。他亟欲重返廣州再主大局，以及爭取外交承認，但英國、日本和美國對他鮮少注意。唯一對跟中國建交稍有興趣的是和中國一樣飽受歧視的蘇聯。一九一七年俄羅斯革命之後，蘇聯逐漸把中國視爲散播國際共產主義的沃土。一九一九年，列寧創立「共產國際」，宣揚他激進的主張；次年，共產國際東方部長胡定斯基（George Voitinsky，或作胡定康）訪華，會晤中國共產黨人李大釗和陳獨秀，三人共組「社會主義青年團」，籌謀成立中國共產黨大計。

一九二二年秋，蘇聯代表越飛（Adolf Joffe）蒞北京，尋求中國承認蘇聯。能操英語的越飛在示好之舉遭拒之後，於一九二三年一月中旬轉往上海，在莫里哀街與孫兩進晚餐。孫對蘇聯頗有好感。他認同他們的主張，對列寧革命興味盎然，更希望能對蘇維埃政府組織、軍事和教育多作了解，蘇聯人則視他爲可能的鄰境盟友。兩人討論中國現狀後一致同意，中國首須統一，還不適於實施共產主義。兩人相談甚歡，並在一月二十六日發表《孫越共同宣言》，內中即承認孫代中國發言的權利。

終於可以南歸

孫和蘇聯討論雙方關係之際，廣東、雲南和廣西聯軍擊敗陳炯明。孫終於可以南歸。二月十五日，孫逸仙及柯恩等一干隨從，搭上「傑克遜總統號」。一行人南下途中，柯恩展開他立足中國的自我推銷活動。「這位溫文有禮，有著明顯猶太人面貌的加拿大人，跟孫博士『圈內』的廣東人相處甚歡，」美國記者朱尼亞斯·伍德（Junius B. Wood）寫道：「搭載孫博士前往香港的這艘船上，其他的中國人端嚴自持，唯有這位『神祕人物』廣結善緣，除了絕口不提自己對中國政治興味盎然的原因之外，跟每個人都無所不談。」

兩天後，「傑克遜總統號」駛進香港。香港島青山翠嶺掩映下，工會代表和其他擁孫團體汽艇齊來迎接，九龍碼頭上萬頭鑽動，爭睹名聞遐邇的領袖登岸。警察引導孫逸仙和一干侍從及好友排開人群，登上專船，護送至對島，島上又有車隊鵠候，帶領一行人前往孫博士一支持者的家中。次日，「引擎蓋上插有小旗的車隊引領我們上山，掠過總督府大門，」柯恩說道。大總統應予嚴密保護，因此，孫逸仙會晤港督司徒拔（Reginald E. Stubbs）時，柯恩等一干侍從便散開重重護衛。孫大總統離港時依舊是轟動一時：「汽船公司碼頭」（Steamboat Company Wharf）上，八點不到就聚了一大群人，孫總統一到頓時鞭炮齊鳴。畫舫和汽船護送孫總統坐船離港，往廣州而去。

船上行至珠江，往柯恩的新家而去，沿途稻田處處，竹林搖曳，小村莊和寺廟掩映其間，附近汙泥塘裡水牛載浮載沈，偶爾驚起香蒲岸邊野雁和翠鳥。到了廣州，柯恩和若干便衣侍衛前導，孫逸仙和宋慶齡下了船。廣州給予孫總統英雄式的歡迎。馬路上，各軍旗幟飄揚；香車撒花，數千軍士夾道，槍枝上各懸藍色國民黨旗，迎風臘臘作響；孫大總統車隊經過時，鞭炮喧天，身著紅絨上裝的樂隊奏起「總統禮樂」。

孫總統的總部在一九二二年時毀於陳炯明之手，如今回到廣州城，孫和一干隨從遂以廣州對岸河南島上一家舊水泥廠爲大本營。此地九重葛和棕櫚掩映，南面是一幢三層樓建築，從拱形排屋和闌干望出去，可見一種幾近透明的小蜥蜴急竄。他們在這裡建立大本營，重建指揮中心。大本營的副官分成三組，位階最高的一組包括黃惠龍、鄧彥華、馬湘和柯恩。他們在頂樓孫總統寢室外布哨，柯恩依舊是一身淺色西裝、領帶、遮陽帽打扮，坐在擺在磁磚地板上藤椅上。「他們四人待在三樓孫先生的寢室外頭，」一九二三年秋加入侍衛團的范良說道。「他們一直待在那兒，日復一日，沒有一天離開過他。他們武藝高強，無人能敵。」

在廣州安頓好之後，柯恩協助訓練和擴編制服組保鑣人馬。這些副官們天天練打靶和操演，但更重要的是，一旦值夜班時必定要保持清醒。此外，柯恩還教防身術和拳擊，在倫敦東區「人民會館」所受的拳擊訓練，終於派上用場。「我的拳擊都是向他學的。」范良說。柯恩常勸弟兄們，「先用雙拳對敵，雙拳不能撂倒對方再拔槍，千萬不要先用槍，不要老是把槍亮在前頭」，因爲，四周可能有無辜的旁觀者，「拔槍有傷及無辜之虞。柯恩是令人敬畏的教練和對手，「當然，我絕不可能打敗他，他是我們的老師。」范良回憶道。

南方大元帥

三月初，孫逸仙成爲南方軍政府的大元帥，並會晤英國總領事賈梅臣（James Jamieson），討論如何改善附近黃浦港口，以及連接現有的粵漢鐵路和廣九鐵路。孫藉此機會請賈梅臣說項，希望英國政府挹注南方軍政府財政，可是，由於英國對華政策是以駐北京的英國公使館和北洋政府爲中心，並沒有銀錢援助南方。約莫這時候，柯恩定期前往珠江西岸的租界沙面島，拜訪西方各國領事館，結識了不少館員，也遞出不少新印的乳白色名片，西片上以凸版黑體字印著：「孫逸仙博士侍從武官，莫里斯．柯恩」。

跟在上海時一樣，前來大元帥府拜會的訪客絡繹不絕。訪客下船登岸之後，從碼頭到元帥府一路上，可見部隊在建築工事或操練，到了元帥府，更有壯盛軍容的士兵展示武力。訪客若隨身攜有武器，必須在大門口繳械。很多中國人和西方人過來拜訪並討論時政。「在我們逗留廣州那幾個月間，即使是在半公開場合，凡是孫大元帥露面，孫夫人幾乎都隨侍在側，後方則是那位即便不是如臨大敵，起碼也是戒懼謹慎的柯恩先生。」旅行作家哈利．法蘭克（Harry A. Franck）寫道：「某個星期天早上，我們有幸到原爲水泥廠的元帥府晉見孫博士，他那位加拿大影武者，就掩在書房口的樓梯間裡，不但仔細搜查我，連內人也沒放過，彷彿要確定她不是來找他主子的麻煩似的。」

孫對所有訪客都情意拳拳。「他會問起他們的家庭情況，垂詢其他同志的消息，使得每個人都覺得如沐春風。」柯恩說道：「他常在難得的空閒時候到鄉間跟農民聊天，探求民瘼民隱，有一回他要隨行武官記下一位可憐農婦的住址，派人送賑濟物品給她，但若是有富商巨賈或所謂的要員來訪，我們都知道他們晤談的時間不會太久。」

國內外支持者寡，孫前途多艱。滿清垮台和袁世凱稱帝鬧劇之後，中國分崩離析，強大軍事派系的督軍，以及陳炯明這類意圖扼殺南方新政府的小軍閥，彼此互別苗頭。要當上軍閥其實並不難，只要有基本的稅源、兵員，加上武器來源無虞、控制幾個港口就行，可惜孫沒有這些先決條件。在廣州，他只是徒具虛名的大元帥，所控制的只是廣州彈丸之地，眞正直屬他節制的只有一百五十到兩百名侍衛而已。因此，他除了仰賴雲南、廣西、江西、廣東各軍，縱容他們的行爲之外，並無太大選擇。

這些沒有紀律、沒有經驗的傭兵，往往是由一些江洋大盜出身的人所節制，出入前呼後擁，趾高氣揚，座車兩側踏板站著手持毛瑟槍的衛兵，招搖過市。「他們呼群聚衆只爲了討生活，行軍部陣不太在行，但有他們在確實可以嚇阻刺客，雖是烏合之衆，畢竟可以提供占領者若干保護。」柯恩說道。軍隊隨處可見，而根據法蘭克的說法，他們都是「衣衫襤褸、好吃懶做、成事不足的無業遊民和土匪，聚集在廟寺、充公的工廠、霸占而來的民宅，乃至不受外國保護可以據爲己有的建築內」。

養這麼一批軍隊所費不貲。一九二三年初，名義上歸孫逸仙統屬的各軍部隊計有三、四萬人，一天薪餉就得花上幾萬元。此外，軍閥還橫徵暴斂，強迫商家和銀行貸款，舉例來說，滇軍就控制賭場，靠賣鴉片館執照賺錢。司令官通常很少拿這些來路不正的錢來照顧部屬，士兵稍有過失便遭軍官毆打，甚至處死。軍事裝備都是便宜貨，補充幾近於無，訓練也是草草了事。大多數的士兵甚至不會開槍。

著手建軍

孫鑑於有必要建立一支可靠的武力，於是著手建軍。一九二〇年，他下令成立航空局，由他在檀香山的支持者楊仙逸，走訪美國西部各地找尋航空人才。一九二二年三月，楊仙逸在加州聖荷西航空展上，遇見韋恩·艾伯特（Wayne Abbott）少校父子所領銜的「空中魔王特技團」（Sky Demons Aerial circus）巡迴表演。楊仙逸遂請他們訓練中國學生飛行及飛機修護，老艾伯特一口回絕，倒是一次世界大戰期間在潛艇服役，且擁有跳傘紀錄的小艾伯特頗感興趣，簽下了兩年的約，在加州寇特蘭（Courtland，舊史作屈地市）開辦一家小規模的飛行學校。他跟薩克頓的道格拉斯·佛雷瑟和哈利·羅布一樣，用兩架雙翼飛機訓練學生。

一九二二年十月，飛行班結業，艾伯特偕同妻子瑪麗前往中國，待孫逸仙從上海返回廣州後，艾伯特夫婦便住進大本營。除此之外，楊仙逸還找了英國引擎師蓋伊·柯威爾（Guy Colwell）、洛杉磯飛機製造技師「老爹」亞瑟·王爾德（Arthur Wilde）幫忙。這兩名飛機技師在一九二三年四月抵達上海，在艾伯特和寇特蘭學校結業生的協助下，用雲杉、樺木和雙翼斷機拆下的零件，造了一架輕型偵察轟炸機。這架以宋慶齡的英文名字「羅莎夢」（Rosamond）的飛機完成後，艾伯特漆上了國民黨十二角形的太陽標誌，在四十英畝的飛機場試飛。「飛機很快昇空，而且頗爲穩定，操控輕巧，飛起來很輕鬆。」艾伯特說道。八月八日，孫笑容可掬地邀請賓客到機場參加獻機典禮。他在黑色機體的螺旋槳機軸砸了一瓶香檳，慶祝空軍誕生。工作人員立即著手再造飛機。

陳炯明仍然是個潛在威脅，孫有必要添置飛機和兵員。他偶爾會到戰地巡視，看看他所請來的部隊進步的情形，但結果往往非他所樂見。「我們該切記的是，從軍事的觀點來看，這些部隊一無是處，經不起砲火洗禮，」美國總領事道格拉斯・簡金斯（Douglas Jenkins）寫道：「在前線陣地一碰到小戰鬥就驚惶四竄的廣東部隊尤其如此……孫部在石龍之敗，便是由於當時粵軍怯戰使然。誠如我在前面提過的，滇軍先遣部隊始終在後壓陣，迫使粵軍守住陣脚。各軍系間自相殘殺時有所聞……」

各系明爭暗鬥情況嚴重，孫不得不出面阻止，以免全軍潰敗。「孫先生數度親至前線督師。」侍衛葉江英（Ye Jiangyin，譯音）寫道：「惠州和博羅地區大軍敗走，退至石龍。孫先生搭包廂火車由廣州至石灘，在石灘車站樹起大纛，上書：『孫文在此，臨陣脫逃者殺無赦』。」然而，即使這番心血仍難擋所部丟盔棄甲。有些逃兵不知孫先生在火車上，不僅對車開火，甚至想搶劫火車。

諜影幢幢，軍隊處決稀鬆平常。孫的侍衛保鑣常爲主子的安危操心，有一回，在巡視途中，敵軍槍在手刀上膛團團把他們圍住，就在孫先生堪堪要落入敵手時，幸得柯恩將他推上火車才逃過一劫。「我跟孫博士有所爭論時，多半是爲了要他隱密行藏，而他卻不願出此下策，」柯恩說道：「他巡視前線，訓勉各軍……他爲什麼如此命大，我不曉得。幸好，敵方充其量只有機槍、步槍、手榴彈或幾門迫擊砲，火力不算太強。他們步槍打不準，手榴彈則往往把自己轟得屍骨無存，倒是機槍和迫擊砲我們必須特別留意。」

不過，有時子彈也能命中目標。在一次小戰役中，柯恩的胳臂就被機槍射傷，幸好當時有醫生在場及時治療。這次受傷使柯恩爲之沈吟。「子彈打中我左臂，我不免思量，倘使中彈的是右臂，日後便無法使槍了。因此，我一回到廣州就再找了一把左輪，擱在我左手邊練習拔槍，我發覺自已雙手相當靈巧，雙槍速度無分軒輊。」現在，他腰間佩一把點四五口徑左輪，肩套再擱一把。西方人社會原本就對這位跟中國人廝混的猶太裔英國人頗爲好奇，這身佩雙槍的拉風打扮更引起注意。「雙槍」柯恩的綽號於是不脛而走。

孫有時會外出和他所仰仗的軍閥打交道。「孫博士貿然決定親身前去拜會某位意圖不盡光明磊落的軍閥，」愛蜜莉・韓恩寫道，她是《紐約客》雜誌的作家，一九三〇年代初期到中國，後來著有宋氏三姊妹傳記。這位軍閥口稱效忠孫逸仙，但把他的部隊限制在廣州城內，孫則是希望能說服他將手下撤出城去。孫準備動身時，令柯恩留下保護宋慶齡，宋則擔心夫婿安危，請柯恩陪同孫前往。柯恩一時委決不下，但宋慶齡心堅意定。「他必須速作決定，而在她明眸注視之下，他只有一個選擇。他匆匆隨後上路，不大工夫便趕上主子。孫博士雖責怪但沒有打發他回去，而此次鴻門會也相當順利。」那位軍閥識相地撤軍。

廣州閒情與民生

雖然局勢緊張，加上四周各軍環伺，柯恩還是有很多時間跟同事親近。他常跟兩年前從加拿大返國爲孫效命的馬湘等一干侍衛四處蹓躂，嚐嚐蛇肉之類的新口味，而他那一手牌技和魔術，更令元帥府的人歎爲觀止。「在這安詳和樂的幾個月裡，」他說：「我過著自幼便睽違至今的家庭生活般的日子。」早上訪客離去後，大伙兒一起吃午飯，在悶熱的春夏之間，午後便小睡片刻。

廣州氣候濕熱，比起柯恩記憶中的倫敦日子更厲害幾分。一雨傾盆，成城頓成澤國，夜裡人們當街舖個草蓆睡將起來圖個涼快。城裡好像沒有一樣東西是乾的。濕熱逼人，使得柯恩大汗淋灕，每天總得換上兩套衣服。香港脚、錢癬等皮膚病，使得人人苦不堪言。「連舖在通風走廊上的地板草蓆也很快就長黴，衣橱鞋櫃裡日夜點著電燈，還是防不了衣服變潮變軟，鞋子在二十四小時內就長了一層白菌。」記者哈列特・艾本 (Hallett Abend) 寫道。更糟的是，夜裡蚊蚋齊來：「天一黑，蚊子大舉出動，在蚊帳外嗡嗡作響，想躺在床上看個書也不可能。晚上打橋牌時，人人都把兩脚套著大枕套，四邊桌脚各點著環香，以防蚊子恣意肆虐。」

柯恩已逐漸把這濕熱、熙熙攘攘的港市視爲故鄉。水泥造的辦公大樓、豪華磚造大廈、巍峨廟宇和紅瓦民宅粼粼倒影中，以船爲家的水上人家也有二十幾萬人。大街上高級商店櫛比鱗次，奇珍異寶鬥妍，邊巷則是路面不佳，幽閉深邃，牆上貼滿各式萬靈膏的廣告，人聲雜沓，人力車要錯身也難,所以記者阿列科・李流士 (Aleko Lilius) 說：「連狗打架也會使交涌中斷。」這些小街裡，魚販叫賣聲聲迴盪，路人行走在石板路上，木屐咯咯，絲履趖趖。小販舀湯時，長杓碰著鐵桶，空氣中瀰漫著濃濃油脂味和水溝惡臭。採買人在食物攤上買火腿、劍魚、一籠子的蛇、豬內臟、醃薑、青椒和皮蛋；街頭販子則高聲叫賣雞毛撣子、花生、滾水、掏耳棒、會表演的蜂鳥和新採荔枝；客人離開時，串勾上吊著一串串田雞和雞仔。

許多男士和男童，在無數的小舖子裡彎腰弓身工作，或鋸木頭、做裁縫、油漆、刺繡，不一而足。廣州市內有些地區，充斥著窮人、乞丐或患有麻瘋病、象皮病、淋病的人。後巷裡，窮人家就住在長木箱裡，外頭掛著破草蓆和舊毯子，這些箱子架在木樁上，以防橫行街頭的鼠輩侵入，以及熱帶季節雨時節流竄巷弄間的洪水。

孫逸仙有時會在午後跟隨員到這些後巷散步。「這些小小的探險之行，是我們最開心的時候。」柯恩說道：「他巡視全城，探視米倉和小爆竹工廠，跟苦力閒話家常，探求民隱。」孫有時會在有孩子的人家駐足，「問他們在學校功課如何，若是他們因故無法上學——這種事不稀奇——他會安排他們上學，甚至代墊一年學費。當然啦，若是看見乞丐，他會打發我送點小錢給這可憐人……」

孫偶爾會拄著拐杖，帶著侍衛，出城到附近登山。一行人時而駐足看看墓碑銘文，或採野草莓、烤乳豬、喝點冬瓜粥。「廣東人有重九登高的習慣，」侍衛范良憶起良辰登高的情形：

孫逸仙在侍從武官和二十餘名侍衛陪同下，搭乘巴士直趨白雲山。車抵山脚，孫下了車後四下打量。初秋的廣州，天青氣朗，暗香薰人欲醉，孫夫人興致甚高。孫指示我們，循山谷小徑而上直趨山頂，但走没多久就見農民弟兄迎面而來，孫立即止步，命柯恩去請這些弟兄過來，一行人蹲在溪邊山徑聊了起來。待他諸般垂詢之後我們才得知，他們是山脚下的農民。孫先生心情沈重地告訴他們：「你們住的是茅屋土厝，生活極爲艱苦。我們一定要打倒這些可怕的封建陋習。」

那些農民得知眼前就是大名鼎鼎的孫大總統後，頓時滿眶熱淚滾落雙頰。其中一位農民立即站起身來，向孫先生肅然鞠躬，顫巍巍說道：「先生是眞正關心我們的疾苦，如此仁德我們永誌不忘。」

此番訪談令孫先生感觸良多。接著，一行人繼續上路。「孫先生爲鼓起大家登山的興致，建議以能仁寺爲目的地。他打趣的對馬副官說：『馬副官，你們侍衛來個比賽，看看誰先抵南靈寺峰頂。第一位登頂者的獎品是兩塊春捲。』」

「我們侍衛聽了這話頓覺精神百倍，人人奮力往上爬。結果，柯恩屈居第二，孫先生開玩笑說：『你無福消受這兩塊春捲。』」

柯恩雖沒贏得春捲，別的食物和樂子倒是手到擒來。柯恩是最高階侍衛之一，每個月掙個幾百塊工錢，夠他炫耀的。他常吹噓自己走運，工錢不菲，拿著錢在元帥府晃盪，對范良說：「你瞧，范良，我賺了這麼多錢！」可惜他待遇雖優厚，卻不知道怎麼存錢，結果是像在英國和加拿大時一樣，領了薪水總是花個精光。他有很多方式可以花掉這筆遊資。西方人在中國只要有點小錢就很好過活，「連個低級職員也可以自己養匹馬，參加兩、三個俱樂部。」歐文．葛林（Owen Green）寫道。食物既便宜，花樣又多；牛肉羊肉物美價廉，雉雞、山鶉、鷸和鵪鶉唾手可得；酒類繁多。

柯恩對飲食情有獨鍾，常在街頭攤子和飯店據案大啖廣東美食。「孫先生上電影院時，柯恩就四處找東西吃，」范良說：「他把所有的錢都花在吃上。他每個月掙幾百塊，全都花在飲食上。」西方人除了上館子之外，還有數不盡的晚宴可以參加，即連受雇於中國人的西方人也不例外。柯恩當然不客氣。「在廣州，赴宴時是搭舢板，攀過十幾艘帆船才到得碼頭。」艾爾西・麥柯尼克（Elsie McCornick）寫道：「除非客人有先見之明，在手提箱裡帶上幾件長衫，否則衣髒衫破是習以爲常的事。」

此外，柯恩也常出去找一點比較見不得人的樂子。「我每個月溜到香港一次找點小樂子，」柯恩說道：「孫夫人想必已猜到我的主要目的，不太贊成我到香港渡假。」除了遠赴香港逍遙，珠江沿岸停靠不少六十呎長的花舫，也可以供他消遣。「廣州外灘可見江上帆影點點，各樹著煙囪似的炮管以嚇唬海盜；花舫出租供讌飲之用，大紅彩飾，垂花雕刻懸掛煤油燈。」麥柯尼克寫道。這些水上銷魂窟龍蛇雜處，有些備有歌女的，尤其是豪侈非凡。女子坐在外頭供過往船隻上的人揀選；比較好的水上妓院，艙內通常較爲寬敞，備有黃檀或黑檀木桌、長椅和吊燈。柯恩就是在這種地方舉行酒會或宴會，跟女郎來點比較貼己的個人交往，不然就是在畫樓或小舟過夜，讓衆女和僕役照應他的需要。

孫禁止手下常去造訪花舫，特別對柯恩多方禁止。「大元帥府就在江邊，總是有小船欸乃，邀請客人、恩客、觀光客和年輕小伙子上船，」范良說。「有一回，柯恩上船後有人向孫逸仙報告，他甚是懊惱。」孫訓斥並警告柯恩：「要是你敢再上船，我就把你關起來！」

莫里斯本性難移

柯恩有好差事、待遇優厚，還有一船船的女人，可說是得其所哉。他開始自我膨脹，愈說愈離譜，不免再次失控。由於柯恩和馬祥帶領侍衛隊，於是便以將軍自稱，吹噓他們的地位是何等重要。「他的將軍頭銜……是當地英文報紙常見的雙關語。」鮑威爾提到柯恩的態度時說道。流言很快飄洋過海傳到加拿大。一九二三年，艾德蒙頓《日報》就報導說，柯恩的父親在廣州擔任領事，另一份報導則說，柯恩十年前結識孫逸仙，在孫於美加各地巡迴募款時擔任保鑣。「也許是孫博士信任他，才會把他留在身邊，」該報引述艾德蒙頓華人王查理（Charlie Wong）的話說：「兩、三個星期後，我收到廣州寄來的報紙，才知道莫里斯的事。」

柯恩的弟弟班杰明仍在艾德蒙頓成衣公司服務，一時不查竟信以為眞。他向新聞界表示，他大哥打算在中國的任務一結束就回加拿大。《日報》指出，柯恩在中國「意氣風發」，「一時還不會回亞伯大」。《公報》則說，柯恩化名高亨，「負責華南國民軍」，迭獲嘉許，在國民政府議會身居高位，正在各租借區推動總值數百億美元的開發計畫。不久，甚至傳出柯恩死亡的消息，班杰明立予否認，說前不久才接到哥哥的消息說他很好。

搞不懂柯恩的不僅是新聞界而已。「加拿大皇家騎警」認為中國人居心叵測。「柯恩眞正的動機是要私運毒品回加拿大，」巡官麥克布萊恩（W. A. MacBrayne）推測。警方開始追蹤他的過去。柯恩那些見不得人的加拿大朋友，拒與警方合作自是無足為奇。「柯恩的知交都說對他所知不多，他到中國的眞正目的是什麼，我們無法掌握確切的情報。」

在此同時，加拿大華裔人士仍然遭遇諸般限制、分離就學等等問題。更令人憂心的是，加拿大全國正大力推動以立即禁止中國新移民取代本已令人聞聲色變的人頭稅。華人社團向孫逸仙和柯恩求助。一九二三年五月十七日，孫發了一封電報給內政部長，指出國民政府才跟「北方建設公司」簽下興建鐵路合同，加方的做法未免不近人情，要求中止禁止中國移民法案的討論。不過，一紙小小的鐵路建設合同，畢竟阻止不了對華人懷有敵意已達數十年的國家。新法案在自治紀念日（譯按：指七月一日，爲紀念一八七六年加拿大發表自治宣言）生效，華人稱這一天「國恥日」，降半旗以示抗議。

月底，艾德蒙頓傳來噩耗。班杰明在被控搶劫和強暴未遂獲保釋後兩個星期，在七月二十七日這一天自了殘生，老闆威廉・戴蒙（William Diamond）發現他屍體時，他手上還抓著母親的照片，旁邊擺著給警方、柯恩和戴蒙的三封信。「他在給警方的信中說明自殺原因，但力陳無辜，」《日報》報導：「他說，若要找出必要的證人，不免對他本人造成相當難堪……給他哥哥莫里斯的信，信封上寫著由中國廣州市的孫逸仙大總統轉交，死者在信中表示，他已經盡了力，但他的人生本就是一大錯誤。」

歡迎鮑羅廷

一九二三年夏秋之間，中俄關係大有進展，十月六日，蘇聯顧問麥可・鮑羅廷（Michael

Borodin）飛抵廣州。當時三十九歲的鮑羅廷，是猶太裔布爾什維克黨人，本名麥可・馬科維奇・葛魯津柏格（Michael Markovich Gruzenberg），烏髮灰眸，臉上有疤痕，聲音低沈令人有安心之感。鮑羅廷曾在美國印地安納州瓦帕雷索大學（Valparaiso University）求學，除俄語和意第緒語外，英語亦頗為流利。

俄國人派來的不是古板的布爾什維克黨人。依記者席安的說法，「魁梧、沈穩，宛如獅豹一般威嚴天成」的鮑羅廷，喜讀詩，愛看偵探小說，是一流棋士、二流馬球運動員。席安寫道：

> 他興趣廣泛，無處不應用他耐心、幽默和周到的處事哲學……鮑羅廷的超然據說也是列寧堅持到最後的特質，亦即能體認到，在宏大的終極目標中，人與事是渺小的。我很清楚，鮑羅廷和列寧一樣，不達目的絕不終止，但在此同時他也和列寧一樣，並不奢望目標近在眼前……他不認為「世界革命」指日可待。因此，他的立場是，為著一個可能在他死後許久才能實現的主張奉獻生命，而一旦作了選擇，下了決定，在燕維之志的人可能造成劍創的事，在他則不過如針刺而已。

蘇聯派這位組織長才前來，賦予國民黨新生，加速共產主義及早普傳世間。孫逸仙熱烈歡迎這位新盟友，向美國人吹噓「他名叫拉法葉」。鮑羅廷和妻子芳雅（Fanya）及兩個兒子佛烈德與諾曼，住進以前憲警處決人犯的校場邊上、一幢有陽台的二層樓平頂灰黑色建築。這兩位新合夥人於是展開改造國民黨大業，設法把比較激進的計畫和比較強固的組織形態引進黨內。

鮑羅廷教孫逸仙如何爭取民衆支持，協助他修訂三民主義，在孫的民族、民權和民生主張上，附麗了反帝國主義、乃至反封建的色彩。十月二十五日，孫任命一個九人臨時中央執行委員會，並以鮑羅廷爲顧問，籌備第一屆全國代表大會事宜。

軟硬兼施，開闢稅源

孫除需建構組織之外，需銀更是孔急。軍閥貪得無饜，國民政府財庫空虛，已是岌岌可危。當時孫逸仙之子孫科雖擔任廣州市長，卻因各軍頭需索無度，用來經營公共服務的經費已是所剩無幾。社會動盪使得廣東省在一九二一到二三年間的歲入，減少了百分之六十之多，孫逸仙爲籌措經費，只能從增稅和提高證照規費著手，並以軟硬兼施的手法迫使餐廳、鞭炮商、當舖、鹽商、肉販、旅館老闆貸款給他。他的高壓手段顯然極不受歡迎。九月二十二日這一天，孫科在前灘巡視時竟遭人行刺。次月，國民政府提出重賞，凡舉發個人侵占公有土地者，即以出售土地所得的百分之二十相酬，接著便展開沒收歸公的作業。

然而，沒收土地充公的錢還是不敷所需。到了一九二四年一月，孫逸仙已經發不出薪餉，國民政府只發給軍隊一文不值的軍票，但商人拒不接受這種「玩具鈔票」，他也因此失去許多奧援。「孫逸仙以頗值得商榷的手法在廣州籌款，不啻自絕於人，以致失去許多工商界人士的支持，當地普遍認爲孫逸仙已是孤注一擲，且對他的政府能成功的機率大爲存疑。」美國總領事簡金斯寫道。

在需銀孔急，開關稅源又績效不彰之餘，孫逸仙只得從兩個由外國人控制的稅收「鹽務局」和「中國海關」下手。孫南下後不久，就指派自己的人馬出任鹽務局長，開始收取鹽稅；但要接收廣東港海關稅收可就沒這麼容易了。海關名義上屬中國政府管轄，實際上由英國稅務署長徵收、轉匯和寄存銀行。海關稅收直接匯至上海的管理銀行團，再由銀行團分配作支付對外貸款及賠款之用，至於轉交給北洋政府的稅額多少，則由北京的外交使節團決定。一九二三年九月，南方政府主張海關稅收盈餘應留在廣州，供作改善政府財政之用，不得轉交給北方的敵人。西方列強對他的主張不予理睬。他在十月二十三日重提前議，繼之以揚言威脅要收回關稅署，把英國人趕出亞洲。

聚居於沙面島的西方人不為所動，表示孫若動武，他們也會還以顏色。他們不理會中國的自治和民主，積極籌畫保護他們所控制的一切，包括那四十四英畝的沙面島租界。沙面島與廣州隔著一條狹窄的運河，僅容舢板和小帆船通行，通往島上的兩座橋梁則有配備步槍和寬刃劍的英軍把守。艾本筆下的沙面島租界，景象截然不同於廣州：「人行道和當時車輛絕跡的大街旁，大榕樹、胡椒樹和棕櫚樹夾道，花岡石和磚造建築的牆壁上，九重葛紅花怒放。」花園、西式住宅和別墅、俱樂部、網球場、槌球場、外國銀行和企業林立，還有一家旅館和一間船庫，可說是個寧謐的安全島。

西方強權既不願和孫逸仙談，他於是決定親往沙面島談判關稅事宜。「有一天，我們十幾個侍從和保鑣換上制服，帶上武器，護送孫先生前往領事館，」范良回憶道：「我們搭乘汽船到沙面租界，但唯一入口的橋上有武裝英國兵把守，檢查出入船隻，要進去並不是那麼容易。孫先生不願受辱在自己國土上被外國人檢查，決定直接上岸，不從橋上進入。租借區的人發現是孫先生時，已經無從阻擋了。孫登岸後命我們守住船，然後領著祕書黃昌穀和侍從武官馬湘，逕趨只有十公尺開外的領事館而去。」

雙方沒有達成協議。西方固然擔心造成對立，廣州方面也鑑於外國戰艦環伺未敢造次。「泊靠廣州外的外國炮艇已經占有關稅署，且各軍均配備機關槍。」《紐約時報》報導。儘管年初香港總督司徒拔會晤孫逸仙時相談甚歡，但對孫極力想奪回關署的作爲極爲不屑。「愈是了解孫我就愈是不快，愈是了解他的隨員就愈發不快，」他寫道：「他們是中國最滑頭最可笑的無賴，我對他們興趣闕闕。」十二月四日，孫致函司徒拔，譴責英方揚言報復：「本人得知，倘我方採取行動以執行我政府分配關稅收入的主張，貴方亦將採取『強力措施』，想必不是海軍轟炸廣州市，就是由香港主導對廣州施以經濟封鎖。如此威脅，本人不爲所動。本人決意取得我政府對本國關稅收入應得的配額……至於揚言轟炸不設防城市廣州云云則不可能當眞。」

孫的助理幕僚分頭走訪西方外交和軍直官員，希望能化解緊張情勢，取得稅收，但英國總領事賈梅臣等人不爲所動。「他揚言報復只是虛言恫嚇。」賈梅臣寫道。連柯恩也投入拜會活動，表明他的立場，攔住西方國家艦隊官兵如查爾斯．德雷治（Charles Hardinge Drage）便聊了起來；此人二十六歲，是「藍鈴號」（Bluebell）艦上官兵，十二月五日離粵赴港。柯恩在前一年認識不少領事館職員，在這次危機中就曾多次拜訪美國領事館。柯恩自己雖是自視甚高，簡金斯依然不爲所動：

柯恩看來就不像是高格調的人，據我所知，他是投機份子、激進人士……副領事柯林斯在辦公室裡跟柯恩相當友好，據副領事告訴我，自目前的危機發生以來，柯恩即再三表示，孫取回關稅控制權的決心決不改變。不過，柯恩也向柯林斯副領事暗示，孫「不會開火」。他顯然認爲事態發展到最後階段，列強自會退讓，孫自可如願揚長而去。我說過，柯恩格調不高，能否完全信賴不無疑問。不過，鑑於他和柯林斯副領事的交情，以及時時提供給柯林斯的情報確實無誤，因此，就本次事件而言，我個人認爲柯恩所言有幾分可靠。

結果，孫無功而退。他畢竟難以抵擋西方強權。而他雖未能取得關稅稅款，卻收到他所亟需的政治效益。在爲稅收和客軍的問題而緊張昇高之際，他藉機詆譭和譴責英美兩國持續支持北洋軍閥，反制新聞界對他的負面報導。他聲望日隆、態勢益見強硬，使得港督司徒拔也不得不承認他是南方勃興的一股勢力：「香港殖民地的繁榮跟廣東息息相關，廣東若心懷敵意，居大不列顛對中貿易大宗的香港貿易便無以爲繼，就貿易利益而言，不管統治廣東的是孫逸仙還是別的勢力，我們都應該和睦相處。」

在此同時，爲期十天的全國代表大會籌備順利。一九二四年一月二十日，大會在廣東高等師範學校開議，柯恩每天護送孫穿過大街到會議廳開會。柯恩和一干侍衛一路排開圍觀群衆而行。在會議廳上，經過精心挑選的代表們，通過了主張社會改革和改善中國國際地位的計畫，會中儘管有若干代表反對，最後依然批准孫的決定，承認共產黨人入黨，並提名三位共產黨人爲中央執行委員會委員。此外，大會還通過以孫的三民主義爲黨的基本政策。

一九二四年的全國代表大會

在被孫和鮑羅廷改造過的新國民黨內，孫仍然掌握主導權。憲法主張行政、立法、司法、考試和監察五權分立政府，至於黨的組織則與蘇聯共產黨相同，權力自孫和中委會由上而下。這時，孫還提出他的「中國國民政府全國建設大綱」，說明他對三階段中國革命的看法。根據他的計畫，初期爲軍政，亦即以軍事統一全國，其次爲訓政，教導人民自治政府的內涵，完成教化民衆階段後，即進入憲政統治階段。

大會並主張創設黃埔軍校，訓練政治思想牢靠的軍官，擔任新改稱國民軍的中低階軍官。孫的年輕助手蔣介石獲任命爲軍校校長及黨軍黨司令，廖仲愷爲政治部主任，周恩來爲政治部副主任，李濟琛是軍訓部主任。

黃埔軍校位於廣州南方的漳州島，有碼頭、碉堡、平緩起伏的丘陵和稀疏的樹林。六月十六日開學典禮，孫親臨主持——柯恩隨侍在側。在黃浦，由青幫召募而來的兵士和蔣介石的部屬，一同接受六個月的訓練。訓練於每天早上六點鐘開始，整天接受砲兵、工兵和步兵課程與教練。教務人員不但教導他們成爲精銳軍人，更灌輸他們要成爲革命部隊。他們學習三民主義和協助國民黨建國。「我在中國這些戰役中學到一件事，就是部隊有政治思想才能打好仗。」柯恩提到創設黃埔軍校的情形時說道：「至於他們的主張是對是錯倒沒有太大關係……只要他們相信就成。」

蘇聯撥注軍校經費，並派帕洛夫（P. A. Pavlov）將軍為軍事顧問團團長。帕洛夫六月抵黃埔，但在七月一次巡視途中溺斃。孫逸仙、宋慶齡和柯恩參加隨後舉行的追悼會。魁梧、紅髮、在俄羅斯內戰中嶄露頭角的瓦西利・布魯徹將軍（Vasily Bluykher，即加倫將軍）繼任，並於十月底抵粵，不多時，蘇俄軍事專家陸續前來廣州。

新軍與新財政

孫的新軍所面臨的最大問題在於武器不足。迄至當時為止，他們所仰賴的本國軍火當中許多是不符標準的。孫訂購了三百枝步槍供黃埔開學之用，及時送達的不過三十枝而已。西方列強極力反對中國強大，一直設法控制武器流入分裂的中國。一九一九年時，列強達成「武器禁運協議」（Arms Embargo Agreement），但仍有武器從非簽約國流入。商人利用德國或挪威船隻運送武器，走私客則透過廣州、香港和澳門將小型武器帶進中國。連水手都走私軍火，上了岸之後就到碼頭邊的茶樓酒肆兜售，一把三十元的毛瑟槍，輕輕鬆鬆就可以四倍的價錢脫手。

因此，十月底蘇俄運來幾千枝步槍、大砲和機槍，孫這才如釋重負。他需要這些武器，不單是為了跟軍閥作戰，還得應付廣州市內方興未艾的諸般問題。一九二四年五月，西方人頒布規定，禁止中國人抄近路走外灘；六月十九日晚上八點三十五分，沙面島上的維多利亞飯店

(Victoria Hotel，編按：今易名爲“Victory Hotel”，廣東新勝利賓館)正在舉行歡迎酒會招待來訪的中南半島總督梅林(M. Merlin)，刺客從窗口拋進一只裝滿爆裂物的公事包，梅林雖毫髮無傷，炸彈碎片和炸飛的餐具卻造成五死二十八傷，牆壁濺血，天花板上炸出一個大洞。守衛追逐並對刺客開槍，但刺客逃出法界區，泅水揚長而去。

英國指責廣州政府窩藏刺客。孫毫不畏縮，以在北校場盛大舉行四千人部隊閱兵展示武力。「閱兵預定時間未到，街上觀衆夾道，校閱台上坐滿軍官和外國友人，」香港《電訊報》(*Telegraph*)報導六月二十九日這場閱兵說道：「接待賓客事宜安排極爲妥善，上午十點，軍隊準備就緒，等候孫逸仙大元帥蒞臨。十點三十分，孫博士在直屬莫里斯・柯恩督導的貼身侍衛群陪同下抵達，軍隊舉槍致敬，樂隊則奏起國歌。」飛機旋空，孫旋即進行校閱。

最近的情勢發展和孫日趨放肆的言詞，使得外國人憂心忡忡。他們在沙面島實施更嚴格的安全措施：從八月一日起，凡在晚上九點以後登岸的中國人，均需攜帶附有相片的身分證明。中國人認爲這是一大侮辱，於是展開反擊：在外國各領事館、銀行、商店和宅邸工作的中國人男性兩千人，女性三百人一起展開罷工。罷工者計畫切斷供應，使沙面島孤立無援，並在出入橋樑派糾察隊把守，阻止市民通行。英法兩國則以派遣砲艇到廣州回應。果不其然，罷工行動很快便染上反帝國主義色彩，糾察員高呼反不平等條約及反外國人控制海關的口號。罷工人士募集活動資金，且起碼有二十六個工會群起響應。雙方很快達成和解，大部分工人在不扣工錢的條件下返回工作崗位。這次成功的罷工行動使中國人信心倍增。柯恩理所當然把結束罷工的功勞往自己身上攬。「沙面島大罷工時，我是孫逸仙博士的侍衛長，」事後柯恩立刻告訴英方官員：「我說服了孫逸仙博士……運用影響力促請工人結束罷工。」

如今，孫既有組了織比較合理的黨，又開辦了軍官團，接著便著手安頓政府財政。他請哈佛畢業的小舅子宋子文整頓黨的財務和廣東的經濟。宋採取緊縮措施，對橡膠、木精和硫酸氨業者課以重稅，下令廣州商人各以五元到五百元不等的金額借款給政府；緊接著，專利藥物、軟性飲料、化粧品、婚喪用品，乃至黃包車都得課稅。八月十六日，宋子文開辦中央銀行時據說資本額是一千萬元，白銀約占貯備金的百分之二十五，而蘇俄即便不是悉數出資，至少也提供部分援助。

宋子文擔任央行經理和財政部長。新央行爲廣州政府唯一的金融機關，具有調動國內外債券和發行鈔票獨占權，同時也充任國庫的角色，不過，央行發行的債券和鈔票——宋子文稱爲「我的鈔券」——是否爲商家和民衆所接受卻不無疑問。因此，央行爲重建政府的債信，召集民衆公開銷毀新年時發行的軍票。存款立刻湧入。

孫科擔任廣州市長

此外，在孫科擔任市長期間，廣州也邁向現代化。他大力開闢、拓建和整飭街道，建設排水系統和公共設施，新建築如雨後春筍興起，舊建築也大力整修。在此同時，公安局長吳鐵城所管理的警力也相當優秀。不過，並不是人人都欣賞孫逸仙、宋子文和孫科的作爲。新稅和規費不斷增加，尤令當地商家不平；社會失序、客軍日益壯大、黃埔建軍經費、準備北伐，以及國民黨官員的親共作爲等等，莫不使他們憂心忡忡。商家紛紛結束事業，把資產轉移到外國名下登記。

商界所成立的民間自衛團體「廣東商團」則大力加強。商家在廣東商會會長陳廉伯的領導之下，提出由所有商業團體成立聯防總部的構想。陳廉伯向比利時訂購了數千枝步槍、機槍和大砲和三萬發子彈，以武裝自保。這批軍火在八月八日前後由挪威貨輪「哈佛輪」（Hav）運抵廣州。商團雖已正式向孫的大元帥府申請，並取得槍械進口許可，然而正苦於武器不足的孫逸仙決定把這批軍火據爲己有。蔣介石扣下船隻，商團則揚言發動全面罷以爲報復。孫在鮑羅廷的建議下頒布戒嚴令，並指控商團陰謀接管廣州。

抗拒日增。銀行家拒絕接受新央行所發行的鈔票，米店囤積存糧，街坊委員會立起路障。由於情勢極度惡劣，孫甚至考慮轟炸市內人口最密集、最爲富庶的地區。月底，雙方達成協議。國民黨同意只扣下彈藥而發還一半的武器，並撤銷逮捕商團領袖的命令，商團則緊急取消罷工。

事態並沒有就此完全解決。商團唯恐廣州政府食言而肥，揚言若不在十月十日依約歸還武器，則將展開全面罷市行動。在紀念一九一九「雙十革命」的這一天，商團在帆船停靠卸下武器的外灘對面佈下防線，下午二點三十分，由勞工和學生組成的國民黨隊伍，高舉標語，高呼口號，沿外灘遊行。有些工人和黃埔軍校學生攜帶武器。一行人來到商團卸貨地點，要求讓遊行隊伍通過，但爲商團所拒。有人開槍。是商團開的火。勞工和軍校生散開，商團則窮追不捨，有位商團隊員甚至把死了的勞工的心臟剜出。孫於是出動黃埔軍校學生、勞動民兵、農民團和部隊，在吳鐵城指揮下展開攻勢。他們在商團總部周遭灑上汽油後縱火，快意劫掠，到了「血腥星期三」晚上，廣州市商業區泰半為火燄所吞噬。

孫霹靂鎮壓商團後，元帥府的工作恢復常態，但柯恩再次趾高氣揚，吹噓自己位高權重。有一位叫馬澍（Ma Su，譯音）的人到元帥府時，聽見柯恩自稱「新入伍的軍官歸我管，侍從武官歸我管，祕書處也歸我管」。

馬澍一聽大為吃驚，便跑去問馬湘，柯恩所說是否屬實。

「當然不是眞的！」馬湘告訴他：「柯恩只是少尉副官……他既然這麼說，顯然別有居心，我懷疑他在外面招搖撞騙，您有時間的話務必面報大元帥。」

「不久馬澍便向孫報告，」馬湘寫道：「孫聽了不動聲色。次日，經理官傳柯恩，給了他三百元，告訴他『大元帥叫你令謀高就，不必再來上班了』。被自己心目中的英雄解職，對柯恩而言簡直是青天霹靂。他丟掉了遠渡太平洋而來找尋的理想差事。他必須痛改前非。他再三道歉。柯恩想必是極盡卑恭屈膝之能事，因為他立刻又回來上班。」

孫平定了廣州之後，決定展開軍事討伐。九月三日，他展開北伐行動，討伐北洋曹錕、直隸系的吳佩孚。九天後，孫帶著貼身侍衛、航空部隊、吳鐵城的警察部隊和一排黃埔軍離開廣州，在北方兩百哩外的韶關車站成立指揮部，河南、湖南、江西和雲南系的軍隊也漸漸往附近一帶集結。孫為防範無謂阻力，派遣孫科前往東三省與張作霖及安福系（段祺瑞）結盟。北伐軍興之後，直隸系在北方先盛後衰，到了十月底，吳佩孚的部屬及義子馮玉祥反正，以人民之名攻取北京。

由於這次政變和國無元首，孫於是提出會談之議。北京各勢力接受他的提議，並邀他北上共商籌組新政府事宜。這是孫期盼已久的時刻。他對於北上會談抱有宏大計畫。他提議召開全國代表大會、國內各地方軍系解甲歸田、國民黨在北方發展。他返回廣州，準備風風光光進北京城。

和平，奮鬥……

十一月十二日，孫逸仙開始辭行。此日正值他的五十八歲生日，他在財政廳樓上陽台校閱工會團體和學生代表等二萬人遊行隊伍。次日，他和宋慶齡、鮑羅廷、汪精衛、陳友仁、柯恩等人一起離開廣州，在黃埔稍作逗留，向軍官和學生發表演講，當晚再啓程前往上海。

此行原是孫此生中最光榮的時刻，怎奈天不從人願。他得了肝癌，痛苦難當，行程中有部分時間是臥病在床，食難下嚥，泰半以水果裹腹。然而，他依舊強打精神。十七日，船抵上海，碼頭上萬衆歡呼。群衆高呼反帝口號，隨著他來到莫里哀街。這時，柯恩轉往加拿大採購武器。孫在十二月三十一日抵達北京時，病情已急遽惡化。

孫在北京臥病之際，溫哥華的華人則盛大歡迎柯恩英雄凱歸。「唐人街一認出是他，立即殷勤接待，爲我們舉辦盛大晚宴，不准我們出一分錢。」那年冬天和柯恩一起訪問唐人街的李·

賽瑞斯（Lee Sereth）回憶道。一月，花俏無比的柯恩，假以「將軍」頭銜招搖過市，回到艾德蒙頓。他暢談東方掌故，吹噓說在「廣州關稅」危機之際，孫希望他能出面接管海關，聽得他一干朋友如醉如痴。艾德蒙頓《日報》報導：

在中國風暴中心待了兩年多之後，回到艾德蒙頓暫訪老友的莫里斯・亞伯拉罕・柯恩，現爲國民政府要員，如今身居將軍之職暨孫逸仙大總統侍從武官，今抵達本市……柯恩將軍外貌跟一九二二年秋離國時沒有太大改變……這位中國南方政府大總統的左右手，接見《日報》時對遠東情勢三緘其口，只表示以他現今的官職不宜談論中國政情。「不過，可以這麼說，」他告訴《日報》：「我離開中國時，大勢頗利於統一各政治勢力。即將召開的全國代表大會極可能達成圓滿結果，但目前我不便提供進一步消息……」他將在加拿大逗留約兩個月，他此行的外交目的仍不得而知。這位中國特使口中所說的唯一一句話是，他回來訪友，以及勞頓兩年後稍事休息。

孫彌留之際，衆人已展開奪權行動。孫發表政治和個人遺囑，在三月十二日早上九點三十分辭世。孫過世的消息傳到加拿大，柯恩立刻趕回中國。「三月中旬……我獲悉他過世，立刻搭船回中國，航行途中我不打牌、不上酒吧、很少與人交談。我輾轉難眠，而這是以前不曾有而以後也不會有的事。」

橫渡太平洋之行費時近二週。抵上海後，柯恩搭火車到北京，已經錯過了三月十九日家祭和在北京協和醫院舉行的公祭。孫的遺體暫厝中央公園的兩週期間，約五十萬民人前來瞻仰遺容。柯恩抵京後直接去見宋慶齡。「我一見到孫夫人便淚湧雙眸，」他還稍稍記得服喪那段日子。「我精神崩潰，悵然若失。」四月十二日，孫的靈柩遊街後前往西山碧雲寺。「好一陣子，我覺得自己最美好的歲月也跟孫一起留在碧雲寺，只是怔怔地思忖，我現在的人生是何等空虛，他在世時我是竟是不知惜福。」他心目中的英雄已然仙去。

第十二章 群龍無首

中國南方，一九二五至一九二七

孫逸仙畢生致力於中國革命和創建民主國家理想，一九二五年過世後，國民黨宛如無舵之舟飄搖不定，國無元首。國民黨雖在前一年的全國代表大會時提出改組主張，可惜旣乏人主持，又難以擺平黨內問題。更糟的是，廣東仍然仰賴各軍閥支持。

孫的追隨者立即展開「追諡」行動。他的照片粧點了辦公室和各個大樓，他的題字成爲墨寶，他的話成爲金科玉律。孫逝世一周年，各界開始籌備在南京建中山陵事宜。「孫逸仙的名字具有幾近神聖的意義，外國人也許很難理解，」席安說道：「他本來就是中國最偉大的群衆偶像，過世後他的名諱和肖像更已形同一種象徵。」各方領導人、法定和假定的繼承人都衆口一詞宣稱，孫過世時他們就隨侍在側，希望把自己附麗在世人對他的記憶上，藉此宣稱自己才是獲他遺命授權的人。

覬覦孫之榮冠的主要有三個人，其中最知名的是溫和派的汪精衛。一九一〇年，汪精衛因行刺滿清攝政王戴澧而初次躍登革命舞台，他也因此被清廷判處無期徒刑；一九一一年武昌革命後獲釋，汪即追隨孫；一九二四年成爲黨中委會第二號人物。而中委會的第一號人物乃是右派的胡漢民，爲孫的心腹，一九一一年建國前前多次協助起事，孫準備北上時則由胡擔任代理大元帥。廖仲愷則是國民黨的財政專家，曾任廣東省長，甚獲宋慶齡和鮑羅廷信賴。由於無人足以代孫的緣故，暫以汪、胡和廖三人集體領導。

不久，國民黨和中國共產黨的鬥爭便浮上檯面。共產國際希望排除保守派，使國民黨更趨激進，右派則極力設法阻止黨傾向自由派。一九二五年八月二十日，廖仲愷出席中委會議時，一下車便遭五名槍手襲擊殞命。這宗謀殺一直沒有破案，但傳言主使人是胡漢民的表兄弟，這使胡不得不辭職。汪成爲國民黨首腦，鮑羅廷和當時的中間派蔣介石把若干保守派逐出黨外，但黨內分裂日甚已不易彌合。十一月，國民黨中委會右派在西山開會，決議應將鮑羅廷解職、整肅黨內共產黨和溫和派、汪精衛停職。接著，西山會議派在上海另立國民黨總部。

工人勢力抬頭

工會勢力興起，以及隨之而來的工人暴動，尤其令保守派惴惴不安。香港是世界船運和倉儲中心，一九一八到一九二四年間，年貿易額爲一億五千萬英鎊，而中國對外貿易有百分之三十到四十是經由香港。一九二三年，在香港登記的工廠已達兩百四十三家；翌年，出入香港港埠的商船、帆船、汽船計五萬七千七百六十五艘。誠如英國作家米德頓‧史密斯（C. A. Middleton Smith）在一九二〇年所指出的，香港殖民地「資金無虞，工資便宜，又有極佳的市場腹地」，造船廠、修船廠、煉糖廠、水泥和電子公司和紡織廠，吸引無數工人前來，而這些人除接受低廉工資、惡劣工作環境、侷促住所和高昂生活開銷之外，別無選擇。

就英國而言，中國是她的勢力範圍，強取豪奪而控制許多中國港口，搶走了中國的產業和航運。第一次世界大戰後住在香港的六十萬中國人，對統治香江的七千九百名英國人沒有好感。工人組織工會。一九二〇年，機械、造船、煉糖和其他基礎產業的工人進行罷工，要求提高百分之四十的工資；次月，勞資達成和解，調薪額度與勞方要求相若。有了這次成功的經驗，一百多個新工會應運而生。一九二二年一月，海員工會因工資問題展開罷工，不到兩個星期光景，三萬名海員、駁船工、碼頭工人、挑煤伕一齊罷工。英方對這些罷工的工人抱有偏頗的看法。華工和華人領導階層希望爲社會帶來革命性的變革，希望自行管理經濟和決定自己的政治前途，但在英方看來，此舉挑釁了他們所施行的秩序。他們打算盡其所能保護和掌握既得利益，因此，罷工人士須予嚴懲。於是，香港政府頒布戒嚴令，召來軍隊巡邏，雇人破壞罷工。不多時，全港罷工。船隻避開香港，數百萬元轉運收入化爲烏有。到了三月五日，船東無可奈何，只得答應工會的要求。

而日本工廠的工作環境最爲惡劣。一九二五年春，受夠了管理階層的毆打和虐待的華工展開罷工，其他工廠也以罷工行動聲援。三月十五日，上海一家工廠發生爭執，日本守衛對工人開火，造成一人死亡、數人受傷。抗議蜂起，有關單位隨即逮捕工會領袖。五月三十日，罷工人士遊行至警察局要求釋放工會領袖，主管的英籍局長唯恐群衆衝進警局，下令錫克籍和華籍的巡官開火，造成十餘人死亡，數十人受傷。罷工風潮蔓延至全國，工會幹部散發「五卅慘案」死者照片。到了六月中旬，罷工和抗議風潮已蔓延至十二個大城市。

六月十八日，香港、澳門和廣州汽船公司的海員展開罷工；三天後，香港和沙面島工人響應。緊接著，在六月二十三日下午，五萬名工人、農民、商人和軍人大遊行，經過了已堆起沙包防禦的沙面時，傳出一、兩聲槍響，英法兩國海軍和黃埔軍校學生交火。五十二名中國人死亡，再一百一十七名傷者當中，約有三分之一是在逃散時相互踐踏受傷。外國人只有一名法國人死亡，八人受傷。

雙方互指對方先開火，「廣州香港大罷工」於焉開始。廣州、香港和沙面所有產業的工人總動員，人數總計爲二十五萬人。罷工人士提出抵制英國貨、徹查槍擊事件、懲處肇事者、賠償傷亡、禁止外國船進港和驅逐外國部隊等主張。黃埔軍校亟思與帝國主義走狗一決雌雄，甚至挑動群衆占領沙面島。很多工人棄香港而投奔廣州。到了一九二五年年底，計有一百三十五起罷工事件勃發，其中，單是上海就有一百零四起。貿易急落，幾家華人銀行破產。全民反外，使得國民黨取得必要的支持，也讓共產黨員從一千人急增到三萬人。香港政府的因應措施是檢查廣州和香港間來往的電報和信件，凡通報而使那些氣勢洶洶的工人認罪者，給予重賞。

由於罷工人士不許船隻經香港泊靠廣州，許多船隻開始過門而不入。不僅如此，廣州政府爲加強抵制效果和孤立香港，還雇用了幾千名糾察隊，在黃埔稍微接受軍事訓練後，編成十二至一百零四人不等的小隊，分發制服，派駐到廣東省十四個港埠。有些糾察隊甚至配備步槍，有些港埠則以炮艇輔助糾察隊執勤。

糾察隊員都是窮人，多達兩萬七千人住的是廣州人管理的公寓，三餐在政府的施粥場吃飯。這些糾察員及其家人「擠在人滿爲患、建築不佳的營區，晚上打地舖，每天拿點微薄的津貼」。一九二六年抵廣州的俄國翻譯家維什雅科瓦-阿基莫瓦（Vera Vladimirovna Vishnyakova-Akimova）如此寫道。他們找尋被抵制的物資、維持秩序、捉捕破壞罷工者、執行糧常禁運、阻止載有英國物資的船隻進港。

落魄卻粗魯

這段政治和勞工動亂時期，也是柯恩最落魄的時候。孫逸仙過世後頓失所倚，一直到「沙面事件」前四天才謀得一份差事，當上警察局長吳鐵城的聯絡官。此外，他也爲孫科效力。柯恩自詡爲政府內一支主要勢力：「我聯絡官的工作……突然變得很重要。我出入各衙門，往來於廣州和沙面島之間，爲孫科、宋慶齡和吳鐵城傳信，說明、申訴、爭辯、設法使情勢安定下來。」但是別人未必如此看待他。他常常自我宣傳，時時把「北方建設公司」合同掛在嘴邊，但對他的官運或各領事對他的態度並沒有太大幫助。他甚至吹牛說跟若干知名政治人物交情不凡，例如威廉·麥肯茲-金恩（William Lyon Mackenzie King），但加拿大官員向渥太華一打聽，金恩總理說他根本不知柯恩是何許人也。賈梅臣對柯恩尤其疑念重重。在賈梅臣和一干講究階級的外交人員看來，柯恩不是正派英國人；在他們眼中，柯恩是不學無術、口音難改出身低層貧窮家庭而愛出鋒頭的猶太人。賈梅臣打電報到加拿大，取得「他詳細的前科記錄」後指出，「此人具有投機者所有的特色，在亞伯大加入國民黨，過來中國擔任他自任的孫逸仙私人保鑣，但我懷疑，幫中國人偷渡到北美大陸才是他眞正的目的。」

罷工歸罷工，日子還是得過。由於情勢緊張，廣州市內風聲鶴唳，外國海軍在加強軍事警戒之餘，彼此間也展開廣泛的友好聯繫。例如原在珠江和西江一帶巡邏的『潘班加號』(Pampanga) 就和英國砲艇情同手足，時時安排在上游聚會，」夫婿米爾敦在這艘近一百呎長的美籍砲艇上服役的薇瑪・邁爾斯 (Wilma Miles) 說道：「英艦沒有冷凍或冰箱設備可以儲存食物，美艦則不許船上有酒，所以雙方交流是擋不住的。此外，英國軍官飽讀詩書、精於各種休閒活動，時間又多，是極佳的伙伴。而英美軍官見法軍設法帶活雞、活豬甚至活牛上船以解決新鮮食物問題，對此頗爲同情。」

一九二五年夏天，「潘班加號」在沙面島外執勤，有一天，邁爾斯少尉站在甲板上，發現有一艘馬達船引擎故障，正往「潘班加號」舷門方向漂過來，於是命下士機械師準備工具幫忙。那艘船一靠近，柯恩立刻衝上「潘班加號」，頤使氣指，命人加油和修理引擎。他的舉止和厚顏令船上的人大吃一驚；他們請柯恩下船，叫他自己修理。他忿忿然跳下船，一面衝著邁爾斯吼道：「我會教你吃不完兜著走！」

柯恩控制不住脾氣。他過度膨脹，自以爲身居要津，若事情不順就不樂意。他莽撞的態度和亂發脾氣，在廣州口碑不佳。有位英國軍官指出：「他純粹是個投機者，前科累累，據信是『國際產業工人組織』(I.W.W., Industrial Worker of the World) 的活躍份子。」他在北方也不受歡迎。八月間，柯恩陪同孫科前往北京時，順道拜訪英國公使館，討論沙面槍擊事件。他沒來由的歸咎於法國率先開火。不過，他在流箭亂射之餘，也極力擺出新西方陣線的論調，顯然是想同時討好主子和西方社會。「柯恩時時強調，他是親西方的，並不是那麼『赤色』，連賈梅臣也對他心存感激。但從賈梅臣電報中的大意看來，我實在很難相信他所說的話。」這位軍官寫道。不只是他對柯恩的說詞大打折扣；柯恩未能見到代理公使，流露出妄想症的跡象。他說，他被人以莫須有的罪名誣陷，他說北京會以「不受歡迎人物」罪名逮捕他，說他若踏進英美租界一步就要把他驅逐出境。柯恩意猶未盡，「接著語帶威脅地說，若有人想以這種手段對付他，他會透過在加拿大的關係，讓大家都『混不下去』。」招搖撞騙和信口開河的方式，在英國領事館交不到朋友。依另一位官員的說法是：「柯恩先生給我的印象是，他正是美國所謂的『膿包』，無論外表還是態度都令人生厭。」

努力改善自身地位

八月底，柯恩抵上海。儘管他心懷莫名的恐懼，但根本沒人要逮捕他。他拜訪英國領事館，約定後續會面卻沒有露面。八月三十一日，他搭乘「克里夫蘭總統號」回香港時，剛從美國來跟她二十五歲的少尉夫婿結婚的薇瑪・邁爾斯也在船上。爲了打發時間，她跟喬治・亞德里（George W. Yardley）船長及另外兩名乘客打橋牌，消磨旅途寂聊。「由於少個牌搭子的緣故，蒙戈・帕克（Mungo Park）先生晚上跟船長打牌時就找我搭檔，」她回憶道：「我不賭錢，輸贏都歸他負責，若是我手氣好，他當然也賺到。」船到上海後，亞德里船長的搭檔下了船，而柯恩上了船。柯恩跟亞德里相識，船長便請他軋一脚。這時薇瑪還不知道柯恩出了名的喜怒無常脾氣，另兩位客人則小心翼翼看著他攤牌洗牌。「我還記得，四人坐定，亞德里船長打趣地提醒柯恩，要他留意作牌的老毛病。柯恩笑嘻嘻告訴我們：『有女士在場，本人絕不作假。』」四人一路相處甚是融洽，船抵香港後，邁爾斯得知心上人跟這種人打牌，不由大驚失色，立即提醒她以後最好離他遠一點，因爲「他是毒藥」。

罷工持續。十一月二十日，二十位憂心勞工怠工效應的廣州商人，前往香港和商會與殖民地副布政司傅萊徹討論如何戢止罷工。然而，日趨暴戾的怠工行動仍無結束跡象。「亞洲石油公司」（Asiatic Petroleum Company）駐地經理賀伯・卡曼（Herbert Cadman）兼營副業，從航行珠江的沈船上接駁乘客和物資到廈門，偶爾會接運到違反抵制行動和搭乘香港船隻的中國人，罷工糾察隊對他大爲不滿。十二月十八日下午，加曼的馬達船駛離「河南輪」（Honam）時，一艘糾察汽船疾馳而來，對他開了十幾槍，登上他的船，把兩名印度工人加將・辛哈（Gajan Singh）和希拉・辛哈（Hira Singh）擄爲人質，還搶了他一袋錢。

兩人想逃，他們就拳打脚踢。「他們解開我們的頭巾纏在我們脖子上，兩個人各執一端朝反方向拉扯。」加將・辛哈說。糾察隊把他們雙手反綁，遊行約莫六哩路，來到罷工總部。一路上有鼓噪的群衆尾隨，對他們拳打脚踢。卡曼被捕的消息一傳開，柯恩立刻趕到罷工總部施壓，促使罷工者釋放加曼。

加將和希拉可就沒這麼幸運了。他們衣服幾被剝光後關進牢裡，「審判」時法官告訴他們，他們既在英國船上工作就該槍斃。「然後被帶到辦公室裡搜身，」希拉說：「我們被綁成半蹲的姿勢，在辦公室裡待了一個鐘頭，後來有個人說『你們若回到英國船上或沙面，我們會宰了你』，我說『悉聽尊便』，他們又對我拳打脚踢。」糾察員給他們的食物少得可憐。「他們每天早上九點左右給我們一小碗飯，然後由值班的人把我們帶到廁所。」在他們被擄期間，守衛有時會在飯上擺一塊牛肉，等於是利用錫克教的飲食戒律不讓他們吃。吃完後又是一頓好打，而依加將的說法，守衛還強迫他們「清理地板上各種吐瀉穢物」。英國領事館和亞洲石油公司設法營救，但罷工人士的答覆一律是仍須進一步偵訊，一直到一月六日，他們好不容易才獲釋。

關於罷工的談判仍然持續。宋子文等國民黨領導人堅持，罷工人士應予復職，並支付怠工期間的工資，暗示外國社會應提供必要經費。十二月二十日晚間，柯恩攜宋子文信函至沙面，領事館就便詢問柯恩對罷工事件的看法。他本就極力以自己所知和所想來打動別人，自是樂於從命。爲了顯示自己在廣州政府裡的地位，柯恩宣稱他從一開始就參與召募黃埔軍校教官事宜，並進一步表示，廣州政府和鮑羅廷及蘇俄合作多年下來，對他們已經厭煩透了。他暗示，蘇俄人可能很快會被掃地出門。柯恩接著說，孫科不喜歡蘇俄人，尤其討厭鮑羅廷，至於罷工事件，廣州政府希望能儘速解決。次日早上，汪精衛、宋子文等人前來討論如何結束罷工，英方提出以香港政府貸款廣州政府完成粵漢鐵路之議。

柯恩在幾次弄巧反拙的公關努力之後，急於改善自己在外國人眼中的地位。他能屈能伸，雖有暴躁卻也有迷人一面。他因攜槍前往「廣州俱樂部」而惹上麻煩，跟西方列強砲艇上的官兵倒是混得挺熟，經常展示他打靶和把錢幣拋在空中彈無虛發的絕技。一九二六年三月，薇瑪造訪的「南地俱樂部」(Nanti Club)，是曾留學外國的中國人流連之地，宋子文和蔣介石都是這裡的常客。這裡也是西方人和中國人相處甚歡，一起喝茶、暢談時事和看電影的地方。此外，俱樂部裡還有一部留聲機，會員們迫不及待請美國人教他們最新的舞步。

「有位身著長袍的中國人——警察局長吳鐵城待我特別好。」薇瑪回想起有次到俱樂部的情形：「他在聊天時問我看過什麼有關中國的書籍，我不得不承認自己所知有限。」吳鐵城告訴她，他會送她一本可讀性甚高的書籍，希望她能多了解自己的新家園。「第二天，摩里斯・柯恩派舢板過來傳話，詢問是否可以送個包裹到『潘班加號』……這次，他帶來麥克納爾(McNair)所著的《現代中國史》，外附一張吳鐵城的名片，登船後，得船上以咖啡和一碗燴飯款待。」這次他的言行舉止也跟上次大不相同，既沒有咆哮或恫嚇，也沒有亂發脾氣，而是一派紳仕風範。邁爾斯少尉和柯恩從此「盡棄前嫌」。

若有不受歡迎人物進城，領事館甚至會向柯恩請教。英屬哥倫比維多利亞市警方通報中的「又紅又專的共產黨徒」配管工法蘭克・葛里翰(Frank A. Graham)抵達後，前來拜會柯恩。

在柯恩眼中，葛里翰只是沒錢、急於找份工作罷了。英國領事館請柯恩對此人做一評估，他欣然答應。「葛里翰給柯恩先生的印象並不特別，他認爲，葛里翰態度沈靜，與人無尤，親口表示他確信葛里翰不可能在共產圈子裡出頭。」代理總領事約翰・布瑞南（John Brenan）寫道。

尋找出鋒頭的機會

隨著罷工日甚和反對激進派聲浪漸高，蘇俄人在城內走動也變得危機四伏，鮑羅廷只能在家裡看電影，他跟布魯克出門時車上都得有武裝士兵隨行。西方人也進一步加強通往沙面島各路線防禦工事：「沙面島邊立起碉堡、倒鉤鐵絲網、沙包和機槍，英法兩國哨兵配備步槍和手榴彈巡邏。自去年六月以來，沙面人日夜生活在唯恐廣州攻勢的恐懼中。」艾本寫道：「橋樑另一頭的大陸，沙包和武裝更多……凡從沙面島來的人都得搜身。我發現，島上面對廣州市的岸邊堆滿沙包和倒鉤鐵絲網，碉堡處處，通往橋樑的路徑都在機槍掃射範圍內；面對江面的岸邊同樣有倒鉤鐵絲網，日夜有衛兵巡邏。偶爾有狙擊手廣州市內屋頂上汽艇上開槍。」

中方亟欲維持抵制行動及收回經濟控制權，糾察隊則不分青紅皀白一律搜查歐洲人、印度人和日本人。一九二六年三月，兩名印度人因企圖攜帶絲巾進沙面島，被扣押在罷工總部兩個晚上。「罷工聲勢越來越盛，也更見明目張膽，公然自設法庭和監獄。」艾本寫道：

糾察員犯了法不得在廣州一般法庭受審，且罷工者僭稱有權在自設的法庭上審判所逮到的從香港走私物資到沙面島的中國人，處罰從小額到大額罰款不等，有時甚至會判有期徒刑，且不得上訴。這種情況造成廣州警方和罷工糾察隊及巡邏之間時時發生流血衝突……從各方面來看，罷工者都是贏家，而這又是無足爲奇的，因爲，罷工人數始終不低於四萬人，一度甚至高達三十萬人，廣州警力則只有四千六百人而已。

罷工糾察隊有免責權。四月二十六日晌午時分，糾察艇「南楚號」(Nam Chuk，譯音) 貼近一艘正往沙面而去的接駁船，船上載的是一位昆恩先生的家具。糾察艇一靠近，管理家具的白俄人便跳水遁走，糾察隊把還留在船上的人悉數逮捕，並把這艘接駁船沒收。英國巡邏艇「強攻號」(Onslaught) 瞥見糾察船便展開追緝，糾察船駛到電力公司的碼頭後，船上的中國人向英軍揮舞步槍示威，而後四散：「強攻號」接收了這兩艘船，正待護送回沙面時，碼頭上已聚集一大批叫囂的群衆，指責英軍是海盜。其中有些人甚至往沙面方向遊行而去。「沿岸常見的地痞無賴高呼口號，摩拳擦掌，」當時剛好路過的柯恩說道：「我本來不以爲意，直到看見這群烏合之衆四散，只剩靠近英艦的碼頭邊一小撮人，我才發覺苗頭不對。」碼頭上有位糾察員大叫，揚言要丟炸彈到「強攻號」船上。柯恩趕忙下車，上前揪住那位炸彈客，奪下炸彈丟進河裡，以免造成傷亡。他把那位地痞帶走。

柯恩刻意找尋這種出鋒頭的機會，對於充滿流言的新聞尤其共樂在其中。有一天，薇瑪・邁爾斯赫然聽說，吳鐵城「因爲『赤』得不徹底而遭鮑羅廷集團逮捕」，柯恩也被草草斬首。但她很快發覺根本沒這回事。她碰見柯恩，不免提起這樁令人錯愕的報導。「太荒唐了，」他答道：「但願我父母沒看到報導，否則可要操心了。」他沈吟片刻，然後問薇瑪：「妳確定報導上是說處決，不是暗殺？」薇瑪指出，兩者有極重大差異，而「暗殺畢竟是比較有身分」。

在這種大環境下，逮人之說四起毋寧是極其自然的事。除了中英緊張昇高之外，國民黨內鬥和中蘇歧見日甚。多疑善忌的蔣介石和鮑羅廷爭權較勁，漸漸轉爲右傾。他察覺蘇聯人和他的對手汪精衛陰謀反蔣，於是在一九二六年五月二十日頒布戒嚴令，出動黃埔部隊大捕政治工人和蘇聯顧問、臨檢共產黨各辦事處、關閉工會、攻擊中委會總部，不出幾小時便控制廣州。蔣接著下令把蘇聯人逐出城。不過，蔣雖氣勢洶洶，北伐大計畢竟還是需要蘇聯人幫忙。他爲自己的行爲道歉，並把雙方「誤解」怪到屬下頭上，接受鮑羅廷的和平提案。

一九二六年夏天，天氣潮濕悶熱，廣州市內班疹傷寒、阿米巴痢疾和傷寒肆虐，霍亂疫情尤其嚴重。「潘班加號」上的官兵注射新血清，艦艇附近浮屍處處。他們把所有飲用水全煮開，以熱水清洗蔬果，洗澡時還特別加上消毒水。五月間，曾任國會議員的雷斯特蘭奇・馬隆中校（Cecil John L'Estrange Malone）在廣州停留一個星期，廣州政府款待這位曾倡言把邱吉爾吊死在電線桿上的共產黨籍議員。他也到罷工總部訪問。六月間，孫科展開第三任市長任期，繼續推動建設，舖設柏油路、計畫興建公立醫院、架設全市公共電話系統。

蔣介石趁勢崛起

同年夏天，前因健康理由離開廣州的布魯克將軍返回廣州，擔任蔣介石的首席軍師，協調北伐大計。翌月，國民黨任蔣介石爲北伐總司令，正式展開軍事行動。蔣介石是待萬事俱備再開拔，行軍布陣與兩年前孫逸仙主軍時大異其趣。這時，國民黨自己有軍隊，在廣州有基地和盟友。蔣的軍隊迅速北進，而在此同時，他的宣傳部隊會先行挑撥敵人，鼓動當地民衆歡迎義師。依阿基莫瓦的說法，他們「安排盛大的隊伍，提花燈、奏樂、以歌舞相迎」。同年夏天攻陷湖南，不久，蔣軍兵臨武漢的漢口、漢陽和武昌城下。十月初，敵軍潰敗，到了一九二六年秋，國民黨旗下已有十五軍;年底，國民黨統轄下已有二十六萬大軍。

大軍北伐之際，廣州的罷工糾察隊益發不馴。其實，並不是所有中國人都支持罷工，例如商人就對糾察員利用罷工而中飽私囊忍無可忍，柯恩甚至還以發抵制財爲罪名逮捕一位罷工領袖和兩名糾察員。中英再度展開談判，俾早日結束罷工。英方提出一千萬美元產業貸款建設黃埔港，並重提興建港九和粵漢鐵路計畫。雙方一時無法達成協議，而在中方數回合的談判中，柯恩自然是儘可能找機會表達意見。「我以極強烈的口吻向陳友仁和宋子文表示，我確信，除非撤銷糾察隊和停止罷工，否則英方必會採取行動，」柯恩向領事館表示：「宋子文打電話給陳友仁，我則向陳說明，我是從可靠人士口中得到這確實無誤的情報。」

至於蔣介石方面則是禁不起在他北伐之際發生動亂和西方軍事報復情事，希望能儘速結束罷工。他要陳友仁設法，結果，抵制行動在十月十日結束。經過十六個月的時有暴烈抗議，中方除了知道他們可以癱瘓香港財政（香港損失了三億美元的貿易）之外，並無太大收獲。罷工得以和平解決，柯恩居功不諱：「本人覺得，我個人的努力在取得無條件取消罷工和抵制上不無助益。可以這麼說，當時除了中英雙方代表之外，奉中國政府之命去保護中方談判代表的我，是唯一在場的人。」

罷工結束，蔣介石和鮑羅廷之間的緊繃和平局面卻是一觸即發。武漢攻陷後，中國領導階層決定把政府遷至武漢，包括孫科、宋子文、宋慶齡、鮑羅廷和柯恩這一批全說英語的人開始北上。政府底定後，明訂勞工運動、列寧逝世和馬克思誕辰爲國定假日。工會盛極一時；工人瓦解商業，關閉工廠，農民則攻擊地主和地方掌權者。

農工民兵勃興，中國保守派和軍方的震驚之情，甚至比對共產黨更爲疑懼。外國人惴惴不安。一九二七年一月三日，共產黨占領九江和漢口租界區，證明他們的疑慮並非杞人憂天，有些外國人甚至視此爲義和團式的暴動，唯恐中國人會再次屠殺外國人，莫不加強安全戒備。「我去亞洲石油公司探望，但見水泥大樓內架起機槍，堆滿沙包。」領事歐文・歐馬禮爵士（Owen O'Malley）寫道：「從總領事館窗口望去，看見暴民在花園牆壁漆上辱人的口號……」

在此同時，蔣介石除繼續其右傾態勢，還決定在南昌建立政府，俾日後北伐功成後移都南京。勞工問題蜂起，加強取締有其必要。一九二七年一月初，柯恩訪問香港時透露，廣州市新警察局長已奉指示嚴加管制工會，還陪同曼徹斯特《衛報》（*Guardian*）記者亞瑟・藍森（Arthur

Ransome）等人，前往廣州視察及拜會市內各領袖。「船一靠邊，就聽艙房外人聲嘈雜，原來是兩個人同時遞出信函，自稱是廣州政府派來的代表，」藍森在二十一日的日記裡寫道：

> 然後他們吵了起來，我因衣衫未整，形同半裸，於是退回艙內，關起房門。
>
> 其中一人戴眼鏡，頗爲端莊，名喚何瑞元（Szeyuang Ho，譯音），是孫逸仙大學山東代表。另一人是英國子民，猶太裔，出身加拿大，名喚柯恩……他拿著一封廣州外事局的信，說是奉派來陪我到廣州。我決定把訪穗行程延後，但答應在香港飯店跟他見面；我喝了點啤酒，而他灑在我帽子和外套上的酒更多。他刻意小看俄國人，但也敦促說廣州向英國求助於功，不得不接受俄國援助。他確信廣州會贏，但不太確知他們對北京的意向。他十分不確定該怎麼跟我談，我也沒太理睬他。我躲開他……

黨內分裂日甚，鮑羅廷公開譴責蔣介石爲軍國主義者，蔣則試探西方列強的意向，看看他們對整肅共產黨人作何反應。這時，柯恩進一步向保守派的主子靠攏，在二月中旬前往廣州美國領事館拜會簡金斯時說，蔣介石和鮑羅廷之間「嚴重分歧」，兩人之間多少已形成「永久裂痕」。簡金斯寫道，柯恩「依舊推心置腹地」告訴他：

> 列強若想把俄國人趕出中國，應趁現在跟蔣將軍直接搭上線。柯恩很確定地說，蔣不喜歡俄國人，完全是因爲蘇維埃政府提供的武器和彈藥，絕對攸關廣州的成敗，才會跟鮑羅廷

合作。柯恩先生的看法是，若大不列顛或其他列強能跟俄國人一樣，蔣介石會立即跟鮑羅廷決裂，同時停止反帝國主義和反資本主義的活動。柯恩先生的說法雖不完全可靠，倒也不無道理。他不止一次強調，廣州政府完全是接受莫斯科軍援才跟俄國人合作。柯恩先生進一步表示，國民革命軍的成功得力於明確的計畫和相當可靠的彈藥和補給，至於鮑羅廷及一干俄國顧問只是依莫斯科之命行事，本身並不見得高明。

南京事件餘波蕩漾

柯恩除擔任扈從，陪同要員來往於廣州和香港間之外，還在宋子文主持的中央銀行，負責戒護金庫和監督金塊和鈔券交接。他繼續幫政府做公關。他告訴布瑞南，陳友仁已在英國安排國民黨宣傳活動，並聘請曾任職於外交部的芮吉納・布瑞吉曼（Reginald Bridgeman），在馬隆尼的倫敦寓所開辦「中國情報局」（Chinese Information Bureau）。

二月十九日，蔣介石宣布清黨計畫，在武漢的中央執行委會則解除他的特別處分權，還以顏色。蔣於是辭去中執委主席職務，但仍繼續北伐行動。蔣軍接近上海時，左派已解除警方和北洋勢力，掌握了上海市。外國租界區唯恐遭攻擊，各派重兵嚴加保護。蔣軍繼續北進，三月二十二日佔上海，兩天後拿下南京。二十四日早上，國民革命軍劫掠南京外國區，攻擊英國、美國和日本領事館，殺了不少西方人。英美砲艇開火還擊，殺了十五名中國士兵和五名平民。

蔣介石無意與外國人進一步對立，親往上海安撫，並鎮壓鬥志昂揚的群衆運動。

蔣介石把「南京事件」歸咎於共產黨，以此爲由展開行動。鎮壓於焉開始。上海商界和軍方保守派領袖認爲這是擺脫不受歡迎人物的良機，捐出數百萬元給蔣介石，讓他肅清共黨和壓制工會。蔣欣然接受這筆賄款，並接受他的朋友青幫頭子杜月笙的協助。四月十二日凌晨四點，蔣軍和一萬五千名青幫弟兄潛進上海華人區，號聲一響便展開大屠殺行動。右派揮舞著槍和大刀，攻擊共產黨人和疑似赤色份子的人士，把他們綑在一起槍斃，然後割下腦袋。喪生者達數千人。十三日，十萬名工人走上街頭，抗議蔣軍大屠殺;示威人士開過群衆大會後遊街，不意卻碰上軍隊對他們開火。「白色恐怖」(the White Terror) 迅速蔓延到各大城市，南京和南昌也發生同樣的暴行。

南方的反共勢力聲援蔣介石的行動。一九二六年十二月，控制廣州的國民黨領袖李濟琛禁止工人糾察隊逮人，規定示威時不得攜帶武器、不得占領工廠及商家或加以抵制。此外，他對工會活動也採取鎮壓措施。英國得到廣州政變的警訊。一九二七年三月，曾任孫逸仙法律顧問的羅伯・諾曼 (Robert Norman)，偕同柯恩前往英國領事館拜會，表示蔣介石已對共產黨干預他軍事計畫忍無可忍,有意擺脫俄國人。「在我和總領事看來,諾曼先生和莫里斯・柯恩先生……顯然是代表中國官員前來探詢，倘若蔣介石肅清俄國人,西方列強是否能保證給他若干支持。」布瑞南寫道：「我答道，英國政府不欲介入中國政治，但已公開向中國南北政府表明，英方願意修訂條約，並盡可能符合國民黨的期望，而本提案不會因俄國人的去留而撤回。」

英國準備因應行動。沙面加強軍備。負責西端防務的崔格爾（F.M.V. Tregear）上尉著手挖掘臨時壕溝，不意只挖了兩呎左右就碰到水管。「由於鐵絲等材料不足，我只好用鐵柵蓋住水坑，但還是有當地民衆掉進去而震怒不已，」他寫道：「我在壕溝佈置第一個機槍區和步槍區，在船屋轉角處佈置第二個機槍區，第二個步槍區則在反方向一間俯瞰壕溝的屋內。」

李濟琛的肅清計畫則周詳至極。他甚至擬了一份審判書，羅列出欲肅清的對象。十五日子夜一點，他下令手下萬餘名部隊，加上海軍配合行動，對共黨巢穴發動攻勢，把所有的赤色煽動者悉數逮捕。李擔心共黨攻擊引起西方人報復，遂在沙面島附近部署衛兵，並告知外國人可能有變。「我們抵達兩天後，柯恩先生便提醒我們……共產黨計畫在次日早上九點發動攻勢。」崔格爾提起即將兵臨的攻擊。李濟琛的部隊攻擊「香港罷工委員會」總部，沒收槍械彈藥，殺了百來名共產黨人，重創百餘人。「『紅軍』和遭受政府軍攻擊的武裝工人糾察隊強烈抵抗。」香港《電訊報》如此報導。軍隊解除罷工糾察隊的武裝，突襲孫逸仙大學，關閉兩家國民黨的報紙。此外，李濟琛還在各汽船碼頭派兵把守，嚴防共產黨人逃脫。

全市雷厲風行。「我們抵達那一天，大搜捕行動已如火如荼展開，許多工會都有重兵包圍。」蘇聯工會代表羅佐夫斯基（S. A. Lozovsky）說道。全市戒嚴，大街小巷貼滿海報：「打倒中國共產黨！」「打倒武漢政府！」「蔣介石萬歲！」「鐵路工人抗拒，死傷無數。次日，原本生氣蓬勃的廣州市，顯得沈寂蒼涼，只有軍號聲清晰可聞。五花大綁的工人，在軍隊押解下遊街示衆。廣州市已完全被軍警所控制，逮捕和搜捕仍未停歇。二千多人被捕，七百名共產黨人遭槍斃。

孫逸仙大學也發生大逮捕情事。黃埔軍校被毀。」工人領袖被殺，軍隊解除罷工糾察隊的武裝。李濟琛的行動令廣州商人大喜過望，在各大飯店大事讌飲，慶祝大屠殺。

這次整肅行動，使得蔣介石遭國民黨中央執行委員會除名，但他立即在南京自立國民政府相抗，並對敵人進行封鎖。武漢經濟停滯，政府垮台，各軍事指揮官紛紛變節。軍隊攻擊共產黨各組織和學校，摧毀農民團體，湖南全省風聲鶴唳，數百人爲之送命。

武漢政府爲求自身生存，在七月中旬驅逐共產黨人，解散「聯合陣線」，請蘇聯人打道回府。武漢政府崩潰，領導人四散。鮑羅廷前往蒙古，宋慶齡搬回莫里哀街的家中，被家人脅迫以必須支持蔣介石，但見蔣屠殺共產黨人和摧毀工運的行徑，「她義憤填膺之極，以致在衆人眼中逐漸成爲偶像，」席安寫道：「她沒有過人體力或智慧，僅憑人格的力量、純粹的動機和絕對的正直，而成爲英雄人物。這現象可說是中國革命摧殘之際的異數之一：多少統領大軍的將領和雄辯滔滔的演說家潰敗、投降、逃亡或三緘其口，唯一壓不碎又不能已於言的，就是孫逸仙這位柔弱的遺孀。」宋慶齡公開譴責蔣介石，然後潛行出上海，搭舢板登上蘇聯汽船。陳友仁父女陪著她，一起前往海參崴，然後轉往莫斯科。

然而，蔣在南京建都之後不到三個月，便遭南京聯合勢力逼下野。如今，國民黨內既無共產黨人，又去了蔣介石，各派系便力圖化解歧見，由南京、武漢和西山派共組政府。但這個政府少了蔣介石和汪精衛，安定性本就不足，財政上又不健全。同年年底，蔣介石娶了宋子文的妹妹宋美齡，藉由跟宋子文和銀行家搭上線，助長其聲勢以東山再起。

由於山頭林立，群雄莫不覬覦權力，情勢極為混沌，而西方新聞界竟是把莫里斯・柯恩當成中國眞正的領導人，實令人稱奇不置。西方顯然認為，中國人自己不可能統一，背後一定有西方人撐腰。新聞界稱柯恩為莫斯科遠東戰略目標的大敵，指出「前不久誤報他已遭處決，如今已然明朗：這消息是由他的同僚所散布，目的是讓他避開敵人的耳目」。不管報紙上怎麼寫，也不管柯恩自己怎麼想，他在中國南方政壇上並不是值得重視的要角。事實上，柯恩只是跟著廣州的主子而已，至於這主子是孫逸仙或吳鐵城都無所謂。柯恩幫他們跑腿傳話，李濟琛要補給，他就到香港向英軍買兩、三百頭軍騾，安排向英國的「莫里斯發動機公司」採購六輪臺車事宜。

一連串的共黨暴動

共產黨的權力基礎不斷萎縮，蘇聯領導人史達林為挽回頹勢，在八月間命中國共產黨發動一連串暴動。他們先是在八月發動「南昌暴動」，接著在華中各省挑起「秋收暴動」，盡皆功敗垂成，但他們並不氣餒，進而決定全力放在廣東。最近幾次罷工有不少工人流入廣州市，共黨勢力穩固；他們決定先拿下廣東省，而後展開共黨接收全國攻勢。

十一月，李濟琛前往上海出席中執委大會，詎料就在他在上海為鞏固全黨團結而忙碌，而柯恩為中銀到香港出差時，李濟琛的部屬張發奎發動兵變，占據了黃埔軍校、火藥庫、碉堡和各主要據點。李下令親信部隊罷黜張發奎，張發奎的部隊不得不放棄廣州。共產黨決定利用權力眞空時機起事；他們呼籲還留在市內的七千名軍警放下武器，接收軍警和政府主要中心，將取自軍火彈藥庫的武器發放給工人大軍，打算從廣州侵攻河南島。

共產黨在十二月十一日發動攻勢，他們隨著軍隊的推進，沿路分發武器、紅色臂巾和領巾給有志一同的革命人士。此外他們還散發宣傳品，宣稱「受壓迫的中國民衆起來當家作主……我們誓死保護自已的權力，我們必須和所有反動份子與反革命份子分家」。他們很快拿下計畫奪取的多數據點，但未能攻下軍火彈藥庫及主要軍事總部。他們掠奪警察總部，殺死了三百多名警察，放走數百名囚犯，包圍反共的「廣東省總工會」，縱火燒掉工會，燒死百餘名工人。

新統治者主張一天工作八小時、加薪、沒收資本家財產、把大樓改爲工人宿舍；銀行、鐵路、礦區、工廠和汽船收歸國營；當舖裡的物品發還原主。此外，他們還提出五萬元懸賞，捉拿李濟琛、蔣介石和汪精衛之類「反革命的頭頭及農、工、兵大衆的敵人」。

然而，共產黨一時失策，沒有事先策動群衆大罷工，以致廣州市大部分的工人都沒有參加這次「起義」，農民大衆也沒有起而反抗資本主義壓迫者，或切斷本市的對外交通。只有五百名左右的農民運動人士加入戰鬥。這一小股武力散布全市，燒殺擄掠。

沙面島街頭變得冷冷清清。「所有商店都關門，窗戶加上厚厚的鐵板，」史威雪寫道：「我們看見兩輛紅軍劫來的巴士，但路上不見黃包車，也不見人蹤。我們走了一小段路，突然看見一票武裝農工群衆從窄巷跑出來。他們沒理會我們，只是跑上跑下想找個運輸工具。他們找了幾個苦力，背著從商家和住家搶來的東西，有位商人雙手被銬住，被他們揪著衣領。他們上了其中一部巴士，裝滿了劫掠物品後便揚長而去。」在此同時，法國砲艇忙著撤退僑民。「我們站在那兒，看見外灘那邊起火，上前一瞧，赫然是中國中央銀行……起火。紅軍有一支消防隊，不准任何人上前救火。」他們劫掠中央銀行，燒了一家日本醫院，不多時全城一片火海。十五、六歲的少女佩著槍守著碼頭，搜查想搭汽船逃難者的行李。

柯恩一聽說廣州暴動，便學著他主子宋子文的口吻說：「我只是個可憐、溫和、討人厭的銀行家，但我總得料理自己的帳簿！」匆匆趕了回去。

回到廣州

他一回到廣州，就到李福林的總部。「他們恣意劫掠了二天，我們只是隔江觀望，」柯恩提到燒殺擄掠的共產黨時說道：「從望遠鏡中看到的景象令我作嘔。」然而，國民黨即將展開的行動，更加令人生厭。張發奎、李濟琛等人的聯合部隊，加上中外各國海軍一齊反攻。

國民黨一渡過珠江，便不分青紅皀白大事殺戮。「李濟琛和我在星期三早上進城時，街上屍橫遍地，」史威雪接著寫道：「死者多爲雙手反綁，顯然是遭處決，而非死於戰鬥……在我們碼頭下方的大學裡，已經架起行刑台七大船的『紅軍』被推進江裡，趁他們在水中掙扎時，每人賞上四顆子彈。被槍斃的有不少是女人，有三名大學女生遭槍殺後，還露身示衆十二個小時。」國民黨軍人把女共產黨人裹上棉被，澆上汽油活活燒死。凡是留著齊耳短髮的女人都難逃一劫。

紅軍反擊，撤退時死傷無數，逃走的人雖然丟掉了紅巾，熱汗卻早已在他們的手臂和脖子染紅，留下了掩飾不了的形跡。「很多加入紅軍的黃包車苦力，在白軍一到就紛紛重操舊業。」美國副領事辛克說道：「我就親眼看到一位黃包車苦力被警察攔下，扯開他的衣領，露出紅巾所留下的痕跡。他被推到路邊，強迫跪下後就地槍斃，在一旁圍觀的群衆則鼓掌叫好。他的屍體被丟進陰溝裡。」

全市屍臭衝天。屍體在江中載浮載沈。國民黨譴責蘇聯策動政變。蘇聯領事館唯恐國民黨來襲，銷毀了大批文件和報告。「我們接近蘇聯領事館時，他們正在燒文件。」張發奎說。國民黨軍取出大量的武器、彈藥和炸彈，一台無線電旁擺著中國鈔票，上面印的卻是俄文「農工銀行」。他們把領事館人員銬上手銬關進牢裡，並沒收大批文件。翌日早上，軍方行刑隊處決了五名俄國人和六名中國人。

柯恩趕到蘇聯領事館，在英國的傅瑞少校及另一名法國海軍高級軍官協助下展開搜查。「我獲張發奎將軍書面許可，搜查蘇聯領事館，找到了許多文件，證實他們主使政變罪證確鑿。」柯恩在兩年後寫道。他們搜齊散置地上的文件後，送到柯恩下榻的維多利亞旅館。柯恩找來了懂俄文的朋友歐嘉．費希耶，跟英法兩國的情報官員一起研究。「我到維多利亞旅館去找柯瑞茨基中士時，發現他正在等柯恩先生和傅瑞少校，以便繼續檢視從蘇聯領事館取得的文件，」翻譯小組的「香港刑事情報處」主任金恩寫道：「柯恩先生和傅瑞少校昨天到過蘇聯領事館……帶回了中國兵第一波搜查所遺下的大批文件……他和柯瑞茨基中士一同前往。」

譯員破解文件內容，也找到確鑿罪證，但蘇聯人仍矢口否認涉及暴動。蔣介石譴責蘇聯領事館是「共產黨宣傳的溫床」，國民黨政府也撤銷對各地蘇聯領事館的認可，凍結蘇聯各商務機構的活動。

柯恩看完文件後，洗個澡，睡個覺，然後趕到被大火燒焦的中央銀行查看。各分行不久便復業，許多商會也發出通告，表示願依票面價值接受央行所發行的貨幣。然而，由於銀行首腦不願證實金庫內白銀存量多寡，於是紙幣的價值暴跌。很多商店寧可關門，免得被迫接受可能是不值一文的紙幣。「政府打算開金庫以釋群疑，並邀請五大商會各派代表前去見證，非僅於事無補，反而使商人更加危疑不安。」《南華早報》寫道：「因爲商會代表應政府之邀前去中央銀行後，出納局長卻不許他們進金庫一瞧究竟。一位在場的人士告訴記者，他和同業在約定當天中午左右就到銀行，一直等到三點還不見財政部的人露面。好不容易汪仲秋（Wang Chung-chu，譯音）來了，卻沒帶鑰匙，只得派人回去拿，還得順便帶手電筒。鑰匙是找到了，詎料汪先生這才突然想起來，開金庫得兩把鑰匙，一把還不行。如此這般浪費了許多時間，到兩把鑰匙找齊已是將近五點，衆人這才一起進入銀行。」

他們在銀行裡見到了負責安全的柯恩。《南華早報》寫道：「但這位負責警衛的官員不准人開保險庫。首先須取得省軍事大本營的許可，如此又浪費了寶貴的一小時。取來許可時天色已暗。汪仲秋這時便告誡商會代表，要他們切記廣州市還在實施戒嚴，仍屬於非常時期，萬一由於這次夜開金庫而使政府有所損失，商會必須負責。商會代表斷難接受，於是便在向汪仲秋告辭後各自離去。此後，他們再也不曾接到邀請。」

秩序雖已恢復，情勢卻並未平靜。柯恩是盡力要保護貯備白銀，儘管威廉・沈東（William Shenton）撰文讚美他：「莫里斯・柯恩在這段期間的表現可圈可點，殊堪嘉許」，但是財政局長、廣州財政部的會計及央行總經理把火焚央行後所剩的數百萬白銀偷個精光。蔣介石和宋子文就汙走了十五到二十萬美元，分別轉進自己設在上海的銀行戶頭裡。

宋子文是打算釜底抽薪，從財政上使李濟琛政權癱瘓，迫使廣州歸附南京，從而鞏固國民黨及支持北伐。有些錢是找回來了，但金庫仍然門戶深鎖，至於被挪走了多少更是祕而不宣。「一時間，李濟琛計窮，不知何以爲繼。」沈東寫道：「他絕對是沒錢，而紙幣又每天貶值。」

廣州百孔千瘡，珠江上浮屍處處，數百名商人瀕於破產邊緣。「若說廣東省在一九二七年行將結束之際陷於谷底，政治和經濟瀕於解體，絕不誇張。」美國領事哈斯敦寫道。廣州一團亂，中國共產黨則幾近滅絕。

一九二七年四月到十二月之間，中國共產黨員或死或逃，泰半無存，有些領導人和軍隊力圖在華中山區和平原建立軍事基地，但前途漫漫，成敗尚在未定之天。

第十三章　動亂的時空

歐陸・中國，一九二八至一九二九

蔣介石復權爲總司令，且當選中央執行委員會主席；孫科、胡漢民和伍朝樞對此極爲不快，但爲免造成黨內進一步分裂，這三位領袖在一九二八年初各辭去職務，展開環球之旅。行程由湯瑪斯・庫克（Thomas Cook）策畫，包括馬尼拉、新加坡、庇能（檳榔嶼）、君士坦丁堡、巴黎、倫敦和華府。三人據說各攜五萬美元啓程，可謂相當風光，而且，他們並不是單獨出遊，同行的還有家人及政府人員，例如柯恩就是護衛、隨員兼保鑣。

啓程前，柯恩前往英國領事館向布瑞南總領事說明，他們此行是計畫考察各國、改善中國外交關係、邀請專家協助中國重建。「莫里斯・柯恩先生告訴我……一行十七人已訂好前往埃及的船票，預定一月二十九日搭『威爾遜總統號』離開香港。」布瑞南寫道。英國之行讓柯恩有機會去探望家人。「我將近十年沒回家了，」柯恩說道：「家父母已然老邁，希望能在過世前再見我一面，我也想見見兄弟姊妹和侄兒姪女，看看他們在曼徹斯特過得如何。」一行人取得了從印度、埃及、巴勒斯坦等國的港口過境前往英國的簽證，條件是他們不會從事令各途經國家不便的活動。

他們一行相當引人矚目，所經過的港口都有華人示威。一月，馬尼拉華人社會熱烈歡迎這三位領導人；但到新加坡時，共產黨人鍾友凱（Cheung Yo-Kai，譯音）奉中國共產黨之命，二月八日這一天，伍朝樞走出「華人商會」大樓時行刺。這一槍沒打中伍朝樞，倒是前廈門大學校長李文淸（Li Wenqing，譯音）博士受了輕傷。

一行人雖再三保證不會有不良行爲，印度還是不太願意讓他們入境，尤其是印度當地華文報紙刊出廣東中委會來函說，他們一行打算研究「受壓迫弱小民族解放運動……」之後，印度政府疑懼更深。此外，孫科和鮑羅廷與共產黨的關係，以及他對印度煽動份子深感興趣，乃至這一行人握有會見默罕達斯·甘地（Mohandas Gandhi）等所謂激進人士的推薦函，也使印度政府對孫科懷有疑慮。印度政府最後還是勸他們不要過境印度。

柯恩在途中就跟他們分手，直奔非洲，去探望姐姐玫瑰；玫瑰在一九一二年嫁給波蘭裔的約翰·伯恩斯坦（John Bernstein）後移居非洲。三月六日，柯恩帶了大包小包送給玫瑰、約翰和他們一子兩女的禮物，抵達羅德西亞的沙利斯伯立（Salisbury）。「這是我們第一次跟他見面，」柯恩的姪女昆妮·柯恩（Queenie Cohen）說道：「他買了好多洋娃娃，發現我們都那麼大了倒是嚇了一跳。」柯恩發現姪女比他想像的要大得多，趕緊把洋娃娃換成比較適用的手鐲，又替伯恩斯坦還清債務，安排船期和船票讓一家人回英國，但約翰在最後一刻決定留下。「他帶我們頭一次回英國，」昆妮說道：「我們坐的是坐頭等艙，棒極了。這是我們第一次看到大海。」

柯恩家住在曼徹斯特郊外的索爾福（Salford），是一幢連棟式簡樸住宅，有一扇景觀凸窗和幾個房間，房間裡盡是些黑沈沈的中國式家具。蘭卡夏郡（Lancashire）是紡織中心，柯恩的父親約瑟夫已在鎮上建立起碎布商的名聲，每天從各工廠把碎布運回來，堆在地下室，然後全家一起整理。「他跟做衣服的公司訂有契約，」柯恩的妹妹莎拉・李奇說道：「他們把碎布裝在袋子裡，我父親去搜齊後，我們再把毛織品挑出來。」柯恩回到家後大部分時間是在渡假、休息、帶家人出去郊遊。「他很大方，爲人又親切，」姪女昆妮說道：「他租了一輛巴士，帶我們全家出去，我們都玩得很開心。有他在，錢不是問題。」柯恩還到倫敦東區探望親戚，拜訪表兄表嫂納丹・謝勒（Nathan Sherer）和瑪麗。「我母親準備了很多烙餅。我知道必然是有大事，因爲，工作天一家人在前廳一起吃飯是前所未有的事，」他們的兒子賽瑞（Cyril Sherer）說道：「結果是表叔來了。我還記得表叔的食量很大，土豆烙餅很快就吃得精光。」

在歐陸進行外交工作

宋慶齡在流亡莫斯科後來到柏林，柯恩擔心她的安危，立刻跟「反帝國主義聯盟」（League Against Imperialism）聯絡，希望能透過該聯盟駐柏林祕書聯絡上她。在柯恩渡假期間，中國代表團奔走於途。三月十四日，一行人抵達君士坦丁堡，但機緣不佳，沒能見到土耳其官員。於是他們轉往安哥拉繼續遊說之行，其時，蔣介石在四月間展開最後階段的北伐行動，日本則派軍進駐山東省，巡迴訪問團深知國際聯盟幫不了中國的忙，於是胡漢民建議三人分道揚鑣，各自透過外交管道表達對日本的不滿。伍朝樞前往美國，孫科去德國，胡漢民則動身到法國。

六月間，三人在巴黎會合。伍朝樞見到了法國外交部的祕書長菲力普・伯希樂（Philippe Berthelot），討論日軍占領山東情勢，胡漢民則出席法國國慶日慶典。在此同時，北伐勢如破竹，六月八日攻陷北京之後，蔣介石偕一干官員到西山謁陵，慶祝全國統一。蔣介石在演說中向孫逸仙在天之靈稟告北伐功成，當輓樂奏起，蔣泣不成聲，接著眾人獻花上供。收復北京也使得巡迴訪問團更能振振有詞地代全中國發言；他們在市郊花園野餐，縱論中國統一、孫逸仙的革命理想，以及下一步行動。

這時，柯恩必須橫渡英倫海峽前來會合。他決定帶妹妹莎拉和表妹露絲・布魯卡（Rose Brookarsh）同行。他這兩位受監護人需要旅行證件，於是，柯恩在六月六日前往護照局，表示他是銀行家兼廣州中央銀行財務顧問，為玫瑰的申請擔保。護照局和蘇格蘭警場雖有疑慮，終究還是發下旅行證件。「護照等一切都由他一手包辦，」莎拉提到月底搭乘「帝國航空」客機之行：「露絲過來陪我，因為莫里斯要到日內瓦開會。抵達後，中國代表團有人來接機。莫里斯參加幾場會議，剩下時間都陪著我們看戲和上館子。」

柯恩跟主子會合後得知，他們的進展不致令人失望。柯恩急於讓代表團在倫敦受到熱烈接待，於是他在歐陸待了幾天後渡海回國，看看能否安排個歡迎會。「我說服代表團讓我先到倫敦，因爲我確信他們會受到熱烈歡迎，但當時他們仍抱著很大懷疑。」柯恩回到英國設法找出投契的門路。「我先到倫敦，跟約翰・桑尼克勞夫（John Thornycroft）爵士搭上線。」他說，桑尼克勞夫爵士「爲代表團來英時能獲得官方接待一事極力奔走，還引薦我認識多位國會議員，我也極力說服他們，中國代表團蒞英時若能給予官式接待是美事一樁」。這時，威廉・沈東也在倫敦。柯恩找上他，並在七月十日跟他見面時，力陳讓代表團跟英國外相張伯倫（Austen Chamberlain）見面的好處。「我昨日跟代表團通過話，」沈東寫道：「他們希望知道，是否能在此間受到友好的接待。」柯恩跟沈東的一番話顯然發揮了作用。「他來看我，親口向我保證，只要是透過此間中國公使館安排，外相張伯倫先生會接見他們，」柯恩回憶道：「我立即拍發急電到巴黎請他們前來英國，我收到回電說代表團立即啓程。」一行人分別抵達倫敦，住進薩伏伊旅館（Savoy Hotel），在七月中、下旬先後拜會了工黨黨魁蘭賽・麥克唐納（Ramsay MacDonald）、自由黨黨魁勞合・喬治及若干知名工商界人士。七月十八日，胡漢民在下院初會張伯倫，兩人相談甚歡。

七月十九日，英方在克萊里治設午宴款待胡漢民，有桑尼克勞夫爵士、牛頓・史塔伯（Newton Stabb）爵士、蒙塔古・透納（Montagu Turner）爵士等對於中國金融、商務和船運有興趣的人士與會。「柯恩陪同他們出席倫敦公開招待會，」布瑞南提到訪問團的活動：「新聞界提到他時都以柯恩將軍相稱。」他們也稍做觀光，胡漢民還到中國大使館參觀一八九六年時清廷拘禁孫逸仙的房間。七月二十日，他們出席了在聖約翰伍德舉行的招待會；這一天，孫科抵英，在下午三時二十分偕胡漢民一起拜會外相。孫提醒說，若英國不相助，中國很可能回頭再找蘇俄。孫科的口吻，使上個星期和胡漢民相談甚歡的張伯倫大感意外。他表示，他從孫的話語中聽出敵意；孫立即道歉，表示自己不太熟諳外交辭令。「之後他變得比較沈靜，」張伯倫指出：「我很欣賞胡漢民，但對孫科的印象極差。」

柯恩在完成主要拜會活動後，回索爾福暫做最後探訪，讓他父親有機會帶他到會堂炫耀一番。代表團再次分道揚鑣啓程，孫科前往美洲，安排一筆七億美元的貸款，拜會普林斯頓大學的艾德溫・凱姆勒（Edwin Kemmerer），請這位曾協助南非、波蘭和智利等國重整貨幣的知名「錢博士」前往中國。柯恩則陪同胡漢民經蘇伊士運河和西貢回中國，八月二十八日抵香港。船抵廣州時，全市官員都來迎接胡漢民，柯恩則在次日進城。

此行爲爭取外國正式承認新政府鋪路可說極爲成功。對柯恩而言，不管是在他主子還是廣州英國領事館眼中，也是一大成就。他現在被視爲既有效率又可靠的中間人。「打從布瑞南先生以總領事身分到廣州履新的第一天起，我就把政府內所發生的大小事一一向他通報，」柯恩寫到他每兩週一次拜訪領事館的情形：「他對我的報告想必心存疑慮，但回想起來我可以很自豪地說，我的報告後來都證明是正確無誤。」

布瑞南深然其言，指出「儘管柯恩在加拿大前科累累，但他在中國的行爲令我無從挑剔。」布瑞南對柯恩親英和反共的態度，尤其感到欣慰：

他雖是不學無術，頭腦簡單，卻是以政治家自詡，熟諳廣東朋友間的爾虞我許和活動。這兩年來，他定期來訪，和我長談政情。他話題的重點始終在於，中國革命運動未必是反英，英國當局只要同情並給予南方政府實質援助，很容易就可以掌握大局，趕走俄人。換句話說，就是讓他們取得鬥爭所需的軍火，目前他們唯一的武器來源是俄國。

鑑於他想當中方代理人向加拿大採購軍火，而這又是有賺頭的生意，我懷疑他的建言不無私心。就一個外國人來說，他在廣州當局心目中的地位確實非同小可，但我認爲，他們對他所說的，主要是些想傳達給我知道的事，我當然也是基於同樣目的利用他。儘管如此，他確實時時提供重大情報，有時外事專員束手無策的事，他也居間安排幫了不小忙……

他是個有不良前科的投機者，在極力洗刷早年惡名之餘，不免誇大自己目前的地位，以及對廣州官員的影響力。不過，撇開他在加拿大的前科，我倒沒發現他所言不實，或不値得信賴……其實，持平而論，自從我認識他以來，他確實運用這種影響力，使得中國當局恢復對英友好關係，對英國貿易頗有助益。當然，這跟他本身的經濟利益相符，因爲，他在爲公家採購英國物資時抽取了佣金，對即將由加拿大承包商施行的鐵路工程也有若干野心勃勃的計畫。

「百分之五柯恩」

「廣州暴動」種種動亂之後，廣州和中國產生重大變化。柯恩再次在廣州落腳之際，南京的國民政府變成了中國國民政府，收回關稅自主權，推動財政改革，稅收由中央統籌，統一發行銀元；獎勵振興實業，著手興建鐵路和公路網，建設電報、電話和航空系統。然而，派系鬥爭依舊掣肘，蔣介石不得不在軍方和文人政府大小派系間維持平衡。國民黨自詡爲國民政黨，其實保守領導階層對民主理念所知無多，不依孫逸仙的五權憲法施政，而是透過人脈和關係統治。抑有進者，北伐成功名爲統一中國，實際上只是把地方割據的群雄拉到國民黨旗幟下而已。這種各懷機心的聯盟，使得國民黨無法有效地統治全國。

在外界眼中，蔣介石只是地方軍閥，跟統治兩廣的桂系沒有差異，是以南京政府爲回報大小軍閥的支持，便另設獨立的地方行政機關「地方政務委員會」，讓軍閥得以在政府架構下運作。地方政治會議爲數不少，桂系的廣州政務委員會，便是由李濟琛主持。

柯恩還在爲孫逸仙當保鏢的時候，就跟當時主持黃埔軍校軍訓部的李濟琛有一面之緣，因此，柯恩一回到廣州便和李搭上線。李濟琛亟欲改善廣東經濟和跟香港間的關係。他在幾個月前就接到港督金文泰爵士（Cecil Clementi）正式訪問邀請。港穗關係穩定後，柯恩開始幫新主子採購彈藥。布端南所言不差，軍火買賣確實是柯恩的生財之道。軍火交易在中國是大生意，除了少數軍閥能像東三省的張作霖一樣，自己擁有軍火庫，還聘有英國人「獨臂」腓德烈·蘇騰（Frederick Sutton）之流的投機者添購軍火，大部分的軍閥都得靠零星蒐購商人揹客帶進來的歐洲武器。

香港有無數軍火來源，諸如維克斯、渣甸公司等管道，進口軍火尤其便利。「在中國，走私軍火的機構極爲完備，武器交易就跟其他的商品買賣一樣方便，」《中國周評》（*China Weekly Review*）報導：「任何將軍想買軍火，隨時可以跟代理人接頭，在租借港口和內陸城市從事軍火走私的中外人士不計其數，難怪中國始終不平靖。」

柯恩在艾德蒙頓的推銷訓練正好派上用場，做起生意來可謂得心應手。「雙槍馬坤」這渾號，跟他有志成爲國際軍火商的形象不太搭軋，因此他自創新綽號，喚作「百分之五柯恩」（Five Per Cent Cohen），絕不會少拿佣金。「莫里斯自稱『百分之五柯恩』，」上海律師諾伍德·歐曼（Norwood Allman）寫道：「國民黨給他的津貼加薪水，不過是戔戔之數外加膳宿而已，但他炫耀和出賣那似眞似假的影響力，盡其可能善加利用……國民黨高層睜隻眼閉隻眼，容忍他出賣影響力，因爲，這是報答他過去爲孫逸仙效命最便宜的方式。」

海盜橫行華南沿岸

李濟琛所需的不止是幾隻手槍步槍而已。爲了防範南方政情發生劇變，更爲了肅清沿岸海盜，李濟琛需要重裝備和巡邏艇。一九二〇年代，海盜肆意劫掠航行於廣州三角洲、東江和西江、港粵沿岸一帶、上海等各港口的江輪、貨輪和舢板。這些強盜不分對方是外國人還是當地漁民，碰上了就搶。

香港東北方約六十哩外的大河口大亞灣（Bias Bay），是最爲惡名昭彰的海盜窩。「橫行華南沿岸一帶的大海盜，聲名最盛的全聚在這裡，」曾在二〇年代末葉和盜后黎彩珊（Lai Choi San，譯音）等海盜快意江湖的阿列科・李流士（Aleko Lilius）寫道，有些海盜船無堅不摧，「船上有十二門舊式無膛線加農砲，另有兩門相當現代的大砲，船身打著一排排厚鐵鉚釘」，倉庫和艙房堆滿武器。黎的手下都是狠角色，個個留著落腮鬍，赤著上身，頭戴寬邊帽，頸繫紅巾。海盜十分猖獗，有些商人寧可付他們保護費以策安全。

海盜攻擊外國客輪，尤其使西方列強掛心。船東為保護船隻，不僅在艦橋上架設槍垛、鐵欄、鐵柵、裝甲和厚鐵網，還請來印度保鑣，嚴加過濾乘客。海盜在選定目標後，喬裝成頭等艙和三等艙乘客，把武器彈藥偷運上船，等船一出港，他們就衝上艦橋，制服水手，把船駛到大亞灣，把船上的貨物和人質樓到接應的帆船或舢板上，然後向人質家屬勒贖。若是家屬付款稍慢，海盜便折騰人質，萬一人質受難的消息或送去的耳朵等身體器官還不足以讓家屬全額交付贖款，他們便索性把人質做掉。「你永遠拿不定，上回在漢口雞尾酒會上跟你摩踵擦肩的中國大人物，是否在策畫大事，是否對船上大小事和出事的時間瞭若指掌，」服役於華南美國海軍的坎普・托利（Kemp Tolley）說道：「這是生意，大生意，不能叫海盜。」

孫逸仙主政時，中英曾數度聯手剿匪。一九二四年三月二十日，清剿東江口海盜巢穴，中方出動三艘砲艇和部隊，英國皇家艦艇「毒蜘蛛號」（Tarantula）後援，逮捕數十名海盜，摧毀數艘海盜船，釋放二十餘名人質，是箇中最高潮。之後海盜和中英數度交手，但從沙面槍擊事件罷工蜂起後，中英合作已漸漸減少。

這當然嚇阻不了目無法紀的海盜。一九二五年十二月十八日，海盜搶劫「東朝號」（Tungchow，譯音），射傷船長，洗劫近三萬元和行揚長而去。英方開始獨自採取行動。一九二六年十月，海盜搶劫了航行於上海和香港間的「桑寧號」（Sunning，譯音），船員爲奪回控制權而把船放火，英艦「藍鈴號」追來，逮捕了二十二名海盜。海盜行爲引來英方攻擊、焚船和驅逐海盜船。

英方每向中方抗議海盜攻擊，所得到的答覆總是海盜大本營在馬尼拉、新加坡和上海的租界，他們愛莫能助。「海盜在那兒策畫暴行，」伍朝樞寫道。中方甚至向英方提出海盜嫌犯名單，以證明所言不虛，但這種大張旗鼓的名單，不是線索曖昧不明，就是線索太舊，其實沒有多大用處。「中方提供的消息微不足道，使得調查極爲困難。」英國一份有關海盜問題的備忘錄指出。

一九二七年十月，英國潛艇在擄獲「依蓮號」（Irene）的海盜拒絕停船後將之擊沈，逮捕並處決了七名匪徒。十一月七日，傅瑞少校拜會李濟琛，共商解決問題之道。傅瑞向李將軍表示，英方樂於翼助他所發動的攻勢，皇家海軍會在每艘廣州砲艇上各派一名軍官和一名領航員，李部挺進和包圍盜匪村落時，英軍會以大砲掩護。李悻悻然同意。雙方終於恢復和睦關係，接著便展開官員互訪。

一九二八年，桑尼克勞夫造船公司駐上海代表羅斯伯格（R. R. Roxburgh）數度訪問廣州，想在李濟琛瘋狂採購軍火中分一杯羹。他想推銷馬達動力艇，但每一回南下總是過不了李濟琛的貪瀆幕僚這一關。依布瑞南的說法，羅斯伯格設法「透過海軍部門下層官員取得訂單，但對方念茲在茲的只是如何敲竹槓」，因此總是無功而返，直到「柯恩直接帶他去見李濟琛，他隨身攜帶的汽艇模型終於引起李將軍的興趣」。

多虧柯恩幫忙，李濟琛訂了四艘巡邏艇，大小從六十呎到九十五呎不等，並向西力列強採購數十萬元的軍火，包括六發槍、機槍、魚雷、水冷式馬克沁機槍、步槍、左輪和數十萬發的彈藥。此外，柯恩還促成李濟琛採購汽車。「可以說是機緣湊巧，羅斯伯格先生還獲得四輛公共汽車的訂單，據了解，廣州市政府日後還會再採購五輛桑尼克勞夫製的汽車，」布瑞南寫道：「羅斯伯格先生說，多虧柯恩先生大力斡旋，才能取得汽車合同。」英方雖發現李濟琛的請購清單有些可疑，也只能依從。「以高射砲和魚雷對付海盜有點奇怪，廣州當局把這類裝備列入清單，令人不得不對他們的誠意存疑，」有位軍官在那年年初寫道：「不過，既知砲艇終須派上用場，而把提供裝備視爲不道德交易，只供應無武裝艦艇，似也說不通。」

英方不十分確定廣州購得軍火後，是否會加速展開全面清剿海盜行動，是以查爾斯・路亞德（Charles C. Luard）將軍在一九二八年五月便寫道，倘廣州方面無所行動，英方有權占領大亞灣，肅清該區的海盜。五月二十七日，海盜搶劫英國「提恩號」（Tean），把船開至大亞灣，擄走七名乘客和兩名英國軍官。出乎英方意料之外的是，李濟琛下令大軍開往大亞灣，並命陳策將軍派遣一艘砲艇及兵員援助。他們逮捕了四名海盜後，陸續策畫幾次清剿行動，還計畫派兵駐守大亞灣，並架設短波無線電台以便聯絡。

柯恩在城裡大吹大擂，說肅清大亞灣海盜他功不可沒。儘管如此，海盜問題依舊。在此同時，李濟琛仍不斷增購軍火。「廣州當局總是慷慨承諾，但他們一來無能，二來在與自身直接利益無關的事情上又敷衍了事。」布瑞南提到大亞灣一帶的情勢時寫道：「實際情況是，本區……在海盜、土匪和共產黨手中，廣州軍事當局無法管束。總之，他們行動緩不濟急，近期內英國船隻只能自求多福，或仰仗英國海軍和軍事單位的保護。」

桂系勢力瓦解

一九二八年十月，孫科出任考試院副院長兼鐵道部長，柯恩也兼差幫他跑跑腿。孫科上任後，希望能落實父親的鐵路計畫；他的目標雖不若孫逸仙的七萬五千哩鐵路那麼宏大，倒也寄望能在十年內完成兩萬哩鐵路。孫科精簡鐵道部人事、整修鐵路、付清債務、將建築工程收歸中央管理、改善工作環境和興建學校。他冀望鐵道部能有獨立預算，尤其希望能取得庚子賠款和海關盈餘，但英國對他的動機不無懷疑。英方除了對孫科還有戒心之外，柯恩不斷推銷在他們看來很有問題的鐵路計畫，也使他們無法放心。「這證實了我的疑慮，（有貪汙之名在外的）孫科在鐵路採購上越來越向美國（和加拿大）公司靠攏，因此，在攸關我方的庚子賠款上，更有必要取得中國政府的貸款保證。」上海領事寫道：「中國鐵道部長亟欲和加拿大的北方建設公司簽約，部分是由於孫逸仙博士本就打算把合同給他們，部分則由於北方建設和雷斯梅賽公司若取得合同，莫里斯·柯恩先生就有利可圖。」

一九二九年一月十四日，李濟琛任命柯恩為廣州軍事大本營特任侍從武官。他加入李濟琛幕僚行列的時機，正是形勢緊張的時候。蔣介石已著手要瓦解李濟琛和桂系之類的軍閥，決定廢除政治會議，削減國內兵員和軍事領袖的人數。一月間，全國重建和復員會議在南京召開。不過，在各軍閥既擔心失去政治和軍事權力又不相信蔣介石的情況下，會議不出所料地無疾而終。接著，南京政府著手摧毀這些各據一方的頑張勢力，更加落實了他們的疑慮。李濟琛和他的桂系人馬成爲第一個獵物。蔣介石先收買其他軍閥，以及李濟琛的一個部屬：雄心勃勃的反共派陳濟棠。桂系脫離國民政府。軍隊動員，準備大戰一場。

李濟琛前往南京參加國民黨第三屆全國代表大會，希望能化解雙方歧見。柯恩先行至香港安排；三月四日抵港，李濟琛夫婦和若干廣州政要則於次日傍搭乘專車來港。李濟琛在港期間曾拜會港督、舉行記者會、乘車遊覽新界。三月七日，一行人搭船往上海。柯恩先到，住進雅斯特飯店三〇五號房。李在上海稍做勾留，十六日抵南京參加開會，柯恩留在上海，十九日才去南京。二十日，蔣介石表示絕不與對手妥協，次日即逮捕李濟琛，並將之囚禁於南京近郊的湯山溫泉。

李濟琛被捕引起相當騷動，親李和反李派系在廣東集結。在此同時，蔣介石仍准許孫科、胡漢民和柯恩等人到戒備森嚴探的監獄探望。一時間，李濟琛似不可能獲釋或逃亡。英國還算喜歡李濟琛，在他被捕當天就曾考慮，他若能逃出敵手，英方會給他政治庇護。「有人擔心李濟琛性命可能有險，因而請求英方，倘李能設法逃到英國領事館或英國軍艦，應方應予保護。」港督金文泰寫道。營救計畫無功。三月二十六日，南京政府向桂系宣戰，指他們破壞和平，斥責他們私心爲用，勾結敵人裹脅政府。大會解除了李濟琛和桂系成員職務，終生逐出國民黨。

桂系瓦解，柯恩失業。

孫逸仙移靈南京

蔣在鞏固勢力的同時，還得爲新都粧點。除了孫逸仙的遺體，還有什麼更好的供品？南京政府舉辦中山陵設計比賽，約有四十位中外建築名師參加，獲勝的是生於天津、留學康乃爾，返國前曾任職於紐約「莫非丹納」（Murphy & Dana）建築事務所的呂彥直。孫去世一年後，開始依呂的宏偉規畫動工。孫逸仙的安息之地座落紫金山麓，與明陵相近，花崗石爲階，參道兩側柏樹夾道，陵寢呈方形，燕尾爲簷，義大利大理石、山東黑大理石、蘇州花崗石、黃銅和碧瓦，牆上鐫刻著孫的墨寶，天花板上以藍白兩色馬賽克嵌著國民黨徽。由於南京政府希望世人把孫視爲世界偉人，呂特別設計了一間內廳安置靈柩，跟美國總統格蘭特和拿破崙一樣，人群可以從四面八方瞻仰其遺容。

一九二九年開始移靈時呂已過世幾個月。宋慶齡打算參加，又恐妹婿蔣介石利用她來提昇自己的地位，特意在離開柏林前發表聲明：「我即將啓程回國，參加孫逸仙博士移靈至紫金山典禮……因此，我必須聲明，本人參加葬禮並不意味、也不宜解釋成是暗示本人修正或撤銷不與國民黨有任何直接或間接瓜葛的決定，因爲國民黨領導階層反對孫博士的基本政策，亦即，明確反帝國主義、與蘇聯和農工群衆合作的政策……」

由林森、鄭洪年和吳鐵城等人所組成的官方代表團前來執紼，衛隊由馬湘領銜，柯恩也獲邀參加。「我避居廣州，可說是不問世事，但還是亟望能獲邀參加葬禮。世事難料。我雖奉召，但不是前往南京，而是先往北京，從碧雲寺一路護送孫逸仙的遺體。我是唯一參加的歐洲人……我知道這是莫大殊榮，我應該感到高興，但我並沒有欣喜之情。一路上，除了滿懷悲傷之外，心中別無他想。」

五月二十日，孫的遺體移殮新棺，以便南行。二十三日至二十五日，家屬和北京市民前來瞻仰。通往火車站的大街旁旗幟飄揚。「移靈行列從綠蔭滿徑的碧雲寺出來，穿過五百名提燈學童，」倫敦《泰晤士報》報導始於二十六日早上的移靈活動：「靈柩十分龐大，須動員數百人輪番運送，是此行最大特色。第一階段只有少數家屬、官員和侍衛同行，但行列緩緩走下粧點弧形燈、林木夾道的長道之際，道旁軍士舉槍致敬，刺刀晃日耀眼，絲毫不減莊嚴肅穆。」專程漆成白、藍口金色的火車一開動，哀樂和一〇一響禮砲響起。二十八日，移靈專車抵達南京郊外。

宋慶齡看著抬棺人把她丈夫的靈柩抬到祭壇邊的平台上，簡短儀式後，再把靈柩移上砲艇，在鍾山砲台一〇一響禮砲和外國艦艇二十一響禮砲聲中，渡過揚子江。靈柩安置在中央黨部大廳孫氏巨大遺像下方，換上玻璃棺蓋。哀樂響起，名流政要肅穆上前獻花，瞻仰身穿深藍色衣服的孫大總統遺容。

南京市粧點一新。士兵警戒巡邏，以防共產黨等團體藉機生事。中山路各十字路口豎起大排樓，藍色和白色旗幡飄揚，家家戶戶降半旗。遷葬這一天，萬人空巷。「一大早，大小路上就擠滿了人群和馱馬，這景象是有些詭異，」美國記者藍道・古德（Randall Gould）寫道：「汽車喇叭齊鳴，持槍佩刀的衛兵吆喝『停車！』，檢查車前三角旗，只有按規定佩戴通行證的車子才放行。」

儀式在凌晨四點開始，中央黨部內燃起線香，恭讀孫逸仙的遺囑。身著藍色長衫的抬棺人，抬起靈柩放入美製的靈車內，孫的遺像隨行車後，宋慶齡一身樸素黑衫，偕同孫科、宋子文、宋美齡和蔣介石魚貫立於靈車黑紗後，靈車右側是外交使節團，左側則是中央執行委員會各委員，分立兩側各執與靈柩相連的藍白色紼索。「四點三十分移棺，置於靈車上，這時漸破曉的天邊伴著一輪明月，看來煞是怪異，」英國總領事梅瑞克・休列特（Meyrick Hewlett）回憶道：「中國政府官員和外交使節分立兩側執紼而行，給人的印象好像是我們把遺體拉到安息之地似的。」

官員、騎兵、僧侶、軍人、男女童軍、政府員工、學生、教育家、民眾、工人和商人緊隨靈車後，飛機在上空盤旋。柯恩是全程肅然陪著孫逸仙父子的外國友人。護繩和警察攔住了群眾。「大路兩旁擠滿數十萬群眾，軍警手指搭在步槍扳機上嚴密監視。」倫敦《泰晤士報》報導。天氣燠熱，行列漸稀，很多送行者得靠男女童軍扶持，有些則躲進了車裡。

九點三十分，一行人終於抵達中山陵。陵前階梯兩側和附近林裡萬頭鑽動。十時，靈柩抵山下，抬棺人將靈柩放置在藍白色大台座上，喪家在前排就位，再次以黑紗隔開，外國大臣和代表各執起紼索，三十二名從北京來的男士，身穿藍白制服抬起靈起，和著哀樂踏上階梯。「十六人一班輪番抬棺，和著領班的竹蕭邁步，」《華北先鋒報》的霍斯特（J. M. D. Hoste）寫道：

「到了最後兩段石階時，人人露出疲憊之色，致喪者弓身拉著紼索，幫忙把巨大的靈柩往上拖。」

抵達中山陵後，靈柩置於前廳正中央四面黑色大理石柱環繞的基座上，致哀者獻花，接著致詞奏哀樂，儀式在行三鞠躬禮後結束。最後，抬棺人把靈柩移入內廳，再由孫逸仙生前貼身侍衛范良等九人將遺體放進龕內，然後外交使節團一一繞棺瞻仰。正午時分默哀三分鐘，接著，鍾山砲台響起一〇一響禮砲，外國艦艇也發砲致意。柯恩默然注目，向孫做最後道別。

第十四章　軍火買賣

上海，一九二九至一九三六

蔣介石以孫逸仙的遺體附麗南京新都的同時，中國逐漸落入他的掌握。西方列強開始放棄若干租界，西方國家公民治外法權措施結束，中國收回關稅自主權。不過，儘管蔣介石致力於統一，不斷討伐李濟琛之流的軍閥，但是在國民政府麾下的軍閥依舊割地自雄，各自爲政。在南方，背叛李濟琛的陳濟棠將軍就是這麼樣的一個人。而柯恩是不管誰在當家作主的，因此陳濟棠也就成爲他的新主子。「我展開了嶄新而又截然不同的生活，」柯恩談到他這位新雇主：「以前不管是爲誰效力——不論是孫逸仙、孫科、宋子文還是李濟琛——我都是全心全意，不計個人得失。但跟陳濟棠大大不相同……我跟他一直熱絡不起來。」

這位他一直熱絡不起來的人，在一九一一年推翻滿清革命前就加入同盟會，但陳濟棠跟其他的軍閥一樣，對孫逸仙的革命理想不甚了了。此外，根據記者艾本的說法，他還是個貪得無饜的人，「貪婪、野心勃勃、狡獪多智」。在陳濟棠主政之下，貪瀆猖獗。「他手下有些人的確是需索無度，」柯恩說起他的同僚：「他們的要求不可理喻，其中有一位靠收賄和狡計勒索，所撈得的錢就多得需請不動產公司代爲處理，另一位的走私規模之大竟是得動用廣州水師的砲艇來戴運違禁品。」

這段期間裡，柯恩一直忙著協助被目無法紀的軍隊騷擾的外國使節，或是跟西方公司打交道，大部分時間都極力避開陳濟棠。「到頭來，我是儘可能走避，隨時找理由出公差。」柯恩善門大開，不但跟吳鐵城保持聯繫，還爲擔任鐵道部長的孫科效力。柯恩爲鐵道部採購物資，自稱是「對外採購事務顧問」。

以忠誠和效率反駁閒言

還有很多人找他跑腿當差。一九二九年八月，英國保皇派亟欲以陰謀煽動和出版反英宣傳的罪名，逮捕並處決三名人在南京的印度錫克教徒。他們希望把這三人逮捕，移交上海市警局。「若是此舉不成，我們預料日後印度革命組織會在中國（及世界各地）進一步擴張。」一位英國官員寫道。

八月二十日，曾任上海警局副局長的比提（Beatty）上校拜訪艾夫林（A. F. Aveling）和南京總領事，宣稱他們握有證據可證明錫克煽動份子係受僱於莫斯科的共產黨人。比提到了領事館後表示自己是柯恩的同事；總領事則表示，除非他能提出上海方面明確的指示，否則領事館愛莫能助。兩天後，比提再訪領事館，「他說柯恩已接獲中國層峰的指示，問我在此情況下是否可以同時接見他們，」艾夫林寫道：「我知道柯恩先生確實跟國民政府若干要員關係密切，於是只好答應，並在當天下午偕同副總領事接見他們。」

柯恩表示，這些錫克教徒在廣州的時候他就略有所知，並強調自己親英的立場，說他已做了必要的安排，可以臨檢「東方受壓迫民族協會印度分會」辦事處，「若能促成逮捕及驅逐他們，他願為英國和中國兩方略效棉薄」。艾夫林告訴柯恩，領事館很感激他相助，但還得進一步確定他們的身分。此外，沒有逮捕狀而臨檢英國機構可能會惹麻煩，這也令領事館有所顧慮。不過，柯恩既已安排妥當，艾夫林只好請他暫緩行動，以便確定對方的身分。「在我看來，柯恩先生是誤以為比提上校乃代表英國當局找他幫忙。」艾夫林於是告訴柯恩，比提已經不在上海市警局服務，也沒有官方背景，「而且他所告訴我的全是子虛烏有之事」。比提並沒有針對艾大林的指控提出辯護。柯恩獲悉後大為吃驚，表示他「心灰意冷」，完全不想再管這檔事。那天晚上，柯恩再訪領事館，表示中方掌握的證據還不足以逮捕錫克教徒，因此他取消了臨檢計畫。

這段時間柯恩相當失望，但總得幹活。他十月在廣州告訴別人說，他參加廣東金融重建工作，接著就前往香港為陳濟棠洽談進口武器事宜。製造商和軍火商都知道南方急於購買武器，於是爭先恐後前來見柯恩。柯恩是隨時想賺幾文錢的人，不但帶著桑尼克勞夫公司的羅斯伯格到處拜會，還以劉易士機槍、步槍和「伯明罕小型武器廠」出產的火藥設法打動宋子文。他主動索取佣金，在中、英和自己的利益之間，在三面效忠之間取得平衡和正當性。羅斯伯格也指出老友柯恩為多邊效力的特性，並告訴總領事摩斯（G. S. Moss）說，柯恩在傳遞「從他中國官方朋友套出」的重要情報上能幫大忙。

柯恩定期造訪廣州領事館，在拜會羅斯時，不免提到街譚巷議和廣州政府目前的活動。他刻意提昇自己的地位和職務，甚至極力證明他的「將軍」虛銜。「他告訴我說，他是名副其實的『將軍』，因為他早年就出任將軍，統領故孫逸仙博士的五百人衛隊……他似是急於要我相信他是道地的英國人，正極盡所能在親美人士占優勢的國民黨圈子裡加強英國的影響力。」

柯恩以強調自己的忠誠和效率來反駁流傳於廣州的閒話。「他說，是敵人中傷，由於他以前跟鮑羅廷和陳友仁的交往而指稱他是親蘇人士，」摩斯寫道。柯恩太在意自己的形象，竟致留了一大篇自白書給領事館，一一列明他的親英行動，「以反駁若干無稽的流言。」他告訴羅斯。「我認為，上列陳述應可顯示，本人至少已為國家略盡棉薄之力，希望日後仍能好好表現。」依羅斯的說法，「他顯然是認為，英國縱然不公開承認，也得給他打個好成績。」

兩天後，柯恩的疑慮證實了。曾任英國海軍少校的傅瑞、中國國民黨官員李方（Li Fang，譯音），以及一位「在當地名聲相當壞」的美國人米斯基（Miske），三人來到柯恩下榻的旅館，自稱是來收柯恩欠他們的錢，傅瑞甚至指稱柯恩是蘇俄間諜。「當時柯恩相當冷靜，」摩斯寫道：「但因為他認得米斯基（此人以好打架聞名），於是驟然認定三人是前來挑釁，旅館經理還來不及阻止，他就已把李方和傅瑞摺倒在地。李方喝醉了，這一摔，傷勢相當嚴重。結果，李方控告柯恩毆人，柯恩也告傅瑞毆人。」柯恩在法庭上向李方道歉，李方於是撤回告訴。法官判處傅瑞十元罰款，再罰他一百元妨礙秩序。傅瑞也撤回間諜指控。

傅瑞是典型的軍火商；柯恩幫陳濟棠購買武器時不得不跟這種人打交道。傅瑞因圍捕海盜問題跟領事館產生嚴重歧見而離開海軍後，把自己的失敗歸咎於公使館和領事館官員，到打架鬧事那時候他已身無分文，於是對春風得意的柯恩心懷不忿。「傅瑞擔任情報官時和後來的生意往來上雖欠了柯恩不少人情，但柯恩突然以軍火商身分崛起於廣州，顯然使他甚是吃味。」摩斯寫道。傅瑞透過他的「衡平貿易公司」(Equitable Trading Company)，擔任布疋報關掮客，還代理多家公司販賣船用引擎、飛機、武器和珠寶。他做生意的座右銘是：「知己誑人」，凡是知道他爲人的人，沒有一個敢信賴他，而他又沒有資金做生意，因此「經常酗酒過量，公然跟惹人厭的外國女子廝混。由於這種種原因，他並不是值得信賴的代理人……他很精明，善於耍心機玩陰謀，不務正業。我越是了解他和他的朋友，對他就越發不信任。」

反蔣勢力集合

陳濟棠在擴張和鞏固個人權力基礎的同時，也極力和南京保持友好關係，以免跟他所背叛的李濟琛一樣，葬送在蔣介石的統一政策下。一九三一年初，蔣介石命陳濟棠裁軍，陳斷然拒絕。此外，他也不願出兵征剿盤踞江西的共產黨。爾虞我詐，國無醮類。胡漢明因與蔣介石在頒布約法上的意見不合，而在二月二十八日遭蔣下令逮捕，舉國爲之嘩然，反蔣情緒高漲；四月三十日，國民黨監察委員會彈劾蔣介石，陳濟棠迅即附合。

孫科、陳友仁、張發奎、鄒魯、汪精衛和徐崇智等各方軍頭和政治人物，以及各軍系，皆聲援陳濟棠反蔣，齊赴廣州共組反蔣聯合陣線。這些異議人士整頓廣東和廣西政府，並在五月底在廣州另立廣東國民政府。

情勢劍拔弩張，南方亦大事增購軍火，柯恩則一本百分之五佣金的原則，擔任廣東政府的軍購中間人。「各據山頭的地方領袖再度擾嚷不休，南方便開始整軍建武，尤其著力於採購外國彈藥，而我正是最適合這差事的人選。」柯恩採購美國湯米衝鋒槍、瑞典麥森機槍、法國「七五」厘米砲、英國高射砲、義大利飛機和歐洲各國的步槍與彈藥。「此君是軍火走私客，」一九三〇年代服役於華南巡邏艦隊「民答那峨號」的坎普・托利上尉說道：「謂軍火走私客云云，並無不敬之意。畢竟中國人需要軍火，而此君長袖善舞，正是代他們辦事的理想人選。」

柯恩不須費多大工夫，就能找到想賣軍火給他的人。「軍火商無處不在，」托利說道：「只消打個電話，只要找對人，今天打，明天就可以買到一大船的武器，輕鬆裕如。」柯恩是找到了想要的商品再談價，彼此討價還價一番。「他們可碰上老手了，」柯恩說道：「我小時在亞伯大就學會討價還價的訣竅……若是不能殺低兩、三成，就算我失手……這類交易幾乎全在香港進行，而我幾已成為旅館大廳上的地標。」

柯恩是「香港旅館」這類一流飯店的常客，也是很多殖民地要員的座上客。「據我所知，目前香港准許彈藥的軍品轉運，幾乎毫無限制，且莫里斯・柯恩和殖民地祕書官蘇桑（Southorn）先生等人關係極為友好，」美國總領事簡金斯在一九三一年八月寫道：「我剛從可靠消息人士口中得知，『香港暨黃埔碼頭公司』（Hong Kong and Whampoa Dock Company）經理，前不久在家中設宴款待莫里斯・柯恩，來賓裡就有祕書官夫婦和公共工程局長柯瑞希（Creasy）夫婦。」

柯恩還定期造訪美國領事館，答應提供簡金斯有關南方政府購入武器的詳情。柯恩主動拉生意，也不管官員或軍火商是否需要他幫忙。「柯恩在中央和地方政府各機關晃盪，若探聽到政府機關和外國公司正在洽談合同，馬上就去找外商公司，兜售他抽成百分之五代洽合同的服務。」律師歐曼寫道。「他對這一點很理直氣壯，並不諱言有時雖把佣金降至百分之三，若是買賣雙方承受得了，佣金可能提高到百分之七・五或十……柯恩個人認爲，國民黨該供他生活，他以抽百分之五佣金的代理或仲介自任，不失爲收取生活費的上策。」

柯恩自稱，在一九三〇到三一年間，他總共買了五千支步槍、兩百挺機槍、兩架飛機和數噸的彈藥。這些武器的運送通常甚爲方便，但有時不然。有一回，由於廣州無法安排中繼港轉運，南京當局就扣下一艘從上海開往廣州的德國籍船隻。「有時軍火來不了，有時被攔下，有時則是去驗貨時才發現整船的彈藥都已失效。」柯恩說。

柯恩的佣金有些時候少得可憐，例如一九三〇年向桑尼克勞夫公司買砲艇，就只拿到該公司兩千九百二十一英鎊，有些買賣賺的倒是不少。「我最大一筆買賣是向德國買兩萬枝新出廠的毛瑟槍，每支配五百發子彈。」柯恩宣稱：「價錢是每支一百金元，總額兩百萬，我可發了一筆小財。」他不愁沒生意。「我們知道是怎麼回事，」托利說道：「他無論是剛弄到的一船軍火，或是從廣西那邊拿錢有點問題時，就會到處放話，但語焉不詳，壓根兒不提詳情。這些事我們都很清楚，但事不關己，沒有必要去詳細調查。」柯恩說，進帳的錢都用來開辦退休基金和協助家人。「我已年過四十，人到了這個年齡是該向前看了，」他提到他的計畫：「我得為曼徹斯特的父母親設想，此外，那一大票親戚雖然不依賴我維生，一旦陷入困境，卻肯定會找我幫忙。」可惜柯恩一有錢進來就大肆揮霍，根本不懂得存錢。

協助陳濟棠建軍是重要差事，南方政府給柯恩的報酬不只是金錢而已。一九三一年六月，新聞報導指出，廣州政府授予柯恩准將官階。這只是榮譽銜，他也不帶兵。不過，儘管他終於擁有貨真正的官銜，不是他自封的，但西方人士對他的官位仍持懷疑態度，記者在報上提到他的將軍頭銜時，還是會加上引號。

今天的敵人與明天的敵人

蔣介石除了跟廣東分離主義人士鬥爭之外，還得為中國共產黨費心。一九二七年年底時，共產黨幾已瀕於毀滅，四月間黨員人數還有五萬八千人，到了十二月只剩一萬人，前景黯淡。中共於是改變策略，一改都市暴動路線，把工作重點擺在廣大的鄉村地區，以免跟廣州暴動一樣功敗垂成。中共在華中地區建立十五個鄉村據點，做為擴張勢力的地盤。他們在這裡訓練部隊，跟農民一起生活，協助農人取得土地。在各蘇維埃地區（簡稱蘇區）中，最重要的是江西蘇區。一九三一年下半年，各地蘇區代表齊聚一堂，成立中國蘇維埃政府，並以毛澤東為主席。

蔣介石憎惡蘇區。在他看來，「日本人有如皮膚病，但共產黨像心臟病」。柯恩深然其言，稱蘇區是「長在中國中部的危險毒瘤」，蔣介石必須割除這個毒瘤，於是，在赫斯特報系記者卡爾・房・魏岡（Karl von Wiegand）的力薦下，找來了德國軍事顧問指導「剿匪」戰役。一九三〇年十二月，第一次興兵剿匪，但由於蔣部十萬大軍乃是由各軍閥的部隊所組成，彼此無法同心協力，是以成效不佳；一九三一年初第二次剿匪，依然是乏善可陳。

一九三一年七月初蔣介石發動第三次剿匪，便已決意一旦擊敗敵人，就把心力放在廣東分離主義人士身上。可惜，天不從人願，這次行動也跟前兩次一樣。一九三一年八月十九日，日軍沿南滿鐵路展開征服東三省的行動，蔣介石不得已只好把肅清共產黨大計延後。他對於迅速挺進的日軍所採取的是不抵抗政策，只是請國際聯盟出面仲裁紛爭，詎料日本對國際聯盟的譴責嗤之以鼻，進而在一九三三年初退出國際聯盟。這時，日軍已完成軍事任務，把東三省改名爲滿洲國，並以滿清末代皇帝溥儀爲國家元首。

外敵壓境使得南京和廣東捐棄前嫌，但彼此間仍然猜忌分歧。一九三二年一月，廣東和廣西領袖成立國民黨西南政務委會和西南執行委員會，重申兩廣自治的主張。一九三三年，陳濟棠推動一系列計畫，以安定經濟及促進廣東省的經濟發展：造橋舖路，改善廣州市公共設施，廣建糖廠。民間企業蓬勃發展。陳濟棠主張土地重劃以利拓殖，並創設農業研究機關，推動河川管理計畫，開辦五個模範林業中心，設置十餘個漁業養殖團體。到了一九三五年，廣東省的產業已經卓然有成，稻米進口量減少了一半。

陳濟棠爲確保廣東的安全，不僅厲行建軍及軍隊現代化，還成立空軍部隊。「他的目標是成立一支機動化的精簡部隊，此外，他還成立兩個機動而有效率的山岳師。」英國駐廣州總領事賀伯・菲力普（Hertbert Philips）寫道。武器源源而來，軍火商蜂湧而至，打算在廣州發筆橫財。柯恩的瑞士籍朋友亨利・柯瑞布（Henri Krebs），在十五個月內就代比利時「國家公司」（Fabrique Nationale）賣出了總值三百二十萬美元的軍火，其中包括卡賓槍、步槍和彈藥，霍奇季斯-施耐德（Hotchkiss-Schneider）公司代表歐特（E. Ott），也賣給陳濟棠四組七五厘米山岳砲和八千發彈藥、三十門高射砲和十五萬發彈藥。其他賣到廣東的軍火還有一千支捷克機關槍、十二輛桑尼克勞夫出廠的裝甲車、阿姆斯壯-懷沃斯（Armstrong Whitworth）出廠的驅逐機，以及配備砲架、瞄準裝置和彈軌的戰鬥機。

在這段期間，柯恩是四處兜攬生意。「我全心全意投入軍火生意。」他說。他跟在加拿大搞房地產時一樣，佣金至上，若是沒拿到他想要的價碼便勃然大怒。一九三〇年中，查汀-馬特森（Jardine Matheson）拒付他自認應得的數額，他就聘請香港金恩法律事務所的艾爾頓・波特（Eldon Potter）一狀告到法院。柯恩贏了這場官司。「他說，他們膽敢拒絕他的『協助』，他要給他們一個教訓……」歐曼寫道。

就在他汲汲營營的時候，他的活動傳到英國卻是更加荒謬。記者開始把他跟「阿拉伯的勞倫斯」相提並論，稱他爲「中國的無冕王」（"Uncrowned King of China"），艾德蒙頓《日報》說他的地位相當於財政大臣，「是現代中國背後的財經和外交有力人士」，說「財經和組織長才」使得他成爲「中國國民黨崛起的重要因素……由於他在『幕後』暗助，實際也擔負著中國國民黨領袖大部分的政治工作」。有些說他代訓廣東軍隊，是全中國受到最嚴密保護的人士之一，「……戰神，外交家，中國國民黨所有活動都出於他的幕後策畫」，簡直就是「中國眞正的大總統」，據說「中國人對他唯命是從」。可想而知，另外有些人當然是疑念重重。「艾德蒙頓人不相信他是中國三軍最統率的報導，反倒認爲柯恩信件中矇騙在老家的父母」。

推銷中國的最佳人選

柯恩還只有四十五、六歲的年紀，卻已打算把自己所細心營造的神話塑造成永垂不朽。這對他的生意大有助益。他開始暢談要寫回憶錄，把現代中國史上若干重要事件的功勞據爲己有。他的家人不察，繼續散播這類傳說。「柯恩先生令人嘖嘖稱奇的生涯，最近才由他住在曼徹斯特的雙親對外透露。」艾德蒙頓《日報》寫道：「他常在家書中對現居曼徹斯特的父母說，但願有一天中國能在西方模式的民主政府之下統一。」他弟弟李斯利（Leslie）向新聞界表示，他們定期收到柯恩的家書，但由於內容提到一些官方的事，是以不便公開談論。「家兄曾經提醒我們，不得洩露信中內容，因爲三年前有人意圖取他性命。當時內戰方殷，所幸家兄毫髮無傷。」

他如此這般的預先造勢，口袋裡又有錢，於是便決定回轉老家一趟。「一九三二年秋，我接到幾筆大生意，必須到歐洲和美國走一趟。這正合我意。我終於存了點錢，銀行戶頭足可支付到英國渡假的開銷，以及對我家人在經濟上提供些許幫助。」柯恩帶著禮物，人人有份，一面又對媒體所披露的報導嗤之以鼻，以英雄姿態回到西方。他花了好幾年工夫討好新聞界，但表面上必須裝出毫不在意的樣子。他無動於衷、甚至抗拒的態度，益發增加神祕性。

一九三二年十一月初，他在紐約停留時，撥出時間跟稱他是狂熱錫安主義者、是上海「猶太文化暨教育促進組織」(Shanghai B'nai Brith Organization) 成員的《前鋒報》(*Forward*) 記者聊天，再轉往英國。「我抵達普利茅斯時，兩位弟弟已在碼頭上等候。」十一月十日，連同兩車行李抵達曼徹斯特時，他父母和五、六位親戚前來迎接。「從普利茅斯開來的火車駛進月台時，有位攝影記者調整相機準備照相，將軍大喝一聲『閃開！』」倫敦《每日鏡報》報導：「那攝影記者退到後面，就在將軍回答記者問題時，鎂光燈一閃。」柯恩用手杖打爛相機。「接著，將軍和那攝影記者在一隊警官陪同下前往鐵路警察局，討論方才那起騷動事件。」記者問柯恩到曼徹斯特有何貴幹，他冷冷回答：「此來曼徹斯特只爲看看親人，不爲公事。」

回到家裡，柯恩開始分送禮物，帶母親、嬸嬸和妹妹莎拉去布萊頓遊覽，就是絕口不提自己的活動。「他有要事待辦，但我們全然不知。」他母親說道。他雖不談此次英國之行是否爲採購而來，也不提自己在中國的生活，「包括那次倖免遭人暗殺」，但時時會說溜嘴，接著又矢口否認自己曾領軍作戰，益發使得記者們心癢難搔。他只簡單告訴記者：「我目前是粵軍斡旋人，擔任南方政府和外國列強間的聯絡官。」

他雖愛說大話，倒是推銷中國很好的人選。第一次世界大戰之前，蘭開夏的棉花業產量占全球棉布的百分之六十五；開戰後，外國競爭者以廉價勞力和新工廠搶進市場，占有率開始下滑。二〇年代棉價直落，到了經濟大恐慌時代情況更爲惡化。

柯恩向英國當地紡織業者力薦，說中國是新興市場。他發揮推銷手腕，極力稱讚在東方從事紡織貿易的蘭開夏青年，當然也熱心拉了幾筆抽佣的生意。「我跟幾家英國公司接頭，著眼於拓展英中之間的貿易。中國剛剛邁進現代國家的新階段，也就是剛進入機械時代，想必是大大需要機械等物資，英國製造商正好可以提供。我認爲，中國的情形必會改善，日後終究會成爲歐洲經濟的救星。」

曼徹斯特對他大表歡迎，不僅商會等組織爲他舉辦種種活動和餐會，猶太社會知名人士也在亞伯特大廳舉行猶太民謠音樂會款待，當地報紙則理所當然地一一報導這些聚會和音樂會。柯恩口若懸河，舌燦蓮花，他跟新聞界大談在中國碰到古猶太正統教派的「族人」，說中國是「當今世上唯一不曾迫害猶太人的國家」。他刻意提到香港和上海猶太社會：「本人在香港和上海時，是猶太慈善團體的志工，長年來跟從事這些事的人一直有所接觸。開封有塊地，現爲加拿大基督教傳教組織所有，我正在交涉，以便購入供建設猶太會館之用。」柯恩說，他離開曼徹斯特時，行囊裡「裝滿各種型錄和價目表」，以及各類物品的訂單。

逍遙海外的溫尼伯惡棍

一九三一年三月三十一日，柯恩搭乘「麥金利總統號」回到上海。一個星期前，柯尼・朱立安（Courtney C. Julian）搭「長崎輪」抵滬，化名金恩，住進位在江西路的大都會飯店（Metropole Hotel），不久就和柯恩交上朋友。次月，新聞界發現他「住的是設備齊全的套房，喝的是香檳美酒」。他的出現引起相當大的騷動，因爲，這位二十六歲的溫尼伯「惡棍」，二月間才因僞造文書罪名在受審前夕逃離奧克拉荷馬市。

朱立安原爲成衣推銷員，在加州油田先後當過鑽井工人和工頭，後來憬悟推銷油井比鑽油井更有賺頭。他在德州、加州和奧克拉荷馬州創業，大部分都失敗，誤信他「寄張支票過來或親洽，看看決不會蝕本」的小額投資人，全都血本無歸。朱立安一昧怪律師出賣，害他一事無成。其實他不是碰上滑頭律師才失敗，而是他大膽叫推銷員「找錢去！」的油井全屬子虛烏有，成功騙得無數小額投資人把價值數萬美元的高檔債券和「自由公債」（譯按：自由公債係第一次大戰美國政府所發行的戰時公債），換成不值一文的「朱立安石油公司」股票。

被新聞界發現下榻於大都會飯店之後，朱立安立即設法尋求保護，也請了律師，還說敵人可能會綁架他，但在得知不會被捕或被驅逐出境後，反而拋開化名堂皇露面。他是加拿大人，犯罪地點又在美國，上海警方動不了他，加上治外法權的保護，中國人不能逮捕他。西方官員雖然一直設法逮捕他，但因有漏洞可鑽，朱立安竟至厚顏向美國人叫囂「去死罷」。

張貼在郵局的通緝海報說，朱立安「性好酒色，愛住一流旅館」，果然名不虛傳，他沒多久就住進外灘和南京路之間的國泰飯店（Cathay Hotel）。他在下榻的套房內接受訪問，力稱自己清白。「我離開美國只爲一個原因，這原因就是我在美國樹了不少大敵，而我身爲加拿大，在美國必然無法受到公平的審判。」他一再表示希望東山再起，說他計畫派遣地質學家到中國人地去探勘石油。

朱立安開始找工作。可想而知，他的若干計畫和同事，結果證明都有問題。一九三四年一月，他宣布與詹姆斯‧杜蘭（James S. Dolan）成立「美國股票暨債券擔保公司」（American Stock and Bond Guarantee Company）。杜蘭是波士頓人，曾因在一船的墓碑貨品當中走私四百五十七罐嗎啡而在漢堡市判刑確定。除了杜蘭之外，他的同事中還有些是人頭和極不尋常的人物。「謠言不斷，說這家新公司的後台是中國一位將軍，但始終未獲證實。」上海市警局指出。朱立安和杜蘭在大陸銀行大樓成立辦事處後，還公布在市內建大陵寢的計畫。

他的計畫註定要失敗。朱立安開始酗酒、經費短絀、跟杜蘭吵架，不久就跟公司斷絕關係。他在手頭緊俏之餘，甚至得典當打字機渡日。不久，朱立安讓二十一歲的祕書兼女友莉歐諾拉‧李維（Leonora Levy）搬到威達飯店（Weida Hotel），自己則用化名金恩住進阿斯特飯店三〇〇號房。他祈禱自己能時來運轉。他指望的機會包括：律師歐斯卡‧費雪（Oscar Fischer）匯來他《逍遙法外》（*Refugee From Justice*）自白書的稿費五千美元，以及柯恩答應借他的一千美元。可是，到了三月間，奧克拉荷馬傳來消息，說他弟弟和合夥人撒繆爾‧米契爾（Samuel Mitchell）已經提出不抗辯申請，從而獲判一年緩刑。有天晚上，朱立安以刮鬍刀片割腕，自殺不成，曾任他助理的瑪麗‧坎托洛維奇把所有刮鬍刀片收走。

情況毫無起色。沒多久就結束。三月二十四日，朱立安跟莉歐諾拉一起。當晚八點，他已喝得醉醺醺。兩人上了雅斯特飯店房間，叫了餐點。朱立安喝醉時通常是不吃東西的，但為了討好和安撫緊張不安的女友，還是叫了餐點。莉歐諾拉在房裡打電話給柯恩，問他要不要過來探望一下。柯恩沒有理會。朱立安繼續喝酒，然後吞下四十八顆安眠藥。「那天他自嘆時運不佳，喝了很多酒，」莉歐諾拉說道：「他身無分文。他拿著安眠藥對我開玩笑，說小孩子吃了也沒事，還說他壯如雄獅。他只是想睡覺，並不知道箇中危險。」她離開了一會兒，再回到房間時發現他已不省人事，趕忙打電話找醫生，自己則在驚惶中一走了之。第二天一大早，她到醫院去探望時，他已經過世。莉歐諾拉跑出醫院，沒多久就被人發現她服用過量安眠藥，倒在上海藥房附近的電話亭裡。

三月二十九日，英國警察法廷開調查廷。莉歐諾拉宣稱朱立安並無自殺之意。「爲了強調朱立安並非服用安眠藥自殺，李維小姐激動地說著，朱立安曾說他是多麼希望自己能好好做人，」《中國新聞》（*China Press*）報導說。「他沒有理由尋死，也不想死，」她作證道：「他在昏迷前幾分鐘還跟我說，只有懦夫才會自殺。」接著作證的坎托洛維奇（Cantorovitch）則表示，朱立安上個月才意圖割腕自殺。「她作證結束後，庭上肅然無聲，柯恩驀地打破沈默：『庭上，請容我發言』，但法官令他保持肅靜。」法院裁決朱立安只是單純的自殺後，柯恩憤然上前，指責坎托洛維奇故意隱瞞朱立安服用安眠藥的習慣。

浪跡上海的問題人物不計其數，柯恩所結交的朋友當中，郎中騙子不只朱立安一人。一九二九年初抵上海的保加利亞裔猶太人亞伯特・艾夫拉默（Albert J. Avramow），就是其中之一。他是爲倫敦一家大印刷公司「湯瑪斯・狄拉魯有限公司」（Thomas De La Rue Company Ltd.）來拉生意的，來到上海的時候，就已經臭名在外了。他在「美國鈔劵公司」（American Banknote

Company）服務時，就以賄賂保加利亞財政部長而取得合同，後來這位部長因貪汙遭政府處決，艾夫拉默則毫髮無傷地逃出保加利亞。艾夫拉默初到上海就爲狄拉魯公司取得中國銀行訂單，可惜他目中無人，不但熨開老闆的信，命辦事處職員拍攝下信中內容，還吹噓說要騙中國人易如反掌。不消多久，中國市場就在狄拉魯公司掌握之中。沒多久，他取得中國郵政總局雕版和印刷新郵票的訂單，爲了進一步推銷業務，他竟購買假鈔來向可能的客戶表示，印製鈔票是輕而易舉的事，殊不知此舉非但不能證明狄拉魯公司印鈔技術高人一等，反而使人認爲他跟本地的犯罪集團掛鉤。

此外，艾夫拉默以鴉片和女人大事款待，反而使得朋友和客戶不安。他瞞著太太在外蓄養許多猶太和白俄女郎。他出手甚是大方，贏得衆女芳心後金屋藏嬌，然後以大撒封口錢以避免醜聞。他甚至得聘請一名西伯利亞保鑣，以防拈花惹草行徑引起別人對他不利。

艾夫拉默的惡行不脛而走，不久便被查出他是靠賄賂而取得郵政總局的合同。這名中國官員遭政府解職後逃出上海，接著，宋子文禁止艾夫拉默再向中國的銀行及公家機關接單。艾夫拉默急於取回宋子文的青睞，請柯恩等人出面代爲說項，甚至弄到一封中國高官的介紹信。但是他的計畫都歸於失敗：他在極力爭取宋子文的信賴之際，同時又向中國的銀行家表示宋子文不久就會下台，而艾夫拉默的助手會繼任財政部長。他這番饒舌益增宋子文對他的不信任。

宴飲和狂放的城市

柯恩同時跟香港和廣州軍方保持聯繫。一九三四年時，他定期造訪美艦「民答那峨號」，當時年方二十六歲的托利上尉，就是在這艘五六〇噸級軍艦上服役。托利說：「艦上年輕軍官把柯恩視同爺爺一般。」而在他眼中，柯恩「像同袍，又像老友。他和藹可親，不矯情，也不會仗勢欺人，我想，這就是他跟我們相處甚歡的原因」。

托利在這艘暱稱「胖民答」的砲艇上擔任新聞官，兼事情報蒐集。「中國情報千頭萬緒」，柯恩則是可靠的消息人士。他會說「哪一方會贏」，所傳達的消息「在判斷各國使館或標準石油公司與中方之間的歧見上，或可派上大用。就這一點而言，他對我們最有用。我們不曾逼他，他自然會告訴我們。他過來便餐，純屬興之所至」。在托利看來，賭徒柯恩此舉只是增加自己的求生籌碼而已。「我深深感到，他覺得萬一有一天他得要逃亡時，我們比英國人更能讓他依靠。我認爲，他比較相信美國人。總之，我確信他是腳踏兩條船。他儘可能保持所有管道暢通，因爲他所從事的畢竟是危險的遊戲，像土撥鼠一樣，地洞留兩個出入口不失爲上策。」

柯恩不只是順道來訪而已，他也時時款待艦上官兵。「柯恩……似是從來不缺錢。在飯店大廳上不可能獵豔，因此，他那雲集了中國頂尖女明星和當地政壇名流的晚宴，便教人難以峻拒。這些晚宴都是在香港舉行。」托利回憶道。香港飯店葛瑞普斯廳「是當時名流人士流連之地，不是大班俱樂部型的地方」，便成爲極受歡迎的社交場所，柯恩在這裡舉行過多次晚宴。他手頭有錢的時候出手特別闊綽，托利就多次應邀參加這類美食盛會。「他會在香港頂尖中國餐廳包下一間長三十到三十五呎、寬二十呎的大房間，約莫二十人在場。這類餐廳是西方人不曾去的地方。」托利回憶道。席如流水。「中國人請客少說二十道菜，除非你是老饕或老手，知道止於所當止，否則等到菜全出完你準會撐死。當時中國首屈一指的明星蝴蝶小姐也在賓客之列。她不愧是美人兒，凡跟她同過席的人，一輩子也忘不了。她不會說英語，否則沒有裝不懂的必要。」柯恩請客的時候是吃得多喝得少，常以他個人緊張刺激的冒險故事讓客人聽得目瞪口呆。「我記得柯恩從沒醉過，甚至連微醺的跡象也沒見過。」托利說。這在中國「酒酣耳熱的氣氛下」是極為罕見的。

柯恩喜歡住得好吃得好。一九三一年前後，他得知離九龍半島飯店不遠處，有一家大衛餐館。老闆大衛・賈布魯勒（David Gabruiler）是個留著小鬍子的矮胖男子，老婆安娜燒得一手猶太好菜。柯恩在起碼一年半的時間裡，每星期都會去光顧一次，坐在擺著一大盆人造花的桌子旁，大啖醃鯡魚、羅宋湯、烙餅、沙拉醬牛肉和雞湯，順便跟賈布魯勒一家子以意第緒語聊聊天。「柯恩將軍喜歡家常菜，家母常作點魚凍餅之類的料理饗客。」賈家兒子艾瑞克說。

柯恩自己不舉辦宴會的時候，就到處參加宴會和慶宴，打聽哪兒有倫敦東區的家鄉口味。一九三〇年代初葉，上海扶輪社在派拉蒙舞廳舉辦國際友誼舞會，市內各外國社團都派代表參加。當晚的高潮戲是成雙成對的年輕人各穿著本國民族服飾，手持國旗進場。當時以色列尚未建國，但錫安主義團體貝塔爾（Betar）——一個猶太青年運動組織，提倡錫安主義教育和自衛，主張猶太人移民至當時仍屬英國統治的巴勒斯坦地區——也派出朱蒂絲・班-艾麗則（Judith Ben-Eliezer）和李奧・漢寧，代表貝塔爾與巴勒斯坦猶太人與會。「我們胸前別著藍白色絲布，手持猶太旗幟，和美國、英國與法國人並列。」漢寧提到那次列國遊行盛況說道。這一對猶太代表穿過大廳時，忽聽有人大叫「巴勒斯坦萬歲！」遊行結束後，漢寧與班-艾麗則甫坐定，「有一人向我們走來。來人是柯恩將軍，他請我們過去和他同席。」漢寧說道：「同桌的還有上海市長和警察局長。」

柯恩不僅和班-艾麗則成爲朋友，對她的朋友也屈意結交，帶他們到市內各處觀光。「柯恩對我照顧有加，引見中國最高階層名流達官。」班-艾麗則回憶道。兩人同往私人宅邸、豪華舞廳和夜總會，參加各式各樣的活動、舞會和宴會。柯恩也在雅斯特飯店宴請，來賓約二十人左右，菜色應有盡有。「那是光鮮豪侈的社會，突然間，我所交往的盡是內閣部長、政府最高層官員和銀行總裁……我獲邀進入這新社交圈，是從令人屏息的餐會開始。這些餐會都是由柯恩和他的中國同事主辦或參加的。」

上海是宴飲和放狂的城市。「夜總會裡人山人海！雞尾酒會衣香鬢影！杯觥交錯，酒如流水！」愛蜜莉・韓恩寫道。這位朋友暱稱爲「密姬」（Mickey）出身美國聖路易市的記者，以嗜抽雪茄，養了穿晚宴外套和毛皮大衣的長臂猿而著稱一時，跟上海夜生活可說是相得益彰。「南京路上的幾條街上，霓虹燈閃爍，酒旗招搖，行人熙來攘往。」朵拉・卡爾尼寫道。一九三六年前後，外國租界一帶有三百餘家酒店和賭場，聖安妮舞廳、法國俱樂部、國賓、維也納、卡薩諾瓦酒店和維娜斯餐廳等等，正是柯恩這類以宴遊爲樂的人士流連忘返之地。著名的戴爾蒙特舞廳（Del Monte）凌晨三點開始營業，身著綾羅綢緞的俄國舞孃，陪著客人翩翩起舞，包著頭布的錫克警衛在一旁守候。

綠蔭夾道的跑馬場（Race Course）設有網球、槌球、馬球和足球場。此外，在法國租界的坎尼館（Canidrome），也可見到披著絲質外套的狗兒追逐機械兎子的比賽。上海市有許多足以自豪的外國電影院，如南京大戲院，以及約瑟夫・房・史騰堡（Josef von Sternberg）導演所說的，「六個樓層莫不人潮洶湧，每一層樓無不提供中國人巧思的各式娛樂，到處洋溢著生氣、騷動和嘈雜人聲」的大世界娛樂中心。

上海市約莫有十萬名妓女，而靠有照或無照娼館糊口的按摩師、女侍、導遊和賣報紙的小販，更是不計其數。經營娼館妓院的人，可得黑白兩道都有門路，跟警察和流氓打通關節才開得了店。警方偶爾會抓幾個神女，但她們跟英屬哥倫比亞的姊妹淘一樣，頂多只是罰幾個小錢而已。高級的青樓酒肆，是上海商人飲宴、吃喝、打麻將和談生意的好地方。

雖然有些妓女身價形同小明星，但絕大多數沒這麼幸運。貧窮人家爲了幾文錢賣女爲娼的事屢見不鮮，有些則是一到了十里洋場就被騙或被迫在街頭拉客。阻街「雉雞」或「野雞」人數最多；她們身穿寬管褲和光鮮圖案的厚緞子短上衣，在街上排排站，伺機誘惑過往行人。「她們不單靠美貌風情或高岔長衫下隱現的光緻大腿，」斐西・芬奇（Percy Finch）寫道：「她們齊聚一處，以近似美國橄欖球員達陣的手法抓住客人，再把被抓的恩客帶到轉角的小旅館。」

上海充斥著這種女人，不消多久，柯恩的名字就跟這些女子連在一起，儘管這些關係可能是荒唐無稽。一九三〇年代，有位名喚貝利（Bellit）的美國人，帶著一齣叫「哈囉上海」的歌舞劇來到中國，其中很多女郎兼做妓女。反正是便宜貨。門票起先是兩塊錢，不久就降到五毛或三毛，不多時，商賈參加了可以跟這些女郎見面的酒會；有些歌舞女郎索性收山當起情婦。巡迴劇團去了馬尼拉一趟，劇碼改爲「哈囉馬尼拉」，兜一圈後又轉回上海。

這些女郎處境艱險。「有天晚上，我回到『皇宮旅館』，正在似睡非睡之際，忽聽有人豁弄房門的聲音，」演員薇薇安．柏克（Vivian Burke）說道：「片刻後，一道微光遭入房中，我知道有人闖入房間……我的驚叫搬來了救兵——兩位北方壯漢把那位騷擾我好幾天的中國佬結結實實摺倒——隔天，我在驚魂甫定之後稍加打聽，得知那兩位保護我的人是柯恩手下。這位將軍深知那個中國佬爲了一親白人女子芳澤，尤其是像我這樣的金髮女子，什麼事都做得出來，於是派了兩名警衛在我房間附近把守。」

訓政時期的國民黨

依孫逸仙的建國大綱理論，這時的中國是屬於訓政時期。掌握黨政大權的國民黨，理應遵循建國原則，訓育人民自治；但蔣介石顯然對孫逸仙的理想殊少尊重，非僅將黨去勢弱化，還結黨營私，巧妙應付各派系和政客，視自身需要隨時可以跟任何團體結盟。他維持著各對立陣營之間的平衡，而由他一人操控全局。蔣希望創造一個軍事化的社會；他最尊敬的是法西斯主義的德國和義大利，希望人人守紀律。基本上，他想要的是一個唯命是從的社會。他所治理的政府，全賴行政官僚和軍隊支撐，而貪汙猖獗。他以禁止言論和集會自由手段壓制異議，鎮壓學生示威抗議，逮捕新聞記者，殺害異己。

蔣介石對陳濟棠南方自治政府的高壓政策，使得許多政治人物深惡痛絕，進而公然在南方放言反政府論調。隨著不滿情緒昇高，南方政府必須強化自身的地位。一九三五年三月，柯恩代表陳濟棠等廣東官員向英國靠攏，表示南方政府有意設置興業銀行，全力振興廣東產業。柯恩說，有個華僑團體有意投資，南方政府只要出資兩百五十萬美元，他們願提出相對的金額。但廣東政府手頭拮据，是以希望能以水泥工廠（Cement Works）作擔保，向外國貸款。柯恩鼓起如簧之舌推銷，問英國領事館是否能大力幫忙。他希望別人來入股，請領事館代爲向香港投資人說項。「柯恩將軍把水泥廠的營業利潤說得有聲有色，說這筆貸款可以百分之八的月息分兩年攤還。」有位領事館員寫道。

柯恩急於取得英方支持，四月一日偕同一位潘姓廣東官員再訪領事館。「他們自稱奉陳濟棠將軍之命行事，向我保證這筆錢絕不會移做別的用途。」領事館官員表示，未得南京政府批准，不便貸款給地方政府，柯恩和潘先生立即說可以取得批准。不過，投資計畫仍然曖昧不明，領事館官員希望能進一步了解詳情，「我於是說道，計畫仍嫌太過糢糊，恐怕引不起講求實際的生意人的興趣，若要進一步洽談，最好準備一份明確的書面報表，列明有意投資的華僑，並由廣東政府當局具名。若能另備一份詳細而可信的報表，說明抵押物的價值和償還方式更爲理想。」

柯恩和潘先生表示會提出詳細書面報告，而後離去。

父親過世

在柯恩積極爲廣東省爭取外資時，廣東也爲他再添光彩。一九三五年四月十八日，柯恩晉陞爲少將。他在中國行情看好之餘，不免操心在曼徹斯特老家年邁的雙親。

一九三三年十月二日，他母親在跟女兒莎拉和莉亞過街時被車子撞上，背部和頭部受了傷，所幸送到猶太醫院治療後已漸復原，比較糟糕的是父親約瑟夫患了糖尿病，健康日益惡化。約瑟夫的弟兄同樣也年邁體衰。一九三五年四月三十日，約瑟夫的弟弟因炎肺和感冒過世，之後，約瑟夫每天到弟弟家探視，單程就得走上九哩路，他的雙腳難以負荷。「由於奔波過甚而至病情惡化，」莎拉提到她七十二歲高齡的父親時說道。約瑟夫健康有如江河日下。「有天晚上回得家後，覺得脚趾疼痛，於是我們準備了一盆水讓他泡脚，但情況並沒有好轉。我們請大夫來看，大夫交代他繼續泡。」

但他的脚仍然沒有起色。柯恩一聽父親健康惡化，便在六月間返鄉探視。「當時家父病足臥病在床，吵著要跟家母一起到門口迎接我哥哥，」莎拉說道。「莫里斯一看到父親的脚，立刻請來醫生，醫生命他到醫院檢查。我們雖請了專家，但他的脚已開始壞疽。院方原以爲可以清除壞疽，但因太嚴重，只得把腿鋸掉。」

約瑟夫撐不過手術，七月十三日過世時，他名聞遐邇的兒子隨侍在側。約瑟夫已是猶太社區的名人，是以在下葬前專程移靈至南布羅頓會堂，置於會堂階梯上公祭。葬禮由數名拉比主持，與祭者數百人。柯恩站在墳邊，忍不住傷懷悲泣。「我們，乃至其他會堂，失去了一位重要的支持者，」一位叫M．M．柯恩的拉比說道：「但願他名震四方的將軍兒子秉承父親的遺志。」柯恩捐贈近一百萬基尼金幣（舊幣名，一基尼為十二先令）給各慈善機構與會堂，以紀念父親。

柯恩離家多年，如今既成為一家之長，決定先料理家務和照顧母親再做打算。「我不管人在何處，總是隨身攜帶父母親的照片。」約瑟夫過世那天，柯恩如此向新聞界表示：「在家母喪夫之慟未解之前，我必須留在曼徹斯特。」他有很多事要安排，包括妹妹莎拉的婚事。「哥哥要我找個婆家，希望在他動身回轉中國之前，我的親事能有著落，」她說：「他留下來等我出嫁。」柯恩一手安排婚禮，在七月四日打電報到中國，訂了價值六．五鎊的禮服、套裙和褻衣。「他致電到中國訂購的嫁粧，是女人家夢寐以求的豪華服飾，諸如純絲裁工製的夜衣等，應有盡有，」她說。「他拿了我的尺寸寄過去，所有東西都是純絲手工製的，婚禮一切開銷都由他支付。」

短期間內要張羅許多事，柯恩找來兩位堂兄弟幫忙。親朋好友從倫敦前來，連玫瑰也從非洲趕回來。婚禮當天早上，莎拉先到父親墳前稟告，柯恩一家人則提前一天住在會堂附近，並沒有請禮車載新娘子到對街禮堂，而是以紅毯直鋪到對面。「在我過街時，交通暫停，」她說。柯恩戴高帽和手套，手持手杖與會，婚禮後隨之舉行香檳晚宴。

柯恩對子侄輩也十分疼愛，買了很多禮物和玩具送他們。「他一來就帶我到店裡，說『要什麼隨便挑』，」他侄子維克多．庫柏說道：「他出手極為大方。」

柯恩在渡假之餘，也設法為自己和中國拉點生意，不僅再度鼓吹蘭開夏與中國貿易，也到格拉斯哥拜訪當地的造船廠，順道買些武器。他敦倫有位軍火商介紹他去見約翰・波爾（John Ball）上尉，也就是梭利軍品廠（Solry Armament Company）的廠長。柯恩向波爾表示，他要購買數萬枝槍械及其他軍品運到中國，但這筆交易一直沒談成。十一月中旬，他從南開普敦搭乘「喬治輪」返家，二十九日，曼徹斯特朋友上船為他餞行，香腸、白斬雞、檸檬雪泥、烤雞、綠豆、甘藍、烤馬鈴薯、朝鮮薊、海棘（椰果的一種）、無花果、琴酒、混合堅果和美酒，應有盡有。

換一個主子

在此同時，蔣介石則極力鞏固權位，設法征伐共黨控制區，由於前幾次剿匪無功，是以這次他向德國軍事顧問求教，改變戰術。一九三三年十月第五次剿匪時，他採取圍堵江西蘇區的策略，動員七十五萬大軍，築碉堡挖戰壕，堅壁清野，層層包圍一萬五千共產黨人。共產黨見大勢已去，決定逃亡以圖後起。一九三四年十月，十萬赤軍、黨委和黨員，展開著名的「萬里長征」，在往後一年多時間裡苦行軍六千餘哩之遙。蔣軍把共產黨一一逐出湖南、貴州、雲南和四川，而各地方軍頭也隨著「敵軍」挺進，對國民黨部隊大表歡迎，因為飄忽不定的共產黨比蔣介石更可怕。蔣部每到一省，便接收該地大權。

到了一九三五年秋天，共產黨抵達陝西建立總部時，剩下不到一萬人。肅情南方共產黨之後，蔣介石終於延伸到陳濟棠的廣東省界。蔣介石設法跟南方談判，但對陳的提案則一口回絕，反而以對付共產黨的手集結了五十萬大軍，在福建、江西、湖南、貴州和雲南布下弧形陣勢，籲陳投降。陳濟棠多年來一直透過柯恩等人整軍建武，表示他對這一仗早有準備。他手下兵員充足，地方部隊不但訓練精良，更配備了坦克、高射砲、巡洋艦、大型驅逐艦、快速魚雷艇和飛機，可謂一時無兩。

就在雙方擺開陣勢的時候，日本也展開對華強硬政策。南方自治聯盟籲請南京政府動員抗日，南京予以峻拒，是以廣東和廣西便在一九三六年年中，自組「抗日救國軍」。六月，兩廣出兵北上，進入貴州；他們名爲抗日，實際上是要推翻南京政府。

這場仗沒打成。陳濟棠雖是士飽馬騰，軍備充裕，可蔣介石只消發動銀彈攻勢，收買陳部官兵，從將軍到官兵便臨陣棄守；廣東余漢謀將軍接收廣州空軍，陳濟棠的南方政府瓦解。陳垮台後，數萬爭名逐利之徒湧進廣州。「(陳垮台的) 好消息引來近五萬人，其中包括有望繼任的人選，帶著親朋好友和僕從如雲前來廣州，旅館一房難求的盛況，只有政府高層職位一席難求差堪比擬，」記者伊洛納・雷夫・蘇思 (Ilona Ralf Sues) 寫道。陳氏帝國瓦解後，陳濟棠在七月十八日走避香港，安享他早已存儲在殖民地銀行的數千萬美元。

柯恩察知主子地位不保，在一九三六年初就棄陳濟棠而去，再度和孫科搭上線，同時爲一九三二年轉任上海市長的吳鐵城驅馳效力。吳鐵城是極優秀的市政管理人材，在他治理上海四年期間，精簡人事，各局處首長幾乎汰換一新，督導都市現代化大業，廣建體育館、博物館、圖書館、醫院和碼頭。除此之外，他在加強和外國合作上也不遺餘力。誠如薇瑪・邁爾斯在這十年間的觀察，英語流利的吳鐵城，長袖善舞，對西方人極爲友善熱誠。吳鐵城夫婦幾乎每天在位於海格路的寓所舉行雅致的茶會和酒會。柯恩再爲吳鐵城效力後，「來往於廣州、吳鐵城的總部，以及可以和過往訪客廝混的香港之間。」記者古德寫道：「吳將軍定期舉行的午宴晚會頗受歡迎，柯恩則是積極參與。」另一方面，「柯恩又十分悠閒自在，似是不著痕跡地爭取支持，周旋於各式中外人士之間，不免令人猜疑，他是否偶爾會向來賓通報什麼消息。」

造訪吳宅的來賓絡繹不絕，柯恩會見的也不在少數。「吳宴訪客絡繹不絕，」古德寫道：「我還記得，有一天吳鐵城找來了在電影裡扮演陳查理的北歐籍演員華納・歐蘭（Warner Oland），笑稱『你模樣兒比我更像中國人！』。另一位來賓是美國前總統胡佛，看來相當輕鬆自在，跟我在華府所見判若兩人……名流如雲，其中，芝加哥《論壇報》的麥克柯尼克，我原以爲是反動派可怕人動，詎料遠在異國的他卻是相當親切。」

來賓中有位叫麥克斯・馬里尼（Max Malini）的，是出身奧斯特羅伊（Ostroy）的幻術大師和變戲法高手，跟美國羅斯福總統、英王愛德華七世、美國「黑傑克」約翰・潘興（John Pershing）將軍、孫逸仙、艾爾・卡澎（Al Capone）和大亨羅斯柴爾德等人過從甚密。馬里尼到上海時，跟柯恩一樣都住雅斯特飯店。柯恩牌藝精湛盛名遍傳，有一天，兩位美國人請馬里尼代爲引見，以便設局詐賭；這兩人甚至向里尼表示，詐得金錢可以分他一份。馬里尼對此不情之請大爲喫驚，立刻把他們趕出房去。這兩名賭徒不久就找上別人引見。「他們並不曉得柯恩賭技精湛不遑多讓。」馬里尼的兒子歐齊亞（Oziar），提起這兩位美國人以做了手脚的撲克詐賭的情形：「三人開始打牌。柯恩得知紙牌作假便嚴陣以待，他一樣有讀牌的能耐，但他們並不曉得，結果他贏了他們五千到一萬美元。」這兩位鎩羽的老千要跟柯恩掛帳再賭，柯恩一口拒絕，並說他早看破他們的手脚。「你們最好滾出上海，否則我會把你們送進牢裡。」柯恩警告道。後來柯恩從這兩人口中得知，他們曾找馬里尼設局詐賭，但爲這位魔術家斷然拒絕。「柯恩因此跟家父成爲好友，因爲家父不願同流合汙。」

馬里尼把牌戲和魔術手法傾囊相授。有天下午，馬里尼怡然坐在柯恩的辦公室裡，談話間，若無其事拿起桌上的鉛筆拗成兩段。他口中閒聊，手上再次拗第二枝鉛筆。柯恩看他下手不留情，悄悄把筆筒移開，口中說道這是他專程進口的上好鉛筆。馬里尼看了柯恩一眼，佯裝無禮的樣子說他很傷心，然後拿起折斷的四截鉛筆，放在手中一搓，啪噠一聲，兩枝鉛筆完好無損落在桌上。一九三七年初，柯恩在半島飯店的空中花園和玫瑰廳舉行盛大春節酒會，以日本鱒魚、上海雉雞、馬尼拉芒果和無限制的香檳饗客，邀來三教九流客人，馬里尼理所當然在此表演魔術。查爾斯・德雷治則是前來蒐集有關日本人的情報。

日軍虎視眈眈

柯恩亟欲在陳濟棠垮台後在南方鞏固自身的地位，一九三六年七月三十日走訪香港代理貿易局長史考特（R. H. Scott），洽談南京政府在廣東的商務計畫。「莫里斯・柯恩將軍（雙槍馬坤）

今晨來訪並討論廣東情勢。」史考特寫道：「他在訪談中偷偷告訴我，中央政府正考慮提昇英國在華南的利益，假以時日英國政府即可將華南視爲勢力範圍。」史考特認爲，他的說法值得懷疑：「這種維多利亞時代的論調、『瓜分』的想法，加上柯恩的前科，英國大使館想必知之甚詳，實在很難讓人推心置腹。儘管如此，他畢竟跟中國官場過從甚密，他的說法也許不無道理。」認同柯恩足堪利用的人不在少數。英國軍方有位不識柯恩的仁兄，認爲柯恩是可疑人物，應予嚴密監視，有位同事便在信中草草寫道：「他在提供若干情報部門消息上確有大用，希望盡可能不要騷擾他。我個人就在他訪問名單上！」

柯恩奔走於途，但在父親忌日前往上海「貝特・艾哈隆會堂」禮拜，在誦經台讀經之後，他掏出皮夾，拿出一張一百美元支票放在桌上。猶太學校教過，聖經禁止信衆在安息日處理錢的問題，想必柯恩當年翹了課。主持禮拜的人爲免他一時失誤惹人閒話，任由支票在桌上擺了一整天。兩個月後，柯恩到「歐海爾・拉契爾會堂」參加贖罪日禮拜，又再丟下一百塊美金。

南方綏靖之後，蔣介石雖稍有抗日之心，但仍舊念念不忘已衰微的共產黨還困守陝西。很多中國的領導人都認爲，中國應該齊心抵抗日本侵略，不宜同室操戈，對自己的同胞用兵。一九三六年十月，蔣介石訪西安，與東北軍領袖張學良商議出兵進行第六次剿匪大計，張反勸他全心抗日，不要繼續內戰。十二月，蔣介石再訪西方，命張學良繼續攻勢，但張已另有打算。張認爲蔣介石的政策對中國無益。十二月十二日，張與東北軍各司令逮捕蔣介石，提出改組政府、結束內戰、積極抗日等主張。共產黨當然是極力附合，十二月十五日，周恩來抵西安磋商。

他們把蔣囚禁了兩個星期，終於迫蔣中止內戰，和共產黨共組抗日統一戰線。十二月二十五日，他們釋放了這位畏首畏尾的領袖。

如今，中國力圖迎戰日軍。

第十五章 日本人來了

南京・重慶・香港，一九三七至一九四一

日本不願見中國安定。蔣介石平定南方，復與共產黨握手言和，對日本區域霸業自然是一大妨礙。他們若只坐視，則中國統一必會自主，國力更強。因此，他們必須儘速行動。一九〇一年的「和平議定書」准許日本在北平和天津一帶保有一千三百五十名士兵，但到了一九三七年，日軍人數已達七千人，而且時時耀武揚威，在超出協議中規定的平津地區之外演習。

一九三七年七月七日，在宛平縣附近的蘆溝橋夜間演習途中，有人對日軍開了一槍，一陣交火之後，一名士兵據報失蹤。日軍搜索失蹤士兵，直扣宛平城門，堅持要進城搜查。中國駐軍拒絕，後來這名失蹤士兵歸了隊，但日軍仍砲轟宛平城。稍後，日軍有意解決此一「地方事件」，但獲悉蔣介石要求日方撤軍並已派出四師兵力後，遂也增兵反制，衝突於焉爆發，到了七月底日軍即已占領北平和天津。

追求強權國家地位的小規模侵略行爲，於是引爆了中日戰爭。中國整軍迎戰。統一戰線成立後，共產黨同意取消蘇區，停止土地徵收，紅軍改編爲國民革命軍。然而，國共名爲和平共存，但要這兩個昨日之敵合作抗日，其機會是微乎其微。就在國共雙方互相攻訐而日軍席捲全國之際，柯恩在八月十三日松滬會戰之前，便悄悄溜出上海，南下廣州投奔時任廣東省長的吳鐵城。八月十四日，兩架中國飛機在搜索敵軍目標時，誤炸上海外國租界，造成一千八百餘人死亡。「數百具屍體和傷殘者移開之後，大街和行人道上血跡斑斑。」哈列特・艾本寫到這次無謂的屠殺：「大量鋪沙和消毒後，街上仍然好像停屍間一般屍臭盈空，殘垣敗瓦則幾未處理。」

全市悉遭破壞。「跑馬場附近的情況更糟，簡陋的草蓆裹著數十具屍體和殘肢，仍然散置各處，屍肉橫飛，濺在牆壁、廣告招貼和籬笆上，未做清理。未安葬的屍體臭氣四溢，加上八月暑熱逼人，簡直教人無法忍受。」雙方各以地對地火砲猛攻，步槍和機槍響徹雲霄。日軍的砲彈偶爾會落在北站，走在街上極不安全。「中國飛機一到，則引來沿岸砲台和日艦高射砲齊發，彈殼碎片飛迸，上海街頭危機四伏。」

十一月十二日，上海陷落。日軍接著向蔣介石政權的首都南京挺進。當時政府闢建了幾條大馬路，夾道的大樓則未見蹤影，未如蔣所願成爲一個大城市。如今，南京已兵臨城下。「城裡到處是公共和私人防空洞，」伊洛納・雷夫・蘇思寫道：「每隔幾步就有箭頭及中英文標示，指示最近的避難所所在。多數人家都漆成黑色，以防敵機空襲時反光。日軍空襲幾乎無日無之。百姓一聽到警報聲便匆匆趕到避難所，但絲毫未見驚慌跡象。平日高談闊論的中國人，這時個個輕聲細語，這是因爲有人散布流言，說日本飛機裝有聲音偵測器，即使耳語也聽得分明。但在黑沈沈的防空洞裡闃然無聲，予人不祥之感。」

日機隨著日軍挺進在城中空飄傳單，保證「日軍會竭力保護安善良民，讓人人都能安居樂業」。十二月十日，松井石根將軍呼籲中國人投降，自稱「日軍對頑抗者毫不容情，但保證會仁厚對待非戰鬥人員及未對日本懷有敵意的中國部隊」。中國人不相信松井虛情假意的保證，因此，十二日南京一陷落，全城軍民便逃之夭夭。「軍民棲棲惶惶出霞關渡江，」有位外國人寫道：「國軍所經之處，凡有礙逃亡的裝備均一一拋棄，步槍、彈藥、腰帶、制服、汽車和卡車棄置道旁，綿延數哩。阻道的汽車和卡車便被推倒縱火；城門附近堵塞更嚴重，被縱火的車子也更多，積屍盈尺，簡直是森羅場……江邊的景況尤其悽慘。江帆點點，但全然不足以載運惶惶渡江的人潮，不少帆船因超載而翻覆沈沒，數千人葬身江中，另有數千人攀著浮木載浮載沈，依舊落得同樣下場。」

不過，南京陷落的悲劇，比起日軍的行徑卻又相形失色。日軍進城後大肆姦淫擄掠，殺人放火，二十萬人爲之慘死。「凡因恐懼或激動而奔跑者，或是天黑後被巡邏隊逮到在大街小巷遊蕩的人，很可能被當場格殺。這類苛虐大多連起碼的藉口也省了……刺刀霍霍，下手無情。」南京外國區另一位人士寫道。

日軍把手無寸鐵的百姓五十人一組綁在一起，澆上汽油放火，在屍體兀自蠕蠕而動時再以機槍掃射。軍隊舉行比賽，看誰先以軍刀殺滿一百名中國人，樂此不疲的日軍不在少數。有位士兵在日記中誇耀道：「今天，我們先把中國人打得半死，再把他們推進坑裡，點火燒他們的頭髮，看著他們哀號而亡。爲了打發時間，大家都是以此自娛。這種事情要是發生在日本，準會引起軒然大波，但在南京不過像是殺貓宰狗罷了。」

日軍砸毀商店，劫掠商品，有時搶奪的商品實在太多了，還得叫挑伕把劫掠品搬上軍用卡車。指揮官鼓勵手下強暴婦女，受害者成千上萬。「我們所知道的就有百餘名婦女被日軍帶走，其中七人是從大學圖書館強行帶走；但在自己家中遭強暴的婦女，想必在此數倍之上。」一位外國人說道。姦淫擄掠絲毫未見收斂。「搶劫、殺人、強暴無日或已……有位可憐女子被強暴了三十七次，另一位畜牲在強暴婦女時，把一旁啼哭不止的五個月大嬰兒活活悶死。遇有抗拒便以刺力相向。」有位士兵在家書中提到皇軍教育的精髓：「我在前線這半年裡只學到兩件事，強暴和搶劫……」

蔣介石貫徹以空間換取時間的政策，一面避免正面衝突，一面壯大自身實力等待援兵，共產黨則在解放區動員抗戰。日軍勢如破竹，到了一九三七年底便已打到黃河。國民黨先是撤到漢口，使得全市充斥著難民，日軍則以每天空襲來招呼他們。「長江兩岸數哩間，等待渡江的人黑壓壓一片，有些一等就是幾個星期。」蘇思寫道：「外國人抱怨奶油、咖啡、煉乳等物品極度缺乏，補貨一到價格便飆漲，衆人紛紛湧向兩、三家賣舶來品的商店。不過，最嚴重的是醫療用品和藥物不足。」政府官員和富人不設法運來急需物品便罷，反而以賄賂打通關節，登機逃之夭夭。在空襲中受傷的軍人和百姓，只好在沒有麻醉和紗布的情況下動手術。

戰爭又逢慈制

柯恩家人擔心他的安危，希望能隨時得知他的行蹤。他一年一次電報只是寥寥幾字：「安好，願大家也平安，莫里斯上」，根本無法消除他們的掛慮。家人最後一次收到柯恩的家書，是他還在南京的時候，戰爭爆發之初，家人不知他是否無恙。「我們連他行蹤何在都不曉得，」他妹妹在九月初寫道：「我們唯一知道的消息是，戰爭爆發後他在服役。他一輩子冒險犯難，總能履險如夷，我想這次他也能全身而退。」他們發揮了英國人堅毅的本色。「惡耗不脛而走，好消息總是傳布得慢些，我們只能寄望他安然無恙，」他弟弟李斯利在十一月二十一日說道：「母親和我們都不知道他人在何處，若能得到他的消息當然很高興，但我們已經習慣他久不通音訊，不致太過杞人憂天。」

柯恩家裡雖說已習慣他久不通音訊，可是因爲母親珍妮情況不妙，還是急於跟他聯絡。她患了糖尿病又有心臟病，已是孱弱不堪。柯恩得知她健康日衰後，已安排玫瑰和昆妮從羅德西亞回英國照顧。到了十一月，她的健康情形更惡化，家人趕忙拍電報給柯恩，但一直沒有接到回音。一九三八年一月二十日，珍妮在中國家具和雕刻環繞的環境中溘然而逝，享年七十二歲。「將軍若能返家，我知道他也會這麼做，」他妹妹莉亞在母親過世後說道：「我們一直跟母親說他會回來，我相信，就是這一線希望讓她撐住一口氣。每回我們提到莫里斯，她總會張開眼睛，嘴角含笑。她最疼他了。」

一月六日，神情肅穆的柯恩終於抵達曼徹斯特，參加立碑儀式。戰爭對他是一大折騰。爲了備戰，他忙著從擊落的日本飛機蒐集器材和地圖，爲此瘦了十四磅，身形清減不少。回到曼徹斯特，柯恩不免談到第二祖國所面臨的問題。他說，中國「爲了自由將會戰至最後一人。中國確實已吃了多次敗仗，但凡是跟中國情勢有密切接觸的人莫不相信，最後中國必能贏得這場戰爭……今天的中國全民團結一致，恪遵以偉人蔣介石爲首的軍事委員會號令，這是毋庸置疑的。」最重要的是，他告訴聽得進他話的人說，中國亟需武器抗日。「如果所獲得的武器能跟中國所獲得的同情相提並論，戰爭早已結束了。中國並不指望或期盼外國人爲她扛著槍上戰場，只是希望對中國友好的國家，以及簽約保證中國領土完整和主權獨立的國家，能在裝備上大力援助。戰爭的苦楚不消我多說，有多少婦孺和平民百姓慘遭殺害，廣東的基督教會團體很清楚。我離開中國前兩天才到廣州醫院探視，看見很多受傷的嬰兒。」

柯恩返鄉期間，帶著昆妮同行到巴黎去了四天。他在辦事之餘，對外甥女依舊是寵愛有加。「他帶我到巴黎，」昆妮說道：「我住在喬治五世飯店。他說要買什麼隨我意，我到了店裡吩咐：『送到飯店，貨到付款』，那快意之情實非言語所能形容。」此外，柯恩也嚐到了家長難爲的苦處。昆妮在英期間跟堂兄哈利・柯恩有了一段情。「我跟一位親戚很要好，而他也說要娶我，」她說。玫瑰反對，柯恩也不贊成。「我舅舅說：『不行，妳母親既然不答應，妳就不能跟他結婚。』」柯恩把昆妮母女一起送回羅德西亞，但答應日後接她到中國。「他說一年內會接我過去，我別無選擇，只好跟母親一起回非洲。」

準備在重慶長期抗戰

柯恩回到中國後，重作馮婦爲吳鐵城效力。他一如往日，以香港飯店大廳爲活動中心，紐約《太陽報》說：「他粗壯結棍的身裁、圓滾滾的腦袋和洪鐘似的笑聲，儼然成爲一大特色。」他找人攀談，但總吹噓「我可不是靠這張嘴吃飯」。

在此同時，宋慶齡在廣州探訪各醫院。她是宋家姊妹中品德最高尚的一位，其餘兩位姊妹熱衷權位和財富，她則關心傷患和國家的存亡。柯恩在廣州時負責照顧她，護送她巡視各地，竭力鼓吹中國抗戰的努力，甚至找來合衆國際社記者以色列·艾普斯坦（Israel Epstein）出席記者會，聽她說前線最新消息，以及她所創設的軍民救難組織「護國總會」（China Defense League）的工作。

宋慶齡在一次會議上宣布成立廣州分會計畫，但一直無暇著手，不多時日軍已逼近，開始轟炸。「一星期來天色陰霾，日機起飛時間不長，看到像是建築物的東西就炸，」德雷治寫道：「飛機愈飛愈低，嗡嗡引擎聲淹沒了交談聲……日機返航前隨興一一拋下炸彈，轟轟隆隆之聲令人極不舒服。」在十月間和日軍轟炸期間，德雷治在廣州爲英國從事情報工作，柯恩則帶著他到轟炸現場，蒐集尾翼和炸彈碎片作爲研究之用。此外，柯恩也在吳鐵城的「衙門」外構築防禦工事，在屋頂上架起機槍，準備最後一搏。

但這一仗沒打成。「二十日早上，東面傳來日軍槍聲，到了傍晚時分，槍聲已十分接近。」

柯恩說道。廣州守不住了，他們唯有逃跑一途。次日，廣州陷落。「那一天，我們把公文和辦公設備裝成幾卡車，在入夜後出城……時間拿捏得甚是巧妙。事實上，我們出城後四小時，日軍便進了城。」吳鐵城一行往西而行，沿途晝伏夜出，避開日軍的斥堠。「我們幾乎天天挨炸，幸好山上有很多山洞可以藏身。」

中國政府逃到四川省落腳，吳鐵城一行則在一月間抵「自由中國」首都重慶會合。政府任命吳鐵城爲華僑部長，兼理港澳地區國民黨事務。吳重整人馬，不久，宋慶齡及獲授權撰寫宋氏姊妹傳記的愛蜜莉・韓恩亦抵重慶。「我是透過孔夫人（宋靄齡）取得宋氏姊妹同意，她站在我這邊，告訴她們必須協助我，」韓恩說道：「她是大姊，中國人最重長幼之序，都得聽她的。」宋氏姊妹保留文稿審閱權，有一次，宋慶齡就派柯恩去告訴韓恩，手稿中有一部分她很不滿意。他欣然前往。「孫夫人派他來見我，說道：『妳說她是共產黨，使她頗爲懊惱。她並不是共產黨。』她當然是共產黨，但她既有此意我便略做修飾。他奉命行事，是她的傳聲筒，對她又極爲忠心，這一則是由於她亡夫的緣故，一則是由於她本人確實能讓人產生敬愛之情。」柯恩曾爲宋家多人效力，對宋家忠心耿耿，也樂於替他們跑腿。不過，依韓恩的說法，儘管宋慶齡對他照顧有加，別人可沒這麼「情深義重」。「孔夫人提到他時，只當他是宋家的寵物，言談間彷彿他只是一條狗。」

中國人準備在長江與嘉陵江交會處的重慶長期抗戰。他們把整座工廠拆下搬來這裡，不多時，政府官員、商人和農民也蜂擁而來，住滿了大宅小院和幽暗街道兩旁的木板房。道旁擠滿小販攤子，販賣手工梳子、糖果和花生；肉舖外頭掛著豬、水牛和燻雞；牙醫以鐵槌、鑿子和鉗子，在路邊就動起手術；專業作家用毛筆寫作。「街道狹窄，路旁排滿人力車，汽車幾乎無法雙向通行，」一九三八年抵華投效蔣介石的美籍解碼專家賀伯・亞德里（Herbert O. Yardley）回憶道：「人行道上盡是衣衫襤褸或舊長衫的中國人，點綴其間的是身著制服的軍人，以及一身黑色或藍色新衣的富人及綾羅滿身的妻妾隨行。」

冬日裡，陽光黯淡，穿不透濃霧和陰霾，於是成爲日機轟炸目標的機率相對減少。政府爲防天晴時日機臨空，於是炸山爲防空洞，或挖地爲防空壕。挖防空洞全天候進行，而隨著疏散工事的進展，一般居民也隨時準備敵人來襲。「我啜著雞尾酒，回首暗夜中等待敵人再次轟炸的新中國，但見黑暗中一大群無助的人影。」韓恩寫道。

一九三九年五月，日軍開始大轟炸。警報一響，敵機攜帶炸彈迅速逼近，人人急往山洞和防空洞而去。中方的高射砲射程不足，砲彈掠過臨空敵機下方，毫髮無傷。接著，日機投擲炸彈，燒夷彈亮光從防空洞縫隙穿入，照得一室通明。火焰向內逼近，洞門咿唔。防空洞倒坍。敵機離去後，民衆從殘礫中拖出屍體，堆在手推車上。「飛機似是直接朝低窪地區飛來，播下耀眼的死亡種子，瞬間在艷紅火光中開花結果，」亞德里寫道：「篁狀硝煙和瓦礫衝天噴起，緊接著爆炸聲如雷響起，翻地盈尺……大火緩緩延燒，重慶市內到處濃煙密布。」

一九三九年一月至十月間，七百八十五架次的日機臨空，投下一千八百七十九枚炸彈，造成五千二百四十七人死亡，四千一百九十六人受傷，八百八十二間民房全毀。一九四〇年「轟炸季」中又有數千人死亡。敵機轟炸增強，湧出重慶市以尋求安全避難所的難民不絕於途。

柯恩在重慶稍做逗留後，在一九三九年一月轉飛香港，爲吳鐵城建立工作總部。柯恩以下榻的旅館爲辦公室，竭力爲中國軍隊找武器和汽油。中日戰爭表面上對他在香港的生活或活動並無影響。「香港依然如故，」柯恩說道：「過去幾個月宛如一場噩夢。在這裡，旅館、電影院和舞廳依舊人滿爲患。」香港仍是燈紅酒綠，柯恩還是廣結善緣，設法幫助朋友。一九三九年，美艦「黑鷹號」(Black Hawk) 司令米爾敦・邁爾斯少校，巡航任務結束後來到香港，希望能在離開中國之前做點偵察工作，並偕同妻女薇瑪和三子威廉、莫雷與查爾斯，沿總長七百一十五哩長的滇緬公路旅遊一番，但一直無法取得許可，以致未能從雲南省的昆明市前往緬甸的臘戍。他每回提起，中美官員都勸說滇緬公路不適婦孺前往。「你想要單獨成行，縱非不可能，也是困難重重，」美國領事保羅・邁爾說道：「戰爭期間嚴禁外國人到雲南旅行……我認爲目前極不可行，勸你還是打消此意。」

成行的可能性微乎其微。有一天，薇瑪帶著三個孩子碰上了柯恩。「我們在香港街上碰見莫里斯，」她回憶道：「向來喜歡小孩子的他說『一定要請他們喝杯汽水』。他護著我們到香港飯店，點了薑汁汽水。」她的孩子喝完汽水，柯恩堅持要請他們吃糖。「他帶他們到糖果店，說『小朋友，要什麼儘管挑』。這對十歲、八歲和五歲大的孩子不太好，我有點擔心，幸好十歲和八歲的孩子頗爲識大體，挑的東西還算合理，倒是五歲大的望著一只大紅盒子吵著要。這盒糖大得他拿不動，再說，價錢也挺貴的。」儘管如此，柯恩還是買給他。出了糖果店，薇瑪這才跟柯恩提到旅行計畫。他也跟美國領事一樣，一聽她跟孩子們要和邁爾斯同行便大皺眉頭。「唔，這事兒礙難相助。我是很願意幫忙，但滇緬公路不是婦孺該去的地方。」米爾敦·邁爾斯無奈，最後找上了柯恩的主子；吳鐵城倒是不反對，設法爲邁爾斯一家人弄到官方通行許可。

以香港爲活動中心

不久，宋慶齡回到香港，以化名住進太平山頂一間兩房公寓。柯恩爲宋慶齡和吳鐵城等人效命，致力於抗日大業，因而引來了不必要的注意。就在戰爭爆發和柯恩南下之前，麥克斯·馬里尼途經上海，柯恩聽說他抵滬，請他下船一敍。「家父傳話過去：『你當我瘋了不成』，」歐齊亞回憶道：「『要是我在前往日本途中下船跟你相會，被他們知道我是你朋友，他們準會對我大加折騰。』」

日本人緊盯著柯恩。一九三九年五月二十四日，P&O航運的「蘭普拉號」(Ranpura) 駛進香港水域時，一艘掛著海軍少將旗幟的日本巡洋艦逼近，並發射空包彈以引起「蘭普拉號」的注意。船上共有兩百名乘客，其中包括新設的昴船州艦隊司令莫雷少將、彼得斯中尉和柯恩。三名日本軍官及一位信號兵登船檢查，使得進港時間延誤了三十五分鐘；英國皇家海軍「女伯爵號」急馳至現場一看究竟，英軍也從香港派出水上飛機。「蘭普拉號」短暫延擱後，日軍予以放行。攔阻客輪是很奇突的行徑，「日軍在意的乘客可能是曾擔任孫逸仙保鑣的『莫里斯·柯恩將軍』，」倫敦《泰晤士報》推測：「此間認爲，日軍此舉是無謂逞強。」

柯恩除了辦正事之外，也身著華衣、持手杖，參加或舉辦酒會，積極受用香港最後一刻的繁華。「他四處晃盪，找人攀談。」韓恩提到酒會常客柯恩時說道：「他口若懸河，待人親切，頗有人緣。他是個怪人，怪人要討人喜歡不太容易，但我認爲他眞的很有人緣。雖然我知道有些人一看到他就歎氣走開，但這種情形並不常見。」

柯恩是香港節慶的常客，在很多當地人眼中，他似是一刻不得閒。「最近將軍扮演道地老中國的角色。」韓恩指出：「他天天坐在葛瑞普斯飯店大廳裡，薄帶酒意，欣欣然找人搭訕。孫夫人給他一筆年金，他自己又常跟吳鐵城打牌，還玩票從事各式不動產生意，在銀錢上沒有太大問題。中午時分經過大廳不太保險，因爲，你若不是撞上柯恩將軍，必然就會落入『獨臂人』蘇騰手中。」柯恩無時不在。「我幾乎每個星期天晚上都在葛瑞普斯碰見他，」常跟女友到飯店的英國中校阿爾夫・班內特（Alf Bennett）說道：「我們會坐下小飮幾杯，我遇見他的時候，他已經活在緬懷往日風光的日子裡。」

柯恩極力保持有權有勢的形象。「莫里斯・柯恩常居香港飯店親近中國人，但跟許多准空官和飯店常客有所不同，」記者古德寫道：「他對自己目前的身分很自豪，細心維護自己專家的形象，但又不失爲有意思的友伴。只有一件事會惹毛他，那就是有人提起他當過孫逸仙保鑣的往事；對方所提到的也許是他在孫逸仙時代的『雙槍』名號，但莫里斯總覺得，比起將軍的光彩，保鑣的身分低了許多。我認爲，他寧可別人稱他爲『侍從武官』。」

柯恩還喜歡在猶太會館跟朋友打打牌，對小朋友表演魔術，打發時間。「我在香港跟他打過牌，輸了不少錢。」一九三〇年代末葉結識柯恩的工程師華特・席特林（Walter Citrin）說道：「他常表演牌技，但跟朋友打牌倒是絕對老實的。他很有幽默感，可說是第一流的無賴。」別的會員也深然其言。「他很樂觀也很樂天，人人都喜歡他。」曾與妻子蘇菲一起訪問會館的所羅門・巴德醫生（Solomon Bard）說道：「我們都知道他是個怪人，有點流氣，也有點不足爲外人道的過去，但這都不打緊，反正人人都很喜歡他。莫里斯事事積極參與，爲人樂天，是很親切厚道的朋友。他很喜歡小孩子，常表演牌技娛人；他輕輕鬆鬆就能發出同花大順，別人絲毫不覺有異。他常談起擔任保鑣時跟孫逸仙的交情，以及如何晉陞將軍，其實那年頭在中國用錢就能買到這頭銜，並沒什麼了不起。他緬懷當年勇，所說的多半是中國，以及他在中國是何等的重要。」柯恩妙語如珠，但所說的都是老掉牙的趣譚，一再重覆說他不過是「艾德蒙頓愛爾蘭軍團裡的意地緒青年」。韓恩特別指出，他「宛如書中人物，像是誰人筆下的角色。我想，他大概沒有仔細審視自己。畢竟，我不曉得他當保鑣時心中作何感想。我認爲他是很典型的保鑣，只是他自己做了相當的凸顯罷了。他有點孩子氣。他對自己演出這個角色，豈不是孩了氣？」

柯恩跟若干會員相當親近，例如哈利和蘇菲・歐代爾（Harry and Sophie Odell）大婦。一九三〇年代中葉，柯恩甚至出席他們兒子大衛的踢踺舞演出。「我參加的踢躂舞學校，每年會在香港的劇院舉行舞展。表演結束後，家長會送點禮物給自己的孩子。我父母親沒有送禮物給我，我好傷心。莫里斯・柯恩看我跳完舞後在哭，旁邊的人不是捧花就是收禮，只有我什麼也沒有，他立刻拉著我下樓，到一條街外轉角一家叫『青鳥』的糖果店，買最大盒的巧克力給我。」

柯恩白天跟著宋慶齡從事賑濟工作，爲傷患和急需救助的人募款、勸募衣物和藥品。柯恩外套下鼓凸的是雙槍，像是在警告別人休想對她不利。韓恩說，他知道別人會看到他的手槍，但他就是喜歡這調調。他拚命裝出威嚴赫赫的樣子。「他總予人裝腔作勢之感。他是新世界流氓的極佳典型，而他自己也喜歡當流氓。依我看，他是依孩提時的夢想在過活。」保護宋慶齡其實是個閒差。「他到底幹什麼來著？我不覺得他做多少事。他只是保護孫夫人而已。當保鑣就是唯主子之命是從。保鑣當然得眼觀四路，而他的確也頗爲警覺。反正沒有人會殺害孫夫人，他只是做他份內的工作而已。」

柯恩離開英國已有一年，他對昆妮的承諾果然言而有信。「滿十一個月那一天，我正在辦公室上班，忽然接到一通要我到某處取船票的電報。」昆妮提到柯恩拍電報到羅德西亞的情形。她在那年秋天啓程前往香港途中，歐洲爆發二次世界大戰，家人打電報要她回家，但當時昆妮正是年輕好動的年紀，心想居停半年期間有舅舅照應，於是便不予理會。「我前往香港，在那兒逍遙了一陣子。」柯恩起先把她安置在女子宿舍，之後，他出去辦事時，就讓她住在歐代爾家。「我不曉得他在做什麼。他不見了也沒人曉得。他常會離開幾天再回來。他邀約不斷，不管是不是機密，他從來不提自己的事。我沒問，他也沒跟我說。大家對他的工作都不甚了了。」昆妮在香港渡假時，定期收到英國男友的來信。「哈利・柯恩從曼徹斯特寫信給我，總說『妳幾時回來？妳幾時回來？』差點沒把我逼瘋。」昆妮終於在三月回到英國。這時，有關他們親事的爭議已成過去，她是帶著柯恩致送的嫁粧回家，並在一九四〇年六月四日和哈利成親。「唯一的問題是，戰爭勃發，我家人無法搭機前來參加婚禮。」

戰中的縱情逸樂

歐洲爆發戰爭後，旅居亞洲的英國開始撤出婦孺。一九四〇年四月，歐嘉・費希耶夫婦將兒子亞瑟・邁可和喬治・艾立克・沙吉送到澳大利亞。六月，英國在經濟戰爭部之下，增設祕密破壞及宣傳組織「特別行動執行處」（Special Operation Executive）。邱吉爾簡略界定該組織的宗旨爲在被占領國「創造和培養抵抗精神」，並「建立一支特訓中堅部隊，以『第五縱隊』形式囊助解放顯大業」。特動處在歐洲極爲活躍，在新加坡也設有總部，徵召平民，訓練他們使用小型武器、安置爆裂物、操作無線電和開船等。

在香港的英國人大多已感受到日軍的威脅，商人放手讓雇員去參加祕軍事活動和訓練，例如當地一家礦業顧問公司的工程師法蘭西斯・肯達（Francis W. Kendall），便前往海南島占領區成立一支祕密小組，傳回日軍的兵力和設施情報。此外，肯達還指揮香港Z字特攻隊。他這一小隊人馬在九龍城外偏僻地區操練，把武器、原料和藥品藏在在兩個天然洞穴裡，架設電線，自成一個訓練中心。肯達和副手邁可・透納（Michael Turner）一面準備，一面徵召可以提供可靠情報的人。柯恩跟肯達是朋友，在前往重慶途中也見過新加坡特動處兩位首腦約翰・紀萊利（John Killery）和亞倫・傅格森・華倫（Alan Ferguson Warren）。肯達深知柯恩人面甚廣，於是以一千美元月薪請他把所見所聞做成彙報。「柯恩爲人堅毅……適於從事抗日組織之行的大事，」有位特攻隊員寫道：「他行事謹慎，未曾失手，中國人也對他信賴有加。」

在香港，人人都以益發縱情作樂來迎接迫在眉睫的戰爭。「那天傍晚我本應由柯恩將軍護送，前往吳鐵城市長宅邸赴宴和打牌。」韓恩寫到當時夜夜笙歌的情形：「我本來五點就得在九龍渡口跟莫里斯・柯恩會合，但到了五點我還在阿爾夫・班納特中校家喝酒，醉醺醺地跟他的法文老師聊天，到了將近七點，阿爾夫才開車送我到渡口。他戴著軍帽，但沒有穿外套，我滿懷歉意下車時，柯恩將軍心照不宣看了他一眼。」

「不要放在心上。」柯恩邊叫計程車邊說道。酒會上，威士忌酒過數巡，韓恩又喝了不少：「晚宴後牌局開始，我已醉得不知拒絕；我肅然坐下，旁邊正是東亞地區最高明的老千。莫里斯・柯恩便在這時贏得我永遠的感激，他只讓我打一分鐘就說：『蜜姬，妳起來，上樓休息一下』。」柯恩坐在她的座位上。「在這一局上我欠他一份情。」

募款，聯合陣線，逃難

一九四〇年，日本人扶植南京汪精衛傀儡政府。同年十月，重慶自由中國政府派遣吳鐵城展開親善訪問，以爭取抗日奧援，柯恩則同行遍訪菲律賓、荷屬東印度屬地和馬來亞，為「中國賑濟基金」（China Relief Fund）募得大筆資金。吳鐵城在四年上海市長任期內，和西方列強維持極友好關係，英國對他也頗為青睞，對中國訪問團予以熱烈歡迎，跟一九二八年柯恩等人環球訪問時的待遇大不相同。「我起先對此行興趣闕闕，」柯恩說道：「在我看來，這好像是走避真正的戰爭，出門觀光旅行一般。不過，這時走私軍火的工作已經水到渠成，我在香港未必能一展所長。」第一站抵馬尼拉。「我們在菲律賓逗留十天，走遍菲國各地發表演說。我老闆對五十餘萬人演講。人人都對我們很好，所收到的禮物多得我載不動。我把禮物都運回中國。」

吳鐵城在印尼東爪哇和巴達維亞受到盛情款待，收獲頗豐。據報導，吳鐵城在東爪哇募得二十六萬基爾德銀幣，在西爪哇則募得十七萬五千基爾德。吳鐵城的反日立場衆所皆知，因此他在荷屬東印度只能做非正式訪問，還得答應不公開從事反日活動和發表政治觀點。「荷蘭……甫遭蹂躪和占領，處事極爲謹愼。」柯恩提到荷蘭人的戒心。儘管如此，訪問團還是跟荷蘭官員合作，就預警系統和防空壕工事交換情報。

此外，吳鐵城還跟當地荷蘭新聞界領袖舉行午餐會，討論國共「聯合陣線」發展。接著，十月二十三日，中國駐巴達維亞總領事設宴招待吳鐵城，當地政府官員、銀行家、工商界領袖、華僑，以及除日本外所有外國領事，計數百人與會。柯恩以吳鐵城私人顧問身分全程參與，並於次日造訪英國領事館，一則討論此次訪問之行，再則提出他個人對中日關係的看法。柯恩承認中國無法在軍事上擊敗日本，但有能耐非凡的盟友如霍亂和痢疾等，必可造成日本大量傷亡。訪問團從巴達維亞轉往新加坡和仰光，然後驅車至臘戍，一九四〇年春飛回重慶。四月，吳鐵城出任國民黨祕書長。柯恩在重慶待了幾個星期就飛回香港，據說是要前去討論中英合作事宜。

歐戰方殷，逃避納粹鐵蹄的猶太人，紛紛橫越亞細亞來到全世界唯一不需簽證的地方，上海。德國、奧地利和波蘭裔猶太人蜂擁而來，使得伊朗、俄羅斯和波蘭小社區人滿爲患。由於日軍控制周邊地區，外國租界區便成了圍城。日軍亟思進入。「租界區另一邊是日本區，虹橋被猶如酪可福（Roquefort，法國南部地名，盛產濃味羊乳乾酪）乳酪般的蘇州河所分隔。」美國記者格溫・杜威（Gwen Dew）寫道：「我到的時候，但見刺刀霍霍的軍人各守兩端橋頭，所有出入口都架起路障，下游的黃浦江和長江則有日軍砲艇來回巡邏。當時上海形同巨大的集中營，行動還算自由，但誰也不曉得東京幾時會收網……日軍掌控財政的手段益趨嚴峻，上海街頭坐以待斃的中國人也漸多。自從上海事變以降，每年暴屍街頭的達三萬人，平均每天多達八百人。」

一九三九年二月，又有兩千五百名猶太難民逃抵上海；到了年底，增至一萬七千人。這些人大多住在虹橋一帶，有些找到工作，但大部分亟須救助。難民蜂擁而至，上海的猶太賑濟組織無法應付，美國國務院爲順利處理赴美申請，便促請「美國猶太人聯合分發委員會」（American Jewish Joint Distribution Committee）撥款救助，並派遣社會工作者羅拉・馬格里斯（Laura Margolis）前往上海調查及整頓難民救濟事務。

馬格里斯於一九四一年五月抵香港後，爲了找北上的荷蘭船隻就花了一個星期。由於時間緊迫，她於是前去「遠東賑濟運動」（Far East Rice Bowl Dinner Campaign）辦事處拜會。「一回到旅館，就看見一張晚宴請柬，席設孫逸仙夫人寓所。柯恩將軍在傍晚時分過來接我。」她提到這次意外的邀宴說道：「他接我一起到她家赴宴。中外賓客雲集，氣氛愉快。」馬格里斯對宋慶齡和柯恩有了進一步的了解。「柯恩將軍跟我成了好朋友。他帶我四處拜會，成了我在香港的護花使者。此外，我跟孫逸仙夫人也成了很好朋友，再度成爲她的座上客。」

馬格里斯在五月十二日抵上海後，立刻在下榻的「震旦飯店」成立辦事處，開始接見難民。有了「猶太人聯合分發委員會」撥款資助，她每天得以施粥救助八千名難民。六月二十二日，納粹德國進攻俄羅斯，美國勸僑民撤離，馬格里斯也接到紐約總部的電報，要她立刻撤往馬尼拉。「這時，出上海往遠東地區的唯一交通是軍艦。我設法搭上一艘軍艦，並立刻拍電報給宋慶齡，表示希望在途經香港時再去拜訪她。出乎我意料之外的是，船抵香港後才知過境二十四小時期間內不准……驀地，我聽見有人在叫我名字，原來是莫里斯・柯恩將軍來接我去跟宋慶齡相會。」

宋慶齡在香港

然而，戰爭並不像許多人擔心的那麼不可開交，因此，馬格里斯在十月之前又回到上海。宋慶齡則繼續在香港從事抗日工作，柯恩爲了幫她募款，特別安排馬尼拉的「泰特嘉年會馬戲台」來港表演。十一月十二日，宋慶齡、「美國總統航運公司」（American President Line）香港分公司主任湯瑪斯・威爾森，偕同柯恩一起主持馬戲團開演。

大批日軍在香港外圍集結，英軍雖號稱固若金湯仍難以抵擋。英軍在邊界附近部署大砲和後援部隊，緊張兮兮嚴陣以待；若是前線失守，英軍司令莫特比（C. M. Maltby）少將擬將部隊撤至本島，以阻止日軍利用港口。宋慶齡既是孫逸仙遺孀，又是直言無諱的反日人士，自然成爲蓄勢待發日軍的理想標的，是以一進入十二月，柯恩就想趁日軍未進城之前，把她撤到安全之地。「戰爭顯然已一觸即發，這將是一場圍城之戰，孫夫人必須及早脫身。」他上到太平山頂寓所，設法勸她改變心意，「不意女人家的擇善固執卻讓我碰個大釘子。孫博士過世之前，她一直以他馬首是瞻，之後她秉持自己的信念而行。在她看來，現在沒有理由改弦易轍。」於是，柯恩只好每天上山探望她。

在香港島上的人看來，日軍顯然馬上就會展開攻勢。「雙下巴、斷鼻梁、聲如洪鐘的他，始終很快活，始終周旋在許多中國人、英國人和加拿大人之間，」在吳鐵城走訪南太平洋時初識柯恩的機務長皮耶・漢卡斯回憶道。十二月五日晚上，漢卡斯跟柯恩在葛瑞普斯大廳小飲，一面聽他對局勢慘澹的預測。「我們喝了點威士忌。他仍然堅信，在他的協助和建言之下，英國人、加拿大和中國人必可阻止日軍進入香港。」漢卡斯指出，為防不測，他「隨身攜帶加拿大護照和幾把好槍」。

十二月六日，宋慶齡和靄齡兩姊妹出席在「聯合戰爭賑濟會」舉辦的募款舞會。與會者拋開戰爭之念，擠滿了兩兩間大舞廳。陡然，威爾森中斷舞會，透過舞池上方包廂的擴音器，指示與泊港船隻相關的人員儘速回船。「過去這一星期簡直是夢魇，」菲麗絲・哈洛普（Phyllis Harrop）在十二月七日的日記上寫道：「緊張氣氛瀕於爆破邊緣。上週末，殖民地所有人力悉數動員，舉行緊急應變演習……大軍調動，在我看來並不是演習的一部分，顯然情勢已非常嚴重。」為紓解緊張情緒，當地人紛紛前去觀賞「泰特嘉年華」馬戲表演。遊樂場上「燈火通明，直如聖誕樹。」合衆國際社香港分社經理喬治・巴克瑟特（George E. Baxter）寫道。兒童在旋轉木馬上和雜耍場中自得其樂。「馬戲團閉幕那天晚上，我帶幾位中國兒童去觀賞……十二月七日，剛好是星期天晚上，也是最後和平之夜，此後數月香港將無寧日。」

日軍在策畫攻勢之際，決定同時進襲珍珠港、香港、菲律賓和馬來亞。七日晚，英軍司令莫特比命部隊各守崗位，高射砲嚴陣以待。當晚，各電影院打出緊急通告，所有軍人立即回營報到。緊接著消息傳來，日軍已對馬來亞發動攻擊。八日凌晨，英軍見日軍開近邊界；凌晨五時，英軍破壞橋樑和連接香港的各道路。八日，日機飛越國際換日線攻擊珍珠港內的美國軍艦的同時，十二架轟炸機和三十六架戰鬥機向香港機場俯衝，破壞和摧毀英國皇家空軍所屬五架雙翼（水上）飛機和魚雷轟炸機，以及八架民用飛機。「有些日機飛得很低，幾乎用蒼蠅拍就可以打到。」巴克瑟特寫道。數萬中國人奔向防空洞，封起窗戶栓上門。

日軍迅速搭起臨時橋樑，重開遭破壞的邊界公路，然後整軍進發。訓練精良的日軍勢如破竹，因爲挺進速度實在太快了，英軍固然寡不敵衆，就連肯達所率領的Z字特攻也驟不及防，只能進行一些小規模的破壞，根本沒有時間爆破敵軍彈藥。「香港人心惶惶，萬頭鑽動。」在「後援運輸處」當司機的葛文·普里斯伍德（Gwen Priestwood）寫道：「很多剛到不久的士兵投入戰陣，不多時，我方大砲隆隆響起，高射砲對著遙不可及的日軍轟炸機發射。」

英軍原打算炸掉機場，但在各方勸說下，終於留下一條三百公尺長的跑道，以供聯軍飛機起降之用。開戰後不久，警報響徹全港。「誰也沒料到，空襲警報會在晚上十一點響起來。警報發布後又立即解除，」巴克瑟特寫道：「第二天有消息證實，警報響起是因兩架中國國家航空公司（CNAC）抵港，接運該公司滯港人員及包括孫逸仙遺孀在內的多位中國政府要員，在黎明前安全離港。」

柯恩護送宋慶齡和靄齡登機。「我送宋氏姊妹前往大陸。」柯恩提到那漫長的一夜。「那次眞是黯然傷別。我們都知道，這很可能是我們最後一次見面。我吶吶無言，想不出要說什麼。在握手道別時，我脫口說道：『我們會苦戰到底的。』。」宋慶齡站在活動梯上，低頭望著他。「我們會奮戰，莫里斯，」她告訴柯恩。「但不是苦戰到底，一旦戰爭結束時，結果是甜美的！」

「機門關上，活動梯收起，」柯恩回憶道：「飛機滑出跑道，只留下方才那句話聊以自慰。」

戰火近在咫尺

留在香港的人卻是無以寬慰。「看著日機投下炸彈後，回廣州再裝更多炸彈回來轟炸，令人有如同在觀賞新聞片之感。」杜威寫道：「接著，你會去找彈著點，一找到炸彈落下的地方，但見屍骨橫飛，陡覺嘔意上湧，這才如夢初醒。」香港百業停頓。渡輪停擺，街道上盡是彈坑，巴士和電車停駛，很多人戴著頭盔上街，有些甚至戴上了防毒面具。警報管理員謹守崗位。空襲期間，由街頭巡邏隊維持道路整潔，有些地方成立施粥中心賑濟饑民，至於像賽馬俱樂部之類的地方則擺上野營床，住滿了中國病患，因爲設備較佳的東華醫院必須騰出來給重傷的患者。人人都在囤積糧食，糧食管理局不得不出面，以確保各醫院、防空避難所和軍事哨站能取得必要供應。

炸彈大砲毀了民房，大批民眾湧到各旅館飯店大廳打地舖。在格洛斯特飯店，軍警以竹棍搗毀玻璃窗，以防附近挨炸時碎片飛迸傷人，然後再以沙包在出入口築起防禦工事，地下室則用來貯放武器。轟炸仍然不斷。「我們每隔上一段時間就會聽到炸彈咻咻，緊接著轟然爆炸聲，然後遠處便隱約傳來隆隆砲聲，」巴克瑟特提到十一日凌晨日軍轟炸新界青山路（Castle Peak Road）的情形時寫道。這一天，英軍發布從大陸撤退的命令。英、加和印度籍軍人、警察、消防隊和空襲警報管理人員，於是展開撤退工作，在三天內破壞九龍地區的水泥廠、發電廠和碼頭。日軍所雇用的華人狙擊手向撤退人員開火。屍體發臭，排水管漏水，九龍城臭氣薰天。「渡輪在天明前撤光，港口兩側碼頭邊的竹筏悉遭擊沈。二十幾艘貨輪也已匆匆開走，港內空無一物。」

九龍城陷落後，幫派大行其道，徒眾各持長棍和明晃晃的斧頭劫掠鄉里。「暴民狂徒劫掠於焉展開，猶如蝗蟲過境一般，有系統地挨家挨戶肆虐，所到之處只留下滿目瘡痍。」杜威寫道：「他們搗爛窗戶，劈開鋼琴，搶走食物、浴缸、錢財和有價值的東西，不想要的不是搗爛，就是丟出窗外。」人人遭映。他們搶皮包，剝下中國婦女的衣服搜錢。

日軍占領九龍後，在半島飯店設立總部，然後由一批軍官帶著幾名英國婦女當人質，搭乘插著白旗的小艇渡海而來，呼籲英國束手投降。港督楊慕琦爵士（Mark Young）斷然拒絕。十七日，另一支和平特使二度渡海而來，楊慕琦再予峻拒。於是，日軍施出在南京同樣的手法，在香港空投傳單，呼籲中國人起來驅逐英國人、印度兵起義殺掉白人。共產黨第五縱隊也忙得不可開交。狙擊手以恐怖手段對付軍隊和平民，日本特務則以燈光引導、在救火用的水桶倒進煤油、引擎灌肥皀水、米裡摻沙等。

陳策將軍在日軍發動攻勢前抵港，搜捕和處決特務。菲麗絲・哈洛普因爲會說中國話，便跟主事的中方祕密警察合作圍捕。「逮捕共產黨第五縱隊的行動整天進行，」她寫到十二日圍捕的情形：「他們很活躍，但有很多人已遭處決。」柯恩也很忙。「現在是我手下弟兄和共產黨第五縱隊之間的戰爭，而我們是絕不會手軟的。」他提到自己和其他人的反共活動：「他們正好盡展所長。他們四處刺探，趁叛徒在吃晚飯的時候，從窗口丟進手榴彈。這是好辦法，我們因此立下不世功勳。」

不打擊間諜的時候，柯恩就去探視朋友，如蘇菲・巴德寄居的歐代爾家；蘇菲目前在醫院服務，她先生所羅門則是軍醫。「我還記得，在那數小時短暫停火期間，我到歐代爾家去看看內人在不在那兒，因而跟他在風聲鶴唳中有了短暫的會晤。」所羅門・巴德提到會晤柯恩的情形：「他大概是覺得在實際戰鬥之際，跟別人在一起比較安心吧。我記得，有件事跟他的個性有點矛盾。我發現莫里斯・柯恩相當驚恐。在這樣的轟炸之中，任誰都會怕。他慣於近身肉搏，可以看到對手是拿刀還是拿槍，但從數里之外飛來的飛機大砲可不是那麼回事。他跟我們一般人一樣驚恐莫名。他很緊張，很緊張。莫里斯相當驚恐。我告訴自己，如果他面對的是敵人持槍站在面前，絕不致如此驚恐。這玩意兒遠在天邊，不通人性，非個人之力所能掌握。」

十八日晚上，日軍轟炸香港島東邊。「文書人員和苦力忙著把架子上的東西移至他處收藏。」

合眾國際社的巴克瑟特寫道：「印度兵配備步槍，刺刀耀日生輝，部署在各戰略據點。」日軍搭船過港時，十分篤定自己不會受到攻擊，竟至以擴音器大播「可愛的家」和「夏日最後玫瑰」。二十三日，日軍摧毀香港供水系統，英國人打開久未使用的水井，在香港飯店，六名中國人操作一具大幫浦，從棄置多年的廢井打出鹹得難以入口的井水。

驚惶的百姓在彈坑遍地的街上大排長龍取水，不然就是左閃右躲到處找食物。沒有新鮮蔬菜，肉品短缺。「婦女面無人色，臉孔扭曲。朋友知交遭殺害、強暴或酷刑的流言四起，丈夫失蹤，家不是被毀就是被搶，甚至毀家遇劫禍不單行。」香港電台播音員約翰・史特瑞克（John Stericker）寫道。日軍繼續攻擊，而二十四日這天的戰鬥尤其慘烈。「日本大砲彈不虛發，飛機臨空抵掠，在幾無高射砲防守的情況下以機槍掃射，」巴克瑟特寫道。當日凌晨，日本轟炸港督府，以機槍和炸彈招呼中央區。香港飯店大廳點起防風煤油燈，二樓開辦急診醫院，每隔幾分鐘就有擔架抬來傷患。「麥克餐廳雖還供應像樣的餐點，但只服務軍人。侍者穿著髒兮兮的制服，且只有吧檯供應飲料。但最奇的是，老顧客還是可以簽帳。」

英軍實難以抵擋，但邱吉爾給楊慕琦總督的電報仍促請他：「不宜有投降之念，香港寸土必爭，須以最堅毅精神抵禦敵人，閣下每撐一天，便對全球各地的聯軍有莫大助益，閣下與貴屬長期抗戰，必能贏得不朽榮耀。」

然而，抵抗已然無濟於事。耶誕節早上，日軍攻勢莫名其妙地戛然而止。「事有蹊蹺，」哈洛普寫到這陡然的沉寂。「凌晨第一波轟炸之後，一片死寂，不聞砲聲，也未見空襲。」英國輸掉了這一仗。午後三時十五分，港督楊慕琦和英軍司令莫特比，在總督府向日軍投降。

「節禮日（Boxing Day，譯按：節禮日為英國及部分英協國家的國定假日，通常在耶誕節次日，若遇星期天則順延一日，這一天依俗應向員工、僕人、郵差等致送匣裝禮物）這一天，我們知道大勢已去。」柯恩說道：「下午電台播出我方投降的消息後，我已無力回天。我坐在香港飯店大廳上，等著束手就擒。我想到日本人可能以種種手段對付，不由害怕起來。我這輩子從沒有這麼害怕過。」

第十六章　拘留營裡

香港赤柱，一九四一至一九四三

英國「東方之珠」淪爲廢墟。焚車與焦屍滿街。陽台綻裂，掛在建築物前緣，牆均毀於槍林彈雨。少許人冒險回家一看究竟，只見路途爲阻，家園盡毀。「有位因戰事與家人分隔的名媛，在皇家陸軍軍醫隊三名隊員陪同下，設法穿越戰線返家。」史特瑞克寫道：「日軍將她攔下，首先剝光她所有首飾，再進行極盡屈辱的搜身，她那三名同伴則被帶到路邊，當場開膛剖肚。」

日軍搜屋，街頭巷尾各派兵把守，下令取下商店、旅館和道路的英文招牌與路標。然後，這些洋洋自得的「新屋主」站在玄關上，笑吟吟看著被征服的西方人在下面魚貫爬行。「天色甚佳，我在數日後第一次出門上街，」哈洛普描述耶誕節次日的情況：「走過幽暗的旅館走廊，陽光迎面而來，幾乎讓我睜不開眼睛。皇后大道各處站著一大票華人，不敢走動，也不敢接近派德街和下方的街路。街道上到處是鋼盔、防毒面具、臂章、徽章和身分名牌，顯然是投降的消息傳開後匆匆棄置所致……毀壞的汽車和卡車仍然留在事故現場，觸目皆是。滿城荒涼，整體景象令人肝腸寸斷。」

銀行仍然關門，人人都無法提錢購買民生基本必需品。有些華人朋友慨伸援手，借給西方人銀錢或送點食物周濟。柯恩除了隨身攜帶的錢之外一無所有，甚至連個身分證也沒有。價值五千美元的果園和四萬美元的「中國電力與電燈公司」股票派不上用場。商家閉門以防打劫，一有人在街上擺起攤子，路上立即充斥小販，叫賣的高價贓物從美國醺牛肉、豌豆、火引子、新加坡鳳梨、罐頭鴨肉、威士忌、英國蛋糕、牙膏、甕，到綢衣、男裝和內衣，種類繁多不一而足。由於糧食供應很難到手，不多時，華人跟在日軍馬匹後面，翻揀馬糞裡未消化米粒的景象便司空見慣。日軍對於華人苟延求生百般揶揄，把在街上撿掉落米粒的老夫婦和他們的子女捉起來，丟進港裡或用來練打靶。

日軍控制香港後開始到處找「新房客」，捉來平民百姓加以盤問，乃至更不堪的凌辱。日軍把柯恩從香港飯店大廳捉來，但出乎他意料之外的是只問幾句就放了他。他心知日軍是欲擒故縱，想從他身上引出他的同志，於是立即知會友人不要跟他接觸。

香港一降，劫掠頓起。「香港陷落後，有組織的搶劫集團蜂起，恍如狂風般橫行大街小巷，碰到窗戶未以木條封死的商家便破窗而入，將物品倒在街上，只取想要的東西，留下不要的揚長而去。」杜威寫道。日軍爲維持秩序大舉圍捕劫匪，以刺刀刺穿他們的手掌，再以鐵絲穿過刺孔中串起，把他們趕到太平山下電車終點站附近的樹林，任其自生自滅。被槍斃和刺死的人不計其數，屍體堆滿街頭。在此同時，日軍湧到飯館，舉杯慶祝自己生而有幸。

日軍的確有大肆慶祝的必要。香港陷落沒幾天，日軍舉行勝利遊行，同時命華人揮舞日本國旗沿街歡呼；兩千名部隊和軍樂隊昂首闊步而行，數十架轟炸機與水上飛機當空盤旋。行進中，日軍形容肅穆，攜數百只白色小盒子同行，盒中所裝的是戰死沙場的同袍骨灰。倖存者並沒有受到同等尊重：西方國家的傷兵流竄山間，日本軍官不許英國人去收屍。傷兵死後，屍體在日晒雨淋中腐臭。

日軍當局的行事作風跟在其他地方沒有兩樣，立即著手設置慰安所。新任軍醫處長井口中校告訴哈洛普說，他知道殖民地上有大批「姑娘」，因此他得儘快籌設合法慰安所。他接著表示，他們會立即接受對這些女子進行體檢，而且也會付她們錢。井口神色不善地警告她說：「島上有四萬名部隊，而且新年快到了，若不立即爲這些勝利軍弄個制度出來大家都有麻煩。他不能爲婦女安全負責，不管她是什麼國籍。」各大飯店的西方國家的警察和志工想到日軍在南京各地的暴行，忙不迭把所有的酒都倒進排水溝。由於很多排水管都堵塞的緣故，酒流滿地，沿著樓梯汩汩而下。日軍在全島各地橫行無忌；在瑪麗皇后醫院，他們把驚恐躲在桌底、床底和衣櫥裡的護士拖出來強暴。

朋友與敵人全到齊了

香港投降後十天，日軍發布命令，命敵人從屬人員一律於明日早上到莫雷遊行廣場（Morray

Parade Ground）集合。當天傍晚，記者約瑟夫・艾索（Joseph Alsop）到格拉徹斯特旅館拜訪「美聯社」朋友房恩・梅思林（Vaughn Meisling）。兩人坐下共進最後宴饗。「由於旅館餐點難以下嚥的緣故，我們只是盡可能的多吃罐頭食物，盡吃些醃羊肉、土茴香醃菜和房恩最後一瓶威士忌，模樣兒同蠻人將貯糧吃個精光以免便宜敵人無異。」一月五日，天暖，有微雨。日軍告訴他們盡量隨身攜帶什物到遊行廣場，有些人唯恐會被送到日本，穿了好幾層衣服，帶了大包小包的食物和衣物。「該帶什麼自已決定，年紀太大的帶不多，像我這樣的年輕人就渾身掛得像耶誕樹似的。」副警察局長喬治・萊特-努斯（George Wright-Nooth）說道。

柯恩帶著幾件衣服和孔祥熙所送的緞子外套露面，跟柯恩一起在彈坑、焚毀的汽車、卡車與槍垜間集合的，約有三千名男女和兒童。日軍手持上了刺刀的步槍，迫西方人取下嘴上的菸斗和雪茄，脫帽低頭。「我驀地想到末日審判光景。」柯恩說道：「這兒似是我半生羈留中國的縮影，昨日新交的朋友、多年未見幾乎遺忘的朋友、生意上的朋友、戰友、酒友和牌友，以及一、兩位敵人，全都到齊了。」

日軍把外國人隨意分組後，趕到前灘一帶的小旅館和妓院。在男女雜居、跳蚤滿布的房間裡，只有一張窄木床、一張薄蓆和一張髒兮兮的被子；黑幽幽的房間從主人逃難後就沒有清理，廁所不通，惡臭薰人。

柯恩和艾索分到的「鹿苑旅館」（Stag Hotel），有三間廁所，沒有暖氣，每一隔間的牆壁上頭，是做雞籠用的六角網眼鍍鋅鐵絲，還搆不著天花板；本來只住一名妓女的房間，現在起碼擠了三人，通常是四人，最多五人。柯恩跟一對母子共用只有一張床的小房間。鹿苑旅館一共住了一百四十人。拘留者無所是事，不是聊天、爬上屋頂走動打發時間，就是排隊領每天的兩餐白飯和稀飯。所幸，即將離開拘留所的蘇菲・歐岱爾跟她母親羅絲・魏爾（Ross Weil），留下一個救濟包給柯恩。柯恩跟別人分享食物，仔細沈吟自己生死大事和前途。「他們並沒有特別開心，不過，他們攸關我的未來——這是說，如果我還有未來的話。」柯恩說道：「我很清楚，陷落那天晚上的短暫訊問，不過是想要迅速逮捕我的初審而已，日後紛至沓來可想而知。我枯坐斗室，琢磨必然會盤問的問題，籌思如何提出鏗鏘有力的回答。」

終於，在一月二十一日這一天，日軍將柯恩一干人等趕到巷子內，分成幾個小組後再前往前灘。碼頭已經封閉，一群人在街上窮蹓躂，等候新的命令。「有位狀似白痴的士兵，突然把一位毫無反抗的華人揪到空地上，此人顯然是聽不懂對方吆喝的命令。」艾索寫道：

> 那士兵用沈甸甸的竹扁擔狠狠地橫劈他肩膀之後，要他跪下接受正式責打。那華人驚恐和疼痛之餘，使勁兒想要扭開。那士兵顯然樂此不疲，有心給正等候的英美人士隊伍見識一番，見狀頓時神情若狂，舉起肩擔就朝受害者的腦袋和肩膀猛打，直打得他倒地不起。這時，另一位莫名其妙配備著高爾夫球桿的士兵，急忙上前助陣，也不理會那華人已經昏死過去，仍然繼續重打達五分鐘之久，有時橫砸他臉孔，有時以槍托桿柄搗他腹部和胯下。最後，那華人一陣抽搐，結果不言而喻。那兩名士兵這才面帶得意笑容，將血肉模糊的屍

體留在原地，逕自回到崗位上。

這一切都在寂然無聲中進行，只有士兵沈吼和那華人呻吟打斷沈寂。

戰俘收留營

日軍爲西方俘囚搭建收容營，軍事人員送到相思浦、北岬和阿爾蓋街，柯恩、艾索和英、美、荷蘭籍的非戰鬥人員則趕到巴士、卡車和貨車、汽艇上，送往位於香港本島南端的赤柱半島（Stanley）。「嘎嘎作響的柴油引擎一轉，空氣中立即瀰漫著令人不快的油煙。」巴克瑟特提到柯恩所搭乘的交通工具時寫道。對漢娜・魏登巴哈（Hannah Wittenbach）等人而言，從汙穢的妓院換營卻是令人精神爲之一振。「再次接觸到外面空氣，確是賞心樂事——有些人是幽居近六個星期後第一遭——但也不過是枯坐在所搭乘的小汽艇甲板上而已。」

由香港醫事處長賽溫・克拉克（Selwyn Selwyn-Clarke）醫師率領的先遣隊，已先行前往赤杜清理，以便收容者居住。赤杜與大潭灣之間的蔥鬱丘陵上的監獄、大學和校舍經過一番鏖戰。日軍占領這崎嶇多岩的半島後，百般折磨英俘，剜目、斷舌和去耳；在聖史提分的病患醫院，日軍先槍斃醫生，再以刺刀連戮數十下，刺死六十五名英國和加拿大傷兵，姦傷護士。此外，日軍還把附近馬利諾傳教會的神父綁在一起，留在車庫內任他們餓死。他們定期過來嘲弄階下囚，把水壺裡的水倒在地上。

賽溫・克拉克這一組人發現，醫院大樓和聖史提分大學彈痕累累，牆上寫滿以人血所寫的日本字。馬路上到處是手榴彈坑。他們盡可能的清理、燒卻血跡斑斑的蓆子、把屍首掩埋在簡陋的小十字架下。不多時，餓犬把屍首又翻出來。遺憾的是，他這一組人裡不乏把營區好風水的地點據爲己有的人。「我擔心一小部分行爲相當自私的人會在清理完後霸占原要保留給家眷和老人的樓層，」賽溫・克拉克指出。

汽艇開到小海水浴場和嵯峨巉岩，人人爭先恐後搶住處。「到赤柱的第一夜是永遠的夢魘。」助理護士喬姬娜・曼恩（Georgina Man）回憶道：「我們四人發配到清冷灰暗、無床無家具的小房間，楚囚相對，無法入眠，於是各自談論丈夫、結婚生活和獲釋後的美好生活，以此打發漫漫長夜。我暗自忖道：不能這樣下去——我們會死的。」

兩千三百二十五名英國人、兩百二十九名美國人和六十名荷蘭人拘留者，內部自行組織自治隊，每一隊自成一區，各設委員會，並有專人負責處理配宿舍、勤務、醫療診所和教育等問題。美國人組織最佳，資源共同營運，自成一個社區。英國人則常爲小事爭執不休。日軍幾乎完全不發放補給，一切得自求多福，凡能派得上用場的人都得出動。柯恩已經五十好幾，身裁發福，能做的事不多。「我覺得他在營裡根本沒做過勞力的工作。他年紀太大了。」萊特-努斯說道。小隊紛紛成立。衛生隊員負責刷洗馬路、人行道和走廊。有一組專門給廚房劈柴火，冒險家「獨臂人」蘇騰就分配到劈柴組，但爲了防止吸入木屑，砍柴時都戴著朋友的防毒面具。還有些小組負責全天候燒開水、修廁所、製作簡單用具、種菜，並以花圃美化拘留營；有些則利用傾牆和空襲廢墟的磚塊與煤碳，或以新泥製磚，砌成爐灶。

赤柱的建築還算堅固，但都是毫無特色的灰泥磚瓦，光禿禿的牆壁上裂痕處處，石灰斑駁，只以未加燈罩的電燈泡照明。有些房子的地板上還留著焦黑的手榴彈彈坑，極少數則留下蚊帳、雜物或舊躺椅。新住民將就著在窗前掛上簾子，盡量湊著住下來。「三十人擠一間，五十人住一房，總是得想辦法湊和。」珍．紀騰斯（Jean Gittens）回憶道：「很多人打了幾個月甚至好幾年的地舖……素未謀面的男女促居斗室。」

人滿爲患。「我還記得，英國家眷區一間中型房間，由一名商人跟他驕縱又愛打扮的妻子和兩名子女、一對年輕香港公務員夫婦和三名患了膿胞病的幼兒、三名未婚女子共用。」艾索寫道。衆人爭取最烈的華人僕役使用的小房間，通常是配給一名帶著幼兒的母親或一對老夫婦。聖史提分大學教室變成宿舍區，分配給男丁，睡的是小軍床或用門板、木箱、木條架在石頭或水泥塊上的臨時床，主要是爲了隔開石板地，以免夜裡毒蠍爬上身。臭蟲是另一個老問題。日軍不發殺蟲劑，拘留者只好定期把床墊拉到外面，在陽光下查看有無蝨子，然後再以滾水潑床。蟲血四射，登時滿牆通紅。

魏登巴哈在大學落腳。「我們沒能分配到房間，只能隨遇而安，搬進指定的建築物內。頭三個晚上，我們十人住的是十二乘十五呎大小的房間……『床鋪』之間幾無立足之地，且夜涼如水，我們不免相擁而眠。電力站轟炸受損，連續兩星期沒有電燈……三天後，有一家人搬走，只剩我們六個人，比較起來總算自在些……」

居住條件最差的「印度門房區」，泰半是紅磚牆瀝青屋頂的醜陋兩、三層樓建築。環繞所謂「綠村」（Village Green）運動場的這七幢建築，編號爲大坦灣十二至十七號，原是爲二百六十名印度籍公務員所建，日軍爲羞辱家道豐厚的拘留者，反把七百八十名英國人趕到裡面；赤柱居民得知香港陷落的罪魁禍首太平山富豪住在那裡，想必有些許快慰。柯恩住的是十六號。前半年，他打地舖；有一陣子，共有九十三名男人和二十六名女人，擠進他這幢建築。四名拘留者，通常是兩對夫婦，住大房間，三人則住較小的房間。每間房都有盥洗室：水龍頭加本地式的廁所——地上挖個毛坑——比起其他住處三十到五十人共用，這兒七個人用一間盥洗室已是相當奢侈了。「房間實在太小了，四張露營床一擺就沒有活動空間，碰上有人向搬離的拘留者頂下桌子或椅子尤其如此。」紀騰斯寫道：「有些人白天會把木椅摺起……奇的是，在這比較狹小的空間，居然還能擺上一張小几和兩張摺疊露營椅。」印度區的屋前都有陽台，柯恩等一干拘留者可以看到對岸重巒疊嶂。

難卜生死

柯恩跟絕大部分的拘留家族一樣，難卜生死。一九四二年二月，有新聞報導說，日軍奉希特勒直接下令，已將柯恩處決。柯恩家驚恐莫名。「由於消息是由重慶傳出，住在布羅頓區的柯恩將軍的兄弟姊妹，一直等候當地英國領事館證實，」《周日快報》報導說。他妹妹莉亞打通電報到重慶打聽他的下落。「若是他死了，我自應爲他發喪。」他弟弟納桑尼爾（Nathaniel）堅決主張：「但到底有什麼證據呢？坦白說，我不相信希特勒直接下令槍斃他的報導屬實。希特勒跟他有什麼仇？」結果，三個月後他們才接到英國當局的電報，告訴他們柯恩被捕和遭拘留。

柯恩住進赤柱後，日軍仍對他嚴加監視。他報到後兩個星期左右，日本憲兵隊把他押回九龍審問。「他很快就被日本憲兵隊逮捕。」當時擔任新界警察局副局長的傑福瑞・威爾森（Geoffrey Wilson）說道：「他被捕是預料中事。」在九龍，日軍把他和幾名香港警察關在一起，折騰幾天後，在二月十日監到地下牢房，再帶到個室接受一名日本軍官和三名士兵審問。「我一概否認，堅稱毫不知情。」柯恩說道。他三緘其口，使得那軍官大恚，猛踹他胸肋，幸好孔祥熙送的棉襖化解些許力道。士兵用竹棍打他，又對他拳打腳踢。柯恩站定，對那軍官下巴搗出一拳。日軍跳躍還擊，直打得他們乏力才把柯恩丟回地牢。第二天早上，日軍給他一碗飯和一疊紙，要他寫出替中國人做了什麼事。柯恩寫下早年在華活動的情形，但堅稱已經退休，這幾年是靠年金過活。第二天，日軍對他又是一陣狠打。「他們把我丟回牢裡。我氣若游絲躺在那兒，渾身發抖。《阿拉伯的勞倫斯》書中提到主角在被土耳其士兵毆打後，自述好比『完整狀態的最後堡壘一去不返』，我雖沒有學過這類措詞，但那一天我確實有這種感覺。」

跟港警同室後不久，柯恩就把縫在棉襖內的香菸拿出來與眾人分享，後來聽說日軍打算處決他，更是散盡所有錢財。「一、兩天後，他們再帶我到訊問室要我跪下。那問話的軍官是大畜牲，居然抽出武士刀，兩手高舉吆喝：『伸首受死！』

「我喃喃說道：『施瑪・以色列，阿多奈・埃魯希努，阿多奈・伊哈德』（譯按：此爲希伯來文禱詞《施瑪篇》，意爲「以色列啊，我們的上帝啊，祢是唯一」）。當時我眞的以爲自己一命不保，口中朗朗說道：『下手吧，無恥孬種！』」

那軍官沒砍柯恩腦袋，只是踹他一脚，反而把他送回赤柱。「他挨了一頓好揍。」威爾森提到柯恩回來時的模樣：「他沒說什麼。他回來後我問他：『莫里斯，你是怎麼捱過來的』，他說：『我只有一句話，那些日本人比白人低下，他們就是那種貨色。』」

「他傷得不重，但也夠他對上帝興起敬畏之心。」艾普斯坦說道：「他年紀不小，雖然沒有全身裡著繃帶，卻也被踢得遍體鱗傷。」柯恩休養兩個星期，從日軍獸行復原後不久，便開始在赤柱山區走動。「我發現，以前所不注意的事現在個個令我欣喜莫名。能在空曠地方自由走動、聞著潮汐氣息、天上有浮雲、傾盆大雨和夜星，何等快事，甚至連以前覺得有點娘娘腔的日昇日落，現在也不覺悠然神往。在赤柱營沒有人能享受生活，我所享受的其實也不過是苟活而已。」

拘留營的正式管理人是一位支持汪精衛的鄭氏（C. L. Cheng），依艾索的說法，此人「形銷骨立宛若癆病鬼，兼之貪得無饜，目的是想趁機大撈一筆。姓鄭的跟他的黨徒除了收受有錢的拘留者賄以小惠之外，還苛扣配給，留下一部分拿到糧價飆漲的香港市場變賣。日本人發放的配給從來就不多，主要是次級米、少量死水牛肉和牛腐的魚肉、幾顆乾枯沒人愛的包心菜，再經姓鄭的這麼一扣，幾乎涓滴不剩。」有一次，七百人分到六十五磅肉，其中可以食用的只有十五磅。由於日軍發放的食物極少，依營內醫師估算，每名拘留者每天攝取量不過一千卜路里。

「即便發放的食物都是有益健康的肉類和蔬菜，不是次級米煮稀飯，憑這分量，最後肯定會餓死。」

日軍禁止拘留者砍樹做燃料，西方人只得用乾草、門板和椅子取火。廚子運用有限的材料隨機應變。拘留者剛到時沒有酵母粉做麵包，後來馬利諾教會修女德蕾莎（Teresa）用米麩泡水加糖，培養出酵母。美國海軍軍需官艾德・金格（Ed Ginger）學會了尚可入口的海鰻和水牛肉料理。拘留者對雜燴飯的形容字眼各不相同，但一言以蔽之，都把這一堆不忍卒睹的食物稱之爲「米垃圾」。「爲五百三十六人做羹湯不是小事，」法蘭克・費雪（Frank H. Fisher）在日記中寫道：「再好的手藝也做不出人人都滿意的料理，何況配給有限，絕對無法滿足從事體力勞動的人。」各組人馬在長檯子前孜孜矻矻準備三餐。男人家以手推磨，把米磨成粉，或把從日軍手上拿到的米，用細篩子篩去象鼻蟲。「我們不習慣煮飯，而且，要在這種情況下同時料理三、四百人伙食，著實讓人難以應付，」紀騰斯寫道：「天寒風大，戶外燃木炊事做不出好料理，以垃圾桶權充大鍋煮飯亦然。」

人人各自帶著奇奇怪怪的餐具前來用餐，如老舊咖啡罐和果醬罐子、以鐵線充柄的杯子和自製的盤子，伙食組人員則把魚頭、牛骨、壞南瓜和菠菜湯舀進他們的瓶瓶罐罐裡。雜燴湯上偶爾浮著幾片紫花苜蓿，對用餐的人而言已是一大宴饗。偶爾有茶和糖配給。「我們每天排兩次隊領飯和鹹如海水般的燉肉。」基督教青年會的馬里安・杜德利（Marion Dudley）寫道。像杜德利這般可以用自己帶來的罐頭食品自炊，還算是幸運的。能存就存，不多時，囤積即已成爲赤柱根深柢固的文化，人人都把配給留到變壞發黴。「我留了些存糧，供室友共享，問題是到底要留多少。」杜德利寫道：「配給會完全停發嗎？我們幾乎是一粒一粒地仔細分配米穀，吃的雖然是乾飯，但總希望能多多益善。城裡偶爾送些半片的小麵包來，往往是綴著黴絲。」

柯恩等一干嗜食的人，在垃圾堆裡翻翻撿撿，漸漸消瘦。原本魁梧的柯恩判若兩人。平均一百六十到一百八十磅的男子，掉了四十到五十磅，人人瘦得皮包骨，瘦骨根根可見。黛・喬斯（Day Joyce）應朋友之邀慶生，大啖一小撮咖哩粉和在垃圾桶裡找到的香蕉皮製成的咖哩香蕉。有寫日記習慣的人，鉅細靡遺地描述自己所吃的東西。「我們想辦法弄到些大豆，碾成粉權充咖啡，倒也不差。」在赤柱擔任主廚的香港警察斐瑞德烈・凱利（Frederick Kelly）寫道：「此外，它們也可以當作牛奶替代品。烤一烤就是咖啡，原粉一沖就變牛奶。在這兒必須別出心裁。」

花生油、米、水加糖，可以製成「赤柱布丁」，大豆粉則可以留下來做蛋糕；篩濾過的火灰和乾躁墨魚骨當牙粉用，灰汁則當肥皂。有人刮起馬路上的瀝青，當作修理水管和水罐的材料。舊木材、囚服、破窗帘、管理員丟棄的靴子，人人趨之若鶩。

拘留者用素燒的地磚和花瓶，安上芯線傳熱當做鐵板燒，芯線燒壞再以錫片補綴。到了連這迷你爐也壞了之後，只得以樹枝上乾草生火直接烹煮。日軍漸漸減少拘留營的供電，到後來連上燈的電力都不夠。由於電力不足的緣故，打水站只能隔幾天泵一次，平日都得到附近溪流提水。「我們沒有煤油點燈，只能設法用花生油點小燈。」魏登巴哈寫道：「由於花生油和大豆油是唯一的脂肪來源，我們無法為點燈耗去太多……熱帶傍晚時分不長，燈火全無是很折騰人的。因此，我們不是閒聊，就是早早上床，或者參加在樓梯間舉行的談話會和演講會，因爲他們也提供相當數量的坐椅。營裡雖有不准點油燈的規定，但在失電的時候並不是很嚴格執行，因此，演講人旁邊通常有一盞小燈以便看稿。」

早上六點四十分鑼聲一響，柯恩應聲起床，急忙衝出去漱洗和排隊領早餐。伙食少，空閒時間多，吵嘴打架稀鬆平常。「沒有隱私跟食物不足一樣糟糕，除了在山腰上呆坐之外，誰也逃不了永不間斷的跟別人密切接觸，」艾索寫道：「有人受不了別人老是在清嗓子，縱是老朋友也會馬上吵起來，夜裡床褥相接的室友，白天不相聞問。在外頭是社會聞達的男女，在這裡卻爲了雞毛蒜皮小事相互公開嚴詞攻訐。最大方和最正常的人到了這裡也會養成口角流涎的習慣——這是我們對於以豔羨眼光看著別人餐盤的說法。每天兩回排隊領配給時，人人都像觀賞網球比賽時目光隨球移動一般，兩眼直盯著從飯桶邊移開的餐盤。」拘留者甚至把各式爭吵拿來做評比。被費雪列爲吵得最兇的幾次，包括一位荷蘭人用高爾夫球桿搗毀房間、一位經濟學女教授掌摑另一位婦人並以水潑她、有個小孩子差點被繼父剝了皮。

歐亞籍婦女向伙房人員賣身以交換食物之說，不脛而走。有位知名英籍律師每天流連英國共同廚房入口一帶，衝著廚子大罵：「賊，你們全是賊！」日軍出人意表的發放鴨蛋之後，拘留者熱烈辯論該怎麼料理，有些人主張炒蛋，有些人則希望配點肉、骨和蔬菜做蛋炒飯，後來蛋炒飯一派多分到了食物，炒蛋派群情激忿，有個大家庭的母親竟用洋傘打伙房委員會主委的腦袋。

柯恩處處爲人設想，特別是營內的小孩子。「饑餓問題最爲嚴重，其中最讓人不忍卒睹的是看到小孩子挨餓，母親爲了讓他們多吃點，寧可自己餓肚子，」他說。他竭盡所能保護幼小。「有一天，柯恩覺得有位英籍廚子『有蹊蹺』，於是上前質問，令得那廚子勃然大怒。」杜威寫道：「『柯恩，虧你好意思說人偷東西，』他說。『你自己就是出了名的手脚不乾淨。』『你說的沒錯，』將軍答道。『我打過架，偷過東西，所作所爲也許不很對。不過，我可以對天發誓，不管在任何情況下，我絕對不會拿挨餓婦孺的食物，現在也不容你這麼做！』此言甫落，一拳搗在廚子眼窩上，接著兩人大打出手。」

人人都敬佩柯恩對婦孺厚道。戰前服務於「中國政府駐港新聞處」、跟柯恩在官式場合有數之緣的路易斯·紀爾（Louise Gill）回憶說，有一天，拘留者拿到七十五美元之後，原本可以向城裡訂購所需用品，卻因不知該怎麼花而傷透腦筋。「我們花了好幾天焦心苦思，琢磨到底是要買假牙還是買食物，」紀爾太太說道：「莫里斯不消兩分鐘就決定自己需要什麼。他全額訂的紅糖送到之後，分發給營裡的小孩子。小孩子都很感激。」

無助之情沸騰

赤柱營區奇冷無比，一九四二年初，一連幾天白天溫度降到華氏四十度以下，凜冽海風長吹，吹透印度區不怎麼牢靠的窗戶。印度區和全營的人大多只有一條薄毯，不多見擁有厚裘的人，有些人只得裹著舊麻布袋取暖。肥皀短少，人人都盡量避免弄髒衣服。區區幾件衣服很快就穿破，於是男人家把長褲下襬剪下來補臀部，女裁縫組則縫短褲、縮腰身、以木頭或輪胎做鞋底製成涼鞋，拆開帆布袋另作他用，以及從挨轟炸的屋子找來鐵釘鉤粗紗。

夏日裡，涼風掠過海面，日軍讓拘留者到監獄下頭的海濱洗澡。營區裡，婦人家穿起用兩條手絹製成的夏裝，又用鐵線做髮夾，以棕櫚葉做成草帽，男人則光著上身，只穿卡其短褲四處走動，有些人索性連鞋子也不穿。柯恩依樣畫葫蘆，光上身著短褲，腰帶間揣著一條毛布擦汗，脚上穿的則是剪掉後緣的鞋子。即便是在這種情況之下，他還是盡可能的妝點門面。「他看起來始終是相當體面的樣子，」萊特-努斯回憶道：「不會顯得特別寒傖。」

持續饑餓狀態，造成拘留者爲了食物賄賂守衛，或盜取英國人敗走之前的倉儲，直到有人被逮個正著，盜風方戢。由於情況實在太糟，伙食又極爲不足，拘留者於是婉言向日本軍官舉發鄭姓管理人，表示要是拘留者餓死，當軍官的他們也沒面子。日軍在一九四二年三月開除姓鄭的，改由原本在香港大飯店當理髮師的山下爲管理人。山下改善若干狀況，也准許香港朋友寄包裹進來。

拘留者逐步把堆滿黃泥和水泥塊的空地變成菜園。園丁從靠近醫院旁的山邊運來表土，改善菜圃種植條件之後，從城裡寄來的蔬菜包裹中找到蕃茄種籽和胡蘿蔔頭栽種。有些人收成頗豐。「我有一小塊八十呎長二十呎寬的菜圃，種子八、九十株蕃茄，」警佐詹姆斯・謝普（James Shepherd）說道。有些用廚房的餿水當肥料，有些人另想辦法。「公共菜園用的是化糞池沈澱物，私人菜圃則是有什麼就用什麼。」魏登巴哈寫道。

避過拘留之禍，生活在占領區的人「境況悽慘，無助之情沸騰」，愛蜜莉・韓恩回憶道：「那些小混球只要穿起軍服，我們就得向他們鞠躬。」不鞠躬的人，難逃一巴掌。此外，日軍定期把一船的華人拖到港灣內，以沈船或燒掉救生船把上的人全部殺光。韓恩為了活命，除了出賣家當，例如她所鐘愛的小白兎外套之外，還得接受華人朋友周濟，以便為自已和未婚夫婚購買食物和藥品；她未婚夫查爾斯・巴克瑟（Charles Boxer）原為香港英國情報主管，目前淪落相思浦拘留營。

找食物是很多人的日常作息。「我們的主要興趣是購物，只可惜成果越來越乏善可陳，漸漸變成一種折騰。」韓恩寫道：「賽溫儘管籌錢有道，但數目畢竟不多，希姮（賽溫-克拉克）只得耐著性子沿著小巷，在本來是物美價廉的戶外攤販間討價還價，邊找邊盤算日軍規定什麼可以送進赤柱，然後費力地帶著物品搭電車回跑馬地。過了一個星期左右，她向我們這些外國朋友求助，找了一位苦力幫忙，因為這類家事實在太辛苦了，婦道人家實在做不來。後來她又另外請了一位印度人幫忙。」

她們可說是踏遍各處找尋食物，把一箱箱一包包罐頭肉品、蔬菜和水果送到拘留營，偶爾也冒險在食物中夾帶信件。「我找到膠水，可以把打開的罐頭黏回去。」利用便條和未婚夫互通信息的韓恩說道：「我請有開罐器的人打開罐頂，把便條塞進去。」她也利用瓶子：「這種方法特別流行，因為只要是封好的瓶裝物品日軍都會放行。」她們在營區大門口把附有拘留人姓名的包裹交給守衛，守衛搜刮一番之後才把剩下的交下去。柯恩除了有羅絲・威爾太太帶給他一些生活用品之外，還收到跟他一直保持友誼的日本銀行經理武戶先生接濟。

對於在拘留營裡的人而言，救濟包裹無異性命。大部分的人都會把收到的用品分給別人。補充品也有別的來源。一九四二年四月，紅十字會發放短褲、襯衫、臉盆、塑膠鞋、肥皂和草席。此外，紅十字會的救濟品還有肉、糖、可可、茶、乾果和毛線衫。「包裹終於發下來，人人大打牙祭。」凱利提到一九四二年九月九日包裹發放日時說道：「個人包裹都不大，但有我們最需要的東西……包括茶、糖、醃牛肉、罐頭牛肉水果等等，另外還有我們最缺的衣服、卡其衫、短褲、襪子和內衣。」

有人用當初進營時攜帶的珠寶來交易，甚至賣金牙，以此交換生活用品。綠村每星期有拍賣會，每月由美國人發起的國際福利社。守衛也買些香港貨轉售牟利。柯恩買了些拍賣品，加上跟印度籍守衛買的麵粉和武戶送來的蛋，維繫著他出手大方的名聲。「我在房間裡架起火盆做煎餅——加足火力，殺死麵粉裡的蟲子。然後把我認為最需要飽吃一頓的鄉親都請過來。那天總共有四十人赴會，我覺得這比在半島酒店辦酒會更光采。」他的友人歐嘉．費希耶在日軍襲港前是助理護士，她丈夫則住在相思浦十五街附近。柯恩除為她和另一位雙友準備炒蛋之外，還送她六包香菸。

高級美國菸每包售價高達兩塊美元。日軍偶爾發放的劣質中國菸和日本菸，跟天馬、黑狗和海盜之類的名字倒是相得益彰。捲菸紙極缺，無奈，有人只得利用參加禮拜的時候撕下薄薄的禱告經書，以供日後捲菸之用，後來守衛開始巡堂，這種褻瀆行為才告停止。菸草極為貴重，人人都在抽到最後四分之一吋時，留下菸屁股再捲、再吸，對尼古丁特別渴望的人則展開「獵鷸行動」，也就是在地上找丟棄的菸屁股。柯恩要抽菸自有妙法。他叼著空空如也的小菸斗晃盪，見人就問有無零菸，要是對方掏出一整包，他就取下菸斗，一下拿兩倍分量塡進菸斗裡；若是弄不到香菸，就用松針、菊葉和蕃薯葉權充。很多人不得不減少吸菸量。日軍占領前，艾索一天抽五、六十根，到了赤柱只能用以草紙捲起那種光名稱就讓人不敢恭維的中國「八味」煙，改成每天抽八根。馬利諾教會的神父則用蒐集來的菸屁股，混合松針和茶葉製成「神父特製菸」。

香菸是主要交易物品，「交易委員會」定期列出香菸和其他物品的交易率，結果發現非抽菸者靠賣配給菸而改買其他物品，過得相當愜意。華人守衛把一包八分錢的亞洲菸賣到一美元，尤其大有賺頭。香菸市場利潤豐厚，守衛常在帽子、襯衫和襪子裡塞滿菸，夜裡露面兜售。最後，日本憲兵終於關閉他們的生意。此外，有位英籍警佐的華人妻子掌控著香菸專賣，雖是以細鐵線鉤未開封包裡的香菸來欺騙顧客，竟也門庭若市；後來見另兩位警官太太利用華工走私香菸，做起了買賣，這位警佐妻子居然去向日軍檢舉。結果，日軍將三名華工處死。事後，警察同僚毆打她丈夫，她自己則被女拘留者鞭打，以示薄懲。

在如此悲慘的環境下，拘留者的健康自然江河日下。「長時挨餓可不是愉快的經驗。」費雪寫道。情況日益惡化。三個星期後他再寫道：「濕氣加無聊，沒啥事做，也沒地方活動筋骨，我漸漸感到骨頭和關節又隱隱作痛，這是饑餓持續呈現的明確徵兆。答應給我們多配給食物……結果充其量只是增加一點點而已。」

維他命缺乏症首見於一九四二年四月，不多時，百分之九十的人都有或多或少的營養不良和其他疾病的徵狀。腳氣病和伴隨而來的腳踝腫大是最常見的病痛，同時還有糙皮症、軟骨症、口足疾病、敗血瘡、痢疾、瘧疾、斑疹、蛔蟲和傷寒等。柯恩得了靜脈炎。俘虜緊張症造成噩夢和言語失調。「像我這般素來健康甚佳的人，居然會諸病纏身，說來倒也挺有意思。」黛・喬斯指出：「耳朵喉嚨和鼻子潰瘍、敗血性腳瘡、敗血性香港腳、嘴巴和臀部疼痛、婦女毛病、搔癢、牙疼和下痢。」營內的醫生和護士雖然不少，可惜這些醫療人員自己就羸弱不堪，無力照料病患。此外，藥物和設備不足，衛生狀況不佳與缺少麻醉劑，能做的手術也不多。日軍甚至不許醫生使用赤柱監獄醫院的手術和X光設備。賽溫和希姮以城內友善華人的捐款爲拘留者提供藥物，很多人都是靠他們不眠不休的努力保命；這位醫生常在星期六下午巡行營區照顧病患，並看看還有什麼地方可以幫忙。

藥物用罄之後，醫生只能利用南瓜子和大蒜之類的東西。他們以牆灰製成鹼液治療胃疾，以骨粉治療缺鈣症。鹽是貴重物品，日軍是在拘留者發生缺鹽症之後，才悻悻然准許他們用海水煮食。蛋白性水腫以數罐醃牛肉治而療之。對付腳氣病通常是先攝食麥麩加米，然後再用發酵粉，一直到賽溫-克拉克醫生取得硫胺素，這才戢止腳氣病蔓延。「事實上，的確有人一時失去理性。」艾索寫道：「譬如，有位神色枯槁又刻意擺門面的婦人，因爲丈夫腳氣病極爲嚴重，伙食委員會特別撥出牛腰子給她。這位婦人本來是個模範太太，詎料事經兩個月後赫然發現，要她送到營區醫院給她丈夫的牛腰子，她居然在自己房間生吃掉了。」

有些人捱不過。第一個送命的英籍巡警，安葬儀式很簡短；由於棺木奇缺的緣故，儀式結束後便將他屍體移出棺木，用毯子裹住下葬。到了一九四二年年底，共有二十九人死亡，年齡從兩個月大到七十五歲不等。

各種信仰各自有禮拜。聖餐式不用酒，而是以一、兩巡的清水代替，第一對結婚的新人跪在沙包上接受福證。日軍不干預這類禮拜，但堅持私人聚會必須事先報備。「有一回申請在耶誕或新年舉行子夜聖餐式，」魏登巴哈寫道：「他們要知道聚會內容，待我們解釋說聖餐式上須用到麵包和酒之後，他們自以為終於搞清楚了，於是說道：『很抱歉，雞尾酒會不准。』」

拘留營兒童的教育得繼續。很多小孩子對外界毫無所知，有些甚至忘了羊或火車長什麼樣子。有一回有個日本軍官騎馬經過營區，不少小孩子興沖沖告訴母親說剛剛看到一條大狗。有位教育學教授和兩位校長設立幼稚園、小學和中學。拘留者保留下罐頭標籤、紅十字會救濟包裝背面當書寫紙，學生用的則是「美國俱樂部圖書館」所送和許多大學教職員幫忙蒐集的紙張。拘留者中的各類人才，也就各科目為一般大眾開設講習。成人班有工程、數學、歷史、經濟學、心理學、植物學、英語、文學與語言學等。教師張貼告示供一般人選擇：「下午經濟學課在萬壽果樹下」、「法語班在墓園東角，午後四時三十分開始」、「史密斯教授於五時三十分主講『鳥類生活』，地點在化糞池附近草坡」。

設法逃亡

少數人設法逃亡。艾普斯坦到赤柱拘留營不久就決定逃亡。「日軍大獲全勝之餘，起初並沒有太用心查證每個人的身分，但我們知道他們早晚會著手清查。」他說：「我們很早就認爲應該逃出去，只是一直在等待機會而已。我們要逃出去的理由之一是，我們跟華人組織、反日宣傳和爲中國軍隊募款淵源甚深，實不欲被日軍找碴子。」

艾普斯坦逃亡小組還有四個人。他們只請一個人共襄盛舉，此人就是柯恩。「我們逃亡的理由各不相同，而在抗日募款、提供難民救濟和軍隊藥品上，柯恩幫不少忙。他引進菲律賓馬戲團，而除了跟國民黨合作抗日之外，更是協助孫夫人的知名人物。我們年輕有幹勁，又有機會逃出去，能把這位受過折騰的老人家帶出去，未嘗不是美事一樁。我很了解柯恩的爲人，深知他不會露口風。他考慮一下，決定不走。他說風險太大。我們認爲，逃亡得泅水。他不是膽小怕事，但畢竟已年近六旬，且有靜脈炎的毛病，看起來比實際年齡蒼老許多。他已經受過折騰，顧慮自然也多。儘管萬一逃亡不成被逮著就沒人活得了，但他的懲罰可能會比我們嚴厲許多。」

起先艾普斯坦也不知道要怎麼逃出去，後來才發現倒鉤鐵絲網對面有一艘船擱在岸上，日軍並沒有注意。「我們設法整修廢船，但見它無舵、無桅、無槳，艙板已經乾裂，四面洞然，全然沒有船的樣子。」他的同伴裡有位很了解船隻的人，在營區邊端詳好幾回之後，斷定出港後海水可以使船身強固。一九四二年三月十八日晚上，逃亡組出動。「我們得穿過鐵絲網。由於未曾有人逃亡，而且此地也不是軍營的緣故，日軍看守不是很嚴密。他們派有守衛巡營，約莫二十五分繞一圈，我們很清楚他什麼時候會巡到什麼地方。因此，我們在巡邏兵經過兩分鐘後，以鋼絲鉗剪斷鐵絲網。我們來到一座也被日軍占領的小島，找一個沒有日軍的海灘登陸，再由漁民送我們到澳門。」

另有一組人碰巧也跟艾普斯坦這一組同時逃亡。日軍展開大搜索，一連數天毫無所獲後，見有漁船接近岸邊便以機槍掃射。一個月後，又有四名拘留者逃亡，只可惜沒艾普斯坦這麼幸運，日軍逮到後先在香港街頭遊街示衆，再把他們關進赤柱監獄。西方拘留者試圖逃亡，獄卒加強管理，施行早晚點名，並補強圍牆。「晚間八點每個人都得待在房裡，十點開始點名。」杜威寫到這一波取締：「十一時熄燈後，稍不留神就會挨槍子兒。從這時到隔天早上八點，誰也不准離房。」點名是既隨興又瑣碎。「他們有時候大早就來說是要搜查，」凱依・法蘭克林（Kay Franklin）說道：「根本沒什麼可搜的。他們叫我們出去，在荒地上罰站幾個鐘頭。我們身子弱，禁不起久站，看在他們眼中反覺有趣。他們有點虐待狂。」

拘留者生活在日本擄掠者恣意胡爲的驚恐中。日本兵把食物罐頭滾下山去，藉著觀看拘留者慌忙追逐而尋樂子。有天早上，日軍命西方人拘留者在操場集合，然後，肩荷機槍的士兵上前吩咐他們各依住處排隊。「就在衆人排排而站時，許多官兵出列，面向我們，從容解開褲鈕，朝著我們小便。」巴克瑟特寫道。一群人被隨意搜身之後，在濕冷戶外站了兩個鐘頭。有一回，三十名被囚者在牆頭上晒太陽時，有位日本軍官驅車經過，副官告訴他們，白人坐在牆頭上俯視監獄不禮貌。說著，那位上校吩咐副官一一掌嘴。拘留者除了怕日本之外，更怕「爪耙仔」。「營裡有很多線民，」法蘭克林提到英軍的華人太太時說道：「她們爲了賞錢和食物，什麼事都做得出來。她們耳聽八方，然後向日本仔打小報告，換取額外的食物。所以，我們得格外當心。」

拘留者淨身、打掃房間、找到食物和做完雜事之後，還有點精力可以做更多的事。「白天在雜事、閒聊和說長道短中打發，而這些有時儼然是赤柱營區內的主業。」艾索寫道。拘留者靠著遣返的一念希望過活。美國人很早就在安排交換「淺間丸號」俘虜事宜，幸運如湯瑪斯・威爾森（Thomas Wilson）者，便取得一席之地。一九四二年六月二十九日，有些準備離開的人把所有家當都留下來；有位朋友給了柯恩一條床墊。「從營區到山下，一長排神色憔悴的美國人帶著孩子，以及用麻布袋、破箱子與枕頭套做成的行李，足蹬自製的木屐和布鞋，身穿破舊上衣和綻線的長褲——豔陽炙人，男人沒穿襯衫，婦女沒戴帽子。」杜威寫道。天氣晴朗燠熱，日軍把他們從岸邊接駁到等候的船隻上。「我們坐在墓園牆頭上，」有位拘留者說：「眼看他們離去頓覺百感交集。我們渴望孩子有好食物、水果和冰淇淋吃。他們離開也是應許我們隨後可以獲得補償。含淚吻別。船隻終於駛開，呼喊、飲泣和揮別中，船隻終於駛了開去。」

七分鐘的步行距離裡

七月，柯恩拿到赤柱營區指揮官開具的書面身分證明後，隨即準備下次換俘時離開。他得再等候。「他是樂觀主義者，我沒見過他自艾自怨，」萊特-努斯提到柯恩在拘留營的態度說：「他不像有些人總是說：『瞧，我多苦多可憐呀。』他總是神情愉悅，言語親切。他愛交朋友，總是能讓人笑口常開。」

營區不大，疾步而行七分鐘就可以盡窺堂奧。柯恩有根牢靠的楞杖，經常找個伴兒散步打發時間。他有很多朋友可以走訪，如費希耶，也有趨避的敵人，如傅瑞和蘇騰。「他們彼此都受不了對方，」威爾森提到蘇騰和柯恩之間相互仇視。謝普陪柯恩散步過幾次。「其實也不算是散步，只是彼此作陪，信步所之而已。」謝普說道：「他很好相處。我們有很多次繞著營區漫步，監獄後的家眷區附近有個小丘，我跟他兀坐其上，東望漫漫，口中聊著共通的話題，言談中幽默自適。他對我出身背景瞭若指掌，連我自己都自歎不如。」

柯恩定期過訪友人談天。「我們沒有多少食物，所以這純是打發時間。他過來只是跟我們長談而已。」萊特-努斯拒到柯恩拜訪警察朋友時說道。柯恩娓娓談論中國掌故和憶述沙門島經歷，令人悠然神往，一手牌技則讓人歎爲觀止。「我們有一副舊牌，已經用了兩、三年，破破爛爛髒兮兮。」威爾森說道：「他那雙胖嘟嘟的老手，就用這玩意兒展露最教人嘖嘖稱奇的牌技。他很神。他的牌技眞的很高明。」看過他玩牌，沒人敢找他打撲克牌。「哦，不能這麼說。反正我們也沒錢。我記得，他做莊時會說：『坐下來，就當做是玩撲克牌好了。你要什麼牌？』你說聲好，要這張要那張。他胖手洗牌發牌，不知使了什麼手法，就是能發出你想要的牌。」

最初還有精力的時候，拘留者也玩足球和壘球。蘇騰用他帶進來的一套球桿練高爾夫，很多人則以讀書打發時間。艾索在被日軍刺死的聖史蒂芬大學華人年輕教師書房找到些中國古書自行鑽研。拘留者組織音樂會、戲劇、音樂喜劇、芭蕾、時事諷刺劇、合唱團和朗誦會。大學會議廳有講台和座椅，正好充當舞台，布景和道具將就湊和，例如蚊帳染色變成芭蕾舞衣，汞紅和凡士林權充表演者的胭脂。

美國財政部華特・佛瑞斯（Walter Frese）和紅十字會的費斐（A. M. Fifer），幾乎每天晚上都在「美國人俱樂部」演奏鋼琴，哈利・陶伯特醫生（Harry Talbot）和依莉莎白・德朗（Elizabeth Drown）偶爾唱幾首舒伯特名曲助興。復活節日出儀式上，禮拜者演奏鋼琴、伸縮喇叭和短號，有位上海女高音高歌〈我的太陽〉。日軍禁止他們慶祝有愛國意味的節日，因此，在喬治・華盛頓誕辰紀念日，馬利諾教會神父別出心裁安排「喬・華盛・屯」（G. Washing Town）節目，由金格提供一大桶眞正的咖啡、幾大籃甜甜圈和一包爆米花。謝普在各式戲劇上助益良多。在紀念英國各聖徒的節日時，他分別扮演聖徒。「我差點忘了，昨晚聖喬治節音樂會結束時，奏起《天佑吾王》，令人心情激盪，値得一提。」凱利提到一九四三年五月五日時寫道：「這是我們到這裡之後第一次在公開場合聽到，由於事出突然，觀衆聞聲全體起立，肅然立正。我不知道當時在場的日本軍官做何想法……我喉頭哽咽，想必很多人也有同感。」

除此之外，還有很多非正式的聚會。「有一對夫婦素以待客闊綽大方著稱，以前一到他們家總是酒足飯飽，不醉不歸，我偶爾也應邀赴會。」艾索寫道：

四、五人衣衫襤褸，肅然聚在這對夫婦房中，在殘破的椅子和以防空水泥板架起的躺椅上坐定。男女主人大方的態度與口吻依然，端出用沏了三次的茶葉所泡的茶，以及一小盤用午飯加黑市糖、用撿來的樹枝生火，而以餅乾盒蓋細心烘烤的糕點。客人盛讚女主人手藝不凡，彷彿仍是昔日雞尾酒和三明治盛宴光景一般，聚精會神，一絲不苟，將茶點吃得涓滴不剩。

赤柱營內有不少記者，也都跟一般人一樣巴望消息。日軍不常發放拘留者的信件和明信片，但偶爾還是會有紅十字會的明信片進來。日軍發的是他們自家的報紙《香港新聞》（*Hong Kong News*），拘留者稱之爲「謊報」。此外，日軍也播放新聞片。「我們被趕到聖史提分大學禮堂，坐在冷冰冰的石子地板上，觀看日軍得意洋洋進入被征服的城市。」普瑞斯伍德寫道。

列入換俘名單

關於第二次換俘的說法傳了幾個月，很多人簽下請願書希望被選上。費雪在一九四三年二月二十八日寫道：「加拿大人和在加拿大有太太與家眷的人集合」，次日，「假加拿大人焦急的設法讓自己列入名單」。柯恩自稱是加拿大籍，也列入離營名單上。「定亞丸號」預定夏天啓航，前往日軍控制區各港口接運拘留者。住在城裡沒有身陷拘留營的人，也有不少人想辦法到港埠一瞧。上海陷落後便滯留其間的蘿拉．馬格里斯，在九月二日登船。「唔，若說拘留營很悽慘，我們搭的這艘船就是煉獄了。」她寫道：「船上只有兩、三間廁所，這時節遠東地區天氣酷熱難當，婦女臥舖在燃料室。他們拆掉大廳，清除家具和隔間，擺上二、三、四排草蓆木床。我們簡直跟圈裡的牲口無異。頭一晚誰也睡不著，因為草蓆上盡是跳蚤，我們只得把草蓆拿出去丟到船外……船裡根本不可能睡覺。」

「定亞丸號」來到香港後，停泊近海處等候俘囚。柯恩在旅館被日本人逮到時，只有隨身衣物和少許家當，因此要帶的行李不多。「我們所在的西端獄牆外聚了一群人，」謝普提到離開赤柱的幸運者時說道：「我們看到十字會的船隻停在淺水灣正對面，還有一艘接駁小艇。他們准人送行至此，然後叫要上船的人出列圍成圓圈。我、莫里斯及一對我們熟識的夫婦，自然而然跟著走一段路。」不多時，謝普便不准再跟散步同伴前行，只得祝柯恩一路順風。

九月二十三日，「定亞丸號」離港時，柯恩體重比被捕時足足少了八十磅。三天後，船至菲律賓，再接運一批俘囚後駛往西貢。這時，一千五百人擠在原本只容七百人的船上，男人大多睡在悶煞人的船艙裡，韓恩跟女兒卡洛拉和另一位帶著四名子女的婦人共用一間艙房。

柯恩怡然自得。「我只是閒散度日，自沈自吟能倖保一命是何等的幸運。」他說。船上的人也只是四處蹓躂而已。「由於焦躁和擁擠，使得人人都在甲板上不住地走動，時時與人摩肩擦踵、跨過曲伸的二郎腿、搶張椅子或索性坐在油漬漬的機器上。」韓恩寫道：「排隊等候的習慣，使得我們頗能調適這種共同生活，大伙兒都耐著性子大排長龍買杯咖啡或飲料。」入夜後，甲板上點起一盞一盞的十字大燈，以免被誤當成敵艦慘遭擊沈。有天傍晚，有個小男孩發現日軍爲自己撤退時所藏的酒，立即被船上乘客拿個精光。

船行至印度西岸的葡屬臥亞城，依計畫與從美國載運日籍俘囚的「葛里普休姆號」（Gripsholm）會合。「定亞丸號」一進港，葡萄牙官員與軍隊在岸上揮手致意，數艘小艇火速前來迎接。電報和觀衆在岸上鵠候。風和日麗，葛里普休姆號進港駛近時，原本嘈雜的「定亞丸號」乘客頓時安靜下來。「我們望著同爲俘囚的日本人，」韓恩寫道：「擠在欄杆旁回望著我們的日本仔，陡然高歌……我們擠在這艘髒兮兮的小船上，口乾舌躁，滿身汗穢。日本仔站在明朗乾淨的『葛里普休姆號』上大聲唱歌，我們默然而立。」

雙方官員盡量讓換俘順利進行。「輪到我們的時候，我們魚貫而行，從甲板經艙房到舷梯，」雪萊・麥丹（Shelley Mydans）在《生活》（*Life*）雜誌上撰文寫道：「我們盡量遵照委員會的指示，『秩序井然、從容不迫和莊重自持』的進行換俘，是以我們排成一排，不疾不徐朝我們的船走去……換俘很有秩序也很快，到了九點三十分，除了十七副擔架之外，一千五百人全員登上『葛里普休姆號』。儘管已有心理準備，一踏上甲板，那陡然讓人喉頭哽咽的情緒，卻是令人驟不及防。在這悸動的瞬間，我們自由站在自己的領土上，置身在喜歡和需要我們的人中間。瑞典籍船員協助我們上船，以新紙杯奉上杯茶，美國紅十字會則發給每個人巧克力棒和美國菸。」

豐盛餐點等著他們。傳教士唱起「讚美主，百福齊臻」，很多人一見到食物便忍不住哽咽。「我們嫌上菜不夠快，他們挺高興的。」韓恩說道：「我一轉身看見卡蘿拉，但見從沒見過巧克力的她，這會兒臉上全沾滿巧克力。」遣返者夢寐以求的食物一應俱全：白麵包、牛油、蕃茄醬、冷火腿、烤牛排、火雞肉、蔬菜沙拉、全熟蛋、起司、胡瓜、泡菜、蘋果沙拉、冰茶加檸檬。「服務員每上一道菜，人人鼓掌歡呼。」麥丹寫道：「他們吃得很仔細，以免一時暴食，而且一直笑，唯恐一停下便會忍不住哭起來。」

重獲自由

「葛里普休姆號」比「定亞丸號」好太多，乘客可以上美髮廳和使用熨衣板，肥皀和毛巾無限制供應。「我上了『葛里普休姆號』後，先洗個熱水澡，除去滿身汙垢。」法蘭克林說道。船員發放維他命丸，補充飲食失調。乘客開課講授兒童心理學、中南半島土著、聖經與合作經濟。美國紅十字會發放新衣，美國人則設立醫療室、廚房和學校。乘客可以看電影和閱讀當期雜誌。每個人都把自己的經歷和觀察寫成報告交給國務院。有人在艙房和船上的酒吧內舉行小型酒會，但大部分人只是坐在陽光溶溶的甲板上休息。「他四處走動，然後坐下來跟人聊一會兒，」法蘭克林提到柯恩時說：「他菸不離口，大部分時間獨來獨往，不大跟人交際。」

出海第一天，船員發下一捆捆的信件，很多人這才得知家人音訊。柯恩發了封電報給在羅德沙的家人，要他們到依莉莎白港會面。船隻駛進南非，大伙兒一湧而出，看看城市和商店，想上岸的人則由當地家庭作東。華人社區爲船上華裔美人舉行戶外餐會。

「家母去那兒見他，」愛茜・伯恩斯坦（Issie Berstein）提到舅舅抵達時情形。「他穿著一雙網球鞋，脚趾外露。福態已不見，全身鬆垮垮的可想而知。」猶太社會熱烈歡迎，數百人應邀參加在蕭德（A. Schauder）夫婦家舉人的酒會，跟柯恩和「葛里普休姆號」上四十名猶太人中的二十人見面。「人人都要他談遠東戰局，他由於官方因素一概婉拒，只是詳述猶太人和中國人自古以來若有若無的關係。」倫敦《猶太紀事報》（*Jewish Chronicle*）提到柯恩在席間的簡短談話：「他說，中國人是唯一能接納猶太人，不曾對猶太人肆行種族迫害的民族。接著，他出人意表地暢談支持錫安建國主義、猶太人必須有個地方插國旗、必須在國際聯盟上有一席之地，並呼籲與會者盡其所能支持此一理想。」此外，羅拉・馬格里斯則談到滯留上海擁擠猶太區二萬同胞的困境，請與會者透過紅十字會匯款到上海予以援助。

「葛里普休姆號」從依莉莎白港啓程，經過南大西洋，十一天後抵里約熱內盧。船在里約待兩個晚上，乘客湧向收發站領取家書。從里約再出發，兩個星期後終於在十二月一日抵達紐約市。船隻進港時但見岸上燈火稀疏。「船在港內下錨，」韓恩寫道：「天氣很冷，大伙兒早早就寢。第二天我起個大早，一到甲板上，但見藍光氤氳，薄霧輕籠，四周有很多船，其中一艘並排而行鳴笛四聲，船上的男士笑著向她揮手。他們言談間帶著美國腔。紐約的空氣迎面而來，冷冷的，帶著煙霾，讓人鼻頭癢癢的。我覺得好極了。」

碼頭上戒備森嚴，官員一一檢察乘客證件再予放行，群衆則欣喜若狂。修女和兒童魚貫而出，投入親朋好友懷抱。美國人直接返鄉，加拿大須等候加國當局。「我們待在船上，一直到其他人全都上了岸。」柯恩說道。時任加拿大外交部下層官員的亞洲專家亞瑟・孟濟斯（Arthur Menzies），率同事雷夫・柯林斯（Ralph Collins）前來接船，招呼加籍乘客到政府派來的一列專車。「他們原本應該由加拿大皇家騎警（RCMP）護送，」孟濟斯回到加拿大接受訪問時說：

我們得通過美國安全單位重重檢查，時間極爲緊迫。「葛里普休姆號」是國際安排的接運船，並不是美國船隻，既然進了紐約港，美國自有一套安檢措施。他們的安全檢查包括海軍、陸軍和空軍情報單位、聯邦調查局和緝毒局，總共有七重關卡之多。有些年輕情報和安全官員以爲，只要逮到一名間諜便可飛黃騰達，偏偏加拿大乘客名單裡好幾人有跟日本人暗通款曲之嫌。我們得讓加籍乘客下船、通關，再弄上我們的專車。從下船到上了由皇家騎警掌控的密閉列車，花了大約二十個小時，發車時間大概是凌晨一點鐘。

加拿大人急著聽柯恩的看法。「接待官員很淸楚，柯恩有高估自己在國民黨高層影響力的習慣，但見他確是衷心佩服孫逸仙和熱心支持國民政府，倒也頗爲滿意。」外交部某官員在他抵達前一天的報告上寫道：「柯恩不失爲有關中國和遠東局勢的情報庫，據悉，聯邦調查局曾正式發函警告，若是他到美國將予偵訊。」

柯恩在向加拿大官員簡報時，提到了在赤柱拘留營的生活，以及在日本憲兵隊所遭受的待遇。「聽取簡報的小組，包括皇家騎警和政府各情報部門官員。」孟濟斯說道：「有些人在火車上做簡報，可惜時間不很充裕。有些人提到的是泛泛之論。有些人立即送返原鄉，稍後再做訪談，看看他們是否還有什麼情報，有些則是請到飯店待一陣子，以便做進一步簡報。這是一般程序。」

火車往北而行。「第二天，車抵蒙特婁，我拎起包裹走下月台。」柯恩回憶。新聞媒體和電視攝影記者蜂湧而來，柯恩接受派拉蒙記者的簡短採訪，但對在場所有記者表示不能談赤杜拘留營的情況，「因爲任何發言都可能影響到仍爲階下囚的人」。他終於自由了。

第十七章　遇見茱蒂絲

加拿大・中國，一九四四至一九四九

火車抵達蒙特婁後，柯恩悄悄離開，住進俯瞰自治廣場（Dominion Square）的溫莎旅館，一家愛德華時代的建築。中國新聞部的俞明（Yui Ming，譯音）處長來看他，新聞界亦聞風而至。他對來人表示，回到加拿大有如釋重負之感，並對政府與紅十字會的協助讚譽備至。「我可以告訴各位的是，能活著離開香港赤柱拘留營，個人感到十分高興。」他有點自謙地壓低自己的分量，對記者說：「我要澄清一件事。我不是大人物，不曉得爲什麼這裡的人對我如此抬愛。我是經中國政府任命的少將，這沒錯；我是中國之友，這也沒錯；不過，說眞的，我還是十六歲時以猶太移民身分到加拿大的莫里斯・柯恩，有關我的種種報導都失之誇大。」

他以凱旋英雄之姿返國，蒙特婁堅持要盛大接風。十二月六日，猶太社會五百餘人齊聚皇家騎警飯店歡迎柯恩。晚宴由「蒙特婁希伯來女青年會」籌畫，「加拿大猶太人大會」會長、飲料業大亨撒繆爾・布朗夫曼（Samuel Bronfman）親臨主持。柯恩在席間發表簡短談話，暢談他此生諸多精彩事蹟，還提到羅斯柴爾德在倫敦老街區成立俱樂部，提供當地青年娛樂場所。

柯恩返國後立即申請美國簽證，想對美國政府一抒他對戰爭的看法。美國人不以爲然，聯邦調查局甚且裁定「鑑於柯恩的犯罪記錄，柯恩不得入境美國」。十二月底，他暫時住進渥太華「羅里耶別館」，設法在首善之區聯絡軍方官員。加拿大政府跟美國人不一樣，很想聽聽他的意見。柯恩說，他向他們提到中國和俘虜營「眞實而醜陋的境況」。加國當局對他的過去特別感興趣。「儘管他『不可靠的槍手』惡名在外，但據有位在上海就認識他的官員提出的看法，柯恩應該是忠於聯軍主張的，」英國安全協調處的彼得・杜伍耶（M. Dwyer）寫道：「順帶一提，一九一四年七月十三日提訴的柯恩詐欺和遊手好閒案不了了之。」

柯恩在返國會的初步簡報中，請求當局照會經濟部，說明他在香港的抗日工作，表示希望重返工作崗位。柯恩儘管自視甚高，但「特別行動執行處」查閱過他的案子之後，決定不能再用他。還是以補發他在赤柱期間的薪資來處理比較省事。不過，他們倒是望能隨掌握他的行跡，以便萬一有事時可以派上用場。「柯恩儘管愛說大話，仍是屬於『強悍』類的人物；而且雖不是百分之百『安全』，倒不失爲我方從事祕密工作的理想人選。」官方在他的檔案中指出。他們很清楚柯恩有編故事的傾向，是以急於跟他「談論『安全』問題，並嚴厲警告他不得談及他最近的工作和經歷。他有很多奇聞軼事可以說，即便不是出自本意，也很有可能在別人催促之下『杜撰』。是以應該向他表明，只要他自我節制，談談別的在華軼事，自會有厚酬相謝。」他們特別

「忠告甚且指示他，在和他人談話時應嚴加注意，切勿談及『麥克』．透納和其他抗日組織在香港的祕密工作。這些人仍在敵人『囊中』，任何安全疏失都可能傳到日本人耳中，有礙他們活動的成敗。」

一九四四年三月初，加拿大皇家騎警副巡官布雷迪（F. M. Brady）、英國安全協調處的巴文（E. W. Bavin），帶著六千一百一十八又七毛五的美元補發薪資支票，親赴溫莎旅館交給柯恩，他則具結承認：「本人最近（一九四一、四二、四三年）在香港和中國從事之工作屬機密性質，茲具結戰中或戰後皆不向非官方（原文照引）人員透露或談論此事。」布雷迪和巴文告知柯恩，「前雇主對他的服務甚爲感激，今後恐無到遠東再從事類似工作的機會」。柯恩不樂意就此被人甩掉，當場就告訴他們說，既然「特別行動執行處」不知道也不重視他工作的重要性，他打算前往英國，把自己所知全都告訴英方官員。此外，他還向布雷迪和巴文表示，他已是五十六高齡，打算開始寫回憶錄，必須聯絡曾和他討論到撰寫自傳的查爾斯．德雷治。布雷迪和巴文提出報告後得到的回報是，祕密情報局首腦非但對柯恩「毫無興趣」，甚至認爲他「縱使沒有嫌疑，也是個危險人物」。

柯恩除了坐冷板凳之外，別無選擇。他在蒙特婁安頓好後，陸續與從東部遷來的舊識重拾友誼。其中，經營「加拿大太平洋鐵路」沿線報攤的艾德蒙頓老友撒繆爾．溫伯格（Samuel Vineberg），退休後定居蒙特婁，幫兒子西賽爾（Cecil）照顧花店。柯恩時時過門聊天敘舊。那年冬天某日，撒繆爾介紹了在附近開服裝店的三十八歲離婚婦人艾妲．茱蒂絲．克拉克（Ida

Judith Clark）給他認識。柯恩展開追求，常約茱蒂絲出去用餐和會見朋友。「我記得在他介紹他們認識之後，他們來到我家，跟我們一塊兒吃晚餐，後來兩人相處極為融洽。」法蘭西斯・巴斯卡（Frances Pascal）提到這段剛萌芽的羅曼史時說道。

親愛的茱蒂絲

茱蒂絲的父母跟柯恩家一樣，也是在本世紀初從歐洲逃難而來。她父親撒繆爾離開加里西亞（Galicia）後，先在曼徹斯特一家製衣廠工作，結識加里西亞鄉親波麗・芬克（Polly Fink）。一九〇三年，撒繆爾移居蒙特婁，找到裁剪和縫製鈕釦孔的差事，不久波麗前來跟他會合，在以猶太人為主的緬因區成親。一九〇五年七月二十九日，茱蒂絲出世，跟一弟二妹在猶太淨食家庭中成長。撒繆爾有製作小提琴的嗜好，曾上夜校學習造型設計，沒多久自己開了一家女裝店「時髦外套公司」，由波麗身兼模特兒和售貨員。「她姿色過人，是出色的模特兒，更是成功的售貨員。」茱蒂絲好友蘿絲・克萊恩（Rose Klyne）說：「她天生品味不殊。」

克拉克家經濟改善之後，便循著既有的遷移模式，從較貧窮的緬因區逐步往上流社區如克拉克街、珍妮曼斯街、哈欽森街移動，然後搬進西城聖母區，撒繆爾即是在此地的錫安聚會所做禮拜。柯恩來到蒙特婁的時候，市內猶太人已達六萬四千人，占總人口百分之五以上。本市已發展成主要猶太中心，有數十座聚會所，全國性的猶太組織如「加拿大猶太人會議」、「加拿大錫安組織」、「哈大沙」、「婦女先鋒」、「全國猶太婦女會」等，總部即設在蒙特婁。此外，本市還有一座意第緒劇場、一家開辦講習和閱讀課的猶太公共圖書館。

茱蒂絲二十幾歲的時候下嫁里奧・佛洛伯格（Leo Freuberg），但爲時不久。在經濟大蕭條的時候，她貸了兩百塊美金所成立的「茱蒂絲克拉克」女裝店，完全是單打獨鬥的事業。「她在毫無資源和財源支援下創業。」她弟弟哈利（Harry）說道。茱蒂絲創業有成，柯恩由香港前來的時候，她住的是市內時尚區，在麗池卡爾頓飯店隔壁有家店面，請了不少助手。「她的人際關係很不錯，」克萊恩說道：「茱蒂絲克拉克女裝店是頂級店舖，是前來本市的魁北克人必訪之處。」

柯恩常常和茱蒂絲一起飲酒聚餐，感情進展迅速。「家裡人說不上很高興。」哈利提到家人對柯恩的第一印象和他可能娶茱蒂絲的觀感時說道：「我家很守舊，儘管對他毫無所知，但總認爲他是十足的爲錢賭性命的傭兵。」不過，柯恩依舊獲得他們的好感。「他言談極爲風趣。」露絲・菲爾德說：「我們覺得，他配我姊姊茱蒂絲，年紀是太大了，可是姊姊卻喜歡上他。她向來喜歡有魅力的東西。他們決定結婚。」這是老柯恩的魅力。「他不是英挺過人，」克萊恩說：「他形貌奇特，但有一雙迷人和犀利的碧眸。他眼神直欲洞澈人心，言笑晏晏，溫馨爽朗，多少透露出些許性格。他說話時那口英語時時讓人感到不快，但極能引人注意。」茱蒂絲和柯恩在一九四五年春天宣布訂婚時，有人問他在中國待了幾十年何不娶個中國老婆，柯恩的回答是：「好人家中國女子不會嫁外國人，不好的我不要！」此外，他也自嘲說，拘留營生活使他形體耗弱，因而落入茱蒂絲手中。

蒙特婁大肆歡迎柯恩，茱蒂絲也參加一連串宴會。「家姊生性有點虛榮，」哈利說道：「她戴起花俏的帽子，興沖沖地會見要人。她跟將軍出門時，一定是盛裝。她對有些事的看法很虛榮，所以會要他相陪，乃是因爲他在蒙特婁極受看重，人人趨之若鶩的緣故。猶太社會總是找他打聽各種消息，對他大幅報導，她則有幸躬逢其盛。」

那年春天，柯恩回西部重遊舊地。他在溫尼伯勾留幾天，擔任「猶太教育協進會」貴賓，然後轉往艾德蒙頓，住進麥唐納飯店。西行期間，他談到希望能重回東方。「回來固然高興，若能回到中國更加開心」。他同時爲第二祖國宣傳，著眼於戰後的繁榮，預言：「中國可以挽救美洲和歐洲大陸的經濟。該國剛進入革命第二階段的機械時代，戰後需要大量的機械，加拿大則是其主要來源之一。機械、大麥和麵粉所需可以從加拿大進口……蔣委員長夫婦在中國表現可圈可點，得知加拿大大力提供中國重戰鬥裝備，本人甚覺欣慰。」折返東部途中，他在多倫多待了幾天，拜訪他以前在法國的指揮官韓利市長等老友。此外，他也弄到簽證，往美國而去。新聞界鉅細靡遺報導他的行動。他喜歡別人讚譽揄揚，同時盡量化解各界對他的注意。「當年我只是個設法討生活的小伙子，」接著他又以常掛在嘴上的措辭透露些許實情：「我的名氣其實跟馬克吐溫過世的消息一樣，受到極大渲染。有關我的訃聞，其實也是如此。」

疼太太的丈夫

六月十八日，茱蒂絲和柯恩在艾曼紐聖堂結婚。他們在聚會所內圓頂聖堂舉行小儀式，由著名教士哈利・史特恩（Harry Stern）主持。茱蒂絲一襲淺白縐紗連身裙，加上搭配的帽子和首飾，手捧綴著白蘭花的聖經，在綵紙和小花遍撒中走過通道。她妹妹露絲是伴娘，大衛・德魯瑟曼（David Druxerman）則是柯恩的伴郎。哈利・克拉克、蘿絲・克萊恩的哥哥賽瑞爾・施偉博（Cyril Schwisberg）等人擔任招待。「他不大上聚會所，但堅持要戴上猶太小帽，舉行比較猶太式的婚禮，」克萊恩提到這場婚禮時說道：「聖堂內舉行婚禮不常見。他堅持要披披肩。儀式簡單親切，是一場很好的猶太婚禮。」禮成，新人在溫莎飯店招待賓客。

柯恩夫婦原本打算到美國的紐奧爾良和邁阿密度蜜月，最後決定前往加拿大亞伯大省的路易斯湖及西部各地。兩人至卡加立訪友，同時爲中國宣傳。「中國對日抗戰已進入第八個年頭，表現頗爲不凡，但最後勝利所需的是增加空軍和重裝備。」他說：「相信我，中國眞的很強。不過，沒必要開自己玩笑說他們不需要更多裝備。我認爲，他們很快就可以取得，屆時，衝突只有一個結果。」

茱蒂絲和柯恩六月底至溫哥華，七月三日出席「猶太教育協進會」溫哥華分會大會，柯恩在會中談論他最喜歡的主題：在華猶太人和猶太難民現況。他承認，羅拉・馬格里斯、美國猶太人聯合賑濟會與中國人的賑濟工作讓許多猶太難民得以活命，同時也向在場人士提出他稍嫌簡化的世界和平對策。茱蒂絲和柯恩由溫哥華轉往維多利亞後，再回轉東部。

柯恩變成疼太太的丈夫。「健康好轉後，他深情款款，熱情如火。她老是誇他有多好，從未有怨言。」有位朋友說道。茱蒂絲跟在英國的夫家家人通信，送他們衣服帽子，柯恩則老黏著妻舅哈利。「他聽說我在參加室內手球冠軍賽前來觀戰，從頭到尾看完全部賽程。我們在一起的時間很多，」哈利提到希伯來男女青年會之間的賽事時說道：「他意志堅定，又極爲好心親切，不管我有什麼問題，他都會坐下來跟我長談。他待我如弟。我視他如兄長，他也以相應的方式待我。」

柯恩既是當地猶太社會名人，自然跟布朗夫曼等猶太領袖相處甚歡。柯恩夫婦廣交群賢，動見瞻觀。「他很大方闊綽，」克萊恩說道：「自娛娛人是他的本性。他喜歡跟別人分享，非常大方。」夫婦倆花很多時間在慶祝上。「他們沒有勸阻，我想，這是持平之論。」茱蒂絲的弟弟傑拉德說道。茱蒂絲常邀請賓客到家裡，舉行小型雞尾酒會和晚宴。夫婦倆常參加音樂會，在當地中國餐館以二十道大餐宴請朋友與官員。「常有中國名流聞人來訪，他們總是盛情招待，」巴斯卡說道。柯恩是蒙特婁中國餐館的貴賓。「他是此地的偶像，」克萊恩說道：「他帶我上餐館，尤其是中國到唐人街的餐館時，哇，他們受寵若驚，不知如何是好，又是下跪又是叩頭，簡直把他當成英國國王般服侍。」盛大隆重。「眞是其樂融融，大家都對他很好，他很喜歡。茱蒂絲不但喜歡，而且還頗爲擅於安排這種場面。她始終是雍容華貴，永遠的貴婦人。有一回星期五晚上，她到家母家中赴宴；他對年長婦女很慇懃，帶著鮮花前來。」

柯恩也在茱蒂絲店裡打發時間，對來店的小孩子極爲嬌寵。他喜歡小孩，爲了他們可以肝腦塗地。「他簡直像是斑衣吹笛人一般，所有的小孩子都很迷他。有一回我跟舍妹到茱蒂絲位於樹布魯克街的店裡，他剛好也在。莫里斯一見舍妹的小女兒，馬上摟著她塞給她十塊錢。舍妹有點懊惱地說：『莫里斯，你不能一出手就是十塊錢。』他說：『她只知道我給她東西，根本不知道值多少嘛。』她很高興，當場唱歌給他聽。」柯恩夫婦常到鄉間旅行，比如驅車道喬治湖鄉間觀光勝地等，而且往往是臨時起意。「隨他高興，」西賽爾・溫伯格說：「他會突然就說『明天走』，從不事先打電話通知。這是他的行事風格。我們於是束裝上路。」

這段期間，柯恩花起錢來相當爽快。「他總是有錢就花光，」這位朋友說道。「我有鑑於日後也許沒這麼輕鬆，對他花錢的方式不免有點擔心。我注意到他的年紀比茱蒂絲大很多。」不過，柯恩自己也明白，身爲丈夫應該掙錢養家，因此他也在找工作。一個大半輩子在中國當擺客的人，蒙特婁能提供的工作少之又少，於是他嘗試做點非常的生意，跟知交布魯克林區出身的加拿大製片人、「加拿大電影試驗所」創始人亞瑟・戈利伯（Athur Gottlieb），討論到成立公司事宜。一九四四年夏末秋初，戈利伯力圖說服記者兼出版家艾德・派克（Ed Parker）共襄盛舉。「有天晚上，戈利伯和柯恩帶著令人驚愕莫名的企畫案找上我，要我當他們電影公司的頭頭。」派克寫道：「當時我年薪約三千美元，而這妙不可言的提案起薪就是一萬四千。」派克心念電轉，思忖種種發展性，詎料有個周末跟戈利伯在一起時，赫然看見這位拳擊手出身的製片人對情婦飽以老拳，派克一見立知此人不可共事。結果，開攝影棚的計畫不了了之。

柯恩找工作的當兒，還得特別留意自己的行蹤。他雖是憑著自稱是加拿大人而得從赤杜拘留營脫身，實際上他只是「暫時」逗留，並沒有加拿大公民身分。由於這不確定情況，他必須時時設法展延。他的計策之一，就是在返回加拿大後立即向有關單位表明，由於「加拿大電影理事會」工作的關係，必須到美國一趟。這雖是自吹自擂，加拿大政府還是開始審查，並批准他簽證延期一年，後來向電影理事會查證，才從人事經理口中得知柯恩根本不是該會工作人員。

柯恩的雄心大計毫無結果，只能靠茱蒂絲的薪水過活，邊編故事邊找工作，等候戰爭結束。「葛里普休姆號」抵依莉莎白港時，他曾答應要再回非洲探望親人，可惜因戰爭未歇無法成行，因此寫了封道歉信給姪女依芙琳・費瑞拉（Evelyn Ferera）說：「情勢與事態變化甚速，妳想必也知道，情之一字很難說，加上中國朋友一逕勸我寫自傳，原訂計畫不免受到干擾。」他已經著手蒐集資料，要她把在非洲工作的完整資料寄給他，尤其是有關「協助中國」宣傳活動方面的消息，以便列入回憶錄原稿中。茱蒂絲跟一般準作家的太太一樣，企盼丈夫早日完稿。「莫里斯的書還得努力，當然，書一出版我們會立即寄一本給妳，」她寫給費瑞拉的信中說道：「沒有人比我更急於見它早日付梓。」

猶太人籌思建國

一九四四年秋天，美、英、蘇和中國的代表在華盛頓丹巴頓橡園會議（Dumbarton Oaks Conference）中，同意新設較有效率的組織，取代頗爲人詬病的國際聯盟。一九四五年四月二十五日——也就是在羅斯福總統過世後十三天、在德意志第三帝國無條件投降後兩星期，以及希特勒自殺三天後，聯合國成立大會在舊金山召開，除四十餘國代表與會外，還有將近四十個非政府組織派出代表團。猶太人對英國託管巴勒斯坦的前途憂心忡忡，是以「美國猶太人會議」、

「世界猶太人大會」、「加拿大猶人會議」、「英國猶太人代表理事會」都派出代表，史蒂芬・懷斯（Steven Wise）、阿巴・希樂・席爾佛（Abba Hillel Silver）、路易斯・李普斯基（Louis Lipsky）、伊利雅胡・伊雷斯（Eliahu Elath）、索爾・海耶斯（Saul Hayes）和撒繆爾・布朗夫曼（Samuel Bronfman）等知名教士與各方領袖也蒞臨遊說。

猶太人團體尤其擔心英國可能放棄建立猶太家園的承諾，希望聯合國不致削減或刪除一九一七年「巴爾佛宣言」（Balfour Declaration）中有關猶太人在巴勒斯坦的權益——該宣言中謂英國「對猶太人於巴勒斯坦建立民族國家做有利考量」——或是一九二二年國際聯盟所通過的巴勒斯坦託管案。因此，他們爭取在聯合國憲章中增列條文，保障像猶太人這般的少數族群在巴勒斯坦生活的權利。出馬遊說的不只他們而已，阿拉伯人也派出代表團。阿拉伯代表團自是希望聯合國只認可每一託管區內最大單一族群的權利。在巴勒斯坦地區，阿拉伯人是多數族群。

各猶太團體代表每天早上八點在當地猶太社區大樓辦公室召開企畫會議，爲當天在舊金山歌劇院舉行的正式會議預作準備。「猶太人並不擁有屬於自己的領土，未能以國家身分與會。」以色列・戈德史坦（Israel Goldstein）教士寫道：「因此……我們所能做的無非是四處蹓躂，在走廊上找政治人物談話，或另約地點見面。」幸好英、美、法三大國代表團反對阿拉伯提案。

猶太人設法進一步爭取不列顛國協國家，如加拿大代表團的支持，可惜率團的金恩總理並不認同猶太人的主張。金恩以前就反對猶太人移民加拿大，認爲「吾人必須使加拿大免於動亂，避免外國血統混合過大」。一九三九到四五年間，加拿大只接受五百名逃離納粹的猶太人，以及從英國逃出德國猶太人集中營的兩千兩百五十名猶太人。加國入境難，近乎不可企及，因此，奧許維茲集中營的猶太人索性把納粹貯藏糧食、黃金、鑽石、沒收物品和其他貴重物的建築稱為「加拿大」。錫安主義者的公關努力對加拿大人毫無作用。

各國代表團同意與非政府組織代表談論議程，是以猶太代表團起先對各國家代表的內部議論不甚了了。這並不能阻止他們繼續努力。他們宴請各國代表，設法預先探出他們的立場、取得尚未發布的文件、打聽內部議論，「如此才能在尚未拍板定案找上門去，說服他們改弦更張。」加拿大猶太人會議的海耶斯說道。

有個代表團是錫安主義者無法接近的，這就是中國代表團。這時，戈德史坦想到柯恩落腳蒙特婁。「我坐在旅館房間苦思，怎生想個法子拜會中國代表團團長時，突然想到一個或可解決問題的辦法，」戈德史坦回憶道：「我一、兩年前到加拿大時，和無賴漢莫里斯．柯恩有一面之緣……於是我靈機一動，急電『雙槍馬坤』，請他飛來舊金山幫忙引見……他立即應允……」

柯恩早有預感猶太代表團會找他幫忙。他每年一簽的簽證剛好要到期，是以在舊金山會議前一個星期，就向加國官員重申他和「加拿大電影理事會」的關係，還提到他必須前往舊金山出席聯合國大會，以免人在美國時簽證過期。此外，他還透露別人也會找他幫忙。「他得意洋洋地說，舊金山會議之後有另一場大會——請容我引用他的措辭，『那些小伙子準會要我到場』。」有位官員寫道。

除了戈德史坦之外，的確還有人想到要跟他接頭。柯恩說，他很樂意幫忙，只不過，加拿大代表團一開始還是有人懷疑他能有什麼用處。「將軍看來就是一副兇悍拳擊手或冒險家模樣，說起話來也是粗魯不文。」海耶斯說道：「其實他很親切，而且基本上對猶太人頗感興趣，不要我們一分錢，也不索取任何費用，只是他自己手頭不寬裕，無法前來舊金山，因此我們去接他。」到了舊金山，海耶斯和布朗夫曼帶著他到處拜會遊說團其他成員。「柯恩表示要介紹我跟他在中國代表團的朋友見面，讓我直接跟他們說明我們的問題。」伊雷斯寫道：「他知道阿拉伯人積極爭取中國代表團，也知道他們的宣傳強調亞洲大團結，使中國『不得不』支持他們的反錫安主義運動。他心想，中國代表團泰半沒聽過錫安主義：即便是受過良好教育的代表，對猶太人和猶太教所知也極爲有限，我們若不採取有效反制措施的話，阿拉伯人的宣傳很可能奏效。」

柯恩的門路和效率，令猶太代表團大感意外。「『雙槍馬坤將軍』自詡可以左右中國人，並不是在開玩笑。」海耶斯說道。他不只是認得中國領導人，還「幫我們弄到極爲驚人的文件。我沒問他理由或是他是怎麼弄到手的」。柯恩在舊金山和顧維鈞等人重拾交情。「有一天我帶他上街用餐，迎面走來三個人——溫文爾雅的中國駐美大使顧維鈞……孔祥熙和宋子文。不得了，待我回過神來，但見他們擁抱他，看來他跟他們相識不是瞎編的。」

柯恩安排跟中國代表團各團員私下聚會。五月九日晚間七時，顧維鈞與柯恩、布朗夫曼、海耶斯等人見面。顧維鈞在日記中寫道：「巴勒斯坦猶太託管局代表團係由世界猶太會議會長懷斯博士率領，力促於託管規定中增列適當條文，以保障猶太人權益與分割案，俾使巴勒斯坦成爲他們的『民族家園』。」後續聚會不斷，五月二十二日，柯恩安排伊雷斯與顧會面，六月五日，再引介他跟中國暢銷報紙《大公報》總編輯林虎見面。「柯恩說此人是蔣介石委員長的至交，也是中國代表團關鍵人物之一。」伊雷斯寫道。猶太團體向各國代表團大力遊說功不唐捐，巴勒斯坦仍然是託管地，而且，習稱爲「巴勒斯坦條款」的聯合國憲章第八十款明文保障此地區內「任何國家或民族」之權益。「我無意表示若不是因爲我們成功了，就不會有以色列國，」海耶斯說道：「我要說的是，若是落入託管分割案，勢必得再艱苦奮鬥許多年。」

柯恩逗留舊金山期間，向相處甚歡的伊雷斯透露，他的自傳即將在倫敦出版，希望能找人逐譯成希伯來文。此外，他還跟伊雷斯提到中國商機，以及出口猶太商品到中國事宜，希望能在回中國之前談妥。「妳舅舅打算回中國，」茱蒂絲在八月間給依芙琳的信中說道：「還不知幾時成行，但極有可能是在最近。」柯恩還跟茱蒂絲討論到搬到中國的事，甚至決定由他先動身前去，再打好基礎，「因爲中國還不是我們安身立命的地方」。茱蒂絲待適當時機再去跟他會合。柯恩急於返回中國重拾舊業，連印上「馬坤將軍，重慶，中國」的新名片都已準備好了。

日本投降後

日本八月投降，柯恩十月返鄉。他第一站先到曼徹斯特。「他帶了大包小包禮物，人人有份。」剛完成醫學院學業，已在當地醫院服務的柯恩外甥賽瑞・謝勒說道：「絲襪、巧克力、口香糖、香水、香菸、一瓶威士忌。英國最近物資缺乏。」家人大爲感激他送來這些禮物。柯恩也到倫敦訪友。「再會面，已恢復福態的他快活樂天一如往日，我還記得當時我是何等的興奮，」紀爾太太說道：「他戴著寬邊黑呢帽。再見到他眞是太好了，因爲，上回在拘留營道別時，我最後的印象是他已然是皮包骨。我們都很興興奮。我們彼此擁抱，跑過畢卡第列廣場，很自然就往中國餐館慶祝一番。我還記得我們快步而行時，地鐵欄杆旁有個小伙子在賣黑市香菸。赤柱的黑市買賣生活過久了，莫里斯突然疾步走下階梯去買黑市香菸。我說：『你上哪兒去？』他說：『去買黑市香菸。』我站在原地笑得打跌地說道：『親愛的莫里斯，戰爭已經結束。我們自由了。』」

他見人就說他打算跟新婚妻子搬到中國，說他在赤柱拘留營所受的待遇，以及中國朋友如何懇請他協助再度敵對的共產黨和國民黨談判：國共關係在一九四一年初國民黨軍攻打共軍後中斷。「只要沒有外力介入，中國必定會在最近的將來達成統一。」他說。他還是在推銷生意，急欲在東行之前拿到一些佣金。「此外，我也希望能跟若干英國公司接頭，打算買點產業設備。」他甚至說，他正在考慮好萊塢所提出的拍攝他生平傳奇的提案，也提到寫自傳的辛苦。「要我駕騾車還好，當作家可不行，眞是辛苦哪。」

一月，柯恩動身到中國，正值這個古老國家一團亂的時候。蔣介石政府在抗戰期間變得更加獨裁和高壓，通貨膨脹有如脫韁野馬，經濟凋敝，貪瀆猖獗使得知識分子和都市中產階級不願搭理國事。在此同時，蔣介石大舉圍堵紅區，不跟日本人打仗，反而保留實力，護守他手下三百萬大軍、槍砲和重裝備，以備和共產黨做最後決戰。軍官苛待士兵、官員到處捉伕的情況愈來愈糟，逼得有些地方，如河南的平民百姓，不得不投向日軍。

同一時間，以陝西省爲大本營的共產黨益發壯大，黨員從一九三七年的四萬人，增加到一九四五年的一百二十萬人，軍力九十萬，民兵則號稱超過兩百萬人。很多人是因反抗日軍殘暴的「三光政策」——殺光、燒光和滅光，而加入共產黨抗戰。國民黨苛虐農民，共產黨則以實施社會改革、減稅和沒收賣國地主的土地贏得農民的敬佩和支持。

日本投降後，麥克阿瑟將軍任命蔣介石主持中國戰區受降。這時，蔣邀毛澤東至重慶談判。蔣雖命共軍待命，但日軍威脅一去，反使雙方競相爭奪日本占領區。美國爲鞏固國民黨地位，以海空兩路把大約五十萬中國軍送到華北和華東地區。

國共談判開始。雙方同意召開多黨派的「政治協商會議」，擬起草憲法和規畫新政府。十一月二十七日，美國總統杜魯門任命馬歇爾將軍爲駐華特別代表。一九四五年十二月，馬歇爾抵華；一個月後，由馬歇爾、周恩來和國民黨的張致中組成的三邊委員會，呼籲兩方結束敵對，並由美國-國民黨-共產黨聯合監督停火。共產黨主張先成立聯合政府，再交出軍隊和土地，蔣介石則堅持共產黨得先放棄軍隊；稍後，他承諾共軍解甲後實施自由化。

二月二十五日，雙方同意兩軍合併，共產黨和國民黨各自削減部隊，其比例爲一比五。儘管此一協議對國民黨明顯有利，國民黨仍擔心失去政權。不久國共內戰爆發。到一九四六年底，蔣軍居上風，可惜事態發展未能盡如預料；國民黨部隊因挺進而過度分散，共產黨隨即展開反攻。

柯恩在態勢動盪中抵華。他先到上海和故人吳鐵城小聚。一九四六年二月十四日，柯恩偕孫科之子孫作賓拜會加拿大駐華大使。「他言談全然不像典型猶太人（如果有典型猶太人之說的話），體態也鮮有猶太人模樣。」大使寫道：「他聲若洪鐘，體態魁梧，笑聲爽朗開心，難怪能引起孫逸仙博士及其親信注目。」柯恩不諱言，他重回中國是要做生意，此番前來還是帶著爲時已有十年之久的一千五百哩鐵路建造合同，希望能讓它起死回生。「柯恩對共產黨情勢提出別具慧眼的新解……奇的是，他的說法跟我相同，簡言之，就是共產黨軍隊可能分裂。他說，眞正的共產黨原始黨員其實不是壞人，原本很容易就可以跟蔣介石合作，只不過是那些剩共的國民黨軍殘部，這些不執行任務，反而棄蔣投敵的人，正是亂象不斷的根源——特別是在戰場上，因爲他們很清楚自己罪無可逭。他們是舊『軍閥』餘孽。」

次日，柯恩轉往澳門與孫逸仙親屬敘舊，返回上海後過府探望宋慶齡，在宋宅遇見一些客人，如《生活》雜誌派至中國採訪內戰新聞的攝影記者亨利．卡提-布列松（Henri Cartier-Bresson）。此外，柯恩也到「猶太俱樂部」和各豪華飯店大廳走動。他沒有工作，前景堪虞，總是一襲藍西裝到處找合同，盡量設法打點。「上海的單幫客習慣上會在早上十一點左右到皇宮大飯店喝杯咖啡，」在上海從事豬腸和羊腸腸衣出口生意的班恩·李瓦度（Ben Levado）說：「這位柯恩老兄就是那兒的常客。」

在舊金山和伊雷斯一席談，促使他想在中國和巴勒斯坦間拉點生意。一九四六年四月初，巴勒斯坦猶太託管局駐上海的「遠東辦事處」邀請柯恩演講，他也以自己和孫逸仙朝夕相處時的軼事回報他們的盛情。他表示，他曾和伊雷斯及猶太政治家班古里昂（David Ben-Gurion）討論到巴勒斯坦與中國貿易的問題與發展。他在演講中談得最多的是進口巴勒斯坦地區產品的意義，以及他願協助巴勒斯坦化學品和肥料開拓中國市場，似是把自己當成天賜商機，言談間也一副「民族意識十足的猶太人」姿態。辦事處承諾向猶太托管局匯報，並代柯恩打聽有哪些化學產品可以出口到中國。

一九四六年九月，哈利·克拉克曾來跟柯恩會合，打算在中國待上八個月。連襟倆在國泰飯店同租一間套房。柯恩為自己數不盡的計畫和哈利在上海進進出出。「我們在一起的時候，他常說：『哈利呀，我這趟到北京得待兩個星期，你且待在這兒，我會給你電話。』我們從來不談錢，而他跟我在一起的時候總是有花不完的錢。在中國，吃東西絕不讓我付錢，他說得好：『這沒得爭，你若給我難看，我也會給你難看。不要爭著付錢，也不要在街上跟我爭，因為，在中國人看來這是最沒面子的。』」

柯恩重拾舊誼時，也見到朱蒂絲·班-艾麗則。她可望獲選為修正主義黨代表，出席一九四六年十二月在瑞士巴塞爾（Basel）召開的第二十二屆「世界錫安大會」。她詳細說明貝塔爾組織最近的活動，柯恩則在她到上海演講時幫她宣傳。柯恩既是上海猶太僑社名人，所到之處總能引來人潮，所說的話也頗有分量。「他跟我同台兩次，提到以色列應為猶太國，就像不列顛是英國一樣天經地義。」她說。

隨美軍駐紮上海而住在法國租借區的亞伯拉罕·傅瑞欽（Abraham Fradkin），來到虹橋探望女友伊娃，碰上柯恩和班-艾麗則來演講。「伊娃跟我提到一個聚會，還說柯恩會對難民發表談話。」傅瑞欽說道：「於是我們一起去聽他演講。」柯恩在幾百人的聚會上談到戰爭結束和中東現況。「莫里斯表示，大人物不太關心暴力，但巴勒斯坦的情勢一觸即發，還說他向爲自由、民族權益和尊嚴奮鬥的人致敬，」班-艾麗則寫道。傅瑞欽上前向柯恩致意。「我們聊了十分鐘左右，談到錫安主義、巴勒斯坦問題、從各集中營湧向歐洲的猶太難民。他是很熱中的錫安主義者。」

別的猶太團體也找柯恩幫忙。在天津，商人摩歇・崔古博夫（Moshe Triguboff）被控販賣山羊皮、小山羊皮革等各種皮革製品，以及戰時使用日本步兵軍品。原告甚至指控他給日軍錢。儘管他的皮革製品遭日軍沒收，而且跟別人一樣被迫把財產交給占領軍，天津法院仍判定他通敵。

一九四七年二月，「天津希伯來總會」的李歐・皮亞斯圖諾維奇（Leo Piastunovich）、澤利格・貝羅卡曼（Zelig Belokaman）等主要成員致函柯恩，懇請他運用影響力協助僑民。「素仰閣下對在華猶太人生活甚爲關心，是以斗膽就本會會員崔古博夫先生——閣下或許亦知此人——遭天津高等法院定罪官司一事相求……天津希伯來總會斗膽懇請閣下向高層疏通，俾在最短時間重審崔古博夫上訴案……至望閣下支持，莫作推辭。」柯恩前往天津與崔古博夫家人和希伯來總會會員見面，討論營救事宜。據報導，崔古博夫甚至表示，只要能還他自由，願以二十萬美元相謝。柯恩的門路派上用場，成功地讓崔古博夫案重審及變更審判地點。上訴更審時，法院推翻自己的判決。崔古博夫保住自由和家產後，固然對柯恩極爲感激，崔氏之子也飛函致謝。但感激之情僅止於此，酬謝金是另一碼子事。崔古博夫把酬謝金降到十萬美元，而且不肯兌現承諾。

柯恩雖幫了不少人，自己在中國的工作卻是毫無頭緒。他影響力有限，找不到差事，連別人欠他的錢都收不齊。此外，他由於離開嬌妻太久的緣故，沒多久就回轉加拿大。

投入自傳的寫作

柯恩帶回不少禮物，家裡堆滿了中國家具、地毯和陶瓷。他設法在比較靠近住家的地方找工作，於是前往渥太華看看能否打聽到什麼消息。「這段時間裡，『雙槍馬坤』數度進出渥太華。」已當上外交部遠東科科長的孟濟斯說道：「我們聊到他擔任孫逸仙博士的保鑣時多姿多采的生涯，以及後來爲中國各地軍閥當起軍火掮客這段比較耐人尋味的生活。他擅於講古，往往加油添醋，在未見世面的年輕官員聽來可是浪漫得緊。他喜歡過好生活，也喜歡攀權附勢，而這時候在渥太華這個小世界裡，遠東科是炙手可熱的，即便只是個低階官員也像是大權在握。」兩人到羅里耶別莊用餐時，柯恩跟孟濟斯提到他門前的生意，又吹噓起自己的重要性。「莫里斯擅於攀緣自投身價，藉以顯現他對某些人的影響力，以及他辦事的門路。我沒聽過他經手什麼大生意，我想，沒有人會信他這一套。他所以讓人聽得興味津津，乃是由於他以前在中國的角色、抬出別人的名頭自高身價，以及他往往能爲相當枯躁的公務增添些許色彩的緣故。」

既然工作沒著落，柯恩只得全心投入自傳寫作。每星期總有四、五天，蘿絲・克萊恩會在學校教了一整天課之後，過來幫他整理年譜。柯恩坐在客廳裡抽菸，做他最擅長的事，就是說話，滔滔不絕敍述自己的冒險故事。蘿絲的妹妹艾瑟（Ethel）是正式速記員，也過來逐句逐句記下他所說的每一句話。他編起故事來毫無章法。「他只是以口頭向我重覆述說。」克萊恩說道：「他滔滔不絕說著自已畢生經歷和插曲，凡是他能想到的或是曾親身參與的，就一股腦兒說出來。我曾經告訴他說：『你的英語很彆脚』，他親我一下，直說：『我知道，我知道，所以才得勞妳駕嘛』。」

柯恩漏夜做一千零一夜式的講述時，茱蒂絲就負責招呼這批「文學侍從」。「茱蒂絲在店裡忙了一天之後，每晚還得幫我們準備宵夜。她一個女人家既要經營事業，回得家來又有兩個人在喋喋不休，還得盛情準備宵夜招待，若說這不是竭誠協助他完成這本書，那我眞不知道什麼才叫奉獻了。待他說完所有的故事，可是經過相當長的時間哪。」

艾瑟的打字稿完成後，姊妹倆再做重組。「舍妹很用心地打出每一則故事，我才能閱讀，看看哪一則到底得歸在哪一段。」柯恩說了很多毫不連貫的故事，以及雜亂無章的憶往述舊，得花好大工夫才搞清楚箇中涵意。「我不知道年序是否完全正確。我完全沒有把握。唉，或許是我經驗不足。我得從完全沒有時間觀念的敍述中找出哪一段該落在哪裡，哪一則歷史該擺在哪裡，因此我也看了幾本有關中國的書籍。不瞞各位說，我對中國略有所知，起碼能夠讓它比較連貫一點。此外，他的教育畢竟不高，文法不是很好。折騰一番之後我才說道：『裝訂起來，送去給眞正的作家過目』，我相信，英國那邊的編輯必然做了些研究和查對。但我已經盡了力。」

柯恩的加拿大簽證還是得延長，是以一九四七年他再度向加國官員表示，他受雇於加拿大政府。當然，他們查不到他受雇的證據，但他們仍然給他旅遊簽證。柯恩帶著茱蒂絲數度前往美國，看看有沒有工作，順便探望朋友。在紐約，他碰見以色列・艾普斯坦。「我在紐約見過他不止一次，」艾普斯坦說道：「我在城裡的飯店見到他。他在從事跟剩餘軍品相關的買賣，準備再回中國一趟。陸軍正在出售吉甫車之類的軍品，他當起了中間人，還向我提議說這類買賣是致富捷徑。他說，只要拎一、兩個手提箱尼龍之類的小玩意兒就萬事ＯＫ，怎奈我對這種事興趣闕闕。」柯恩也見到愛蜜莉・韓恩，只不過此會並不愉快罷了。「他指責我在《中國與我》(*China to Me*) 書中醜化他，還說要告我。」韓恩說道：「他說他的，我則表示：『請便，我不認爲自己所作有這麼離譜，你大可以告我。』」茱蒂絲目睹這場小衝突。「茱蒂絲跟他在一起。得知他成家，頗出乎我意料之外。他太粗魯，但她看起來似乎不怎麼生氣，也完全沒有受虐待的樣子。大概是他們倆都鰥寡太久了，看來兩人相處甚歡。」

中東情勢不妙

一九四七年，聯合國批准在巴勒斯坦成立猶太國計畫，阿拉伯人齊表反對，阿猶爆發進一步衝突。很多加裔猶太人唯恐一九四八年五月英國撤退後，周邊阿拉伯國家會展開攻擊，於是紛紛購入步槍、機槍、迫擊砲、飛機等戰時剩餘軍品，運往巴勒斯坦猶太區。他們把軍品裝箱，標上「機械器材」字樣，透過各組織總部送到中東。戰時功勳彪炳的加裔猶太人薛尼・舒凌森（Sidney Shulemson），積極為巴勒斯坦召募軍隊和廣蒐武器。一九四七年春天，這位年方三十一歲的蒙特婁在地人跟友人，取得曾服役各軍種的蒙特婁和多倫多猶太人名單，發函請這些老兵共襄盛舉。「召募到不少人之後，必須稍做處理，最後把他們送到以色列。」全國各地紛紛成立類似的團體。

不久，舒凌森聽說中國曾向加拿大買了兩百架哈維蘭輕型轟炸機。這款著名的以三合板與輕木所製成的「小蚊子」，具有彈性機身和勞斯萊斯引擎，速度與機動性極佳，在歷次出勤對付船艦和VI飛彈任務中表現突出。「二次世界大戰後，加拿大政府有許多這型飛機。」舒凌森說道：「我還記得看到有些報導說，這些飛機都是經過試飛和整修後，再拆解裝箱運到中國。我突然想到，從沒聽說中國是否使用這批飛機，不知可不可取得歸以色列所用。有了這批飛機就可以組成一支空軍。」

舒凌森於是開始找門路。他跟哈利・克拉克是朋友，並請克拉克引見柯恩。克拉克立即應允。「我在次日跟他見面，向他提起我們的難題。」舒凌森說道：「我告訴他說，我們希望取得這批飛機。他很親以色列，隨即對我說聲『幫我接中國駐渥太華大使』。」柯恩掛上電話後回頭問舒凌森：「你喜歡中華料理嗎？」舒凌森答稱喜歡，柯恩接著便說道：「好，我們明大到渥太華跟中國大使聚個餐。」舒凌森因故未能赴會，但有位同事隨柯恩西行。他們雖很努力，購機計畫卻不了了之。中國政府太腐敗，根本懶得多事。「最後，馬坤將軍告訴我說，不必再費心了。這批飛機還沒有拆箱，但也不能賣。很顯然的，居間安排的人還是對中國錢換成加幣比較有興趣。」

命運多舛的猶太人

不多時，柯恩再度離開茱蒂絲前往中國。他一回到中國，又有更多的猶太人上門求助。戰後，中國政府強制在華俄人申請蘇聯護照，接著再「請」他們回蘇聯。在西返之前，俄羅斯政府要他們購買冰箱、汽車和其他消費用品，詎料這些遣返回國者一到祖國，官員便把所有用品悉數沒收。俄羅斯公民既不願返國，對漸趨瓦解的南京政府又沒信心，不敢留在中國，於是很多人便設法移民西方。天津猶太僑社請柯恩協助他們逃亡。一九四七年十二月底，英國空軍副武官和加拿大軍事武官與柯恩餐敍，柯恩在席間打聽猶太富商團體定居加拿大的可能性。「依馬坤將軍的描述，這些人個個人格超卓。能把話說到這種程度，倒也有趣。」有位加國官員寫道：「馬坤將軍表示，這些人急於退隱，唯恐再待在中國，兩、三年內再來一場國際戰爭的話，便無法安享餘年。我則正告馬坤將軍，此事不在我權責範圍內，這些人應循正常管道向加拿大使館提出申請。」

加拿大歡迎其他族群，但仍然不讓猶太人入境，而猶太人若無法移民加國或其他國家，還有巴勒斯坦可以落腳。寄望於建立猶太國的貝塔爾組織，在上海仍然非常活躍，年輕人紛紛加入。該組織召開多次會議，反對英國在巴勒斯坦的政策，並向聯合國及各國元首陳情，甚至說動孫科發表親猶太人的聲明。

很多錫安主義者都已體會到，必須在政治之外另施壓力，始能迫使英國撤退。這時，貝塔爾成員已加入一個倡言武裝報復巴勒斯坦阿拉伯人、教導自衛術及武器使用的地下異議組織「伊爾根」(Irgun)。英國政府的反錫安主義政策終於促成巴勒斯坦各猶太派系同心壹志，共組反英聯合陣線，進行破壞橋樑、鐵路和巡邏艇，以及襲擊警察局搶奪武器行動，並在一九四六年十月爆破英國駐羅馬大使館。英國一展開報復，伊爾根組織則以綁架乃至鞭笞英國官員還以顏色。伊爾根唯恐英國不依承諾於一九四八年五月十五日撤出巴勒斯坦，於是決定同步攻擊英國在全球各地的軍事據點，由班-艾麗則、加伯曼、馬林斯基、穆勒和李伯曼領導的上海團，也加入這項同步攻擊計畫。

不過，要發動攻擊就得有武器供新成員練習。「取得武器以供訓練之用極爲要緊。」出生於哈爾濱，一九四〇年才來到上海的李伯曼說：「班-艾麗則就是在這時聯絡上雙槍馬坤。他相信也接受這是建國唯一的辦法，也願協助我們。」柯恩爲他們取得M1快發卡賓槍、小型火器、手槍、點四五口徑湯普森半自動機槍和彈藥。新軍於是動身到林區打靶。猶太俱樂部旁邊的兩層樓紅磚建築和廣場權充訓練中心，新兵在這裡訓練高弧線手榴彈投擲。他們甚至在俱樂部大樓內集訓。「上層隔成大房間，供作小型火器打靶訓練，此外，我們把武器藏在平常用做開會或表演的舞台下。」班-艾麗則寫道。

「我們很忙，這是忙亂的六個月，」在義大利、德國和巴勒斯坦接受伊爾根軍事訓練，當時只有二十歲的穆勒說道。他提到一九四八年初會見柯恩之後的情形：「莫里斯喜歡開著班-艾麗則的藍色雪佛蘭車上四處走動，也喜歡參加我們的夜間活動，看到在街角等候的新兵就上前揪住他，用布袋罩頭，把他拉上車載到別處讓他宣誓效忠。」

柯恩等人一面訓練新兵，一面準備參加聯合攻擊行動。「這基本上是屬於地下活動，」穆勒說道：「我們所以會被派回巴勒斯坦，主要是由於伊爾根不完全相信英國會依約在五月十五日結束託管。當時的共識是必須採取國際行動。」有很多軍事據點可供他們選擇。「停泊在黃浦江上的英國驅逐艦，是很好的攻擊標的。」班-艾麗則提到在上海的英艦時說道：「未來還考慮對香港的英艦及水上機場採取同樣行動。新加坡乾船塢也列入考慮。」伊爾根成員至灘頭斟察水陸交通，衡量攻擊行動所需的後勤支援後，決定以不引人注目的舢板進攻。「以兩艘舢板爲一組，其中一艘載有大量爆裂物，可由引線引爆，待接近停在中流的標的驅逐艦時，任由載有爆製物的舢板隨波逐流接近驅逐艦，乃至由該艦拉起，載人舢板則留在遠處，確定目標完成後即遁入夜色中。」

香港和新加坡的行動由柯恩策畫。「他提供我們詳圖和方法，」班-艾麗則回憶道：「英國戰艦艦隊停泊於在分隔香港爲兩區的海峽上，近岸邊處有個海軍水上機場。這是我們的標的。由於進出香港管制極嚴，將軍建議行動人員從廣州乘魚雷快艇……越境至香港，完成破壞任務後再迅速回轉廣州。」柯恩「對這一地區知之甚詳，進出通路瞭若指掌」。

此外，該組織還打算從上海、美國和環太平洋地區調派一百名受過特訓的人員，隨同已除役的「美國自由女神號」搭載的大量武器返回巴勒斯坦。這類大量生產的商船以極低價格即可購得，且猶太僑社富商已承諾提供必經費。「這些在戰後被美國海軍拋棄的船隻，在遠東地區以極低價格即可取得。」班-艾麗則寫道：「有位在太平洋戰爭時擔任美國海軍艦長的前上海巴塔爾組織成員，答應擔任本船艦長。」武器亦可廉價購得。「那時候，十萬美元就可以買下一倉庫的火器和彈藥。」穆勒說道：「美軍撤離菲律賓時沒把軍品帶回去，這些都是他們所留下的。我們的做法是，上了船盡量多拿，當然，我們要的是最輕便的武器，坦克大砲我們不要。拿的最多的是步槍、半自動機槍和重機槍。當時還有人提到要買三吋口徑的迫擊砲。」柯恩和若干志同道合的中國友人聯絡軍方，安排向中國購買槍砲和機槍事宜。「他跟中國政府很親近，且他們對我們的行動也極為注目。」

然而，出乎大家意料之外的是，英國竟然依約撤出巴勒斯坦，伊爾根組織於是取消所有攻擊計畫。另一方面，以色列的獨立立即引來約旦、埃及、黎巴嫩和伊拉克大軍入侵。伊爾根從中國運送志願軍和武器的計畫不變。另一起類似的運送計畫，包括一千名移民、兩百五十挺輕機槍、五千隻步槍和大量彈藥，搭乘「阿爾塔列納號」從法國出發。六月二十日，「阿爾塔列納號」在第一次以阿停火期間駛近以色列海岸。以色列臨時新政府強索船隻和船上物品，伊爾根則堅持必須保留五分之一的武器供該組織各單位使用，拒不交出物資。以軍上前阻止補給品拆卸，雙方爆發戰鬥，「阿爾塔列納號」逸走，稍後在特拉維夫外海再露面時，以軍砲轟這艘叛艦，伊爾根移民在船爆炸前跳海逃生。「阿爾塔列納號」沈沒後，中國宣布停止移交武器給上海巴塔爾組織，以免發生同樣事故橫生枝節。此外，該組織也接到取消「自由女神號」運送計畫的命令。

就是想回中國

柯恩在一九四八年回轉加拿大。由於跟茱蒂絲聚少離多的緣故，他盡量做個好丈夫。「他由中國返加，送給全家人押花絲巾。」哈利・克拉克提到有次返加的情形：「他記不得自己岳母的名字（波麗），因此在她的絲巾上的姓氏縮寫只有M。」此外，他定期送岳母鮮花，經常在茱蒂絲店裡消磨時間。柯恩跟布朗夫曼仍有往來，常帶布朗夫曼家十幾歲大的兒子查爾斯去打曲棍球。他當然也會過府探望老友撒繆爾・溫伯格。「將軍常常到我家和皮爾街走動，」溫伯格的孫子邁可說道：「他和我爹很熟，兩人到哪兒都帶著我。莫里斯跟我們親如家人。他始終是那麼快活，那麼教人無法捉摸。」柯恩跟小溫伯格玩耍，教他唱歌。「每回我們去散步，他總愛教我唱一首跟舢板有關的怪歌。他聲若洪鐘，而且總是朗聲而笑。他笑聲大得出奇。」

他帶溫伯格打棒球和曲棍球。「每回見到他準有好事，這倒不是說他會買東西給我，反正就是有好事。挺有趣的事。他知道我喜歡運動，有一回心血來潮過來找我，說了聲『走，我們散步去』。我記得當時我只有六歲，相當瘦小。他帶我到運動器材店，買一只投手的大手套給我。他還買給我曲棍球棍、冰鞋、曲棍球和棒球裝備。」柯恩甚至買給了一頭叫「快樂」的長毛短腿獵犬給他。

柯恩跟溫伯格一家頗有交情。「我們經常一起出去，」西賽爾・溫伯格說。「我們一起上館子。莫里斯帶我們到他熟識的館子，只消事先打個電話過去，吩咐一聲『幫我準備一下，我們有四到六個人』，就成。」柯恩最喜歡的「南京小館」，位在拉哥契提耶西街，是國民黨在地的領導人譚旺（Tan Wong，譯音）在一九四六年所開設的。孫逸仙的保鑣在南京小館甚受禮遇，每回柯恩帶著客人上門，館內木頭隔間後的包廂裡總是盛宴以待。「城內華人區的每個人他都認得，」邁可・溫伯格說：「我們跟著他到中國城，不管走進哪家館子都像是他自家開的一般。不論店裡有多少人，他一身鞋套、圓頂高禮帽和拄著手杖的模樣，都顯得格外莊嚴。他們對他尊敬異常，端上人人聞所未聞的菜餚。」

在北美，食物相當充裕，但在英國，肉類和其他糧食仍然實施配給。柯恩空運十磅醃牛肉、一大串義大利香腸等食物給曼徹斯特家人。「家人得知食物已到，全都下樓來。」維克多・庫柏說道：「家母做了一大堆三明治，在大盤子上足足堆了七、八吋高，人人大快朵頤。」一九四八年夏，柯恩偕茱蒂絲與波麗・克拉克到英國度假，度過一段美好時光。「他同時也帶著岳母前來度假。」莎拉・李奇說道：「她去游泳，挺時髦的。他太太風姿綽約相當迷人。」

柯恩全家都對他敬畏三分，時時企盼他的來訪。「我在十歲大的時候就意識到，全家人都對他言聽計從。」莎拉的兒子約瑟夫說道：「家母對他敬仰莫名。我覺得全家人莫不如此。還記得他來訪問我要什麼禮物，我說想要板球棒，當天下午，市中心體育用品店送來的大包裹裡，裝的不止是球棒，而是足可供兩隊比賽所需的所有裝備。」柯恩在倫敦時還打電話給查爾斯・

德雷治，向他引介茱蒂絲，並細訴往事讓德雷治寫作成書。

就茱蒂絲而言，柯恩剛回到西方又要動身到東方，跟他一起生活其實是無法預測，且十分寂寥的。「茱蒂絲只有一個顧慮，而且這擔憂並非無的放矢。」德雷治指出：「凡是在中國待過的人總無法忘情於中國。前景黯淡，前途無法逆料。」柯恩就是離不開中國。

想回去的其實不止他一人。戰後，無數人受困他鄉異地。蘇聯離開中國時誘拐了不少俄羅斯公民，約瑟夫・葛列伯曼（Joseph Gleiberman）就是違背本人意願被強行帶走的人之一。他在戰前從波蘭移民中國，日本一戰敗，蘇聯就把他關進監牢和勞改營。一九四七年，蘇聯把他送回波蘭，他妻子蒂娜（Dinah）和家人許久不知他下落，急著找他。後來，約瑟夫的親戚拉雅（Raya）和班杰明・李文（Benjamin Litvin）得知他在波蘭，這才寄了點錢讓他度過難關。可是，他依舊無法取得簽證返回中國。這時，他們請班杰明的連襟穆勒協助，穆勒把消息轉給班-艾麗則，後者再轉輾傳給剛好到訪的柯恩。

「他剛好在上海，聽說準備到天津訪問數日。」拉雅・李文說道：「我們請他過來見個面，一塊兒吃個飯，以便告訴他有關約瑟夫的事。」她安排了一頓猶太盛宴，用罄最後積蓄送了一部銀製的黃包車給柯恩當結婚禮物。「很漂亮的一部車。若是能力所及，我們願傾其所有送更多的禮物，只要能讓約瑟夫回來。」柯恩飽餐之後，對他們三歲大的女兒表演了幾套魔術，再討論葛列伯曼的命運。「我告訴他，約瑟夫被帶走是全家的不幸，我們都極爲驚惶。我把自己的感受完全告訴他，說著說著便哭了起來，他甚爲感動。他說：『別擔心，我會讓他回到妳身邊。』

他承諾會設法幫他弄到簽證，讓他從波蘭回到中國。」柯恩動用僅剩的少許影響力弄到簽證。「我不知道他施展什麼神通，不過，據我所得到的消息，柯恩將軍是直接跟中國駐華沙大使館安排我的簽證事宜，」葛列伯曼說道。「我一到大使館他們就說：『你的簽證准了。』」

蔣軍與共軍對峙

葛列伯曼回到中國的時候，美國正大力支援蔣介石政權，以極為優惠的折扣價提供軍援。儘管如此，蔣介石的前景仍然極為黯淡。通貨膨脹未歛，稅收不足，政府為支應開銷開始發行紙幣、出售黃金和美鈔。黑市猖獗。

蔣軍處於劣勢。軍方領導人腐敗無能，而且只用效忠蔣介的人。美國少將大衛・巴爾（David Barr）歸納蔣軍的問題，做了最佳的說明：「依個人之見，他們的軍事潰敗，可以歸咎於全世界最拙劣的領導，以及許多足以導致完全喪失戰鬥意志的摧毀士氣的因素。只要層峰有心和有能，則高層軍事領導人完全不行、貪汙橫行、三軍紀律不正等問題，都可以加以控制和導正。中國領導人缺乏道德勇氣，不敢發布和執行不受歡迎的決策。」而在國民黨官員縱容軍隊之際，共產黨則善用在孫逸仙所創設的黃埔軍校所學，軍官關心屬下，熱心灌輸士兵鬥爭的目標，是以士氣高騰，團隊精神絕佳。

國民黨治理下的社會秩序已然瓦解。「上海警方設置『安全系統』，把全市民衆分為『優良』、『正常』和『可疑』三種祕密名簿。」記者古德寫道：「開始非法臨檢最後一類人。」國民政府軍隊公然巧取豪奪。抑有進者，軍隊和警察行爲有如海盜，綁架勒贖無所不爲。「他們專找有錢人。」在上海經營計程車公司，被中國軍隊拘押十天期間待遇「像條狗」的大衛・華迪回憶道：「錢，只要錢，我的車全被他們拿走。我有十七輛車，他們只發還一輛。他們把我保險櫃裡的錢拿個精光。他們吃乾抹淨。」警方捉了很多無辜百姓。「到了後期尤其逮人逮得兇，」席特林說道：「憲兵隊自行其是。有人被憲兵隊或警察綁架，我們就得把他弄出來。這得花錢，而經手處理的正是柯恩將軍。事事都由他經手。這得花不少錢。」

「加拿大太平洋航空」在此時設法建立亞洲航線。一九四九年一月，該公司總經理葛蘭特・麥康納奇（Grant McConnachie）抵東京，爭取從溫哥華飛東京、上海和香港的營業許可。要飛這條航線，須獲麥克阿瑟、蔣介石和香港總督葛量洪（Sir Alexander Grantham）批准。同行的有一位加太航空北方課課長，也是柯恩在艾德蒙頓的老友，威爾福瑞・梅伊。兩人花了兩個星期才取得麥克阿瑟批准。來到上海後，梅伊找上柯恩，看看他是否能動用影響力，麥康納奇則透過加拿大使館設法。加拿大駐華大使湯姆・戴維斯（Tom Davis）宴請麥康納奇，並和宋美齡見了面。當天晚上，戴維斯回報說蔣介石已批准他們的申請。「這是到手最輕鬆，成果最乏善可陳的批准。」麥康納奇事後回憶道。

蔣軍與共軍交手之後節節敗退，建立飛華航線已沒有意義。一九四九年初，南京門戶洞開。經濟急落，黑市美元匯率漲了五十餘倍，「美國經濟合作管理處」在七個都會中心施粥賑濟，人數高達一千三百萬人。蔣介石請求美國援助，並與共產黨談判。民衆惶惶不可終日。

在上海，婦孺沿著碼頭找尋煤渣、木屑、穀粒和麥粒。當局一宣布每人可以紙幣兌換四十公克黃金，民衆聞風蜂湧至各大銀行。「黃浦灘各銀行前大排長龍，有些人等候二十小時，只爲兌換紙幣，」攝影記者卡提-布列松提到了上海失序狀況時說道：「隨著壓力逐漸升高，隊伍變成人肉手風琴似的，好像有一雙無形的手在擠拉。警方鑑於民衆驚惶與歇斯底里，特別從寬處理，只以臭水溝冷水噴射，或以通槍條戮人，以便控制和防止暴動。就在我觀望之間，逐金人潮麇集益衆，警察兩臂緊貼，動彈不得。」

情況毫無改善，到了一月二十一日，蔣介石下野；他雖辭了總統，但仍然控制著國民黨。不久，北京陷落。「今天的大事是，勝利大遊行象徵共黨正式接收本市。」戴伯德（Derk Bodde）教授寫到二月三日大事：「當然，最饒富興味的是解放軍本身……我所見到的是，持續一個小時的遊行中，計有兩百五十餘輛各式重型機動車輛——坦克、裝甲車、滿載士兵的卡車、架著機關槍的卡車、拖著重砲的卡車，以及各式較小型車輛。這可能是中國軍隊史上最壯觀的軍力展示，令人印象極爲深刻。對美國人而言，尤其值得一提的是，這些基本上是美國軍事裝備展示，幾乎全是在短短兩年半之內擄獲，或靠買收國民黨部隊取得。」

一九四九年四月，共軍渡過揚子江。「我一聽到國民黨政府撤退的傳言，即刻奔向機場，正好趕上拍攝立法院大逃亡，但見代表諸公頭戴殖民時代的帽子、拎著網球拍，彷彿要出門度假似的。」那個月正好在南京的卡提-布列松寫道：「有一、兩位信誓旦旦說著一定會回來，只是口氣中少了自信。國民政府首都陷落。」國民黨一走，民衆隨即搜括官員住家，搶奪米店。二十四日早上七時，卡提-布列松看見第一批共軍進城。「『解放』四天後，南京外貿主要來源織錦的織布機恢復作業，市況復舊。這一天是龍神節，街上熱鬧非凡，草藥郎中展示瓶瓶罐罐，小販叫賣香菸和亞麻布，街頭租書店開張營業，京戲上演，滿場觀衆盡是人民解放軍。」

南京共軍要弄自來水筆，象徵擺脫文盲，其他地方如上海則是人心惶惶。各大城市相繼陷落：五月十七日武漢、五月二十日西安、五月二十三日南昌、五月二十七日上海。

一九四九年十月一日，毛澤東宣布成立中華人民共和國。兩個月後，蔣介石、國民黨、兩百萬大軍和國民黨金塊，以臺灣的臺北爲新都。兩個集團都宣稱是全國唯一代表，但只有其中一方控制著大陸。

第十八章 迷思

分裂的中國，一九四九至一九五五

共產黨拿下中國之後，國民黨領導人分居臺灣和大陸。宋慶齡成爲中央人民政府副主席，一九四七年八月時因主張國共和解遭國民黨除名的李濟琛，也當上副主席。很多人渡海到臺灣，其中，吳鐵城成爲總統府顧問，兼中央執行委員評議委員，陳濟棠退休。其他人如宋子文、孔祥熙和孫科則分別前往美國和法國。

臺灣海峽分隔了柯恩的朋友和同事。對於政治和社會分裂的中國現況，他唯有搖頭歎息。「莫里斯的問題在於，他不願承認時局已變，」柯恩的小舅子傑拉德・克拉克（Gerald Clark）寫道：「他仍然一逕地說，共產黨離經叛道，中國人不可能接受，國民黨一定會重掌政權。」然而，事實俱在，他必須學習接受變局。

柯恩試圖重返舊巢，整天在香港和半島飯店大廳閒盪。他坐在布墊襯了的高背椅上抽著菸，逮到朋友或陌生人就大談他已駕輕就熟的故事。現在柯恩既沒工作，影響力也少得可憐；早年同孫逸仙輕鬆、親密且爲人熟知的關係，在內戰後的中國已不太有人當一回事，連舅子出差到城裡就大陸變化提出報告，柯恩也沒辦法幫他安排簽證。「當時他眞的是無所適事。盡成過眼雲煙，他只是力圖挽回昔日的門路。」

香港跟柯恩一樣，處於從戰爭恢復舊觀的狀態中。「就這個意義上說，我覺得他跟絕大多數人沒有兩樣。」傑拉德・克拉克說道：「當時香港是各式被大陸掃地出門的流亡人士匯聚之地，可說是一干試圖重返過去的人的大雜燴。」

不出所料，毛澤東跟他的屬下在共產黨拿下大陸之後，立即展開全面改革，把大部分的都市經濟收歸國有，沒收私人和外國財產；民家失去田地房子、拖車用的牲口、農具和多餘的穀物。共產黨把以前的商人都安上反人民的罪名，處決數百萬人。

他們准許某些人擁有私人財產。一九五〇和五一年，工業和商務公司盛極一時，只可惜好運維持不久。共產黨政府爲了煽動群衆、根除貪汙、肅清不管是眞的或假的反革命分子，在一九五一年底展開「三反運動」。毛澤東掃除舊社會餘毒的呼籲，很快就演變成一九五二年一月的「五反運動」，爲揪出貪汙、逃稅、盜竊國家財產、公家合同舞弊和偷竊經濟情報，開始對數十萬黨員進行清查。工人公然指責經理和老闆。政府煽動外資企業勞資糾紛，掏光他們的資金。很商人受到恐嚇，強迫寫下自白書列出過去罪愆，爲無中生有的收入或罪行繳交稅款與罰款。很多企業爲之破產，好幾百人尋短自殺。像上海這類被共產黨視爲資本主義罪惡淵藪的大城市尤其受到壓制。共產黨政府在這當中沒收了十億兩千五百萬美元，以穩定經濟、恢復交通系統，使農業和工業生產恢復到近乎戰前的水準，加強警察管制。

柯恩見到這些轉變之後，漸漸體會到動盪新中國跟他所知的舊中國大不相同。他自己的人生也紛擾不安。他變成一個不體貼不溫存、又時時惡言相向的丈夫。他在家的時間極爲短暫。他在一九五〇年秋天經以色列和英國回轉加拿大，次年春天動了膽囊手術，在醫院待了將近四個星期，回到在利吉伍德大道的新家休養後，由茱蒂絲照顧他的起居。茱蒂絲辛辛苦苦在一九五一年三月開了另一家時髦服裝店，他則是毫無收入，可想而知，婚姻關係開始惡化。「當然，他當初本來就不該結婚的。」查爾斯·德雷治說道：「他總是空談要到福爾摩沙或赤色中國定居；他從來不寫信（事實上，到了晚年他根本不能動筆），只靠相當昂貴的國際電話聯絡。」緊張開始浮現。「其實，這不過是他在戰後亟欲回中國的一段故事而已，」傑拉德·克拉克說道：「他堅信共產黨會被推翻，縱使不然，起碼他可以重拾舊日生活。家姊也有期望，希望能跟他一起回去。」

這段時間裡，柯恩需銀孔急。戰前可以從中國官員取得的無限財源，如今好景不再，他根本不懂得如何開源節流，只靠著向茱蒂絲周轉度日。他行蹤甚廣，光旅費就花了她不少錢。「大錢，大數目。」有位友人說道：「他從很早很早以前就不懂得省錢，有錢的時候不是廣結善緣就是自己花光。他出手很大方。有錢的時候還好，後來問題就來了。他不願從頭做起，這有違他的本性。但他毫無著落，很是受到影響。他仍然不難相處，但事情不可能多理想。此外，他過得寄生蟲似的日子，當然也不會很開心。」

必須繼續謀生

柯恩繼續嘗試各種方法謀生。他從英國進口酒櫃，賣得不好，哈利・克拉克的外銷公司和連盟店專作紙漿和化學原料生意，柯恩偶爾會提供情報，若是這情報有業績，哈利會給他佣金，但利潤畢竟很小。他只賺幾千塊錢，就告訴哈利說把錢交給茱蒂絲。「他想在中國做大事，可惜打從在香港被捕後就已束手無策，」哈利說道：「我不認為他還能有什麼辦法。就家姊而言，她是什麼也沒撈著。」此外，柯恩也設法索取摩歇・崔古博夫欠他的錢。他保留跟天津法院審判相關的文件與兩人之間的協議書，請朋友代為追查崔家的下落，甚至請教法律諮詢，看看能不能強制崔古博夫還債。這種經常缺錢的情況使他甚是厭煩：「下回我得想辦法多攢點錢。」他對自己拮据狀態解嘲地說：「老後有錢是件好事。」

柯恩一度想賣中國骨董。桑尼・布斯（Sonny Booth）在茱蒂絲服飾店附近開了家「布雷曼骨董店」，柯恩說動他以託售方式拿幾件去賣。這些雕著魚和蛇等動物的上漆家具，跟布斯店裡的物品不太一樣，但還是答應幫他。「他從中國帶回不少雕刻精美的家具，」布斯說道：「大概是二十世紀的作品，不算太舊。是幾件巨大的餐櫥和櫃檯，雕刻非常精美，但黑黝黝，沈甸甸的，我把它們擺在後房靠牆陳列，但一件比一件高。」柯恩求售價格不低。「他對零售價值的看法高度膨脹。在我看來，這些都是他自己的家具，大概是不同的幾個人送他的。我們替他賣，純粹是幫他忙。他是很有趣的老好人。」幾個月後，布斯把無人問津的家具歸還。

柯恩的行蹤和收入不定，對茱蒂絲尤其爲難。「我個人認爲，他掙的錢還不夠，」西賽爾・溫伯格說道：「她在蒙特婁有家出色的服飾店，而我們這位將軍卻是勉可糊口而已。他到處做點小買賣，但這畢竟是不夠的。」誠如有一位朋友指出，茱蒂絲「很辛苦、很專情、也折騰了很久，他則是這兒走走，那兒逛逛，沒有安慰，沒有同志情誼，什麼也沒有。這種生活有什麼意思。她畢竟也不年輕了」。

他除了向茱蒂絲要錢之外，也開始跟加拿大朋友、官員、甚至像在香港的法蘭西斯・藍道（柯恩當過他的伴郎）這些人借錢。他對於錢需索過度，到後來連茱蒂絲也得幫他借。「她想必是從朋友那兒得知的。」這位朋友提到柯恩的債務時說道：「他破產了，不得不借錢度日，茱蒂絲很大方，應該會繼續大方好一陣子。而且，她也不希望他一副寒傖相或手頭拮据四處走動。她忍受了相當長一段時間。不過，依我看，他到最後也會跟所有人一樣，找人借錢也不再感到不好意思。我認爲，真正讓她困擾的是，他跟別人借錢完全沒有想到要還錢，這對她的自尊心是一大傷害。」

一事無成。「他在我們北美社會找不到起跑點，以致兩情漸淡。」傑拉德・克拉克提到他們婚姻惡化情況時說道。緊張浮現，柯恩開始沒來由就發起孩子脾氣，茱蒂絲家人說他是「鬧彆扭」。柯恩讓茱蒂絲極爲難堪，也使得她日漸傷心苦惱。柯恩跟她家人到聖阿格特（Sante Agathe）度假時，在火車上打人引起大騷動，在餐廳一碰到服務不滿意就對侍者破口大罵；有一回在岳母家打牌，柯恩掀牌桌，咆哮起來，茱蒂絲跟母親淚汪汪逃了出去。這緊張狀態也影響到茱蒂絲的精神狀態，使她變得焦靜消沈。「她形容消瘦，神情若狂。」朋友說道。茱蒂絲去看精神醫生路易斯・勞恩思坦（Louis Lowenstein）時，透露柯恩對她的虐待。情況惡化，到了一九五一年，她在一、二個月內就找了勞恩坦恩好幾趟，而他開出的處方不過是鎮定劑和休息而已。

沒多久就分居。「他過的是冒險家的生活。」茱蒂絲的妹妹露絲・斐爾德（Ruth Field）說道：「兩人沒有正常生活。」一九五〇年代初期，柯恩搬出去，住進溫莎飯店。「到頭來茱蒂絲（她是世界上最好的女人）還是受不了。」德雷治寫道。分居讓柯恩極爲傷心。「我知道他非常難過，」這位朋友說道：「他其實沒有失去什麼，茱蒂絲眞的很有耐心，也很寬厚。他甚至不知道這對她有什麼影響。他意志消沈，根本沒有注意到自己的作爲足以把人逼瘋。」有些人對他們分手不覺得意外。「他終日惶惑，又得經常往中國跑，」妹妹莎拉說道：「不，我不怪她。這很難。他答應結婚紀念日要回家待一陣子，而他也力排萬難回家一趟。」

中共壓迫國內天主教活動

至於中國，情況也持續惡化。二次世界大戰後，天主教遭到嚴重迫害。一九四五年八月，共產黨殺害特拉普會修士，在一九四七到一九四八年間的「血腥之冬」期間，又屠殺一百名神父、修士和修女。中華人民共和國成立後，在中國境內的三百二十九萬五千名天主教徒面臨新的苦難。一九五〇年十二月，政府以「三個自治運動」意圖迫使天主教徒成立一個在財務和精神上與羅馬教廷無關的改革愛國教會，傳教士必須放棄宗教工作，警察成立「改革委員會」掌控各教會。民衆公開指責神職人員和信衆，反對三治運動者便遭處決。新教徒也無法倖免。

中共政府發覺三治運動無法瓦解信衆的精神後，開始大肆逮捕有影響力的天主教徒。一九五一年情況特別糟。政府指控教會人士勾結美帝，從事破壞國家活動，在這一年裡，教廷駐華公使安東尼奧・黎貝利（Antonio Riberi）和九名外籍主教遭到驅逐，十九名外籍與中國籍牧師下獄、無端拘押另外三百餘名牧師、迫害修女、強制一千兩百三十八名傳教士離境；十分之九的天主教建築和機構不是被毀，就是沒收，改做辦公室、會議廳、儲藏室、營房、監獄和戲院。

很多人未經審判就鋃鐺下獄，開審的則是在「人民法院」面前公審羞辱。修女被控疏忽和造成孤兒死亡，遭遇尤其嚴酷。警方沒收她們的法袍、念珠和十字架，守衛以槍托毆打她們。一九五一年年中，人民法院以疏忽和虐待院童罪名，判處南京聖心孤兒院（Sacred Heart Orphan-age）一名法籍和一名葡籍修女十年徒刑，另外四名修女未審而定罪，並在「自承罪愆」後驅逐出境。

一九五一年三月十九日，中共公布逮捕加拿大「無玷聖胎修女會」（Les Soeurs Missicnnaries de l'Immaculee-Conception）的五名修女，指控她們從一九四九年十月到一九五一年二月間恣意謀害及虐待孤兒，造成兩千二百五十一名院童中有兩千一百一十六人死亡或失蹤。修女會斷然否認中方指控，表示修女係爲受虐兒童和被父母遺棄街頭的兒童而設立孤兒院，警察或相關人士送他們過來時，已有兩千餘名兒童處於饑餓和疾病瀕死狀態，其中能救護並恢復健康者不過兩百人左右。「我們在廣州設立孤兒院近四十二年，經過我們手救治的嬰兒不下數萬人，這是我們的工作第一次遭到如此汙衊。」聖胎修女會一位幹部說道。

柯恩一聽到修女被捕的消息，立即打電報給宋慶齡，請她運用影響力代修女請命。「只要孫夫人接到這通電報，一定會全力營救。」他說：「我在電報中告訴她說，我跟其中三位修女認識多年，若說她們犯下所指控的罪行，簡直匪夷所思……本人可以保證，這些年來，她們收容數萬名流落街頭的兒童，救過許許多多的性命。」

聖胎修女會對他非常感激，蒙特婁教會的瑪麗亞特致函馳謝：「頃悉閣下爲本會在廣州以殺人罪名被捕五名修女仗義辯護，欣慰無限，無任感荷。」後來，她跟修女會接獲宋慶齡來函告知，修女並未受到虐待，她也會盡力營救，頓時如釋重負。

然而，儘管宋慶齡出面，中共還是苛虐這五名修女。十二月初，她們在六千名觀衆前接受公審後，法院判處哥芙蕾和葛雷佛修女五年徒刑，並下令把譚圭、拉普里耶和黎米耶修女驅逐出境。法院宣判後，強制她們繞行法院，爲自己的罪行俯首道歉，然後再讓她們遊行廣州街頭示衆。群衆對她們丟石頭吐口水。共產黨把三名驅逐出境的修女輾轉移監後，在一九五二年三月初趕出國門。三人到了香港後，譚圭修女在記者會上斷然否認罪名，詳細說明她們如何挽救新生嬰兒。「即便有最好的照顧，絕大多數都救不活，因爲，他們都是由未經消毒的產婆接生和處理，很多母親都是鴉片鬼……很多嬰兒因爲母親懷胎時還得做苦力而早產，其中不乏有先天梅毒者，有些則是已處於營養不良和饑餓終末階段。」

毛澤東認爲，要建立他心目中的社會主義樂園，必須根絕像聖胎修女會之類的慈悲心。他寄望於更大的進步，頭一個「五年計畫」重點擺在工業生產上，到了一九五七年時，新建鐵路達兩千五百三十二哩；一九五三至五七年間，國民生產毛額成長率爲百分之七；一九五二至一九五七年間，鋼鐵生產急升百分之三百二十五，煤炭增產百分之兩百，農民蜂擁到城市找工作，許多城市蓬勃發展。

不過，他想超越西方的雄心卻是功敗垂成。產品品質低劣。五年計畫完全忽略農業。中國認爲，農地合併與機械化就可以創造豐收，於是在一九五三年實驗集體化農場。毛澤東主張倣效蘇維埃集體農場成立大型合作公社，希望這合理化的農業可以提供更佳的行銷、機械化、灌溉和食品管理。政府變革太快，作法不當。多餘農產用來支應都市工業化，供作工廠工人伙食。

茱蒂絲提出離婚

一九五〇年代初，柯恩搬到英國常居，到索爾福時住的是妹妹莉亞家，到倫敦住的是梅費爾飯店，據說是中國人幫他付的帳。他設法跟茱蒂絲保持聯繫。「我知道他寫了幾封信給茱蒂絲。」友人說道：「他很傷心。當然，他沒有形諸於外，但他很喜歡她很愛她，失去後才發覺非同小可。我記得她偶爾會跟我提起，他寫了幾封很傷感的信給她，但我並沒追問。我很爲他們倆感到難過。」柯恩家人知道他們之間的問題，而他也承認分手的責任在於自己。「他告訴我們說，她沒過過好日子。他並不怪她，但他在娶她時就已經表明他會經常外出，」莎拉說道：

「他說，這是常年在外所造成。他時時往返於加拿大和中國之間，她眞的不太有好日過。」

一九五二年春，柯恩再度前往亞洲；夏天，抵臺灣，甚至經安排在六月六日見到蔣介石。兩人會晤後，柯恩向新聞界表示，蔣介石信心滿滿地宣示，他手下大軍不久即可收復大陸。臺灣之行意味在飯店坐待時機。《時代周刊》特派員亨利‧李伯曼（Henry Lieberman）當時正待在臺北的「中國之友俱樂部」，經常看到柯恩在附近閒盪。「事實上，我幾乎每天碰到他，」他說：「他只是在大廳上晃盪，我聽膩了他的故事。他眞的很煩人。他始終是故事中的英雄，言談間彷彿孫逸仙革命有成完全仗他的功勞，但據我所知他不過是個小角色而已。他是個超大口徑的無聊鬼，本人雅不欲跟他交往。我不得不忍受他的故事，所以用忍受一詞，實是因爲避不了他的緣故。」

這時候，茱蒂絲提出離婚。「情到濃時情轉薄，這不過是其中一樁而已。」法蘭西斯‧巴斯卡說道。一九五三年，柯恩致函蘿絲‧克萊恩的律師哥哥賽瑞爾‧施偉博請教，施偉博鄭重告訴他：「想必你已知道我個人對此事的觀感，不過，我所以寫信給你，只是依茱蒂絲的指示而已。」兩人討論到離婚的構成要件，柯恩這才悻悻然得知，在加拿大離婚的唯一理由是通姦。「當然，這不成立。」施偉博寫道。不過，由於遠在英國，且目前也住在英國，在當地辦理離婚手續即可，在英國除了通姦之外有別的法子，例如遺棄或虐待。

柯恩在倫敦跟弟弟李斯利合夥做起家具和地毯生意。兩人合開一家店，從中國進口些桌椅，可惜都跟請桑尼‧布斯脫手的家具一樣無人問津。「當時的房子都很小，偏有些家具又特別龐大，需要很大的店面才足以展示，」李斯利的兒子邁可說道。這家店沒多久就關門。柯恩接著向朋友和熟人推銷中國骨董家具和神壇用品，同樣也乏善可陳。

一本虛構的歷史小說

一九五四年初，莫里斯・柯恩床頭金盡，一切都顯得黯淡無光，亟須再做點衝刺的時候，經多年籌備的自傳《雙槍馬坤》（亦以《雙槍馬坤將軍生平及其時代》之書名發行）終於問世。他在蒙特婁徹夜沈吟，經克萊恩編排，加上傑拉德・克拉克在中國和加拿大蒐集的資料，再轉到老友德雷治手中，把柯恩喋喋空談雙槍將軍傳奇耙梳一番之後，成了匪夷所思的杜撰之作。參與本書製作的人似乎都沒有質疑他滿口荒唐言。由於柯恩所說的故事首尾不一，彼此毫不相干，雖經克萊恩重組編排，全書仍然漫無章法，缺乏歷史感或基礎，倒像是戰後的蘇聯地圖，非僅未能反映事實，反而扭曲和捏造個人經歷中的重大環節。誠如李伯曼及無數領事官員在這幾十年間所指出的，柯恩總是把自己擺在事件的中心，把跟他只有少許關係或全無關係的事件都歸爲自己的功勞。

《雙槍馬坤》基本上是一本虛構的歷史小說。

每一頁都跟他這三十年間向新聞界轉述的故事一樣，充滿不實不確的內容。這書把柯恩美化成無所不能、沒有什解決不了、人人都喜歡的人，只要使個眼色、肘子一杵、拍拍背和酒過一巡，啥事都能擺平。喬治・索科斯基所說容或失之誇大，但也離事實不太遠：「他不是大商人，也沒賺過錢，而只是個像沒頭蒼蠅似的怪人，說來可惜，若不是這個樣子，他本來可以做很多好事的。」香港《虎報》在柯恩自傳出版一年半後指出：「國民黨在大陸掌權時，雙槍將軍在名人權貴的侍從間雖是人人耳熟能詳，但很少有人把他當回事。」

不過，畢竟有夠多的人信以爲眞，使得這本書流通甚廣。他虛構的故事不勝枚舉。他說自己出生於倫敦，吹噓自己引用聖經經文的功力連神學院出身的加拿大牧師也不是對手。他只提到在加拿大坐過一次牢，絕口不提另外十多次被捕。柯恩自稱，扒竊罪名純屬揑造，他只在牢裡待四個星期就洗清罪名；事實上，他在亞伯特王子監獄蹲了一年。柯恩說他是在加拿大見到孫逸仙，其實孫逸仙周遊加國爲革命籌款時，柯恩還待在牢裡。他細述如何在歐洲前線受到重傷，其實只是犯了風濕炎而已。他爲了自抬身價，在戰後仍然繼續使用中士頭銜，但他的階級只是工兵，而且，由於本書寫作時間是在婚姻惡化及他跟女人（其中不乏人格可疑者）風流韻事不斷，引人質疑和好奇之際，因此他又杜撰說自已跟艾德蒙頓一位猶太女子熱戀情濃。

柯恩自吹自擂說，他在一九三〇年代初期由中赴美，找到艾伯特、王爾德和柯威爾三位飛行員，召徵他們協助成立中國空軍，及建造「羅沙夢號」；然而，艾伯特在柯恩踏上中國領土前幾個月就已抵達上海。柯恩自稱中國政府在孫逸仙過世後陞他爲將軍，事實上早在孫過世前他就對外自稱將軍，一直到一九三一年新聞界才流傳中國政府陞他爲准將，一九三五年再授他榮譽少將銜。

廣州暴動破壞之後人心惶惶，唯恐共產黨搶奪廣州中央銀行白銀。商會派員前往視察遭焚的銀行，以便戢止螽測和廣州貨幣下跌。柯恩在書中自稱，銀行官員不讓他們看銀庫，他不得不出面拖延，好讓行長有時間設法解決問題。他在《雙槍馬坤》典型的一節裡，談到自已如何在銀行外會見商會代表，大談廣州央行之沿革和建築之美，以分散他們的注意力，辭窮時就背誦以前在海斯職校艾利斯校長強迫他學的《李察三世》。商會代表禮貌地聽著柯恩站在兀自悶燒的廣州央行大樓前，引述依莉莎白談論玫瑰戰爭末期和都鐸王朝興起，不由有點發楞。「莎士比亞一上手就很難罷休。」他說。依柯恩的說法，他的拖延策略奏效，不久銀行主管趕到，穩定情勢。事實上，柯恩既沒有大談莎士比亞，也沒出面接待商會代表。這段純屬杜撰。當時行員只誑稱找不到鑰匙，就讓他們不得其門而入，不一會兒天色轉暗，商會代表只得悻悻離去。

至於肅清香港外海海盜問題，柯恩自詡蕩寇有功。「我們設計逮住海上和陸上大部分強盜。他們抵抗少得出奇。我們逮到大約七十五名帶回廣州，一次十人分批審判和判刑。」其實中國用在打擊海盜上的心思少之又少，海盜問題依舊。此外，他們交給英國人的海盜名單查無實據，全然沒有用處，他也絕口不提。他在書中確實談到購買火藥，只是把佣金降成百分之二．五而已；實際上，他賺的佣金高達百分之五以上，有時索價更高。

柯恩說，一九二九年李濟琛被捕後，他到南京晉謁中山陵時見到了孫當年的侍衞馬祥，設法安排突襲行動營救李元帥；實際上，蔣介石逮捕李濟琛的時候，孫逸仙的遺體還在北方五百五十哩外的北京。而且，兩個月後孫逸仙遺體移靈時，柯恩雖應邀護靈南下，但只是外賓之一，只負責招呼少數西方人，根本不是「外交使節團長」，忙著安排外國要人「井然有序地執紼而行」。這類故事不勝枚舉，是以本書出版後也成就了他的傳奇名聲。

不過，柯恩儘管愛說大話，他對中國的矢志不貳和對孫逸仙的懷念，倒是絲毫不假。他言必稱孫逸仙，讓人人都能認識他，知道他的成就。約莫在他自傳問世的同時，中共正好著手整修駐倫敦大使館，該館頂樓有個一八九六年倫敦蒙難紀念館，仍保留當年滿清拘禁孫逸仙時所用的鐵床架、破椅子和鐵窗的原樣。柯恩跟若干孫氏友人擔心此一神聖地點遭受破壞，希望中共政府能保留這個房間，以示永懷孫逸仙。柯恩拜訪大使館表達關切。「他向我保證，房間會保持原樣以資紀念。」柯恩在拜會後說道。柯恩表示，此舉顯示大陸承認孫是中國和平統一的「踏腳石」。「我是以色列民族，但不是以色列先知，不過，我確信中國統一的時間應會比目前世人所認為的提早許多。」

柯恩雖然心向臺灣，但不會公開選邊站：「個人絕對自制，以免捲入內戰紛爭，況且我在兩邊都有很多朋友……我希望保持中立，以便日後促進雙方諒解。」他走到哪裡都重申這種感想，一九五四年三月到索爾斯堡探望羅斯時向記者表示，中國正處於試煉期，但他認為中國應會自行調整。「中國正處於多事之秋，外界恐有所不知，而她的人民自會以最妥善的方式處理。」

自傳出版後，柯恩帶了一本前往日內瓦，希望當時正出席結束法國對中南半島戰爭國際會議的周恩來把書轉交給宋慶齡。他聯絡一名官員安排會見。「我不認為周會記得我，」柯恩謙卑地說。「我認識他的時候，他還只是個學生。」柯恩在日內瓦提出結束國共敵對最簡單的辦法。「解決後續紛爭的唯一辦法是直接訴諸人民，把槍擱在談判桌上。我相信，共產黨也跟我們一樣想好好生活，只差沒有人出面撮和，讓雙方高層見面，共謀解決之道而已。」

繼續演講和促銷

柯恩不久就返回曼徹斯特，跟德雷治一起和「英國猶太人協會」之類的團體餐聚，促銷自傳。此外，他也回到母校對頑劣學生演講。「他過來喝杯茶，」哈利·柯恩校長提到他來訪時說道：「我召集學生讓他跟他們說說話。」最妙的是，自傳出版後新聞界也任由他對世界大事大放厥詞，不過，他通常都是重彈舊調罷了，譬如：「政治如藥性，知道暴民背後是誰在指使，就知道他們會幹什麼，知道運動是誰在帶頭，就知道會發生什麼事。若此人是個獃子，就會因內部傾軋自然瓦解，若是個膽小鬼，反正成不了氣候，但若是個精明的狠角色，可定有人會受傷。」不然就是在被問到人生哲學時說：「三件事，首先要三緘其口，其次是好事多磨，第三是己所不欲，勿施於人。」

引人注目正是他所渴求的，他很喜歡，也認爲自己夠格。一九五四年，蒂娜·鄧恩（Tina Dunn）跟父母到英國黑池（Blackpool）度假，柯恩正好住在同一旅館。「他非常自滿。他知道自己是名人，只消彈個指頭就有人急急忙忙跑過去。」蒂娜提到柯恩的態度時說道。不過，注意到柯恩的可不只年方十九歲的蒂娜而已。因爲自傳出了名之後，政府官員對他也比較感興趣，加拿大駐倫敦「高級專員處」甚至連絡上住在梅費爾飯店的柯恩，請他「光臨『加拿大之家』」，談談遠東情勢」。

同年夏天，他外甥維克多・庫柏成親後，帶著新娘子桑妮亞從曼徹斯特搭火車到倫敦，再搭機前往法國北部度蜜月。一對新人在婚禮後立即趕到火車站，跟正好也要到倫敦的柯恩會合。「我們趕到月台，」庫柏說道：「我們訂了位，但訂的是三等廂預定席。我們坐在車廂裡，角落上還坐了位小個子。」柯恩來到他們這節車廂。「我舅舅說：『走，跟我到一等廂去』，車上很擠，那位小個子嘟噥著說：『這可不成，萬一有人預訂那些座位，你跑到別的車廂去，卻教人家怎麼辦。』我舅舅聲若洪鐘地對他說：『滾一邊去，小零錢，不然我把你用掉。』那人縮進座位裡，轉過頭去。」

演講和促銷活動繼續。儘管年前在華天主教修女和其他教徒的遭遇令他毛骨悚然，他還是喜歡說：「中國是唯一不曾迫害猶太人的國家，也是唯一能跟我們族人融為一爐的國家，原因在於她向來主張思想和宗教自由的緣故。」他對中國的看法也開始轉變，以前認為共產黨是「有害而危險的成長」，現在，對於不會那麼輕易失勢、對他所要爭取的人也不會鬆手的中共政權，他的言辭不再嚴厲如斯。一九五五年三月，他在曼徹斯特演講時意有所指地說，中國共產黨和國民黨的原則容或有些許基本差異，企盼「中國首腦」可以「捐棄各別主張」，擷取兩黨最好的原則。他向聽衆指出，他知道毛澤東是「理想主義者，為人極為光明磊落」，只要他能落實在掌權之際所發布的宣言，則不啻是「普世經驗」，至於蔣介石，柯恩稱他是很優秀的軍人，在逆境中表現尤佳，也代他在二次世界大戰期間的軍事記錄辯護。

關於離婚的討論也繼續。「茱蒂絲經過很久才決定離婚。」友人說道：「沒有人責怪她，我沒聽到有誰說『她怎麼會這樣』。冰凍三尺非一日之寒，何況他大半時間不在家。」一九五三年，柯恩與茱蒂絲合法分手。「結婚將近九年期間，他有一大半時間不在，我再也無法忍受這種已婚猶如未婚的狀況。」茱蒂絲寫道：「加上其他幾件事，終於讓我做此決定……我對莫里斯沒有惡意。我只能說，不管是娶我還是娶別人，他本來就不是該結婚的人。我家人和我都很喜歡他——各位想必知道他對家母極爲親切，但他們也了解我不能再這樣下去。他一直沒有體認或履行已婚男人的義務。」

柯恩則是盡量拖延。「影響很重大，」德雷治提到柯恩跟茱蒂絲分手的情形：「莫里斯一夕之間從和氣可愛的大老粗變成陰鬱多疑、難以親近。對我而言，這也是一段痛苦的記憶。」茱蒂絲本人和她的家人與律師給柯恩寫過幾封信，他始終沒有回信。「但願你不回信，是因爲向來不喜歡寫信，不是刻意拒絕合作。」茱蒂絲在信中寫道：「你應該了解，我做此決定絕不是對你個人有惡意，相反的，不管我們之間發生什麼事，我都會把你當成好朋友，是以我雅不欲相信你會舍此不爲。」爲了順利辦理離婚手續，她必須請他回魁北克，願意幫他付旅費無足爲奇。「我知道，目前你沒有處理此事所需的經費，有鑑於此，我樂於代付你往返旅費和停留期間一切開銷。我知道你善體人意，而且年紀也不小了，應該會做出正當的行爲，莫里斯，我相信你。」

很樂意爲雙邊効力

一九五五年三月四日，茱蒂絲提出陳訴書，不久，離婚手續終於慎重展開。她在宣誓書中說，柯恩久別家不歸、舉止粗暴、待她薄情，且脾氣暴戾，時時無端發怒，虐待她和她的家人，揚言要對她施加暴力，凡此種種行爲已使她形體耗弱。柯恩於六月二十三日在倫敦「羅利艾許沃施公司」（Rowley Ashworth & Company）律師事務所提出陳訴書，承認遺棄，但矢口否認有關虐待的指控，並請法院駁回離婚申請。

七月十六日，茱蒂絲由紐約搭乘「自由輪」前往輪敦，進行爲時一個月的巴黎及法國與英國各地業務考察時，拜訪倫敦「巴奈特．簡納與戴維斯」律師事務所，並提出陳訴書。她向律師表示，儘管很難迴避，但她希望離婚官司能順利進行，以免她得再度前來英國。她家人都在本案中擔任不快的作證任務。正在坎城度假的哈利，於八月二十七日在曼徹斯特提出證言書；其他人也作證。這一階段完成後，離婚手續進行得很快。柯恩還是住在梅費爾飯店，原本打算出面自辯，但十二月十六日本案在倫敦開庭後，茱蒂絲取得法院中間裁定，其中除離婚要件最後第二項虐待之外均無異議，兩人的婚姻關係正式結束。

柯恩在一九五五年秋天就計畫回中國，並沒有坐待法院判決。十月三日，他接到中國駐倫敦代理大使黃祥（Huan Xiang，譯音）請柬，出席建立新政權六周年招待會。也許是出於宋慶齡的堅持，黃祥問柯恩是否願意前往北京訪問。他心頭一動，但當場對黃祥表示，若中方負擔所有開銷他才會往訪；十一月底，中方提出全程負擔的訪問邀請。

柯恩馬上聯絡美國大使館，表示他很樂於在訪中歸來後就中國「眞實現況」提出匯報。美國大使館人員對於這個人和他的提議沒有太大興趣。「跟他談事情大部分是他毫不連貫的獨白、枯躁無趣，充其量只是偶爾引用鮑羅廷、蓋倫或孫逸仙吉光片羽而已，」美國駐倫敦大使館一等祕書亞瑟・凌華（Arthur R. Ringwalt）寫道：「他目前居住的梅費爾飯店位在倫敦西區，距畢卡弟利廣場不遠，絕不是廉價飯店，但他財務困窘是毫無疑問的事，顯然他是想藉由訪問北京之行發橫財。他以爲自己仍然獨獲孫逸仙夫人眷愛，這也許是事實。據說他仍然自稱爲國民黨員，在大陸和臺灣有很多朋友，是以不便表明認同任何一方。他坦承此舉的目的是要促進北京和臺北諒解，可想而知，他很樂於爲雙邊首都效力。」柯恩爲自己的提議加上誘因，向凌華表示他不打算跟英國或加拿大討論訪中之行。「若是他眞找上總領事，倒是不妨聽一會兒，看看他能說什麼，尤其是他所謂的知交孫夫人、李濟琛和蔡廷鍇的情況，但鄭重建議領事館人員不要借他錢。」

等到法院發下中間裁定書給茱蒂絲時，莫里斯・柯恩又返回中國了。

第十九章　日薄西山

北京・台北・索爾福，一九五五～一九七〇

一九五五年秋，國共可能談判之說甚囂塵上，甚至出現雙方已化解歧見的傳言。周恩來說，只要蔣介石投降，他歡迎蔣來討論，並表示可以授予蔣大元帥頭銜。在香港，可能和談的議論主要出自記者趙祖仁（Cao Juren，音譯）。反共產黨也反國民黨的趙祖仁，可能是受到北京方面鼓勵的緣故，表示臺灣獨立沒有前途，並致函蔣介石之子蔣經國，指出「時機緊急，我有要事相告」，甚至懇求蔣經國「勿令此適時良機消逝」，力促敵對雙方展開對話。

柯恩亟須找點事來拋開離婚之事，正好有這一則捕風捉影的報導，毋寧是相當幸運的。他在十二月中旬抵達香港，十五日進入大陸，立即有消息說他身懷祕密和平任務潛抵中國。新聞界輕信傳言，認爲這位倫敦出身的六十八歲猶太人展開了別人所無法完成的任務，要讓交戰雙方聚頭，《時代》雜誌、《新聞周刊》、《紐約時報》、香港《虎報》、《南華早報》、曼徹斯特《晚

報》等刊物均相繼報導。

新聞界對柯恩活動的線索所知無多，甚至找上茱蒂絲打聽，她表示不知他行蹤，但確信他是致力於和平。「『將軍』的同事說他正『前往古老中國途中』，有位至交則說柯恩曾向他透露，他是應邀前往北京訪問，」《虎報》寫道：「柯恩訪問中國赤都之行不宜等閒視之，因為，衆所皆知，他所抱持的看法是國民黨政權的若干原則與中共並行不悖，雙方或可達成某種形式的諒解。」

柯恩在旅途中公開向友人表示，這趟北京之行受到臺北領導人的祝福。「我也許可以讓他們聚頭。」他提到自己的和平努力時說道。他的老友、金主、特別行動執行處夥伴肯道爾，甚至到美國駐香港領事館拜會，散布他訪中的消息。「肯道爾先生說，他曾問柯恩，臺北是否知道這趟行程。」總領事艾佛烈・德蘭姆萊特（Everett F. Drumright）寫道：「柯恩答稱，他此行獲得臺北『認知與同意』。肯道爾先生接著探詢，柯恩此行是否重作馮婦擔任中間人，柯恩答稱『有可能』，並表示如果可行的話，他打算無限期待在北京，還說如果中共政府請他擔任顧問的話，他會接受……此外，柯恩也有意思在北京做點生意……肯道爾先生提醒說此人不容低估。他認為，至少在他心目中，柯恩北京行很有可能在臺灣和中共政權之間溝通角色。」

柯恩一面對他自稱的祕密任務放出小道消息，一面又對自己的活動擺出諱莫如深的樣子。不過，柯恩為了強調自己「外交智囊」的形象，在啓程前往中國時，就先在自己的職業欄塡上「國民政府顧問」。國民黨否認柯恩身懷「和平方案」，稱那許多的相關報導「太過荒唐，不值得以正式聲明長他人志氣」。和談報導花樣百出，連蔣經國也忍無可忍，直斥「這一星期披露的種種傳言乃是惡意謊言，共產黨人是騙子，是魔鬼。跟魔鬼沒有談判餘地。個人堅信，解決共產黨問題的唯一辦法就是消滅共產主義。」其他人立即出面駁斥傳言。「他們承認『雙槍將軍』是中國沿海最圓滑幹練的人士之一，但若說臺灣當局有人請他處理跟赤色中國聯絡工作，則純屬子虛烏有。」《虎報》寫道。

「人人都樂於代他編造浪漫神祕。」以色列．艾普斯坦提到柯恩高明的公關活動手腕時說道。這些報導也勾起了跟柯恩相處不甚愉快的史坦利拘留營牢友諾伍德．艾爾曼（Norwood Allman）的興趣：「他不太喜歡我，我也不讓我的委託人接受他『援助』。」艾爾曼看了許多有關柯恩活動的報導之後，決定查訪他的美、英和中國的朋友，看看他們對他名噪一時的和平提案做何看法。人人都不敢恭維。據美國友人的說法：「柯恩銷聲匿跡了好一段時間，也許得再打起『百分之五柯恩』的名號。這兩年訪問北京的經貿代表團多如過江之鯽，柯恩就彷彿是加拿大的單人經貿團，無非是希望撈幾票生意罷了。他可能會跟周恩來說，是他獨力促成加拿大政府呼籲讓赤色中國加入聯合國。他所以不敢自稱是加拿大特使，唯一原因是他還想再回加拿大。」

只要是認識柯恩的人都知道，他根本不需要蔣介石或任何人派任，就會擅自代別人發言。」英國友人說道：「這些年來他一直自稱代國民黨員發言，尤其是在可以收取佣金的時候，時時介入外國公司與省政府或中央政府契約談判，不管是否真的因他的影響力而取得契約，他都堅持要收取佣金。若說有人會找上像柯恩這麼樣空口饒舌的人辦事，簡直是匪夷所思。」

連中國人也一致認爲：「柯恩只是想譁衆取寵，從中牟利而已。他可能會跟香港一些少不經事的記者，或也不見得無知的新聞記者信口開河，然後記者把消息傳回倫敦報社大肆報導。柯恩當然樂不可支，而且這可能也有助於他向赤色中國推銷。這類報導有可能會讓外界對國民黨政府產生猜疑，同時混淆非共黨國家視聽，這對赤色中國也有好處。由於加拿大一直呼籲讓中國加入聯合國，柯恩無疑是覷準時機和把握機會順水推舟。」

「中國確實是發生一些怪事，」艾爾曼蒐集衆人的答覆之後說道：「但紐約所有認識他的人都認爲，若說臺灣當局有人授權他向赤色中國傳話，那才是眞正的怪事。大夥兒都覺得，這些話聽起來倒像是又一樁『百分之五柯恩』的買賣。」

只想見宋慶齡

撇開柯恩想要凸顯的形象不談，他前往中國基本上是爲了見宋慶齡。他不願錯過見面機會，苦苦等候她結束印度和緬甸延長訪問行程歸來。「莫里斯很崇拜孫夫人，」傑拉德·克拉克說道：「這時她已是年高德劭的老夫人了。」此外，他也想見見老朋友，順便招徠生意，逢人就說自己在倫敦一家專門興建水泥工廠的顧問工程公司服務。但要做生意就得利用傳言引起人人矚目，因此，他在十二月二十日走訪英國駐北京大使館，以便繼續炒作和談論傳言，凸顯自己的外交分量。「雙槍將軍今日來訪，跟我們長談，」使館人員寫道：「他把所有事情戲劇化，要他言之有物很難，但我認爲他顯然不是銜國民黨任務前來……他仍然自稱是國民黨員，表明自己不是共產黨同路人。是他自己主動跟中共駐倫敦大使館接觸，目前是以中國『世界和平委員會』貴賓身分來訪。他期待跟相識多年的毛澤東再見，也打算向毛報告華僑和在臺中國人對中共的態度。他認爲蔣介石已準備退休，只要能找出不失顏面的方案，大部分的國民黨人士都準備跟北京談判。他自認此番前來有助於找出此種方案。」

柯恩在中國過得極爲愜意，中方對他也相當禮遇。他到東三省旅遊之餘，又數度拜訪英國大使館。「他是頗有名氣的無賴漢，我倒是樂於跟他見面，不過，他所說的話正可證實約翰・艾迪斯（John Addis）的看法，即他此番前來絕非身懷國民黨任務……他跟許多觀光客一樣，對於在此間所見所聞印象頗爲深刻。」歐尼爾（C. O'Neill）提到柯恩對共產黨成就的善變看法時說道：

> 他在描述自己所得的印象時說得極爲過火，是以不時插入一句「告訴你，我可不是共產黨」。此外，他也認定共產黨和孫逸仙的計畫其實沒有差異……他沒有自稱見到當前的頭頭（若是見到他一定會告訴我），倒是見到不少以前位居要津，在新政權下也混得不錯的老朋友。特別是他跟李濟琛有一番長談……顯然就是接受李對現狀所做的極爲有利的說明。
>
> 他表示打算在回程時到臺灣一趟，希望能見到蔣介石，而且至少得把中國的眞相告訴他，讓他酌予參考。不過，在我出示香港剪報之前，他顯然不太知道自己此行所引發的傳

言和猜疑……另一方面，他在這裡出現，加上香港新聞界的種種報導，不免勾起我一些非共產同事的好奇，不時問我他到底想幹什麼。在我看來，更有趣的是，中共政府爲什麼請他來。依我之見，主要原因在於他們認爲這種傳言有助於打擊臺灣的士氣；第二個考量可能是，若能善加利用，他不失爲有效的代言人，可以在臺灣和中國之外一些權貴舊友間傳播福音。

沒有馬上傳播福音

柯恩並沒有馬上傳播新發現的福音。他繼續待在中國，設法安排中國手工藝品出口加拿大事宜。中方對於柯恩不時提到開發計畫，表現得不失禮數但興趣闕闕，只是把他差到天津、杭州、蘇州、廣州、哈爾濱、上海、重慶等地，盡量讓他有事兒忙。柯恩到南京時，前往中山陵與各處古蹟參觀，簽證到期中方主動續簽，並表示他想待多久就可以延多久。他們送禮很大方。柯恩一跟中國官員提到他有一批地毯存放在上海，他們立即下令讓地毯免稅通關，甚至堅持要代付六百五十美元倉儲和清理費用，還給他四十二英鎊空運費把地毯運回英國。

宋慶齡結束印度和緬甸訪問行程後轉往巴基斯坦，柯恩等候的時間比預定的久，好不容易等到她回國，兩人纔得碰面。此外，他也見到周恩來。柯恩甚至向歐尼爾表示，下回再見到中國領導人時，他很樂於代英國使館美言幾句，問他有沒有什麼問題要代爲擺平的。「我想不出有誰比他更不適合當中間人，當下就婉拒他的好意，表示我們做得很好。」歐尼爾寫道。

柯恩在中國所受的待遇比在臺灣好很多。他變節為北京政權辯護的過程已接近完成。「現在他眞的對新中國很熱心。」歐尼爾寫道：「除了可能已形成信念之外，我看他恐怕是被收買了。他數度重申中國不讓他花一半錢，不只要他稍微表示讚賞，不管什麼東西都會送給他……他從口袋掏出一大疊五英鎊鈔票，證明他們何等大方。」歐尼爾接著說，柯恩「坦承只要他們繼續免費招待，他很樂意再待下去」。

不過，他們要他待的時間畢竟有個限度，依照凌華的說法，這表示「中國已認定柯恩此人價值有限，如今他所具有的最後一丁點宣傳價值已榨得精光」。柯恩在三月二十日離開北京時，外交官員已徹底駁斥國共任一方有用他當信差之意。「柯恩根本沒有分量，但對於中共想要製造的猜疑和混亂倒很有用處。」有位英國官員寫道。柯恩變節之後，對臺灣前途的看法相當黯淡：「他顯然已接受中國新朋友所告訴他的，認為蔣介石沒有希望，而且，他自己也認為現在蔣介石已不可能接見他了。」歐尼爾寫道：「不過，他表示要請教香港一位國民黨籍朋友，若是蔣介石同意接見的話，他自會前往臺灣，否則免談。」

另一方面，他還是得撐場面。三月二十二日，柯恩所搭乘的火車開進香港，演出一場德蘭姆萊特所謂的「可能是精心算計的爭執」。二十九歲的合眾國際社攝影記者馬文・法卡斯（Marvin Farkas），跟另外五、六名記者與攝影記者在火車站等候。「每天都有人從中國出來，所以我常在火車站附近流連。」法卡斯說道：「這一天，我在火車進站前一個小時到趕到。有位記者說雙槍將軍要來，我還以爲是在開玩笑。我沒聽過這號人物。因此，我在附近鵠候，等他露面。」

過了一會兒，頭頂灰氈帽，身穿雙排釦外套的柯恩露面後，一看到攝影記者就拉低帽子遮住臉。記者猛按快門拍照，他勃然大怒，顫巍巍朝他們走去。「他手持銀頭黑枴杖。他一下車我就開始攝影。他說：『不要。你不能拍照，這是侵害隱私。』」法卡斯一面攝影，一面向柯恩表示，只要是社會矚目的事物他都有權拍攝。「他開始衝著我揮舞枴杖，同時說道：『聽著，年輕人，不要以爲蒼蒼白髮人就好欺侮，你最好給我小心點。』」法卡斯不爲所動，一直保持跟柯恩同樣速度往索爾斯堡路走去。「我一面繼續走在他前面，一面攝影，他神色駭人。」這時剛好有兩名警察經過，柯恩衝著他們咆哮：「逮捕他，他侵害我隱私。我要底片。」法卡斯仍不停手。「這簡直是笑話，我不會把底片交給他。我不知道他什麼來頭，也不知道這新聞有多重要。」警察上前揪住他，他緊捉著攝影機和手提袋，衝著李姓同行叫道：「快拍，快拍。」

警察把柯恩和法卡斯帶回警察局。柯恩氣沖沖，抽著北京製的雪茄，一面要法卡斯交出底片。法卡斯不肯。柯恩橫目怒視，說道：「你會後悔莫及。」語罷突然冷靜下來，友善地對法卡斯說：「大家都是朋友嘛，你對我沒有歹心，我對你也沒有惡意。」他撤銷控告，一反方才的態度，不但同意擺姿勢讓法卡斯拍照，還談到自己的大陸之行。「我到中國不是有什麼任務。」他說。他只是去看看老朋友和遊覽，有關媾和任務的報導「純屬謊言」。

次日，李姓記者的照片搭配一篇詳述這場騷動的報導，出現在《虎報》上。法卡斯的底片送到合衆國際社倫敦辦事處後，上司要他攝影採訪柯恩。數日後，法卡斯前往「猶太俱樂部」；

他在香港這兩年期間裡，也跟柯恩的老友哈利・歐代爾交上朋友。法卡斯一走進俱樂部就見柯恩跟歐代爾一起，忙上前跟柯恩攀談。「他很開朗友善。」法卡斯提到已明顯變得比較親切的柯恩時說道。法卡斯問柯恩能不能接受採訪，柯恩應聲說道：「跟你這粗人沒什麼好談，我已經接受國家廣播公司（NBC）專訪了。」

香港還有人問柯恩，這趟中國行是否代人傳信。他仍然矢口否認，說到激動處，甚至數度擂著桌子沈聲說道：「不，不，不……我是哪根蔥，憑什麼擔當和平任務……我不是去進行祕密任務——中國人可以解決自己的問題，我憑什麼去從事和平任務。」不過，他的老朋友肯道爾向美國領事館透露，柯恩是刻意誤導新聞界，實際上他確實是扮演中間人的角色。「他的說法是他數度會晤周恩來，若能取得入境許可的話，他有重要訊息要告訴臺北，今天他正拜會一位國民黨重要人士，設法安排訪問事宜。」

臺灣官方唯恐這些關於和平任務的議論會混淆新聞界視聽，公開宣示政府仍計畫收復大陸。柯恩拍了封電報給蔣介石的親信幕僚，請求准許他訪問臺灣。新聞局長沈錡表示，簽證申請會做嚴格審查。此外，柯恩也試圖聯絡外交部長葉公超，但葉答覆他沒有見柯恩的意思。絕大部分人都不把他當一回事。誠如《虎報》在他啓程之初所說的，「雙槍將軍唯一親近不了的就是蔣介石委員長，晚年在中國沿岸的活動無人理睬，只能在大事和要人邊緣打轉的事實，一直使他感到心焦如焚。」據說，其他如史賓賽・穆沙（Spencer Moosa）等人也深然此言。「依穆沙的說法，柯恩最後二十年過的是寄生蟲一般的生活，只是在吳鐵城還在世的時候不時要錢，」

有位外交部官員寫道：「吳鐵城過世之後，臺灣已沒有人可以讓他榨錢。柯恩在四月初化名MA布朗訂了「英國海外航空」公司的機票，從香港飛英國，四月三日傍晚抵倫敦。

回家當大家長

柯恩備受臺灣冷落之後，一改他自稱的中立立場，開始為中國大陸宣傳。他跟很多只會回想戰前中國苦難的中國專家一樣，完全被共產黨向他展示的成就左右。他在所下榻的倫敦西區旅舍表示，北京要的只是和平；他宣稱：「我所見所聞使我確信，今天赤色中國所要的無非是……跟全世界貿易。他們寄望的是繼續建設赤色中國，相信我，他們表現極為出色。今天的中國是新中國……我愛上哪兒就上哪兒，愛跟誰說話就跟誰說話。我跟政府首長談過，也跟農民談過，所見的一切莫不教我怦然心動……市場就在我們眼前，它有能力貿易，而且可以做得很好，我們竟未善加利用，實應慎重檢討。」

這回，柯恩跟寡居的妹妹莉亞同住在索爾福。在布勞頓街上這間大宅子裡，沒有人質疑他的國際地位。柯恩是名正言順的大家長。「他一說話，全屋落針可聞，即便是大夥兒在聊天，只要他一開口，那沈渾有力的聲音就是能讓人聞聲噤口。」他的外甥女愛茜・伯恩斯坦說道。身為一家之長的他，對外甥和外甥女也極為溺愛。「他常帶我出去買太妃糖。」邁可・柯恩說：「我第一套英國玩具兵就是他買給我的，我對他最早的記憶之一，也就是他在莉亞姑姑家的地板上教我怎麼擺置這些鉛製的玩具兵。」兩人接著捉對廝殺一番。

由於家族親戚大部分住在曼徹斯特區，因此定期在傍晚聚會，到了星期天，莉亞準備一盤盤的洋蔥肝絲、雞肉、肉捲、魚、義大利香腸、雞湯、布丁和蛋糕，若是住在城外的家族也到齊，還會放映家庭電影。「星期日就擺起自助餐檯，整天流水席不斷。每個人都會來。檯子上有的是食物，整天都有人來來去去。」邁可・柯恩說道。這時候，莫里斯・柯恩主持大局，抽著愛德華國王牌雪茄，言笑晏晏。「她總是盛宴款待。」莎拉提到姊姊的好客時說道：「她料理不錯。這才是眞正的家族，所有人都會上她那兒。」

不過，奇的是，每當親族問起中國問題，柯恩總是支吾其詞，不然就是怒視問話的人，跟應付新聞界的手法大異其趣。「我曾問過他，但始終沒有得到回答，」外甥維克多說道：「他不是一臉怒色，就是全然不理睬。他索性背過身去。其實我不過是年輕好奇，對世界政治頗感興趣而已。」柯恩告訴親族說，他什麼也不能說，以免隨興談話出現在報紙上。他甚至警告說，有人竊聽莉亞的電話。「我認爲，他絕對相認當眞有這麼回事。」

不過，柯恩一意孤行，強自把自己的意志加諸所有人身上，家族裡並不是人人都樂意。

柯恩的弟弟李斯利，在十幾歲的時候愛上了不是猶太人的愛蒂絲・康萊（Edith Conroy）。雙方家庭都反對這門親事，但小倆口仍在一九四五年十月悄悄結婚，並在一年半後生下邁可，讓他改信美以美教派。「家父常說，寧可我當個好美以美教徒，不要當壞猶太人。」邁可說道。一九五〇年代初葉，李斯利患了多發性硬化症，偏偏被醫生誤診。「醫生眞的不曉得這是什麼毛病，起先以爲是某種病毒作祟，後來又以爲是精神崩潰。他們眞的不曉得是怎麼回事。」愛蒂絲盡心照顧丈夫，他的情況還是日漸惡化，說起話來含糊不淸，到了五〇年代末期時在醫院裡待了好一段時間。

李斯利健康漸差，愛蒂絲重拾工作，開了一家美髮沙龍。柯恩家族無法接受李斯利生病的事實。柯家認定他病情惡化責任在愛蒂絲，以及醫療處理不當，跟愛蒂絲之間的緊張隨之升高，雖然有些人還是會定期寄錢給李斯利，有些可就沒這麼和氣了。指責與摩擦，乃由柯恩領銜。誠如有些家族成員所說的，「既然舖好了床，就得好好睡」。

什麼叫做空想家

一九五六年秋天，柯恩準備前往中國參加孫逸仙九十冥誕，向美國大使館申請簽證，以便由美赴中時順便看看老朋友並促銷自傳。但在大使館要他提出出身背景資料時，他不免遲疑。在恐共的美國這可不太妙，何況是出自跟中共高層官員私交甚篤的人。「據報他現在縱使不是共產黨同路人，起碼也有親共傾向，而且，他很顯然是想跟中共做生意。」美國駐倫敦大使館人員寫道。美國沒准他入境。

儘管美國不准柯恩過境，他還是在十一月四日抵達廣州。不少人趕來參加孫氏冥誕紀念。有八個國家派員出席南京紀念活動。柯恩出席盛大紀念活動，在中山陵前獻花，跟陳銘叔（Chen Mingshu，譯音）等中間政黨成員敘舊，也稍做觀光。

中共待他如上賓，對他所思所言一副恭謹聆聽模樣。《人民日報》和「北京電台」專訪他，官員陪著到無數工廠和合作農場參觀。柯恩逢人就說中國如何結合農場，組織聯合生產小組，各依農民勞動支付工資。「所到之處都看到一般百姓的生活水平比以前提高許多，人人笑逐顏開，這是我未曾見過的景象。我在這裡看到了社會主義。我很高興看到中國各民主政黨在共產黨領導下通力合作，努力建設社會主義社會，令我大開眼界。」

柯恩公告朋友周知，他正跟代表以前英國在華工業、商業與投資利益的「大英國協中國協會」作生意，自詡在安排出售一千台曳引機給中國上擔任斡旋角色，目前正在協商兩間水泥工廠整廠輸出。此外，他還自稱是渣甸・麥地遜貿易公司（Jardine Matheson，亦即怡和洋行）代表。「柯恩顯然在利用他在中共首都的門路，發揮逢迎拍馬專長，扮演他駕輕就熟的中間人角色。」美國駐香港領事湯瑪斯・狄倫（Thomas Dillon）寫道。不過，柯恩再次犯了逗留過久而自招人嫌的毛病。「他使得自己成爲中國當局眼中的大厭物。」歐尼爾寫道：「他逗留五個月之久，住的是北京大飯店，交通工具和豪華招待完全由中國政府負擔，待久了……各種活動的開銷越發漫無節制。他寫了幾封信給周恩來，所提議的買賣從生產戰略物資的工廠整廠輸出以下無所不包，我不知道成果如何，但想必是乏善可陳。依我之見，中國人也跟我們一樣，已經對他感到不勝其煩。」

中國商機看好，柯恩只是想分杯羹罷了。一九五六年五月，毛澤東發起「百花開放，百家爭鳴」運動，提倡增加知識開放和自由討論，寄望藉由放寬政治和社會的討論限制，爭取知識分子支持他的激進政策。次年二月，毛澤東發表「有關正確處理人民內部矛盾問題」文章，再度提出擴大民衆自由討論政治的主張。他的主張起先乏人響應，可是，一旦民衆公然反對一黨專政、缺乏人權，並對政府處理經濟方式表達不滿，頓時罷工和示威蜂起，使得共產黨領導人大爲驚慌。有些認爲批論太過火。一個半月大鳴大放之後，官方開始拔除「毒草」，黨和警方大肆建捕學生、幹部和知識分子，計有五十五萬餘人被貼上右派標籤、丟掉工作、鋃鐺入獄或送進勞改營。自殺者不計其數。

毛澤東的鎭壓異己絲毫沒有影響柯恩的看法！他似是不知天下動盪一般，沒跟官員閒扯淡的時候，仍然在飯店大廳流連，抽著雪茄等候時機，聊以打發時間。「我跟他見面的地方主要是在北京大飯店，他總是一身光鮮，帶著麻六甲手杖，坐在大廳上。」中文《外語新聞》（*Foreign Language Press*）文藝翻譯家薛尼・沙皮洛（Sidney Shapiro）說道：「他擺出一副時髦和溫文爾雅的樣子，坐在大廳上等人聊天，因爲他沒有太多社交生活，急於找個能跟他說上話、出身背景大致相若的人。我跟他相同之處是，我們都是猶太人。」柯恩有說不盡的猶太笑話，其中有許多是葷笑話。「他所以喜歡找我聊，乃是因爲在外籍人士圈子裡講笑話的人口不多，而我則是接受力很高的聽衆。」柯恩自稱在做大生意，但他實在是太閒了。「如果眞的如他所說，他手上有大生意，他應該是忙著拜會各部會官員或進行正式談判。在北京大飯店大廳裡是接不到生意的。」

柯恩坐在那裡基本上是要給人看。「你可知道空想家是什麼意思？就是指靠空想過活的人。」艾普斯坦指出。柯恩口袋裡揣著一把連著鑰匙鏈的金槍，每逢有人對他的精彩故事的人請教他是怎生拔槍法，他總會裝模作樣展示一番。「他通常是坐在靠近接待櫃檯的軟墊大椅子上。」以美國間諜罪名被中共關了六年，一九五五年才出獄的薛尼・黎廷博（Sidney Rittenberg）說道：「胖呼呼的他，一副和靄可親紳士模樣，抽著大雪茄，一身裝飾，極爲顯眼。他看起來像是剛進城的巡迴推銷業務員。他是講古好手，態度和靄，凝眸看著你，又懂得拿捏分寸，知道該說到什麼程度，才不致令人感到無趣或拂袖而去。他可以說是個騙子，大郎中，但絕計不會讓人感覺到他有絲毫惡意。他可以信口開河，說得活靈活現，依然讓人覺得他很正派。」

西方人大抵把柯恩當作是很有意思的怪人。「人人都把他當做滿口荒唐言，一生經歷多采多姿的怪老頭，還挺喜歡他的。我沒聽過有誰特別說過他壞話。他的確是個怪人。」黎廷博說道。故事愈荒唐愈好。「他說有一回他在北京大飯店大廳閒坐時，有五、六個阿拉伯石油大亨走了進來，個個纏著頭巾，身著阿拉伯長袍。『我看他們一眼，瞥見其中一人，立刻知道他是猶太人。』他說：『他們打我身旁經過時，我探身過去低聲對那人說了一句希伯文話，那人嚇一跳，滿臉驚恐對我說道：『看在上帝分上請勿張揚。你想害死我不成？』』

柯恩這趟回英國，依舊是滿載家具、桌椅、衣服和各種禮物而歸。「他一從中國回來，家族中人聞風而至，」維克多・庫柏說道：「他在樓上打開禮物，帶了幾樣下來，誰在屋裡就給誰，他喜歡送禮，而且是人人有份，連清潔婦也不例外。」當年那個倫敦貧民區的孩子和猶太義塾逃學生，今日已成爲曼徹斯特猶太社會年高德劭的政治家。在英國北部一帶，人人把他當成重要的外交家，猶太媒體和聚會爭相邀請他，不時向他請教中國現勢和中以關係問題。

大躍進失敗

一九五七年秋，柯恩假道加拿大赴中國。九月十八日下午，他前往外交部拜會孟濟斯。「他很胖，記憶力很差，大汗淋漓，動輒敲人桌子的日子大概不多了。」孟濟斯指出。「他說，北京當局提供他終身年金……但爲他所拒，請他們准他以委託代理人的身分賺錢。」孟濟斯問起一年半前甚囂塵上的和談傳言，柯恩坦承是他在北京時自作主張，探詢和解的可能性。「周恩來向他保證……只要蔣介石承認中國爲不可分割和北京政府最高權威，或可在中央擔任高官（可能是國家副主席），也可以隨他喜歡待在大陸或臺灣，在臺灣島上保有政府及海陸兩軍。」

柯恩告訴孟濟斯說，他認爲蔣介石不可能接受周恩來的提議，但同時也指出臺灣有很多人想回大陸，只是不敢提出申請而已。「反過來說，他認爲若有可能的話，大陸上有很多人想離開。他舉了幾個例子說明大陸人……很滿意目前的生活。此外，他也表示儘管猶太人在大陸受到壓榨，倒還沒到遭受嚴重迫害的程度。他這番話教人不得不猜疑箇中有相當程度的合理化成分。」

不久，柯恩參加北京建國八周年紀念大會。他直趨北京大飯店大廳，等機會逮住過往的人聊天。「樓下大廳有個位怪人一坐數小時，甚至數年，正是幽微飯店中典型的光景，其一是當過孫逸仙保鑣的雙槍將軍……以及現爲宣傳家的親華人士兼詩人雷威・艾里（Rewi Alley）。」當時正在北京訪問的英國國會議員戴斯蒙・唐納利（Desmond Donnelly）說道。柯恩在北京逗留時，出席天安門附近舉行的大遊行。「在十月大遊行中，五十餘萬人隨同各式樂隊、肖像和標語條幅，走過同一定點。」唐納利說道：「綵球在和風中飄送。工人和軍人之後緊跟著跳舞的、耍把戲的、運動員、表演單車特技的。飛機凌空掠過。毛澤東站了五個鐘頭，對遊行群衆含笑揮手，一刻也沒有休息。」然而，在這歡慶氣氛和毛澤東笑逐顏開之中，嚴酷的試煉已降臨中國。鎭壓異己和經濟動盪，已使革命激情煙消雲散。「我從私下談話中發現，民衆不敢表達意見的樣子實是我前所未見的。」

毛澤東爲了搞好經濟，在一九五八年提出經濟產值、技術創新和農業生產起飛主張，希望民衆「大躍進」，開始「用兩脚走路」，不要單腿跛行或跳躍。毛澤東設定不合理的樂觀目標，以期迎頭趕上列強。他主張第一年鋼鐵生產要增加百分之十九、煤產十九、電力十八。主管官員被這預測搞得陶陶然，乃至許下益發好高騖遠的承諾。

爲了達到這烏托邦似的目標，共黨幹部紛紛下鄉，鼓動和激勵民衆不要讓毛丟臉，呼籲民衆廣建小型工廠。於是，生產生鐵爐的社區、合作公社和大學校園用來生產鋼鐵，民衆在利用空閒時間從事生產和社會工作的號召之下，每天辛苦十六個小時甚至更多。「在中國，人人都得『志願』下田或築鐵路。」攝影記者卡提-布列松寫道：「因此，我看到小孩在舖人行道，小女生在開軋路機，官僚和知識分子在建水壩。他們的生產力也許微不足道，但他們告訴我，勞動可以讓受過教育的階級接觸農民。」民兵放下訓練去耕田。「如此廣大動員，有時不免予人中國已變成大蜂窩的印象：廣大農民在築路、建廠、架橋、開墾荒地和造林荒山。」

政府主張工業、商業、軍事與教育爲人民所有，於是乎，合作公社合併爲人民公社，成爲一個結合生產與政府機關的自治體，農民失去僅有的財產，大夥兒吃住都在公社的宿舍和餐廳裡。政府爲了提高農業生產，政府動員無業人力資源，結果有一百餘萬人投入水庫建設。官員不懂農技，下令農民把作物栽種的期數拉近，呼籲消滅吃穀子的麻雀。「麻雀吃太多了，他們要把牠們趕盡殺絕。」柯恩代替中國的努力大力吹噓：「民衆奉命根絕麻雀，因爲牠們專吃種籽和穀物等。他們要做就一定能把麻雀殺光。這就是中國人。」到了一九五九年，七十四萬個農業合作社合併爲兩萬四千個鄉村公社，每一公社約包括一萬公頃土地、五千戶人家。中共帶領柯恩參觀的是樣板公社。柯恩隨即指出，很多農民都確信，比起以前的制度，公社是一大改善。「我是看我想看的，而不是只看好看的。」他提到自己的巡訪參觀時說道。

孰料「大躍進」卻是大失敗。大量生產和大豐收的報導純屬謊言，農民工作過量，士氣低落，但不滿情緒升高，生產力自然降低。農民犁土太深，把未施肥的底層土翻了起來。撲滅近十億隻麻雀，反使其他的昆蟲和害蟲猖獗；渲染過甚的家庭工廠所製的生鐵爐極易龜裂。不多時，中共政府不得不恢復單純的集體農場，甚至更小規模的耕作小組；農民取回土地、農具和家宅。

盛讚毛澤東

柯恩在一九五八年夏天就遠離敗象隱現的中國，安然住進梅費爾飯店，大談自己的成就，以及電影公司打算把他生平搬上銀幕。「也許我該靜觀其變。畢竟我才七十一歲，還有很多大事沒作。」他對中共依舊讚不絕口：

各位聽了我所說的話，可能會以為我是共產黨員。我不是。各位……我在那兒待了將近四個月。我先到臺灣，再前往中國，他們以紅毯相迎。我看到我想看的一切之後，可以在這裡正式表明，中國很好。中國人從來沒有這麼好的政府。但這並不表示我是共產黨員，這我方才已經說過了。他們以盛大晚宴款待我，周恩來等要人全都出席，我站起身來向他們表示，我身為國民黨員頗為新中國感到驕傲。他們起立鼓掌。這裡有很多人都不了解，共產黨還是准許國民黨在大陸活動。共產黨雖然掌權，國民黨還是可以在北京招收黨員，誠如毛澤東所說的「百花齊放」……

柯恩在盛讚毛澤東的成就之餘，對聯合國仍然將中國拒於門外大不以為然。「這太沒道理了，」他咆哮道：「個人認為這簡直是末期精神病行為，我周遊世界各地，所碰到的人無不認為這種態度愚不可及。我認為，『忘記、寬恕、結束與和好，醫生說這不是流血的月份』，這是莎士比亞的話……任何世界會議若少了中國便毫無意義。」

他偶爾會接到茱蒂絲的消息。她把皮爾街新店面擴大為包括婚紗部門之後，市政府在一九五七年春天決定把道路拓寬成十一呎，這使得客人很難上門，生意一落千丈。「皮爾街就在她店門前劈為兩半，」友人說道：「上門的客人無處停車，誰也束手無策，她因此丟掉很多生意，健康狀況也從此每下愈況。」茱蒂絲變得十分沮喪。「這一年我精神崩潰，健康不佳，在醫院待了七個星期，前不久剛出院。」她寫給柯恩的信中說道：「這都是由於財務問題所引起。我每天只有幾小時營業時間，對生意的影響可想而知。在這種情況下，你若能償還一部分我給你的大筆金額或代你墊付的款項，不啻是天降甘霖。這些款項多達數千美元，單只代付你從英國來加旅費就有三千美元之多。我相信，只要你有能力，定然會還我公道，而就長程而言，這不僅可解我心頭之憂，對我健康也大有助益。」

柯恩雖夸夸其言做大生意，其實根本沒有餘力幫助茱蒂絲。他要工作沒頭緒，連崔古博夫的債都要不回來。他甚至在一九五六年寫信提醒天津希伯來協會，說他「在天津希伯來協會請求下，爲釋放和發還崔氏所有財產花了相當時間，成功地推翻崔氏原判及發還所有財產及貨品」，依崔氏及希伯來協會同意之「金額與天津富豪飯店權狀」應交予柯恩，但「至今毫無下文，若蒙告知此事進展，無任感荷」。

他雖幫不了茱蒂絲的忙，倒是偶爾會跟茱蒂絲娘家人見面，甚至送花給前岳母。茱蒂絲的妹妹露絲·菲爾德到倫敦訪問時，在跟柯恩餐聚時注意到他仍然戴著結婚戒指。「我們在格羅斯維諾之家用餐，」菲爾德說道：「他還戴著結婚戒指，並表示這輩子不會取下。」對熟知柯恩爲人的人而言，這種舉動無足爲奇。「沒錯，我不覺得驚訝。他對某些事情有極不尋常的依戀，教人永遠也猜不著。」克萊恩說道。

一九六〇年初期，哈利·克拉克在蒙特婁街上偶遇柯恩。這次見面鬧得很不愉快。「因爲我的名字曾出現在離婚官司上，他對我頗爲不懌。」克拉克說道：「他有一點生氣，因爲在一次餐會上他怒不可遏對侍者怒吼證詞中，提到當時在場者中有我的名字。我於是對他說：『莫里斯，你我情同手足，我視你如大哥，絕不會說你壞話，希望你對也以同樣方式待我。』」在倫敦，柯恩偶爾也跟蒙特婁《星報》派駐此間的傑拉德·克拉克聚餐。「沒錯，我在倫敦常跟他見面，」他說。「我們相處甚歡。」

海峽兩岸緊張升高

同一時期，中國大陸和臺灣之間緊張升高。國民黨不但從金門和馬祖外島展開突襲行動，也在敵區進行偵察和空投傳單。一九五三年之後，中共開始在金門對岸整軍建武，派遣二十萬大軍和戰機、轟炸機與一支小型海軍部隊駐守，國民黨則以十萬大軍與更為優越的海軍相抗。一九五八年八月，中共砲打金門，美國立即派出飛機、軍艦與海軍陸戰隊，傑拉德希望能訪問中國，以便報導兩岸日益升高危機，但中共不希望這時有記者在前線亂跑。簽證遲遲沒有下文，傑拉德於是聯絡柯恩。「我們相處甚歡，時常一起餐聚。」克拉克寫道：「我打電話請問他，有什麼辦法可以申請到中國簽證。」柯恩告訴他：「打通電報給周恩來，就說你是我的連襟。」克拉克聽了他話。結果，相當出人意表的是，他在五天內就拿到簽證。

一九五九年四月，達賴喇嘛反共抗暴逃離西藏幾星期後，柯恩一到香港便公告周知，他即將參加北京「全國人民代表大會」。以前中共會自動准柯恩入境，這次卻是不給他簽證；他耐著性子等了好幾個星期，甚至還前往日本，拜訪在赤柱拘留營幫助過他的銀行家武戶。他雖有許多盤算，中共就是不讓他入境，據他向加拿大新聞記者表示，中共已勸他八月再提出申請。「柯恩告訴這位記者說，這次未能接到邀請函或訪問大陸簽證，原因出在傑拉德・克拉克從去年秋天訪問中國大陸之後一直批判中共政權。」美國領事赫羅德・雅各森（Herald W. Jacobson）寫道。雅各森指出，柯恩未能取得簽證，有可能是今夏天災四起，中共不願有太多訪客滯華，即便是親中人士也不例外，以免給來客留下壞印象的緣故。

柯恩流連於香港的猶太俱樂部、馬可波羅俱樂部、外籍記者俱樂部和愛菸者俱樂部，一直待到六月，十一月拿到簽證再回中國參加周年紀念時，同樣對中國經濟和工業成就讚不絕口。在飯店大廳流連的時間更久，說起笑話來也越發猥褻。在柯恩看來，中國樣樣好。「我深切感覺到，此人雖是所受教育不高，甚至可說是沒有文化，卻是個很敏銳而犀利的觀察家。」黎廷博說道：

我認爲，他很擅於壓縮自己所見所聞。「大躍進」雖是以全面經濟災難收場，倒也曾經風光一時，包括香港在內的外國新聞界對中國情況到底多糟有諸多說法，例如，中國缺糧情況有多嚴重等。我跟莫里斯在飯店聚會，他告訴我說：「我昨天才跟幾位中國商人談過，他們報了一長串的統計數字，表示經濟大好，情勢大好。我根本不需要這類廢話。我用不著聽報告，只消到街上走一趟，過兩條街再繞回頭，就可全盤了解。我注意到在街上走動的中國人不迴避我，而是與我劉禎平視。他們看我的時候，大多面帶笑容，或是目泛神采，一個國家的人民能夠抬頭挺胸在街上走動，含笑看著你，教人一望而知他們不可能是處在艱困狀態中。我還注意到另一件事，很多年輕人不是嘴上哼著小曲兒，就是聊得很起勁。我記得以前的中國人在街上踽踽而行，沒有人張口，大部分都是低著頭。我不必統計數字，只要看看民衆就可以斷定那個國家的狀況。」

多年的夸夸其言之後

柯恩找人說明中國現狀。他在猶太社會中心碰見亞倫·柯勞斯（Aaron Krauss），此人年紀二十八歲，是美軍隨軍牧師，剛好在香港泊岸休假一星期。柯勞斯說：「他對我傾心相交，我上哪兒都有他作陪，可說是再親切不過了。他帶我四處拜會，稱我是『海軍陸戰隊的拉比』，言談間彷彿全世界都圍繞著我們的友情打轉似的。我問他：『這些年你爲什麼老往中國跑？』他的回答簡單明瞭：『我想讓中國人知道猶太人長得什麼樣。』」柯恩急於帶柯勞斯到中國。「他想讓我看看中國和中國人。他以簡單直接的方式說個不停，一再表示在現今政府統治下的中國人，狀況比以前好太多了。以前種種壞事，儘管現在也有種種不好的事，一般中國百姓在現今政府統治下畢竟好多了。他認爲周恩來很偉大，蔣介石很腐敗，不足爲懼。」

多年流連飯店大廳和夸夸其言，終於有結果。中國體會到西方的飛機和引擎，畢竟優於蘇聯各型伊留申式引擎，是以在參觀倫敦西南部「范博洛航空展」之後，中國代表團隨即向維克斯及勞斯萊斯公司接洽購買配備勞斯萊斯引擎維克斯子爵型客機事宜。勞斯萊斯認爲要爭取中國買主可能需要若干助力，於是找上柯恩。一九五九年九月二十五日，柯恩當上勞斯萊斯顧問。「勞斯萊斯高層查出莫里斯的出身背景，網羅他來，以便建立我們在中國心目中的可信度。」當時擔任該公司技服務部工程師的彼得・阿姆斯壯（Peter Armstrong）指出：「勞斯萊斯只要顧問提供一般性的指導，以他軍火交易抽成百分之五的標準而言，這不算是很有賺頭的生意，幸好他向來有志於改善中英關係。」

柯恩跟公司所預料的大不相同。「我很遺憾看了那本書。」當時擔任勞斯萊斯業務經理的大衛・胡迪爵士（Sir David Huddie）提到德雷治那本傳記：「我從書中得到的印象是此人粗魯不文，其實他很細心。我覺得，他對自己知人之明的能耐頗爲自豪。」

雙方展開密集會談。有錢賺，柯恩自然賣力，在一九六〇年九月八日與中國駐倫敦大使館商務代辦的會談中，極力設法幫勞斯萊斯敲定契約。「會談很誠懇，但只是雙方互做試探，屬於初步會商性質。」任職外銷業務部門的戈登・史科妥（Gordon Scotter）寫道：「我們向中方傳達的主要訊息是，只要他們能提出一百萬鎊或相同數額的不可撤銷押金存款，以表示誠意，雙方自可再做進一步磋商。」

柯恩的舊日門路逐漸開通，生意一一上門。他的老友兼上司李濟琛擔任主席閒差的「國民黨革命委員會」，本來是個以說服黨員回歸大陸的組織，一九五九年秋天李過世，留給柯恩一個憶述掌故軼聞的輕鬆差事。從十一月一日開始，柯恩這位「孫逸仙生前忠貞助手」，應邀擔任「革命史料編纂委員會」特別撰述，只須「偶爾提交孫逸仙生平軼事論文」即可，每個月一百鎊報酬，爲期兩年。此外，媒體爭相邀訪。一九六〇年五月，柯恩飛往多倫多，擔任「頭版質疑」(Front Page Challenge) 談話秀節目的「神祕貴賓」，演出費是九百二十三點六美元，外帶來回機票。更妙的是，柯恩終於在一九六一年一月因第一次世界大戰曾服務軍旅而取得加拿大公民證書。

維克斯和勞斯萊斯商務商談花了點時間，勞斯萊斯需要柯恩幫忙的時候，就派專車接他到位於德貝郡 (Derby) 的總公司。一九六一年九月，中國決定購買六架配備勞斯萊斯 Dart 五二五F引擎的維克斯子爵型機。維克斯子爵型機在全球已賣出三百多架，六架算是相當小的交易，但象徵中國首次向西方購買飛機，以及英國公司急欲取得協議。中國代表團參觀勞斯萊斯工廠時，柯恩等人帶領他們參觀飛機製造過程。雙方敲定飛機交易後，柯恩於十月飛往中國，出席一九一一年革命五十周年紀念，同時準備預定十月在北京進行的飛機交易談判。十一月十二日，柯恩積極參與孫逸仙九十五歲冥誕紀念活動。

維克斯商務代表團先行抵達北京，勞斯萊斯小組隨後而至，中方通譯和官員以黑頭禮車迎至飯店。柯恩與勞斯萊斯小組合作，與中方談判引擎零件及後續支援合同。中方在談判過程中堅持徹底保密，但在路透社披露後，勞斯萊斯不得不坦承柯恩是他們的「對中商務顧問」。

柯恩不參加實務談判，是以在雙方磋商細節時便走訪宋慶齡等故友。「他到過舍下兩、三次，」英國代辦處登記課長丁瑪姬 (Maggie Dean) 說道：「他常打電話來喊無聊，我請他過來喝杯茶。他果真過來，跟我大談猶太笑話。他很有意思。」此外，柯恩也在飯店酒吧內撥弄銀頭手杖、喝喝上海啤酒和中國土產威士忌，觀賞落袋撞球特技表演。柯恩白天耐心等候勞斯萊斯小組談判，一面和老友聊天，甚至跟雷威・艾里穿科打諢：「乖乖，我昨晚夢遺了。」

到了晚上，勞斯萊斯小組和他討論談判經過。「我們回到飯店，他已經在那兒等著，我們告訴他白天談判經過和問題所在，」阿姆斯壯說道。柯恩只是提供聲援，擔任小組「告解神父般的角色」。根據位在東京的勞斯萊斯遠東公司董事長兼總經理鄧肯・傅雷澤（Duncan Fraser）的說法，柯恩「所從事的是幕後工作。他未必站在第一線，而是在側翼工作」。除了協助勞斯萊斯之外，柯恩也頗受中國主人眷顧。他在北京期間配有一間住宅和專用司機，想要什麼吩咐一聲即可，不必簽帳。此外，他也負責提供英國客人所需。

談判不如勞斯萊斯預料的順利，柯恩只得出面做點外交折衝。「我們告訴他中方採取強硬談判手法，他有點懊惱。他們很頑固。若是有特別難題要擺平，他會說他去看看有什麼辦法。他真的幫了大忙。我們完全信賴他。」阿姆斯壯說道。碰到談判陷入僵局時，他甚至會表示放棄自己的費用。「莫里斯・柯恩的典型作風是，到了價格爭議最熱烈的階段時跑去向中共當局說：『只要有所幫助，我的佣金可以全部拿去。』」只要交易能順利進行，柯恩擺出這種唐吉訶德姿態不足為奇。雙方終於在耶誕節前後敲定交易。中方同意購買六架飛機，連同二十四宗勞斯萊斯引擎零件，以及一紙引擎製造商後續技援契約。交機日期預定從一九六三年七月開始。

日子好不了多少

一九六二年一月，柯恩抵香港會見以色列外交部長高達・梅爾（Golda Meir）。當時以色列處於外交孤立狀態，柯恩與梅爾談話中自然聊到中以關係。梅爾提到，以色列亟欲與中國建立正常外交關係，但中方沒有回應，令她頗爲疑惑。柯恩興奮地表示，他可以運用管道促成若干進展，而且保證很快就會有結果。他在港期間拜訪漢斯與拉拉・狄斯塔（Hans & Lala Diestel）等故友。「他跟狄斯塔夫婦相處甚歡，到香港時常在星期五晚上到狄家用餐。」前一年才和先生一起遷居香港的蘿雪・柏根（Roche Burgin）說道：「拉拉常在星期五晚上宴客，我們就常應邀參加極爲正統的安息日晚餐。氣氛輕鬆，不談沈甸甸的政治話題。」柏根夫婦在狄家結識柯恩。「他是很和靄的老先生，很疼小孩子，每回想到柯恩時，我眼前就浮現他跟我七歲女兒跳舞的情景。他很和善。」

一九六二年一月三十一日，國民會革命委員會中委會再和柯恩續約兩年，同時指出「期滿時雙方可再協議延長」。他繼續鼓吹生意：「中國是個大市場，且北京政府有意從事商務貿易。」他向新聞界吹噓，說中國曾委託他一億英鎊購買英國農具，但因英國政府拒發出口許可而功敗垂成。他徹底爲中國辯護：「北京政府深刻了解，中國不是天堂，尚須努力之處仍多，不過，從個人早年旅華至今中國已有長足進步。一九四九年時若有人對我說，五年內中國再也沒有人抽鴉片，我定會大笑，然而，他們確實辦到了。」

他對中共政權推崇備至。「就政府而言，中國人未曾有過像現在這麼好的政府。人人各盡本分，老者皆有所養。這話容或有爲中國宣傳之嫌，但我所說的全是個人所見所知的中國和中國人。他們旣能安居樂業，就是眞實呈現我所謂的國家社會主義；若不是確信他們實現孫逸仙博士的基本方法和訓示，我也不會時時前往中國。」至於那些心懷異志離開中國的人，「我相信，今天中國還是有極少數人想出走，生活在有奢侈品、鴉片、賣春和古柯鹼的地方，不願爲建設中國成爲眞正適於居住的地方而盡力；我這麼說是有絕對自信，並不是要製造假相。此外，有些在海外有資產的人，也想出走，生活在沒有紀律的地方。」

就在他振振有詞說著中國情況大有改善的同時，中國的生活卻是極爲艱苦。大躍進期間歉收和饑荒造成數十萬人死亡，吃人肉的事時有所聞。到了一九六一年，中國已是民不聊生之地。「我在一九六〇至六一年嚴冬之際來到北京，」在北京大學就讀的思文·林衛斯（Sven Lindqvist）寫道：「北京宛如死城，商店空無一物，飯店關門大吉，連鐵釘、繩索和紙張都無處買。施粥中心外頭大排長龍，排過好幾條街。一頓溫飽猶如海市蜃樓般虛懸在北京上空……全國彷彿憋著一口氣做長呼吶喊。」

在臺灣，日子也好不了多少。國民黨隨時準備渡海反攻，歷史博物館展示的唐三彩馬就陳列在打包箱內，以便大軍收復大陸後隨時起運，或共產黨來襲時轉至別處。「臺灣仍然抛不開收復大陸的迷思，到處瀰漫著人爲的戰爭氣氛。」林衛斯繼續寫道：「電影開演前，銀幕上必然會打出疏散計畫，教人在萬一遇到空襲時如何疏散，雖然臺灣不曾遭受這類攻擊。」

柯恩對臺灣的統治者頗有微詞。「我們指的是他極不喜歡的蔣介石。」賽瑞・謝勒說道。「他認爲蔣沒有水準，對他也毫無敬重之意。在六〇年初到年中，他應邀參加紐約電視節目，被問到他對蔣介石的觀感時他對我說道：『我不方便說。於是我銜著攝影機說了聲「渾球」。』

柯恩返回英國後，以飯店套房爲工作場所和居所。一九六二年七月，他跟岱卡雷達公司(Decca Radar Ltd.)接頭；九月，他拿到商務顧問聘書，爲岱卡出口和銷售雷達產品到中國的最佳方法提供建言。爲酬謝他的辛勞，每筆超過十萬英鎊的交易可獲百分之五佣金，不足十萬鎊則抽成百分之二・五。「絕大多數的代理商都是公司，像柯恩將軍這樣的個體戶少之又少。」負責岱卡對華業務的彼得・達歐尼（Peter Daone）說道。柯恩所以雀屏中選，乃因：「他的特殊門路和品質。他顯然有很好的門路，本公司的業績卓然有成，特別是在海事雷達銷售上，得歸功於他本身的門路和影響力。我們是透過他才能在中國建立基礎。我絕對相信，他特殊的地位和關係對我們大有助益。他所做的是很基礎的工作，鑑於中國對他的敬重，本公司絕不可有終止合作關係的不智舉動。他顯然使得岱卡的名號領袖群倫。」

他跟勞斯萊斯仍然繼續合作。一九六四年三月十二日，柯恩獲聘爲「勞斯萊斯（遠東）公司商務顧問」，諮詢範圍包括整個中國地區。他應「自費對勞斯萊斯航空引擎產品所有潛在顧客進行商務勸說」，勞斯萊斯給他的基本顧問費是年薪五百英鎊，外加成交佣金。

中國再起革命

一九六二年初，柯恩在會晤高達·梅爾之後的一年半裡，以色列一直設法跟他連絡，想打聽跟中國建交的事有無進展，但完全沒有他的消息。一九六三年八月，耶路撒冷外交部亞洲司司長雅科夫·希莫尼（Yaacov Shimoni）致函在英國索爾福的柯恩。九月三日，柯恩拜會以色列駐倫敦大使路里耶（A. Lurie），表示他跟北京兩位高層官員談過之後，覺得並不是跟中國提升關係的好時機。柯恩尚未向周恩來提及此事，但他保證下回到中國時會再努力。

毫無結果。一九六五年九月，希莫尼匯整了一份跟中國官員有良好私交的人士名單，指出其中有位叫馬坤將軍的「怪人」，在中國是否真有影響力值得懷疑。以色列當局再次致函在英國的柯恩，問他是否採取過什麼行動。他的答覆是，他做過幾次接觸，仍然覺得還不是跟周恩來談論此事的恰當時機。

這時已年近八旬的柯恩，往來於倫敦和索爾福之間。回到家裡，這位大家長和妹妹莉亞，爲了李斯利的看護問題跟弟媳愛蒂絲鬧得不可開交。柯恩和莉亞堅稱應把李斯利接回家裡休養，不應該待在醫院。六〇年代初期，有一回柯恩和莉亞沒跟愛蒂絲商量就讓李斯利出院；愛蒂絲到醫院探視丈夫並與醫生討論病情，好幾次碰到柯恩和莉亞，當場就爲了李斯利照顧問題跟她大聲吵了起來。在曼徹斯特，以政治家面貌出現的柯恩則是會見童子軍團體，對他們多方鼓勵，也把自已冒險故事告訴他們，甚至捐出一本自傳，義賣二十五基尼（一基尼金幣約等於二十先令）高價，幫助第四〇一童子軍隊購買折疊式營帳。

在柯恩日薄西山之時，毛澤東在中國則有失勢之虞，於是決定整肅敵人。毛爲肅清異己，展開思想改革，以創造更多的忠誠領導人、減少社會菁英和改善黨。「反毛澤東主席、反澤東毛思想、反黨中央領導、反無產階級專政、反社會主義正確路線者……」《人民日報》警告說，「都將被全黨和全體人民打倒」。

毛澤東決定訓練新生代「突擊隊」，以復興革命價值。高中和大專院校紛紛冒出「紅衛兵」，賦予「小將」渾號，主導清算造成過去錯誤的黨幹部的土地。

一九六六年春夫，紅衛兵攻擊作家、官員和宣傳家，關閉學校，揮舞「毛語錄」和棍棒，攻擊並殺害老師。八月，毛澤東發動「無產階級文化大革命」，指示紅衛兵「敢做敢闖敢革命」和「造反有理」，在引出紅衛兵怒火之後，又鼓動他們破四舊：舊思想、舊文化、舊風俗和舊習慣。於是，在這個素來重視傳統和敬老尊賢的國度裡，兒童與青少年凌辱老人和知識分子，破壞文化遺跡、教堂、寺廟、書籍、器具，甚至珠寶。他們湧進城，把領導人物從辦公室裡揪出來，戴上高帽子，遊街示衆。紅衛兵的行爲有如調查員、法官和行刑者，而且勇於內鬥。人人自危。紅衛兵以中只有毛澤東，不承認政治局委員、副總理和內閣部長。他們殺害特務和叛國賊。

宋慶齡被斥爲資產階級反動派，周恩來力保，下令紅衛兵不得干擾她，但他們連周總理的話也不聽。九月二十一日，暴民趁她外出時衝進她家中。

這次革命的宗旨跟孫逸仙在五十五年前所提出的革命大異其趣。前一次是以民主自由爲蒿矢，這次則是只有恐怖。就在新革命甫起之際，柯恩由英赴中，出席故主百歲冥誕紀念，途經以色列，由外交部三名年輕官員帶他參觀特拉維夫。「他以形同神話的經歷、雪茄和威士忌折騰了他們一整晚，弄得他們筋疲力竭。」已在一九六一年遷居以色列的謝勒說道。抵達中國後，柯恩在紀念會上與周恩來、宋慶齡、毛澤東等要員同席，顯得甚是搶眼。「我閱人多矣，這是中國至善至美的政府。」他對這無政府狀態再度揄揚備至：「我親眼見到他們所作所爲的成果和全民幸福安樂。」

在文化大革命方興未艾當中，柯恩令人無端想起過去。「對於亟欲消滅像柯恩這樣的中國人的北京統治者而言，柯恩的出現顯示他們感傷的一面。」《華盛頓郵報》記者史坦利・卡爾諾(Stanley Karnow)寫道。在紅衛兵折騰和殺害自家領導人的同時，中共政府對柯恩卻是極爲恩寵。他們對柯恩極端敬重，出入有女性地陪和通譯照顧，起身和入座莫不慇勤攙扶。在紀念會上，柯恩看到紅衛兵大遊行，明知他們帶給中國動盪不安，卻沒說他們一句壞話。「我見過幾百萬的紅衛兵，我覺得這是好事。精神好。我知道，剛開始的時候是有極少數人過火了一點，但現在有紀律多了。」他沒有一句壞話。

在「雙十」國宴上，柯恩坐在長桌旁，宴席間，周恩來走了過來，拍拍他肩膀，舉杯以英語說道：「莫里斯，老友。」柯恩起身。周接著說：「萬歲。」柯恩動容。「第二天早上我碰見他，只見他神釆煥發，」黎廷博說道：「他一跟我提起就哭了起來。我從沒見過他如此眞情流露，於是問怎麼回事？他說：『敬完酒後，我一坐下就當場哭了起來。老兄，以我這些年的作爲，以及在上海對他們的態度，他們應該把我踹出門才對，詎料周總理卻親自過來向我敬酒，這可不是人人能有的殊榮。』他搖搖頭說道：『只有中國人如此厚待我。』他眞的很感動。」

柯恩在十一月底離開北京之前，到當地醫院做健康檢查，然後到香港，以化名住進半島酒店，重拾流連大廳故伎，盤算著怎麼賣東西，從鈕釦到汗衫他都能賣，逮到人就說個不停。「我跟北京還有連絡。」跟他在半島酒店相處幾個小時的卡爾諾說道。「在他大出鋒頭之後，見到不是挺有趣的他，不免教人有點失望。我認爲，他不太了解中國的現況。我無意誇張，但他畢竟不是精神外科醫生。他是好幾家加拿大穀物公司的代表，只不過他處理極爲謹慎罷了。在美國禁運期，中國穀物不敷所需，必須從肯賣他們糧食的地方進口，尤其是阿根廷和加拿大。他曾以加拿大穀物公司和中國買主之間的中間人身分，身懷商業任務去了一趟，但神祕兮兮的，不肯對我透露詳情，可能是子虛烏有亦未可知。」

開始衰退

柯恩不久就回轉英國。在他安居西方的時候，紅衛兵已經不只是稍微過火而已了。一九六七年一月，中共不得不出動軍隊粄平暴動。紅衛兵攻擊北京各外國使館。蘇聯撤館。紅衛兵指控印度大使館館員從事間諜活動，審判官員，在他們在機場等候離境時又給予一頓痛打。蒙古大使的司機拒不接受毛像，被紅衛兵從車裡揪出來，然後放火燒車，攻入使館，攻擊館員。紅衛兵發動反對英國統治香港大罷工，八月底，英國公文保管處付之一炬。

一九六七年夏天，紅衛兵攻擊外國記者住宅，路透社特派員安東尼・葛雷（Anthony Grey）即是受害人之一。「黑漆噴得我一身，濕透襯衫和短褲，沿著大腿流進鞋襪裡。」葛雷寫到八月十八日晚上自己從屋裡被揪到庭院後的遭遇：「他們在我背上抹膠水，貼上粉紅色紙條，揪著我的頭在群衆間繞行，一邊吆喝、高呼口號，一邊對我拳打腳踢。」這一票人強制把葛雷塗了焦油和裹上羽毛的身體，擺成頭頂地，雙臂朝後仰起的噴射機姿勢。喧鬧的群衆只在紅衛兵朗讀葛雷「罪狀」時稍微安靜一下，在唸到「你在家裡喝酒」和「你在家裡徘徊」時又鼓噪起來。葛雷想要起身為自己辯護，小腹馬上狠狠挨了一下。

「吶喊口號聲跟另一批在屋內肆虐的紅衛兵的嘈雜聲交徹。相片甩在地上，打字機、收音機和各種擺飾到處摔，書籍四散，窗帘和家具以黑漆噴上中文和英文口號。外門上方的扇形窗玻璃被搗碎，釘上鐵釘，掛上毛像，黏肖像的膠水滴在我身上。」紅衛兵粗聲粗氣叫葛雷起身，而他一站直，馬上看到愛貓「敏敏」脖子上栓子繩子吊在陽台上。群衆開始嚷嚷要把他凌遲處死，然後輪流唸著毛語錄。他們沒有殺他，而把他軟禁在自己家裡。他們用木板把門窗釘死，用膠布封住他的辦公室和起居間。在這間新牢房內，床單和牆壁都噴上漆，窗戶塗漆擋住光線，掛起毛澤東海報，又把敏敏的血滴在他床舖上，貼上「打倒葛雷」之類的標語。紅衛兵讓他在那兒待了兩年。

柯恩絕口不提文化大革命。他在「希列爾之家」（Hillel House）向「研究生協會」演講時，所談論的是在開封的猶太人、中國發現猶太書卷，對美國強迫以色列在中國加入聯合國的表決投下反對票頗有微詞。「若是以色列不依美國，美國猶太僑社可能無法匯錢回以色列。」

一九六七年三月中旬，柯恩趁參加侄孫亞德廉・華萊士（Adrian Wallace）婚禮之便，前往開普敦探親，送給亞德廉跟新娘子席拉一張機票到倫敦度蜜月。他仍然夸夸其言大談新中國。「我得承認，所見一切令我十分感動。」

他的健康開始衰退。一九六七年耶誕節前後，柯恩得了流行感冒，在索爾福皇家醫院待了幾星期。此外，他還到布里斯托醫療中心檢查。不過，他依舊不改故習。「我不曉得他是什麼來頭，」當時因坐骨神經痛住院治療的羅絲・歐文（Rose Owen）說道：「我到視聽室看電視。我有點氣喘。我突然聞到後頭飄來濃厚的雪茄味，於是頭也不回地叫：『這房間不准抽菸。』第二天，有個塊頭很大、有點討厭的男子跟一位修女在一起，狠狠瞪著我。後來才知道抽雪茄的人就是他，而且他很顯然是得到特准。旁人問我：『妳知道他是誰？』我說不知道，他們說：『他就是雙槍馬坤』。這名號對我毫無意義。他自視甚高。我覺得他很討人厭。他總是抽著嗆人的雪茄四處走動。」

在索爾福，柯恩慵懶坐在他最喜歡的高背皮椅上，抽他的愛德華國王牌雪茄，呷一杯濃咖啡，日子過得很愜意。他每天早上出門到新聞代理店買報紙。「他去買報紙的時候，那兒經常有很多兒童，」維克多・庫柏說道：「那兒是勞工區，不是上流住宅區。他們常在那兒花十便士或五便士吃些甜點。有一回我舅舅走進去，看見店裡有三、四位兒童，就對代理商說：『他們要什麼全算我的。』」柯恩從《工人日報》、《先鋒報》、《電訊報》、《金融時報》到倫敦《泰晤士報》無所不買。「他常買一大堆報紙，」庫柏說道：「他翻到社論版，把所有的社論看完。」他妹妹莎拉定期來訪，另有些人也時來探望。他喜歡看拳擊電視節目，有時會請路過的垃圾清潔員進屋喝杯威士忌，到了周末則參加宗教禮拜。他甚至捐出幾件中國黑檀木椅子給聚會所。此外，他也時時前往倫敦。

他偶爾會發脾氣。一九六九年三月，《猶太報》引用格拉哥一位教士的話，提醒來自中國的反猶太威脅，宣稱「中國是猶太人的新危機」，柯恩立即挺身爲中國辯護。他指出，雖然有許多對付以色列的武器來自中國和俄羅斯，但中國人爲猶太人的協助遠比別的國家多。此外，柯恩也在一九六九年在「世界錫安犬會」年會午餐會等場合發表演講。

他除了回憶自己似眞似幻的一生之外，已經別無他事可做。

儘管柯恩花費多年編織神話，但他既無法在中國政治、金融或軍事上成一股勢力，也不是什麼大戰略家或政治哲學家。他的幼年和嗜好似是註定了一生要作奸犯科。他跟小流氓廝混，很輕易就可躋身爲執法殺手、私酒走私者，或在都會大黑幫裡占有一席之地。他始終沒有完全擺脫黑暗的過去，尤其是賭徒郎中這比較黑暗的一面，所幸他本質上是個很寬厚的人，這沖淡了他的性格。也許是偶然，也許是幸運，他結識了一批與他意氣相投、從事不法行爲，但也熱切希望推翻祖國帝制的中國人。

薄暮中的神話

兩次世界大戰之間的中國是「蠻荒東方」，是足以讓各式冒險家和逐金客自由馳騁、各取所需的最後大邊疆。柯恩似是爲專爲此國度而生，不過，身爲波蘭裔猶太人的他，目睹族人在波蘭和英國遭受迫害之餘，他還能夠在個人利益之外從大處著眼，慨然協助馬三、孫逸仙、宋慶齡等人。他從這些人身上學到犧牲精神；他們潛移但並沒有完全默化他的嗜好，但讓他有一件可以捨生奉獻的事情做。柯恩因此沒有走發財捷徑，最終是靠小聰明爲中國建設和追求獨立略盡棉薄，遊走在更有價值的道路上。

在中國這段時間也使他更臻成熟。爲求生存，柯恩學到講求效率，知道如何想辦法把事情做好，勉強贏得了素來講究階級、只要帶一點藍領階級口音和非基督教信仰便上不了檯面的外交界的敬重。

柯恩與孫逸仙相處這段時間，以及他對孫氏名諱的敬意，最終是成就了他一生的事業，讓他在別人心目中永遠是現代中國國父的忠心助手，以及極少數和中國人站在一起的白人。共產黨接收大陸，國民黨敗走臺灣之後，柯恩同現代中國之父的關係，也讓他擁有雖極有限卻也極爲難得的接觸雙方陣營的機會。而且，他此生最後一賭押在共產黨這邊，也使他得以在延長的薄暮微光中爲自已營造神話。

一九七〇年九月，柯恩前往格拉斯哥參加友人婚禮後返回索爾福。「那天我去看他，」莎拉提到七日傍晚去探視柯恩的情形。「他躺在床上休息，一直說不舒服。他從來不曾這樣說自己。他說要去一下洗手間。」他離床後，莎拉跟莉亞幫他換床單。「他回來坐在椅子上，」莎拉繼續說道：「他坐定後，我坐他身旁。他說覺得不太舒服，我姊姊說他臉色不太對勁。」柯恩頭一歪。「啊，他走了，」莉亞說道。莎拉看了懷中的哥哥一眼，回頭對莉亞說道：「妳胡說什麼？」莎拉慌亂地問道。後來她回憶說：「他死在我懷裡，我懷裡！」

柯恩在庚戌狗年這一天，結束了他的戰鬥。經歷二十世紀中國動亂，數度傳出身亡消息的他，遠離第二祖國和中國同志，在妹妹莉亞和莎拉的隨侍下於英國溘然而逝。多年奔波和汲汲營營，他辭世時總資產還不到六千三百英鎊。不過，自有人會記得他。莫里斯·柯恩在布勞頓街住所入殮時，披上晨禱方形披巾，他父親約瑟夫地下有知，想必十分欣慰。「天氣晴和，」主持海頓公園聚會所的李斯利·歐斯博格教士說道：「眾人聚集在布勞頓街。滿屋子中國雕刻與牆上掛飾，宛如中式陵寢。」

親戚、朋友和新聞界紛紛前來弔唁，由於參葬禮者人數眾多，不得不勞駕警察管制交通。這也是中共和臺灣官員一起公開出現的極少數場合之一。儘管同胞相殘，互不承認對方的存在，但柯恩的老戰友無法忽視他這位西方友人，遂並肩站在他墳頭上。宋慶齡也沒忘記柯恩，一接獲他家人通知，便送來一方中文墓銘，以便與英文和希伯來文並列刻在他黑花岡石墓碑上。一九七一年九月十二日，中共駐倫敦大使館兩名官員，北上參加祝聖追悼式，在「馬坤之墓中華人民共和國副主席宋慶齡題於北京」的墓碑前獻花。這是中國向一位忠貞保護者與友人的最後致意。

文獻與參考書目

檔案庫、圖書館、私人文件

亞伯大法人團體登記處（Alberta Corporate Registry）
亞伯大議會圖書館（Alberta Legislature Library）
美國猶太分布聯合委員會資料室（American Jewish Joint Distribution Committee Archives），查閱羅拉・賈布倫（Laura Jarblum）檔案
班克勞復圖書館，本地歷史圖書與檔案室（Bancroft Library, Local History Library & Archives）
卑詩省檔案記錄處（British Columbia Archives and Records Service）
布魯克蘭博物館（Brooklands Museum）
維克檔案室（Vickers Archives）
卡加立市立檔案室（Calgary City Archives）
卡加立警察局檔案室（Calgary Police Archives）
加拿大猶太會議（anadian Jewish Congress）
加拿大太平洋檔案室（Pacific Archives）
機拿大戰爭博物館（adian War Museum）
馬戲團世界博物館（Circus World Museum），查閱諾利斯 Norris & Rowe Collection
艾德蒙頓市立檔案室（City of Edmonton Archives）
哈利・科恩私人文件（Harry Cohen, Personal Papers）
哥倫比亞大學圖館手稿收藏室（Columbia University Libraries Manuscript Collections），查閱關於張發奎、威靈頓・古、史考思基的報告
維克多・庫柏，私人文件（Victor Cooper, Personal Papers）
艾德蒙頓警察博物館暨檔案室（Edmonton Police Museum/Archives）
聯邦調查局（Federal Bureau of Investigation），查閱莫里斯・柯恩檔案
傅尼地區歷史學會（The Fernie and District Historical Society）
葛蘭柏檔案室（Glenbow Archives）
大倫敦記錄研究室（Greater London Record Office）
（The Hertzberg Circus Collection & Museum）
胡佛研究院檔案室（Hoover Institution Archives, Stanford），查閱 Norwood Allman、Randall Gould、J. C. Huston、Milton Miles 等人的報告。
皇家戰爭博物館（Imperial War Museum），查閱 B. C. Anslow、M. L. Bevan、Frank Hastings Fisher、Day Joyce、F. H. J. Kelly、F. M. V. Tregear 等人的報告。

以色列國立檔案室（Israel State Archives）
亞伯大法律檔案學會（Legal Archives Society of Alberta）
溫尼伯議會圖書館（Legislative Library, Winnipeg）
國會圖書館（Library of Congress）
倫敦猶太生活博物館（The London Museum of Jewish Life），查閱猶太暫時收容所的報告
曼尼托巴省立檔案室（Manitoba Provincial Archives）
國立太空博物館（National Air and Space Museum）
渥太華國家檔案室（National Archives, Ottawa, Canada），查閱外事報告
華盛頓特區國家檔案室（National Archives, Washington, D.C.），查閱上海市警局記錄
格林威治海事博物館（National Maritime Museum, Greenwich）
海戰學院，海戰歷史收藏（Naval War College, Naval Historical Collection），查閱 Wilma Miles、Kemp Tolley 的報告
和平河百年博物館（Peace River Centennial Museum）
亞伯特王子歷史學會（Prince Albert Historical Society）
亞伯大省立檔案室（Provincial Archives of Alberta）
曼尼托巴省立檔案室（Provincial Archives of Manitoba）
倫敦公共記錄研究室（Public Record Office, London），查閱殖民、外事、軍事情報等組的報告
香港公共記錄研究室（Public Record Office, Hong Kong）
約瑟夫・李奇私人文件（Josef Rich, Personal Papers）
舊金山國立海事歷史公園、海事博物館圖書室（San Francisco Maritime National Historical Park, Maritime Museum Library）
薩克其萬檔案委員會（Saskatchewan Archives Board）
薩克其萬公共圖書館本地歷史室（Saskatoon Public Library, Local History Room）
南漢普敦市立記錄研究室檔案處（Southampton City Records Office, Archives Service），查閱 John I. Thornycroft & Co.的資料
倫敦劇院博物館（Theatre Museum, London）
美國大屠殺博物館（United States Holocaust Museum）
美國國務院（United States State Department），查閱莫里斯・柯恩檔案
里茲大學布洛瑟圖書館特別收藏室（University of Leeds, Brotherton Library, Special Collections），查閱 Arthur Ransome 的通信記錄與報告
麥克・華勒士私人文件（Michael Wallace, Personal Papers）
溫尼伯警察研究室（Winnipeg Police Service）
YIVO

採訪／訪談

Abbott, Dan-San, June 22, 1996
Abbott, Senator G. Patrick, Apr. 26, 1996
Armstrong, J. Peter, Jan. 4, 1996
Bard, Solomon, Aug. 8, 1994, Aug. 11, 1994
Barnett, Doak, Aug. 18, 1994
Bates, Abraham, Sept. 16, 1993
Ben-Eliezer, Judith, Oct. 25, 1993
Bennett, H. T., Oct. 25, 1993
Bernstein, Issie, Nov. 14, 1992, Apr. 13, 1994
Booth, Sonny, Sept. 21, 1993
Burgin, Roche, May 25, 1994
Callin, Douglas, Apr. 9, 1995
Chalmers, Margaret, Feb. 27, 1995
Citrin, Walter J., Dec. 9, 1993
Clark, Gerald, Jan. 21, 1993, Aug. 13, 1993
Clark, Harry, July 23, 1993
Cohen, Harry, May 17, 1994, Nov. 13, 1994
Cohen, J. Michael, Dec. 28, 1993
Cohen, Queenie, Nov. 14, 1993, Apr. 13, 1994
Cooper, Leah, c. 1978
Cooper, Victor, July 19, 1994, July 22, 1994, May 6, 1995
Daone, Peter, May 11, 1995
Dean, Maggie, Dec. 15, 1995
Diestel, Lala, Aug. 17, 1994
Epstein, Israel, Jan. 18, 1993
Fan Liang (范良), Apr. 29, 1994
Farkas, Marvin, May 22, 1995
Ferrier, Arthur Michael, June 5, 1995
Ferrier, George Eric Serge, June 5, 1995
Field, Ruth, July 26, 1993
Fishman, Leonard, May 27, 1995
Fradkin, Abraham, May 23, 1994
Franklin, Kay, Dec. 1, 1993
Fraser, Duncan, Apr. 17, 1996

Gabriel, Eric, Feb. 5, 1994
Gill, Louise, Sept. 7, 1993
Gleiberman, Joseph, Dec. 17, 1993
Hahn, Emily, Feb. 28, 1993
Hanin, Leo, Sept. 2, 1993
Heath. Henry, Apr. 29, 1993
Hillaly, Estelle, Dec. 13, 1993
Horal, Phyllis, Dec. 6, 1993
Horowitz, Rose, Jan. 21, 1993
Karnow, Stanley, May 26, 1994
Klyne, Rose, Jan. 19, 1994
Krauss, Rabbi Aaron, Oct. 7, 1994
Landau, Leo, Dec. 3, 1993
Levaco, Ben, Sept. 2, 1993
Liberman, Yaacov, Sept. 2, 1993
Lieberman, Henry, Dec. 3, 1993
Litvin, Raya, Dec. 27, 1994
Malini, Oziar, Jan 9, 1996
Marks, Irene, Apr. 9, 1995
Menzies, Arthur, Mar. 25, 1994
Miles, Wilma, June 3, 1994
Muller, Samuel, Nov. 18, 1993, Dec. 15, 1993
Odell, David, Aug. 9, 1993
Odell, Jack, Aug. 8, 1993
Odell, Molly, Aug. 9, 1993
Odell, Yvonne, Aug. 8, 1993
Olsberg, Rev. Leslie, May 22, 1995
Owen, Rose, Apr. 9, 1995
Pan Jing-qing, Dec. 13, 1994
Pascal, Frances, Aug. 20, 1993
Piastunovich, Teddy, May 30, 1996
Reifler, Henriette, Oct. 11, 1993
Rich, Josef, Nov. 8, 1992, Nov. 14, 1992
Rich, Sarah, Nov. 8, 1992, NOv. 14, 1992, Mar. 14, 1993, Apr. 10, 1994
Rittenberg, Sidney, Oct. 15, 1992
Rome, David, Sept. 22, 1993

Shapiro, Sidney, Jan. 20, 1993
Shepherd, Sr., James, Mar. 15, 1994
Sherer, Cyril Dec. 13, 1993, Dec. 20, 1993, Dec. 22, 1993, Aug. 17, 1994
Shulemson, Sydney, Oct. 1, 1993
Spindel, Dinah, July 26, 1994
Tolley, Kemp, Sept. 2, 1993, Nov. 24, 1993
Vardi, David, Feb. 22, 1994
Vineberg, Cecil, Aug. 25, 1993
Vineberg, Harold, Feb. 25, 1994
Vineberg, Michael, Sept. 28, 1993
Wilson, Geoffrey, Apr. 29, 1993
Wright-Nooth, George, Mar. 10, 1993
Zarinski, Victor, Aug. 12, 1993

報紙與期刊

Alberta History
Alberta Historical Review
Associated Press
Bandwagon
Bangkok *Daily Mail*
The Builder
The Building News and Engineering Journal
Calgary *Daily Herald*
Calgary *Daily News*
Calgary *Herald*
Calgary *News-Telegram*
The Canadian
Canadian Aviation Historical Society Journal
Canadian Jewish News
Canadian Railway and Marine World
Certified Schools Gazette
The China Critic
China Mail
China News (Taipei)
The China Press

The China Weekly Review
Chicago Tribune
The Commercial Traveler
The Critic
The Daily Albertan, Calgary
The Daily Phoenix, Saskatoon
The Daily Mail, London
Daily Province, Vancouver
Daily Telegraph
East End News
The Echo
Edmonton *Bulletin*
Edmonton *Capital*
Edmonton *Daily Bulletin*
Edmonton *Daily Capital*
Edmonton *Journal*
Edmonton *Morning Bulletin*
Entracte
Evening Chronicle
Evening Standard
Family Herald
Far East American
Far Eastern Review
Fernie *Free Press*
Hongkong *Daily News*
Hongkong *Daily Press*
Hong Kong *Standard*
Hongkong *Telegraph*
Hongkong *Tiger Standard*
Honolulu *Advertiser*
THe Illustrated London News
Israelite Press
Israel's Messenger
Jerusalem *Post*
The Jewish Chronicle
Jewish Western Bulletin, Vancouver

The Journal, London
The Journal of Asian Studies
Lancashire *Evening Post*
Lethbridge *Herald*
Life
London *Daily Dispatch*
London *Daily Express*
London *Daily Mail*
London *Daily Mirror*
London *Daily Telegraph*
London *Evening News*
London *Jewish Chronicle*
London *Star*
Maclean's
Manchester *Daily Dispatch*
Manchester *Daily Express*
Manchester *Daily Mail*
Manchester *Evening Chronicle*
Manchester *Evening News*
Manchester *Evening Standard*
Manchester *Guardian*
Manchester *Jewish Gazette*
Manchester *Jewish Telegraph*
Manchester *News Chronicle*
Manitoba *Free Press*, Winnipeg
Military Affairs
The Monetary Times
Montreal *Gazette*
Montreal *Herald*
Montreal *Srandard*
Montreal *Star*
Moose Jaw *Times*
Moose Jaw *Times-Herald*
The Morning Albertan, Calgary
The National Jewish Monthly
New York *Globe*

New York *Herald Tribune*
New York *Post*
New York *Sun*
New York *Times*
Newsweek
The North-China Daily News
The North-China Herald
Novosit Dnia
The Observer
Oriental Affairs
Ottawa *Journal*
Peace River *Record*
Peace River *Standard*
Renmin Ribao (《人民日報》)
Reuters
Rhodesian *Herald*
Saturday Evening Post
Saturday Night, Toronto
The Shanghai Evening Post Mercury
Shanghai *Times*
The Sketch: The English Illustrated Magazine
South African *Jewish Times*
South China Morning Post
The Star Phoenix
Sunday Chronicle
Sunday Dispatch
Sunday Express, South Africa
Sunday Graphic and Sunday News
The Sunday Mail, Rhodesia
Sunday Referee
Time
Times, London
Topic
Toronto *Daliy Star*
Toronto *Globe and Mail*
Tuanjie bao (《團結報》)

Ups and Downs
Vancouver Sun
Washington *Post*
Wenhui bao (《文匯報》)
Winnipeg *Evening Tribune*
Winnipeg *Free Press*
Winnipeg *Telegram*
Winnipeg *Tribune*
Xinhua ribao (《新華日報》)
The Zionist Record

未發表的博士論文與文章

Andrews, G. "Moose Jaw—1882-1914: A Summary of Early Development," Moose Jaw, Growth of, file, Moose Jaw Public Library.

Anslow, B. C. Extracts from Diaries of B. C. Anslow (Then B. C. Redwood) Kept During Japanese War on Hong Kong, Imperial War Museum, Department of Documentsm, 73/67/1 (P).

Bellan, Ruben C. "The Development of Winnipeg as a Metropolitan Centre." Ph.D. diss., Columbia University, 1958.

Bellan, R. C. "Relief in Winnipeg: The Economic Background." Master's thesis, University of Toronto, 1941.

Betke, Carl Frederick. "The Development of Urban Community in Prairie Canada: Edmomton, 1898-1921." Ph.D. diss., University of Alberta, Edmonton, 1981.

Bevan, M. L. Diary and Album of Sketches of Stanley Gaol. Hong Kong, 1941-45, Department of Documents, Imperial War Museum, London, 69/6/1.

Bowie, Christopher J. "Great Britain and the Use of Force in China, 1919 to 1931." Ph.D. diss., Oxford University, 1983.

Cheng, Shelly Hsien. "The T'ung-Meng-Hui: Its Organization, Leadership and Finances, 1905-1912." Ph.D. diss., University of Washington, 1962.

Dudley, Marion. Hong Kong Prison Camp. New York (no pub.), Letter dated August 22, 1942.

Emerson, Geoffrey Charles. "Stanley Internment Camp, Hong Kong, 1942-1945: A Study of Civilian Internment During the Second World War." Master's thesis, University of Hong Kong, 1973.

Fisher, Frank Hastings. The Diary of F. H. Fisher in Hong Kong 1942-1945, Written in the form of a letter to his wife, Department of Documents, Imperial War Museum. 67/191/1.

Fulton, Gordon W. "Moose Jaw Main St. Project," Moose Jaw Public Library, 1984.

Gould, Randall. Unpublished memoirs, Hoover Institution, Box 10, 69086-8.23.

Grover, Sheila. "669 Main Street, Zimmerman Block." City of Winnipeg Historical Buildings Committee, Mar. 10, 1986, The Legislative Library.

——. "671-673 Main Street, 1903 Zimmerman Block." City of Winnipeg Historical Building Committee, Feb. 5, 1986, The Legislative Library.

Jarblum, Laura Margolis. United Jewish Appeal. Interview with Laura Margolis Jarblum by Menahem Kaufman, Apr. 26, 1976, AJJDC Archives, AR3344.130.

Jarblum, Laura. "Remembering Soong Ching Ling," Laura Jarblum file, Joint Distribution Committee, September 1986.

Joyce, Day. "Ordinary People: The Sheet." Account based on diaries kept at the time of her experience as a civilian internee of the Japanese in Hong Kong 1941-45, ca. 1974. Imperial War Museum, Department of Documents, P324.

Kelly, F. H. J. Typescript of Part of Diary Kept in Stanley Civilian Internment Camp 1942-1945. Imperial War Museun, Department of Documents, 84/59/1.

Lai, Jeh-hang. "A Study of a Faltering Democrat: The Life of Sun Fo, 1891-1949." Ph.D. diss., University of Illinois, 1976.

"London County Council, Minutes. Industrial & Reformatory Schools Committee. Commencing 16th January 1899 ending 18th December 1900."

MacGregor, J. G. *Peace River Jim Cornwall the Apostle of the North*. Provincial Archives of Alberta, MSS Jim Cornwall.

Miles, Wilma Sinton Jerman. *Biography of Milton Edward (Robbins) Miles*, Naval War College, MS Coll., Miles, Wilma S., 26, Series 2, Box 2, Folder 6, Papers: Biography of Adm. Miles through 1939 written by Wilma S. Miles.

Tolley, Kemp. *Reminiscences of Rear Admiral Kemp Tolley U.S. Navy* (Retired), vol. I. U.S. Naval Institute, Annapolis, Maryland, 1983.

Tung Kwok Leung, Augustus. "A Study of the Relationship between Chen Jitang and the Nanking Government, 1929-1936," Master's thesis, University of Hong Kong, 1991.

Wechsler, Robert Steven, "The Jewish Garment Trade in East London 1875-1914: A Study of Conditions and Responses." Ph.D. diss., Columbia University, 1979.

Wilbur, Martin C. "Forging the Weapons: Sun Yat-sen and the Kuomintang in Canton 1924." Unpublished manuscript, Columbia University, 1966.

Wiley, James Hundley, "A Study of Chinese Prostitution." Master's thesis, University of Chicago, 1928.

Wilson, David Clive, "Britain and the Kuomintang, 1924-28: A Study of the interaction of official policies and perceptions in Britain and China" (Ph.D. diss., University of London, May 1973).

Wittenbach, H. G. Notes on internment by the Japanese, in Kowloon and in Stanley Camp, Hong Kong, written by Mrs. H. G. Wittenbach soon after her return to England towards the end of 1945. Department of Documents, Imperial War Museum.89/9/1.

書籍與文章

Abbott, Dan-San. "Rosamonde," *WWI Aero* 140, May 1993, pp. 17-26.

Abbott, Senator G. Patrick. "China's First Military Airplane," *US-China Review* 11, no. 4, (July-August 1987).

Abella, Irving, *A Coat of Many Colours: Two Centuries of Jewish Life in Canada*. Toronto: Lester & Orpen Dennys, 1990.

Abend, Hallett. *My Life in China 1926-1941*. New York: Harcourt, Brace and Co., 1943.

Abrams, Gary W. D. *Prince Albert: The Frist Century, 1866-1966*, Saskatoon: Modern Press, 1966.

Akimova, Vera Vladimirovna (Vishnyakova). *Two Year in Revolutionary China 1925-1927*. Cambridge, Mass.: East Asian Research Center, Harvard University, 1971.

Alderman, Geoffrey. *London Jewry and London Politics 1889-1986*. London: Routledge, 1989.

Aleichem, Sholom. *From the Fair*. New York: Viking, 1985.

Allen, Richard. "The Triumph and Decline of Prohibition." In J. M. Bumstead, ed., *Documentary Problems in Canadian History*, vol. 2, *Post-Confederation*. Georgetown, Ont.: Irwin-Dorsey Ltd., 1969.

Alley, Rewi. *At 90; Memoirs of My China Year: An Autobiography of Rewi Alley*. Beijing: New World Press, 1986.

Almedingen, E. M. *The Emperor Alexander II*. London: The Bodley Head, 1962.

Anecdotes and Updates: Virden Centennial 1982. Virden, Manitoba: Empire Publishing Co. Ltd., 1982.

Archer, John H. *Saskatchewan: A History. Saskatoon*: Western Producer Prairie

Books, 1980.

Archer, John H., and J. C. Bates. *Historic Saskatoon: A Concise Illustrated History of Saskatoon*. Junior Chamber of Commerce. 1947.

Aronson, I. Michael. "Geographical and Socioeconomic Factors in the 1881 Anti-Jewish Pogroms in Russia," *The Russian Review* 39, no. 1, January 1980.

——. "The Attitudes of Russian Official in the 1880s Toward Jewish Assimilation and Emigration," *Slavic Review* 34, no. 1, March 1975.

Artibise, Alan. *Winnipeg: An Illustrated History*. Toronto: James Lorimer & Company, Publishers and National Museum of Man, National Museums of Canada, 1977.

Artibise, Alan F. J. "The Urban West: The Evolution of Prairie Towns and Cities to 1930," *Prairie Forum* 4, no. 2, Fall 1979.

——. *Winnipeg: A Social History of Urban Growth, 1874-1914*. Montreal: McGill-Queen's University Press, 1975.

Aubury, Lewis E. "The Structural and Industrial Materials of California," Bulletin No. 38, California State Mining Bureau, San Francisco, January 1906.

Ayers, William. "The Hong Kong Stries: 1920-1926," *Papers on China*, Harvard University, Regional Studies Seminar, vol. 4, April 1950, pp. 94-130.

Backtracking with Fernie & District Historical Society. Fernie and District Historical Society, 1977.

Bagnell, Kenneth. *The Little Immigrants: The Orphans Who Came to Canada*. Toronto: Macmillan, 1980.

Baron, Salo W. *The Russian Jew Under Tsars and Soviets*. New Yor: Macmillan, 1976.

Bartlett, John. *Bartlett's Familiar Quotations*, 14th edition. Boston: Little, Brown and Co., 1968.

Bauer, Yehuda. *American Jewry and the Holocaust: The American Jewish Joint Distribution Committee, 1935-1945*. Detroit: Wayne State University Press, 1981.

Baureiss, Gunter. "The Chinese Community in Calgary," *Alberta Historical Review* 22, no. 2, 1974.

Baureiss, Gunter, and Leo Driedger. "Winnipeg Chinatown: Demographic, Ecological and Organizational Change, 1900-1980." *Urban History Review* 10, no. 3, February 1982, pp. 11-24.

Beahen, William. "Mob Law Could Not Prevail." *Alberta History* 29, no. 3, 1981.

Belkin, Simon. *Through Narrow Gates: A Review of Jewish Immigration, Coloni-*

zation and Immigrant Aid Work in Canada (1840-1940). Montreal: The Eagle Publishing Co., 1966.

Ben-Eliezer, Judith. *Shanghai Lost, Jerusalem Regained*, Israel: Steimatzky, 1985.

Bensusan, S. L., "The Largest School in the World." *The Windsor Magazine*, 1896.

Bercuson, David J. *Canada and the Birth of Israel; A Study in Canadian Foreign Policy*. Toronto: University of Toronto Press, 1985.

Bermant, Chaim. *Point of Arrival: A Study of London's East End*. London: Eyre Methuen, 1975.

Berton, Pierre. *The Great Railway, 1881-1885*. Toronto: McClelland and Stewart Ltd., 1971.

Bertram, James. *Beneath the Shadow: A New Zealander in the Far East, 1939-1946*. New York: The John Day Co., 1947.

Betar in China: 1929-1949.

Bi Xi,《替孫中山先生當衛士時的回憶》，取自中國人民政治西山會議浙江省委員會資料研究委員會所編纂的《孫中山與浙江》。杭州：浙江人民出版社， 1986, pp. 145-48.

Biographical Dictionary of Republican China. Howard L. Boorman, ed. Vol. 3. Columbia University Press, New York, 1970.

Black, Eugene C. *The Social Politics of Anglo-Jewry 1880-1920*. Oxford: Basil Blackwell Ltd., 1988.

Blashill, Lorraine. *Legal Legacy*. Saskatoon: Core Communications Inc., 1985.

Blick, Judith, "The Chinese Labor Corps in World War I," Harvard University Papers on China, vol. 9, August 1955.

Bodde, Derk. *Pseking Diary: A year of Revolution*. New York: Henry Schuman, 1950.

Bogdan, Robert. *Freak Show: Presenting Human Oddities for Amusement and Profit*. Chicago: University of Chicago Press, 1988.

Book of Remembrance: The Martyrs of Biezun. Tel Aviv: 1956.

Booth, Charles, ed. *Labour and Life of the People: Appendix to Volume II*. London: Williams and Norgate, 1891.

——. *Labour and Life of the People, vol. I, East London*. London: Williams and Norgate, 1891.

——. *Labour and Life of the People, Appendix to Volume II*. London: Williams and Norgate, 1891.

Bracken. John. *Crop Production in Western Canada*. Winnipeg: The Grain Growers' Guide, 1920.

Brooke, Rupert. *Letters from America*. New York: Charles Scribner's Sons, 1916.

Brown, Craig, ed. *The Illustrated History of Canada*. Toronto: Lester & Orpen Dennys Ltd., 1987.

Burrill, Bob. *Who's Who in Boxing*. New Rochelle: Arlington House, 1974.

The Cambridge History of China, Republican China 1912-1949, part 2, vol. 13, eds. John K. Fairbank and Albert Feuerwerker. Cambridge: Cambridge University Press, 1986.

Cameron, Nigel. *An Illustrated History of Hong Kong*. Oxford: Oxford University Press, 1991.

Canada in the Great War, by Various Authorities, vol. 5., "The Canadian Railway Troops," Hill, Roland H., and Robertson, H. L., United Pubishers of Canada, Toronto, 1920.

Canadian Criminal Cases 19, November 8, 1910.

Carney, Dora Sanders. *Foreign Devils Had Light Eyes*. Toronto: Dorset Publishing, 1980.

Cartier-Bresson, Henri, and Barbara Brakeley Miller. *China*. New York: Bantam Books, 1964.

Cashman, Tony. *The Best Edmonton Stories*. Edmonton, Alberta: Hurtig Publishers, 1976.

Chan, Anthony B. *Arming the Chinese: The Western Armaments Trade in Warlord China, 1920-1928*. Vancouver: University of British Columbia Press, 1982.

Chan-Marples, Lan. "An Edmonton Chinese Project at Fort Edmonton Park: A Proposal." Fort Edmonton Historical Foundation, Fed. 24, 1983.

Chang Kia-ngau. *China's Struggle for Railroad Development*, New York: The John Day Company, 1943.

Ch'en, Jerome. "Dr. Sun Yat-sen's Trip to Peking 1924-1925." *Readings on Asian Topics*. Papers read at the inauguration of the Scandinavian Institute of Asian Studies, Sept. 16-18, 1968, Studentlitteratur, Sweden, 1970.

Chen Shuyn.《宋慶齡傳》，北方婦女兒童出版社，1988.

Chen, Ta, "Analysis of Strikes in China, from 1918 to 1926." *Chinese Economic Journal* 1, no. 11, November 1927, pp. 945-62.

Cheng, Tien-fang. *Oriental Immigration in Canada*. Shanghai: The Commercial Press, Ltd., 1931.

Cherpak, Evelyn M. "Remembering Days in Old China: A Navy Bride Recalls Life on the Asiatic Station in the 1920s." *The American Neptune*, Summer 1984.

Chesneaux, Jean. *The Chinese Labor Movement 1919-1927*. Santford: Stanford University Press, 1968.

Chesney, Kellow. *The Anti-Society: An Account of the Victorian Underworld*. Boston: Gambit.1970.

Chiel, Arthur. *Jewish Experiences in Early Manitoba*. Winnipeg: Manitoba Jewish Publications, 1955.

——. *The Jews in Manitoba*. Toronto: University of Toronto Press, 1961.

The China Year Book, 1929-1930. H. G. W. Woodheaf, ed. Tientsin: The Tientsin Press, Ltd., 1931.

Chindahl, George L. *A History of the Cirus in America*. Caldwell, Idaho: The Caxton Printers, Ltd., 1959.

Chipman, George Fisher, "The Refining Process." *The Canadian Magazine* 33. no. 6, Oct. 1909, pp. 548-54.

Chittenden, Newton H. *Travels in British Columbia*. Vancouver: Gordon Soules, 1984.

Clark, Gerald. *No Mud on the Back Seat, Memoirs of a Reporter*, Montreal: Robert Davies Pubilshing, 1985.

Clifford, Nicholas R. *Spoilt Children of Empire: Westerns in Shanghai and the Chinese Revolution of the 1920s*. Hanover, N. H. Middebury College Press, 1991.

Clingan, Ida. *The Virden Story*. Altona, Mani.: Friesen Printers, 1957.

Clubb, O. Edmund. *20th Century China*. New York: Columbia University Press, 1978.

Cohen, Morris. "Weida de aiguozhe, weida de gemingjia, weida de ren-Sun Zhongshan xiansheng" (A great patriot, a gteat revolutionary, a great man-Mr. Sun Yat-sen). In Shang Mingxuan et al., ed., *Sun Zhongshan shengping shiye zhuiyilu* (Recollections of Sun Yat-sen's life and work). Beijing: Renmin chubanshe, 1986, pp. 113-15.

Cohen, Warren I. *The Chinese Connection: Roger S. Greene, Thomas W. Lamont, George E. Sokolsky and American-East Asian Relations*. New York: Columbia University Press, 1978.

The Community of Shrensek and Surroundings. A Mermorial Book. Jerusalem, 1960.

Cooper, Joy. "Red Lights of Winnipeg." *Transactions—Historical and Scienrific Society of Manitoba 3*, no. 27, 1970-71, pp. 61-74.

Corbett, Gail H. *Barnardo Children in Canada*. Peterborough: Woodland Publishing. 1981.

Cowen, Anne and Roger. *Victorian Jews Through Brirish Eyes*.Oxford: Oxford

University Press, 1986.

Crone, Ray. "The Unknown Air Force." *Canadian Aviation Historical Society Journal*, 18, no. 2, 1980.

Crone, Ray H. "The Unknown Air Force." *Saskatchewan History 30*, no. 1 (winter 1977).

Cross, W. K. *The Charlton Prize Guide to First World War Canadian Infantry Brigades*, Toronto: The Charlton Press, nid.

Cross, Wilbur. *Zeppelins of World War I*. New York: Paragon Houes, 1991.

Cruickshank, Charles. *SOE in the Far East*. Oxford: Oxford University Press, 1983.

Davies, W. J. K. *Light Railways of the First World War: A History of Tactical Rail Communications on the British Fronts, 1914-18*. Newton Abbot, Devon: David & Charles, 1967.

Dawson, J. Brian. "The Chinese Experience in Frontier Calgary: 1885-1910." In *Frontier Calgary: Town, City, and Region 1875-1914*, edited by Anthony W. Rasporich and Henry C. Klassen. Calgary: University of Calgary, 1975.

Day, Patrick John. "Wong Sing-Fuen and the Sing Lee Laundry." Historical and Natural Science Services, Edmonton Parks and Recreation, November 1978.

Dew, Gwen, *Prisoner of the Japs*. New York: Alfred A. Knopf, 1943.

Dickens, Charles. "Old Clothes!" *Household Words*, no. 108, April 17, 1853.

——. *Oliver Twist*. New York: Bantam Books, 1981.

Dickinson, F. L. *Prairie Wheat: Three Centuries of Wheat Varieties in Western Canada*. Winnipeg: Canada Grains Council.

Doyle, Arthur Conan. *The Completa Sherlock Holmes*. Vol. 1. New York: Doubleday & Co., 1953.

Drage, Charles. *Two-Gun Cohen*. London: Jonathan Cape, 1954.

Dubnow, S. M. *History of the Jew in Russia and Poland: From the Earliest Times Until the Present Day*. Vol. 2. Hoboken, N.J.: Ktav Publishing House, 1975.

Dyos, H. J., and Michael Wolff, eds. *The Victorian City: Images and Realities*. 2 vols. London: Routlede & Kegan Paul, 1973.

East, Melville A. *The Saskatoon Story: 1882-1952*. Saskatoon: General Printing and Bookbinding Ltd., 1952.

Elath, Eliahu. *Zionism at the UN: A Diary of the First Days*. Philadelphia: The Jewish Pubilcation Society of America, 1976.

Ellis, Anthony L. "The East-End Jew At His Playhouse." *Pall Mall Magazine* 35, 1908, pp. 173-79.

Eillis, Frank. *Canada's Flying Heritage*. Toronto: University of Toronto Press,

1954.

The Encyclopaedia of Boxing. Compiled by Maurice Golesworthy. London: Robert Hale Ltd., 1988.

Encyclopaedia Judaica. Encyclopaedia Judaica Jerusalem. New York: The Macmillan Company, 1971.

Endacott, G. B. *A History of Hong Kong*. Oxford: Oxford University Press, 1964.

——. *Hong Kong Eclipse*. Oxford: Oxford University Press. 1978.

Englander, David, ed. *A Documentary History of Jewish Immigrants in Britain, 1840-1920*. Leicester: Leicester University Press, 1994.

Eyges, Thomas, B. *Beyond the Horizon: The Story of a Radical Emigranr*. Boston: Group Free Society, 1944.

范良，〈回憶中山先生〉，取自《孫中山：中國人民偉大的革命的兒子》，香港：中華書局，1957, pp. 193-95.

——〈我爲中山先生守靈〉，江蘇省政協文史資料研究委員會編輯，《在孫中山身邊的日子裡》，江蘇古籍出版社，1986, pp. 220-24.

——〈在孫中山先生身邊的日子裡〉，江蘇省政協文史資料研究委員會編纂，《在孫中山先生身邊的日子裡》，江蘇古籍出版社，1986, pp. 149-58.

Farson, Daniel. *Marie Lloyd & Music Hall*. London: Tom Stacey, 1972.

Finch, Percy. *Shanghai and Beyond*. New York: Charles Scribner's Sons, 1953.

Fishman, W. J. *East End 1888: Life in a London Borough among the Laboring Poor*. Philadelpia: Temple University Press, 1988.

Fishman, William J. *East End Jewish Radicals 1875-1914*. London: Gerald Duckworth & Co. Ltd., 1975.

Foran, Max. "Land Speculation and Urban Development: Calgary 1884-1912." In *Frontier Calgary: Town, City, and Region 1875-1914*, edited by Anthony W. Rasporich and Henry C. Klassen. Calgary: University of Calgary. 1975.

Franck, Harry A. *Roving Through Southern China*. New York: The Century Co., 1925.

Frankel, Jonathan. "The Crisis of 1881-82 As a Turning Point in Modern Jewish History." In *The Legacy of Jewish Immigration: 1881 and Its Impact*, edited by David Berger. New York: Brooklyn College Press, 1983.

——. *Prophecy and Politics: Socialism, Nationalism, and the Russian Jews*, 1862-1917. Cambridge: Cambridge University Press, 1981.

Franks, Kenny A., and Paul F. Lambert. *Early California Oil: A Photographic History*, 1865-1940. College Station: Texas A&M University Press, 1985.

Fryer, Harold, *Alberta: The Pioneer Years*. Langley, B. C.: Stagecoach Publishing, 1977.

Fung, Edmund S. K. *The Diplomacy of Imperial Retreat: Britain's South China Policy, 1924-1931*. Hong Kong: Oxford University Press, 1991.

Gartner, Lloyd P. *The Jewish Immigranr in England, 1870-1914*. London: Simon Publications, 1973

Gieysztor, Aleksander, Stefan Kieniewicz, Emanuel Rostworowski, Janusz Tazbir, and Henryk Wereszycki. *History of Poland*. Warsaw: Polish Scientific Publishers, 1979.

Gilchriese, Captain Harry L. "Managing 200,000 Coolies in France." *Current History* 11. no. 3, part 1, December 1919.

Gilead, Heather. *The Maple Leaf for Quite a While*. London: J. M. Dent & Sons Ltd., 1967.

Gilkes, Margaret, and Marilyn Symons. *Calgary's Finest: A History of the City Police Force*. Calgary: Century Calgary Publications, 1975.

Gilpin, John F. "The Poor Relation Has Come into Her Fortune: The British Investment Boom in Canada 1905-1915." Canada House Lecture Series, no. 53.

Gittins, Jean. *I Was at Stanley*. Ye Olde Printerie, Ltd., 1945.

—. *Stanely: Behind Barbed Wire*. Hong Kong: Hong Kong University Press, 1982.

Glasstone, Victor. *Victorian and Edwardian Theatres: An Architectural and Social Survey*. London: Thames and Hudson, 1975.

Goldstein, Israel. *My World as a Jew: The Memoirs of Israel Goldstein*. Vol. 1. New York: Herzl Press, 1984.

Goodspeed, Lieut.-Col. D. J., ed. *The Armed Forces of Canada, 1867-1967: A Century of Achievement*. Ottawa: Directorate of History, Canadian Forces Headquarters, 1967.

Gough, Richard, *SOE Singapore, 1941-9142*. London: Wiliam Kimber, 1985.

Gould, Randall. *China in the Sun*. Garden City, N.Y.: Doubleday & Company, Inc., 1946.

—. *Chungking Today*. Shanghai: The Mercury Press, 1941.

Gray, James H. *Boomtime: Peopling the Canadian Prairies*. Saskatoon: Western Producer Prairie Books, 1979.

—. *Red Lights on the Prairies*. Toronto: Macmillan of Canada, 1971.

Green, O. M. *The Foreigner in China*. London: Hutchinson & Co., 1943.

Grey, Anthony. *Hostage in Peking*. London: Michael Joseph Ltd., 1970.

Griffin, Nicholas J. "Britain's Chinese Labor Corps in World War I." *Military*

Affairs 40, no. 3, October 1976.

Gronewold, Sue. *Beautiful Merchandise: Prostitution in China 1860-1936*. New York: The Institute for Research in History and the Haworth Press, 1982.

Gurcke, Karl. *Bricks and Brickmaking: A Handbook for Historical Archaeology*. Moscow, Idaho: The University of Idaho Press, 1987.

Gutkin, Harry. *Journey into Our Heritage: The Story of the Jewish People in the Canadian West*. Toronto: Lester & Orpen Dennys, 1980.

Gutman, Yisreal, Michael Berenbaum, Yehuda Bauer, Raul Hilberg, and Franciszek Piper. *Anatomy of the Auschwitz Death Camp*. Bloomington: Indiana University Press, 1994.

Hahn, Emily. *China to Me: A Partial Autobiography*. Garden City, N. Y.: Doubleday, Doran & Co., 1944.

——. *Hong Kong Holiday*. Garden City, N. Y.: Doubleday & Co. Inc., 1946.

——. *The Soong Sisters*. Garden City, N. Y.: Doubleday, Doran & Co., 1943.

Hannon, Leslie F. *Canada at War*, Toronto: McClelland and Stewart Ltd., 1968.

Harrop, Phyllis. *Hong Kong Incident*. London: Eyre & Spottiswooode, 1943.

Hayford, Charles W. *To the People: James Yen and Village China*. New York: Columbia University Press, 1990.

Henderson's Edmonton City Directory.

Henderson's Prince Albert City Directory.

Henderson's Saskatoon City Directory.

Hershatter, Gail, "The Hierarchy of Shanghai Prostitution, 1870-1949," *Modern China* 15, no. 4 (October 1989), pp. 463-98.

Hershfield, Sheppy. "Growing Up in North Winnipeg," *The Jewish Historical Society of Western Canada*. Second annual publication, selection of papers presented in 1969-1970, Apr. 1972.

Hewlett, Sir Meyrick. *Forty Year in China*. London: Macmillan & Co., 1944.

Hoe, Ban Seng. *Structural Changes of Two Chinese Communities in Alberta, Canada*. Ottawa: National Museum of Canada, 1976.

Holubnychy, Lydia. *Michael Borodin and the Chinese Revolution, 1923-1925*. New York: East Asian Institute, Columbia University, 1979.

Houseman, Lorna. *The House that Thomas Built*. London: Chatto & Windus, 1968.

Hovet, Thomas, Jr., and Erica Hovet. *Annual Review of United Nations Affairs. A Chronology and Fact Book of the United Nations, 1941-1985*. Dobbs Ferry, New York, Oceana Publications, 1986.

Howell, Michael, and Peter Ford. *The True History of the Elephant Man*. London: Allison & Busby, 1983.

Isaacs, Harold R. *The Tragedy of the Chinese Revolution*, New York: Atheneum, 1968.

Jan's Encyclopedia of Aviation. Vol. 3. Danbury: Grolier Educational Corporation, 1980.

Jay, Ricky. *Learned Pigs & Fireproof Women*, New York: Warner Books, 1986.

Jiang Yongjing. 〈胡漢民先生年譜稿〉，取自《胡漢民事蹟資料匯集》，香港：大同圖書公司，1980. Vol 1, pp. 321-end.

Johnston, Tess, and Deke Erh. *A Last Look: Western Architecture in Old Shanghai*. Hong Kong: Old China Hand Press, 1993.

Jones, Gareth Stedman. *Outcast London: A Study in the Relationship Between Classes in Victorian Society*. Oxford: Clarendon Press, 1971.

Keesing's Contemporary Archives, Mar. 29-Apr. 5, 1952.

Keith, Ronald A. *Bush Pilot with a Briefcase*: The Happy-Go-Lucky Story of Grant McConachie. Ontario: Donbleday Canada Ltd., 1972.

Kerr, D. C. "Saskatoon 1910-13, Ideolegy of the Boomtime." *Saskatchewan History* 32, 1979, pp. 16-28.

Kerr, Don, and Stan Hanson. *Sakatoon: The First Half-Century*. Edmonton: Ne West Press, 1982.

Kershen, Anne J. *Uniting the Tailors: Trade Unionism amongst the Tailoring Workers of London and Leeds, 1870-1939*. Ilford: Frank Cass, 1995.

Kidd, Alan. *Manchester*. Keele, Staffordshire: Ryburn Publishing, 1993.

Klein, Daryl. *With the Chinks*. London: John Lane the Bodley Head, 1919.

Knight, Leith, *All the Moose... All the Jaw*. Moose Jaw: Moose Jaw 100, 1982.

Knowles, Valerie. *Strangers at Our Gates: Canadian Immigration and Immigration Policy, 1540- 1990*. Toronto: Dundurn Press, 1992.

The Labour Gazette. The Department of Labour, Dominion of Canada. Col. 13, Mar. 1913. and col. 14, Jan. 1914.

Lai, Chuen-yan David. "Contribution of the Zhigongtang in Canada to the Huanghuagang Uprising in Canton, 1911," *Canadian Ethnic Studies* 14, no. 3, 1982, pp. 95-104.

Lai, David Chuenyan. *Chinatowns: Towns Within Cities in Canada*. Vancouver: University of British Columbia Press, 1988.

Lam, Lawrence. *The Whites Accept Us Chinese Now: The Changing Dynamics of Being Chinese in Timmins*. York Timmins Project, Working Paper No. 4, York

University, 1983.

Lary, Diana. *The Kwangsi Clique in Chinese Politics, 1925-1937*. Cambridge: Cambridge University Press, 1974.

Leonoff, Cyril Edel, "Pioneers, Ploughs and Prayers: The Jewish Farmers of Western Canada." *Jewish Western Bulletion* (September 1982).

——. "Wapella Farm Settlement; (The First Successful Jewish Farm Settlement in Canada), A Pictorial History." Publishes by Historical and Scientific Society of Manitoba and Jewish Historical Society of Western Canada, 1970.

Leung, Edwin Pak-wah. *Historical Dictionary of Revolutionary China, 1839-1976*. New York: Greenwood Press, 1992.

Levy, Abraham B. *East End Story*. London: Constellation Books, 1951.

Lewis, Morton. *Ted Kid Lewis: His Life and Times*. London: Robson Books,1990.

Li, Peter S. "Chinese Immigrants on the Canadian Prairie, 1910-1947," *The Canadian Review of Sociology and Anthropology* 19, no. 4, November 1982, Univ. of Toronto Press, pp. 527-540.

Lilius, Aleko E. *I Sailed with Chinese Pirates*. London: Arrowsmith, 1930.

Lindemann, Albert S. *The Jew Accused: Three Anti-Semitic Affairs (Dreyfus, Beilis, Frank) 1894- 1915*. Cambridge: Cambridge University Press, 1991.

Lindqvist, Sven. *China in Crisis*. London: Faber and Faber, 1963.

Lindsay, Oliver. *At the Going Down of the Sun, Hong Kong and South-East Asia,* 1941-1945. London: Hamish Hamilton, 1981.

——. *The Lasting Honour: The Fall of Hong Kong, 1941*. London: Hamish Hamilton, 1978.

Lipman, V. D. *A History of the Jews in Britain since 1858*. Leicester: Leicester University Press, 1990.

——. *Social History of the Jews in England 1850-1950*. London: Watts & Co., 1954.

——. "Trends in Anglo-Jewish Occupations," *The Jewish Journal of Sociology 2*, no. 2, November 1960.

Liu. F. F. *A Military History of Modern China, 1924-1949*. Princetion: Princeton University Press, 1956.

Liu Guoming, ed. 中華民國國民政府軍政機關人物記，春秋出版社.

Lloyd George, David, *War Memoirs*, 1915-1916. Vol. 2. Boston: Little, Brown and Company, 1933.

Lumb, N. P. L. *The Systematic Treatment of Gonorrhœa*. Philadelphia: Lea & Febiger, 1918.

Ma, L. Eve Armentrout. *Revolutionaries, Monarchists, and Chinatowns: Chinese*

Politics in the Americas and the 1911 Revolution. Honolulu: University of Hawaii Press,1990.

馬湘，〈跟隨孫中山先生十餘年的回憶〉，取自《孫中山生平事業追憶錄》，北京：人民出版社，1986, pp. 116-161.

Macdonald, Lyn. *They Called It Passchendaele*. London: Michael Joseph, 1984.

MacFarquhar, Roderick L. "The Whampoa Military Academy." Papers on China, vol. 9, East Asia Regional Studies Seminar, Harvard University, 1955, pp. 146-72.

MacGregor, J. G. *Edmonton, A History*, Edmonton: M. G. Hurtig Publishers, 1967.

MacKay, John Henry. *The Anarchists: A Picture of Civilization at the Close of the Nineteenth Century*. Boston: Benjamin R. Tucker, 1891.

Macpherson, Maj. General W. G., ed. *Medical Histoty of the War*. Vol 2. London: HMSO, 1923.

Magocsi Paul Robert. *Historical Atlas of East Central Europe*. Seattle: University of Washington Press, 1993.

Mair, A. J. *E. P. S. The First 100 Years: A History of the Edmonton Police Service*. Edmonton: Edmonton Police Service, 1992.

Malraux, André. *The Conquerors*. New York: Holt,Rinehart and Winston, 1976.

——. *Man's Fate*. New York: Vintage Books, 1961.

Marlatt, Daphne and Carole Itter, eds. *Opening Doors, Vanconver's East End*. Victoria: Sound Heritage, Province of British Columbia, 1979.

Marrus Michael R. *Samuel Bronfman: The Life and Times of Seagram's Mr. Sam*. Hanover, N.H.: University Press of New England, 1991.

Martin, Chester. *History of Prairie Settlement: 'Dominion Land's Policy*. Toronto: The Macmillan Company, 1938.

Mazower, David. *Yiddish Theatre in London*. London: The Museum of the Jewish East End, 1987.

McCormick. Elsie. *Audacious Angles on China*. New York: D. Appleton and Co., 1923.

McGinnis, J. P. Dickin. "Birth to Boom to Bust: Building in Calgary 1875-1914." In *Frontier Calgary: Toun, City, and Region 1875-1914*, edited by Anthony W. Rasporich and Henry C. Klassen. Calgary: University of Calgary, 1975.

Mearns, Andrew. *The Bitter Cry of Outcast London: An Inquiry Into the Condition of the Abject Poor*. October 1883. Reprint, the Victorian Library, Anthony S. Wohl, ed., New York: Humanities Press, 1970.

Melby, John F. *The Mandate of Heaven: Record of a Civil War, China 1945-49*. Toronto: University of Toronto Press, 1968.

"Michigan's Pioneer Brickmakers," *Journal of the IBCA*, Summer 1994.

Mingling Memories: A History of Wapella and Districts. Wapella, Sask.: Wapella History Committee, 1979.

Morton, Desmond. *Canada and War: A Military and Political History*. Toronto: Butterworths, 1981.

——. *A Military History of Canada*. Edmonton: Hurtig Publishers, 1985.

Mosse, W. E. *Alexander II and the Modernization of Russia*. London: I. B. Tauris & Co. Ltd., 1992.

Movement of Farm People. Royal Commission on Agriculutre and Rural Life, Report No. 7. Government of Saskatchewan, Regina, 1956.

Murphy, Emily F. *The Black Candle*. Toronto: Thomas Allen, 1922.

Myles, Eugenie Louise, *Airborne from Edmonton*. Toronto: The Ryerson Press, 1959.

New Catholic Encyclopedia. Vol. 3. San Francisco: McGraw Hill, 1967.

Newman, Aubrey, ed. *The Jewish East End, 1840-1939*. London: The Jewish Historical Society of England, 1981.

Niddrie, John G. "The Edmonton Boom of 1911-1912," *Alberta Historical Review* (Historical Society of Alberta) 13 (spring 1965).

Nordstrom, Byron J., ed. *Dictionary of Scandinavian History.* Westport, Conn.: Greenwood Press, 1986.

Oaklry, Stewart. *A Short History of Sweden.* New York: Frederick A. Praeger, 1966.

Odell, Robin. *Jack the Ripper in Fact and Fiction.* London: George G. Harrap & Co., 1965.

O'Malley, Sir Owen. *The Phantom Caravan.* London: John Murray, 1954.

Palmer, Alan. *The East End: Four Centuries of London Life.* London: John Murray Publishers Ltd., 1989.

Palmer Howard. *Patterns of Prejudice: A History of Nativism in Alberta.* Toronto: McClelland and Stewart, 1982.

Palmer, Howard, with Tamara Palmer. *Alberta: A New History*. Edmonton: Hurtig Publishers, 1990.

Parker, Ed. *I Didn't Come Here to Stay: The Memoirs of Ed Parker.* Toronto: Natural Heritage/Natural History Inc., 1993.

Parr, Joy. *Labouring Children: British Immigrant Apprentices to Canada, 1869-1924.* Toronto: University of Toronto Press, 1994.

Peach, Jack. *Days Gone By.* Saskatoon: Fifth House Publishers, 1993.

Personal Recollections: The Jewish Pioneer Past on the Prairies, Jewish Life and Times. Vol. 6 Winnipeg: The Jewish Historical Society of Western Canada, 1993.

The Poems of Wilfred Owen. Edited by Jon Stallworthy. New York: W. W. Norton & Co., 1986.

Potter, Beatrice. "Pages From a Work-Girl's Diary." *The Nineteenth Century 25*, no. CXXXIX, September 1888.

Powell, John B. *My Twenty-five Years in China.* New York: The MacMillan Company, 1945.

Priestwood, Gwen. *Through Japanese Barbed Wire: A Thousand-mile Trek from a Japanese Prison Camp*. London: George G. Harrap & Co. Ltd., 1944.

Purcell, Victor. *The Memoirs of a Malayan Official*. London: Casasell, 1965.

Pukowski, Julian. *The Kinmel Park Camp Riots, 1919.* Hawarden Desside Clwyd: The Flintshire Historical Society, 1989.

Read, Daphne, ed. *The Great War and Canadian Society: An Oral History*. Toronto: New Hogtown Press, 1978.

A Record of the Actions of the Hongkong Volunteer Defebce Corps in the Battle for Hong Kong December 1941. Hong Kong: Ye Olde Printerie, Ltd., 1953.

The Revised Statutes of Manitoba. James Hooper, King's Printer for the Province of Manitoba, 1903.

Reynolds, Chang. "The Norris & Rowe Show." Part one. *Bandwagon*, January-February 1972.

——. "The Norris & Rowe Show." Part two. *Bandwagon*, March-April 1972.

Richards, J. Howard. *Saskatchewan Geography: The Physical Environment and Its Relationship with Population and the Economic Base.* Saskatoon: University of Saskatchewan. c. 1960.

Richards, J. Howard and K. I. Fung *Atlas of Saskatchewan.* Saskatoon: University of Saskatchewan, 1969.

Ride, Edwin. *British Army Aid Group: Hong Kong Resistance 1942-1945.* Oxford: Oxford University Press, 1981.

Robinson, William J. *The Treatment of Gonorrhea and Its Complications in Men and Women.* New York: Critic and Guide Company, 1915.

Ronning, Chester. *A Memoir of China in Revolution: From the Boxer Rebellion to the People's Republic.* New York: Pantheon Books, 1974.

Rose, Millicent. *The East End of Londin.* London: The Cresset Press, 1951.

Roster of Communities. Encyclopedia of the Jewish Settlements from the Day of their Establishment until the Holocaust of the Second World War, Poland. Vol 4. Warsaw and the Galilee, Jerusalem: Yad Va'Shem Publication, 1989.

Salford, A City and its Past. edited by Tom Bergin, Dorothy N. Pearce, and Stanley Shaw. The City of Salford, 1975.

Samuel, Raphael. *East End Underworld: Chapters in the Life of Arthur Harding.* London: Routledge & Kegan Paul, 1981.

Saskatchewan Department of Agriculture. *Annual Report*, 1905. Published by Saskatchewan Department of Agriculture, 1906.

——. *Annual Report*, 1906. Published by Saskatchewan Department of Agriculture, 1907.

——. *Annual Report*, 1097. Publihed by Saskatchewan Department of Agriculture, 1908.

"The Saskatoon Capital Anniversary Number," Saskatoon, May 12, 1909.

Schiffrin, Harold Z. *Sun Yat-sen: Reluctant Revolutionary.* Boston: Little, Brown and Co., 1980.

Schurmann, Franz and Orville Schell, eds. *Imperial China: The Decline of the Last Dynasty and the Origins of Modern China, The 18th and 19th Centuries.* New York: Random House, 1967.

Scott, Franklin D. *Sweden: The Nation's History.* Carbondale: Southern Illinois University Press, 1988.

Seagrave, Sterling. *The Soong Dynasty.* New York: Harper & Row, 1985.

Sharman, Lyon. *Sun Yat-sen: His Life and Its Meaning, A Crtical Biography.* New York: The John Day Company, 1934.

Sheean, Vincent. *Personal History*, Garden City, N. Y.: Doubleday, Doran & Co. 1935.

——. "Some People from Canton," *Asia* 27, no. 10, October 1927.

Sheridan, James E. *China in Disintegration: The Republican Era in Chinese History 1912-1949.* New York: The Free Press, 1975.

Sherson, Erroll. *London's Lost Theatres of the Nineteeth Century.* London: John Lane the Bodley Head, 1925.

Shirley, James R. "Control of the Kuomintang after Sun Yat-sen's Death." *The Journal of Asian Studies* 25, no. 1 (NBovebmer 1965), pp. 69-82.

"Sing Lee Laundry" Proposal for 1905 Street, Fort Edmonton Park. A Fort Edmonton Historical Foundation Project, n.d.

Slownik Geograficzny Krolestwa Polskiego. Vol. I, VI, IX. Warsaw, 1880.

Smith, H. Staples. *Diary of Events and the Progress on Shameen, 1859-1938.*

1938.

Spector, David. *Agriculture on the Prairies, 1870-1940.* Ottawa: National Historic Parks and Sites Branch, Parks Canada, 1983.

Spence, Jonathan. *To Change China: Western Advisers in China 1620-1960.* Boston: Little, Brown and Company, 1969.

Spence, Ruth Elzabeth. *Prohibition in Canada.* Toronto: The Ontario Branch of the Dominion Alliance, 1919.

Stanislawski, Michael. "The Transformation of Traditional Authority in Russian Jewry: The First Stage." In *The Legacy of Jewish Immigration: 1881 and Its Impact*, edited by David Berger. Brooklyn College Press, 1983.

Stericker, John. *A Tear for the Dragon.* London: Arthur Barker, 1958.

Strange, H. G. L. *A Short History of Prairie Agriculture.* Winnipeg: Searle Grain Company Ltd., 1954.

Sues, Ilona Ralf. *Shark's Fins and Millet.* Boston: Little, Brown and Co, m 1944.

Summerskill, Michael. *China on the Western Front: Britain's Chinese Work Fore in the First World War.* London: Michael Summerskill, 1982.

Swanson, W. W. and P. C. Armstrong. *Wheat.* Toronto: The MacMillan Co., 1930.

Swisher, Earl. *Canton in Revolution, The Collected Papers of Earl Swisher, 1925-1928*, edited by Kenneth W. Rea. Boulder, Colo: Westview Press, 1977.

Taber, Bob. "The Greater Norris & Rowe Show." *Bandwagon*, November-December,1959, pp. 7-12.

Tan, Jin, and Particia E. Roy. *The Chinese in Canada.* Ottawa: Canadian Historical Association, 1985.

T'ang Leang-li. *Cjina Facts and Fancies.* Shanghai: China United Press, 1936.

Taylor, A. J. P. *The First World War: An Illustrated History.* New York: Perigee Book, 1980.

Taylor, Geoffrry W. *The Railway Contractors: The Story of John W. Stewart, His Enterprises and Associate.* Victoria: Morriss Publishing, 1988.

Thomas, S. Bernard. *'Proletarian Hegemony' in the Chinese Revolution and the Canton Commune of 1927.* Ann Arbor: Center for Chuinese Studies, The University of Michigan, 1975.

Thompson, John Herd. "Bringing in the Sheaves: The Harvest Excursionists, 1890-1929," *Canadian Historical Review* 59, no. 4 (December 1978), pp. 467-89.

Timperley, H. J. compiled and edited. *Japanese Terror in China.* New York: Modern Age Books, 1938.

Titler, Dale M. *The Day the Red Baron Died.* New York: Walker and Company,

1970.

Tolley, Kemp. *Yangtze Partrol: The U. S. Navy in China.* Annapolis, Maryland: Naval Institute Press, 1971.

Treves, Sir Frederick. *The Elephant Man and Other Reminiscences.* London: Cassell and Company, 1923.

Tsai, Shih-shan Henry. *China and the Overseas Chinese in the United States, 1868-1911.* Fayetteville: University of Arkansas Press, 1983.

Tulchinsky, Gerald. *Taking Root: The Origin of the Canadian Jewish Community.* Toronto: Lester Pubishing Ltd., 1992.

——. "The Third Solitude: A. M. Klein's Jewish Montreal, 1910-1950." *Journal of Canadian Studies* 19, no. 2(summer 1984).

Turner, D. J. *Canadian Feature Film Index, 1913-1985.* Public Archives, Canada, 1985.

Usiskin, Roz. "Continuity and Change: The Jewsih Experience in Winnipeg's North End, 1900-1914." *Canadian Jewish Historical Society Journal* (Toronto) 4, 1980, pp. 71-94.

Variety Obitiuaries, 1957-1963. Vol. 5. New York: Garland Publishers, 1988.

The Victorian City: Images and Realities. Vol. 2. Edited by H. J. Dyos, and Michael Wolff. London: Routledge & Kegan Paul Ltd., 1973.

Voisey, Paul. "Chinatown on the Prairies: The Emerhgence of an Ethnic Community." Selected Papers from the Society for the Study of Architecture in Canada, Annual Meeting 1975 and 1976. Ottawa: The Society, 1975-83.

——. "The Urbanization of the Canadian Prairies, 1871-1916." *Histore sociale/ Social History* 8, no. 15 (May 1975), pp. 77-101.

Von Sternberg, Josef. *Fun in a Chinese Laundry.* New York: The Macmillan Co., 1965.

Wakeman, Frederic. *The Fall of Imperial China.* New York: The Free Press, 1975.

Wakeman, Frederic, Jr. *Policing Shanghai 1927-1937.* Berkeley: University of California Press, 1995.

Wang Gengxiong.〈孫中山與林白、馬坤的交往〉，民國春秋(雙月刊)，1. (Jan. 25, 1988) pp. 3-5.

Weiner, Deborah E. B. "The People's Palace: An Image for East London in the 1880s." In *Metropolis London: Histories and Representations Since 1800*, edited by David Feldman and Gareth Stedman Jones. London: Routledge, 1989.

Wensley, Frederick Porter. *Detective Days.* London: Cassell & Co. Ltd., 1931.

West, Edward. *Homesteadding: Two Prairie Seasons.* London: T. Fisher Unwin,

1918.

Wetherell, Donald G., with Elise Corbet. *Breaking New Griund: A Century of Farm Equipment Manufacturing on the Canadian Prairies.* Saskatoon: Fifth House Publishers, 1993.

Wheeler, Seager. *Seager Wheeler's Book on Prfitable Grain Growing.* Winnipeg: The Grain Growers' Guide, 1919.

White, Arnold. *The Destitute Alien in Great Britain.* London: Swan Sonnenschein & Co., 1892.

Whitewood Centennial 1892-1992. Vol. 2, Brigdens Printers, 1992.

Who's Who of British MPs 1918-1945. ed. M. Sterton.

Wickberg, Edgar, ed. *From China to Canada: A Histoiry of the Chines Communities in Canada.* Toronto: McClelland and Stewart Ltd., 1982.

Wiggins, Walter. "Hired Man in Saskatchewan." *The Marxist Quarterly* (winter 1964).

Wikins, W. H. *The Alien Invasion*. London: Methuen & Co., 1892.

Wilson, A. E. *East End Entertainment*. London: Arthur Barker Ltd., 1954.

Wilson, C. F. *A Century of Canadian Grain: Governbment Policy to 1951.* Saskatoon: Western Producer Prairie Books, 1978.

Wilson, Dick. *Chou: The Story of Zhou Eniai, 1896-1976.* London: Hutchinson, 1984.

Winnipeg 100. 100 Year Pictorial History of Winnipeg, compiled by Edith Paterson. Winnipeg Free Press, 1973.

Woodsworth, J. S. *My Neighbor.* Toronto: University of Toronto Press, 1972.

Wright, Richard Thomas. *In a Strange Land: A Pictorial Record of the Chinese in Canada 1788-1923.* Saskatoon: Western Producer Prairie Books, 1988.

Wright-Nooth, George. *Prisoner of the Turnip Heads, Horror, Hunger and Humor in Hong Kong, 1941-1945.* London: Leo Cooper, 1994.

Xu Youchun and Wu Zhiming, 《孫中山奉安大典》，北京：華文出版社，1989.

Yardlley, Herbert O. *The Chinese Black Chamber: An Adventure in Espionage.* Boston: Houghton Mifflin Company, 1983.

Yates, Robert L. *When I Was a Harvester.* New York: The Macmillan Co., 1930.

Ye Jianying.〈孫中山先生的建軍思想和大無畏精神〉，取自《孫中山生平事業追憶錄》，北京：人民出版社，1986, pp. 323-29.

The Year Past, 1986. Report of the City of Winnipeg Historical Buildings Committee, Department of Environmental Planning, Winnipeg, 1987.

Zhou Daochun.《中山陵園百記》，江蘇人民出版社，1989.

國家圖書館出版品預行編目資料

雙槍馬坤／賴維（Daniel S. Levy）著；杜默譯.-- 初版-- 臺北市：大塊文化，2001
[民 90]
面；　公分.（Mark 26）
譯自：Tw0-Gun Cohen: a biography
ISBN 957-0316-80-2 (平裝)

1.柯恩（Cohen, Morris Abraham, 1887-1970) - 傳記

783.538　　90012513

105 台北市南京東路四段25號11樓

大塊文化出版股份有限公司　收

請沿虛線撕下後對折裝訂寄回，謝謝！

地址：□□□＿＿＿＿市／縣＿＿＿＿鄉／鎮／市／區

＿＿＿＿路／街＿＿＿段＿＿＿巷＿＿＿弄＿＿＿號＿＿＿樓

姓名：

編號：MA026　書名：雙槍馬坤

讀者回函卡

謝謝您購買這本書，爲了加強對您的服務，請您詳細填寫本卡各欄，寄回大塊出版 (免附回郵) 即可不定期收到本公司最新的出版資訊。

姓名：____________________ **身分證字號**：____________________

住址：□□□______________________________________

聯絡電話：(O)____________________ (H)____________________

出生日期：______年______月______日 E-mail: ____________________

學歷：1.□高中及高中以下 2.□專科與大學 3.□研究所以上

職業：1.□學生 2.□資訊業 3.□工 4.□商 5.□服務業 6.□軍警公教 7.□自由業及專業 8.□其他________

從何處得知本書：1.□逛書店 2.□報紙廣告 3.□雜誌廣告 4.□新聞報導 5.□親友介紹 6.□公車廣告 7.□廣播節目8.□書訊 9.□廣告信函 10.□其他__________

您購買過我們那些系列的書：

1.□Touch系列 2.□Mark系列 3.□Smile系列 4.□Catch系列
5.□PC Pink系列 6□tomorrow系列 7□sense系列

閱讀嗜好：

1.□財經 2.□企管 3.□心理 4.□勵志 5.□社會人文 6.□自然科學
7.□傳記 8.□音樂藝術 9.□文學 10.□保健 11.□漫畫 12.□其他_____

對我們的建議：______________________________________

____

____

LOCUS

LOCUS

LOCUS

LOCUS